싱크 어게인

싱크 어게인

THINK AGAIN

애덤 그랜트

이경식 옮김

ADAM GRANT

한국경제신문

───

무엇인가를 새로 알게 되는 것이 우리 삶에
큰 배움과 기쁨으로 다가옴을 일깨운다

다시 한 번 생각해보는 것, 나의 믿음을 의심하는 것의 효용에 대해 저자가 들려주는 다양한 이야기를 읽으며 "오직 가장 지혜로운 사람과 가장 어리석은 사람만이 자신의 생각을 바꾸지 않는다"는 《논어》의 한 구절이 떠올랐습니다. 이 책의 보다 큰 효용은 무엇인가를 새로 알게 되는 것이 우리 삶에 큰 배움과 기쁨으로 다가옴을 다시 한 번 일깨워준 것이 아닐까 합니다. 저자의 말에 의하면 "지능지수가 높은 사람일수록 고정관념에 빠져들 가능성이 더 높다"고 하니, 많은 것이 빠르게 변화하는 지금, 이 땅의 지능지수가 높은 분들에게 더욱 일독을 권합니다.

송길영, 마인드 마이너

───

'다시 생각하기'라는 한 단어로
자기계발과 경제경영의 핵심을 관통하다

이 책을 읽으면서 애덤 그랜트의 책이 맞나 싶었다. 《오리지널스》와는 완전히 다른 깊이의 내공을 보여주기 때문이다. 애덤 그랜트는 '다시 생각하기'라는 한 단어로 자기계발과 경제경영의 핵심을 관통하고 있다. 개인과 조직, 그리고 사회의 여러 문제와 현상, 특히 개인의 자기계발과 협상, 조직의 혁신까지 애덤 그랜트는 이 한 권으로 핵심을 지적하고 있다. 놀라운 책이고, 반드시 읽어야 할 책이다.

이동우, 고려대학교 고령사회연구센터 센터장

역시 애덤 그랜트!
유연한 사고를 할 수 있는 해답을 주는 책이다

어떻게 하면 나만이 옳다는 확신과 교만에 빠지지 않고 유연한 사고를 할 수 있을까? 그런 고민에 대한 해답을 주는 책이다. 《오리지널스》《기브앤테이크》에 이어 또 이런 깨달음을 주는 책을 쓰다니, 역시 애덤 그랜트다!

임정욱, TBT 대표

책을 덮고 나면 친구 같은 멘토와
새로운 생각의 산책로를 걷고 난 기분이 든다

개인도, 조직도 다들 새 출발과 리부팅을 이야기한다. 문제는 '어떻게'이다. 저자 특유의 1인칭 화법 스토리텔링이 또 한 번 빛난다. 독자를 앞에 두고 일대일 상담하듯 다양한 일화와 도전적인 연구, 함축적인 사례를 풀어놓고 말을 걸어온다. 여기에 자신의 갖가지 시행착오까지 털어놓고 원인을 복기해가며 당신은 그런 적 없냐고 반문한다. 왜 없겠는가. 책을 덮고 나면 친구 같은 멘토와 새로운 생각의 산책로를 걷고 난 기분이 든다.

전병근, 북클럽 오리진 지식큐레이터

The Power of Knowing What You Don't Know

칸, 제러미, 빌
내 가장 오래된 친구들
이것만은 다시 생각해보지 않을 거야

ADAM GRANT

그들은 모두 열다섯 명이었고, 덜컹거리는 비행 끝에 몬태나의 하늘에서 낙하했다. 그들은 스카이다이버가 아니었다. 산림소방대원이었고, 하루 전에 번갯불로 시작된 산불을 끄려고 투입된 최정예 요원들이었다. 이제 몇 분만 지나면 그들은 화마를 피해서 필사적으로 달리게 될 운명이었다. 그때까지는 그런 운명을 전혀 알지 못했지만 말이다.

이들이 맨굴치(Mann Gulch)라 불리는 산의 정상 부근에 낙하한 것은 1949년 8월의 어느 뜨겁던 날 오후였다. 협곡 너머의 불길이 시야에 들어왔고, 대원들은 미주리강을 향해 경사면을 내려갔다. 이들이 세운 계획은 불길이 다가오는 곳 주변의 흙을 뒤집어서 방화선을 만들어 불길을 가둔 다음에, 화마가 집어삼킬 먹잇감이 많지 않은 지역으로 불길을 유도하겠다는 것이었다.

400미터쯤 내려갔을 때였다. 대장이던 와그너 도지(Wagner Dodge)는 언제 바람이 바뀌었는지 불길이 협곡을 넘어서 자기들을 향해 맹렬하게 다가온다는 사실을 알았다. 화염이 일렁거리는 높이는 무려 9미터나 되었다. 불길은 앞으로 채 1분도 지나지 않아서 축구장 두 개 넓이의 산림을 가로질러서 닥칠 터였다.

오후 5시 45분. 불길을 가두겠다는 계획은 이미 불가능했다. 도지는 작전을 바꾸어야 했다. 싸울 때가 아니라 도망가야 할 때였다. 재빠르게 판단을 내린 도지는 대원들에게 경사면을 다시 올라가라고 명령했다. 대원들은 가파른 언덕을 빠르게 올라가야 했다. 풀은 무릎 높이까지 자라 있었고, 게다가 바위가 많은 지형이라 이동이 쉽지 않았다. 대원들이 8분 동안 그렇게 허겁지겁 후퇴한 거리는 약 450미터였고, 이제 능선까지는 채 200미터도 남지 않았다.

눈으로만 볼 때는 얼추 안전한 것 같았다. 그러나 사실 불길은 빠른 속도로 그들을 따라붙고 있었다. 그 순간에 도지는 대원들로서는 도무지 이해할 수 없는 행동을 했다. 불길에 따라잡히기 전에 조금이라도 더 빨리 달아나야 했음에도 불구하고, 그는 걸음을 멈추고 성냥을 꺼내서 불을 붙인 뒤 성냥불을 풀밭에 던졌다. 그의 이런 행동을 두고 생존자 한 사람은 나중에 이렇게 말했다.

"우리는 대장이 미쳤다고 생각했습니다. 엄청난 불길이 뒤에서 우리를 집어삼키려고 달려오는데, 대장이 우리 앞에 또 다른 불을 놓았으니까 말입니다."

이 대원은 도지가 자기를 불태워 죽이려 한다고 생각했다. 그 대원만 그랬던 게 아니다. 그랬기에, 도지가 두 팔을 흔들어대면서 "이리와! 이리 오란 말이야!"라고 고함을 질렀지만 대원들은 그의 말을 무시하고 정상을 향해 필사적으로 올라갔다.

대원들은 도지의 시도가 생존 전략이었음을 미처 알지 못했다. 그의 생존 전략은 자기 앞에 있는 풀을 태워버림으로써 무섭게 올라오는 화마의 멋잇감을 미리 없애버려 불길의 강도를 조금이나마 누그러뜨려 안전공간을 만드는 것이었다. 도지는 물통의 물로 손수건을 적셔서 입을 막은 다음에 재만 남은 그 공간에 납작 엎드려 15분을 버텼다. 성난 불길이 그를 지나쳐서 산 정상으로 타고 올라갈 때 그는 지면 가까이에 있는 산소에 의지해서 가까스로 살아남을 수 있었다.

비극이었다. 대원 열두 명이 화마를 피하지 못하고 사망했다. 한 대원의 유품으로 발견된 회중시계의 두 바늘은 녹아내린 채 멈춰 있었는데, 바늘이 가리킨 시각은 오후 5시 56분이었다.

그렇다면 나머지 대원 세 사람은 어떻게 살아남았을까? 우선 강인한 신체를 들 수 있다. 도지 외의 다른 두 대원은 강인한 신체 덕분에 불길의 추격을 가까스로 따돌리고 불길보다 먼저 능선에 다다랐기에 목숨을 구했다. 그러나 도지는 강인한 정신 덕분에 살아남았다.

*   *   *

정신적인 강인함을 갖추는 데 필요한 것이 무엇인지 생각할 때 사람들은 보통 지능을 떠올린다. 똑똑할수록 복잡한 문제를 그만큼 잘 풀 수 있고[1] 같은 문제라도 더 빨리 풀 수 있다고 생각하는 것이다.[2] 전통적으로 지능은 생각하고 학습하는 능력을 나타내는 지표로 여겨졌다.³ 그러나 사납게 요동치는 격변의 세상을 살아가는 데는 지능보다 더 중요할 수 있는 일련의 인지 기술들이 있다. 다시 생각하기와 자기가 알고 있던 것들을 잊어버릴 수 있는 기술과 관련된 능력이다.

이런 상상을 해보자. 당신은 지금 막 객관식 시험을 치렀다. 그런데 당신이 선택한 답들 가운데 하나가 미심쩍다. 다행히 아직 약간의 시간 여유가 있다. 이 경우에 당신은 최초의 직감을 믿고 답을 그냥 두겠는가, 아니면 답을 바꾸겠는가?

약 4분의 3에 해당하는 학생이 답을 고치면 틀릴 것이라고 확신한다. 수험생들이 이용하는 교육업체 카플란(Kaplan)은 학생들에게 다음과 같이 경고한 적이 있다.

"일단 답을 선택한 뒤에 그 답을 고치려고 마음먹는다면 특히 조심해야 한다. 경험칙으로 보자면 답을 고치는 학생들 가운데 많은 수가 정답을 버리고 오답을 선택한다."⁴

나는 경험이 주는 교훈을 존중한다. 그렇지만 증거의 엄정함을 선호한다. 심리학자 세 명이 33개의 관련 논문을 종합적으로 검토했는데, 모든 논문에서 답이 바뀐 경우 가운데 다수가 오답에서 정답으로 바뀌었음을 확인했다.⁵ 이 현상을 심리학에서는 최초 직감의 오류(first-instinct fallacy)라고 부른다.

한 연구에서 심리학자들이 일리노이주립대학교의 학생 1,500여 명의 시험 결과를 놓고, 처음에 적은 답을 다른 답으로 고치려고 '지우개 표시'를 사용한 횟수를 셌다(이 연구에서 심리학자들은 연구의 편의를 위해 학생들이 지우개로 답을 고치는 대신에 '지우개 표시'를 사용하도록 설정했다 - 옮긴이). 그런데 답을 바꾼 경우 가운데 4분의 1만 정답에서 오답으로 바뀌었고, 오답에서 정답으로 바뀐 경우는 절반이나 되었다.[6] 이런 현상은 내가 가르치는 학생들에게서도 해마다 나타난다. 내가 가르치는 학생들 가운데서는 기말고사 때 놀랍도록 적은 수만 지우개 표시를 사용했다. 그러나 한번 결정한 답을 바꾸지 않은 학생보다 맨 처음의 답을 다시 생각해본 학생들의 성적이 더 좋게 나왔다.[7]

물론 기껏 생각해서 바꾼 답이 더 나은 답이 아닐 수도 있다. 그러나 더 나은 답일 경우가 많다. 왜냐하면 대개의 학생들은 한번 결정한 답을 다른 답으로 바꾸기를 무척 꺼려서 자기 판단을 높은 수준으로 확신할 때만 답을 바꾸기 때문이다. 그러나 최근의 여러 연구 결과를 보면 다른 설명도 나타난다. 점수가 높아지는 이유는 답을 바꾼 결과라기보다 답을 바꿀지 말지 한 번 더 생각해본 덕분이라는 것이다.[8]

우리는 한번 결정한 답을 다시 생각하는 것만 망설이는 게 아니라 다시 생각하는 것 자체를 망설인다. 실험을 하나 보자. 수백 명의 대학생에게 무작위로 최초 직감의 오류라는 개념을 가르쳤다. 이어서 그 학생들에게 마음을 바꾸는 것이 얼마나 가치 있는 일인지 가르치고 그렇게 하는 것이 유리하다고 충고했다. 이렇게 한 다음에 두 차례 시험을 치게 했지만, 한번 결정한 답을 고치려 하지 않는 성향은 전혀 변하지 않았다.[9]

이렇게 되는 이유 가운데 하나는 인지적 게으름 때문이다. 몇몇 심리학자는 사람은 기본적으로 정신적 구두쇠(mental miser)라고 지적한다.[10] 새로운 걸 붙잡고 어렵게 쩔쩔매기보다는 기존의 의견이나 생각에 안주하는 손쉬운 쪽을 자주 선택한다는 것이다. 그런데 다시 생각하려는 의지를 가로막는 한층 깊은 차원의 저항이 사람의 심리에 존재한다. 자신을 믿지 못하고 의심할 때 세상은 한층 더 예측하기 어려워진다. 자기 자신을 의심한다는 것은 자기가 알던 사실들이 이미 바뀌어버렸을지도 모름을, 즉 과거에 옳았던 것이 지금은 틀릴지도 모름을 인정한다는 뜻이다. 그러므로 자신이 깊이 신봉하는 어떤 것을 다시 한 번 더 생각한다는 것은 자신의 정체성을 위협하는 셈이다. 다시 말해서 자기 자신을 의심할 때는 자기의 한 부분을 잃어버리는 느낌이 들 수밖에 없다.

'다시 생각하기'는 우리 삶의 모든 부분에서 진행되는 투쟁은 아니다. 대상이 물건일 때 사람들은 열정을 다해서 업데이트를 한다. 예를 들어서 입던 옷이 유행에 맞지 않을 때는 옷을 새로 장만하고 주방 구조나 설비가 유행에 뒤처지면 새로 단장한다. 그러나 대상이 지식이나 견해일 때는 기존의 것을 고집하는 경향이 있다. 심리학자들은 이것을 '집착하고 얼어붙기(seizing and freezing)'라고 부른다.[11] 사람들은 의심할 때의 불편함보다는 확신할 때의 편안함을 더 좋아한다. 지금도 여전히 윈도95를 쓰는 사람을 보고 비웃으면서도 1995년에 형성되었던 자신의 견해는 여전히 붙잡고 놓지 않는다. 머리가 복잡해지는 온갖 이야기보다는 기분이 좋아지는 의견에 편안하게 귀를 기울인다.

아마 당신은 냄비 속의 개구리 이야기를 들어보았을 것이다. 뜨거운 물이 담긴 냄비에 개구리를 집어넣으면 개구리는 깜짝 놀라서 곧

바로 냄비 밖으로 튀어나오지만, 개구리를 찬물이 든 냄비에 넣고 가열해서 천천히 수온을 높이면 개구리는 밖으로 도망칠 생각을 하지 않고 가만히 있다가 결국 죽음을 맞는다. 이 개구리는 자신이 놓인 상황을 다시 생각할 능력이 부족해서 자기에게 어떤 위협이 닥치는지 깨닫지 못한 채 결국 죽는다.

나는 최근에 이 유명한 개구리 이야기를 주제로 연구를 해봤는데 놀라운 점을 발견했다. 그 개구리 이야기가 사실이 아니었던 것이다.

개구리를 뜨거운 물에 집어넣으면 개구리는 심하게 화상을 입는데, 이때 개구리는 냄비에서 탈출할 수도 있고 탈출하지 않을 수도 있다. 그러나 천천히 데워지는 냄비 쪽이 개구리에게는 실제로 더 유리하다. 자기가 놓여 있는 물이 너무 뜨거워서 불편하다고 느끼는 순간에 개구리는 냄비 밖으로 튀어나왔다.[12]

자기가 놓인 상황을 재평가하지 못하는 것은 개구리가 아니라 우리 인간이다. 우리는 개구리 이야기를 듣고 그 이야기를 진실이라고 일단 받아들이고 나면, 그 이야기의 진실성을 굳이 의심하려 들지 않는다.

*　　*　　*

다시 맨굴치의 산불 이야기로 돌아가자. 산불이 자기들을 향해 무섭게 번져 올 때 소방대원들에게는 내려야 할 의사결정이 있었다. 이상적인 조건이라면 그들에게 현재 상황 및 여러 선택지의 장단점을 분석할 시간이 충분히 주어졌겠지만, 현실에서는 그렇지 않았다. 불길이 100미터 뒤까지 무서운 기세로 따라온 상황에서는 턱을 괴고 곰곰이 생각할 여유가 없었다. 이와 관련해서 학자이자 전직 소방대원이었던 노먼 매클린(Norman Maclean)은 《청년 대원들과 화재(Young Men and Fire)》에서 다음과 같이 썼다. 이 책은 당시의 맨굴치 참사를 다룬 논픽션이다.

"산불이 크게 난 상황에서는 대장과 대원들이 나무 그늘에 느긋하게 앉아서 한가하게 관념적인 대화를 나눌 시간이 없다. 만일 소크라테스가 맨굴치 산불 현장에 소방대장으로 가 있었다면 아마도 그는 대원들과 함께 화마에 희생되었을 것이다."[13]

도지가 만일 느리게 생각했더라면 산불 현장에서 살아남지 못했을 것이다. 그는 자신이 놓인 상황을 신속하게 다시 생각했기에 살아남았다. 도지의 행동을 이해하지 못했던 열두 명의 대원은 목숨으로 그 대가를 치러야 했다. 그들은 시간과 관련해서 자기가 가지고 있던 가정이 과연 옳은지 의심했어야 하지만 그렇게 하지 않았기 때문이다.

극심한 스트레스 상황에서 사람들은 보통 자동적인 반응, 즉 익히 학습된 반응을 보인다.[14] 이것은 오랜 진화 과정의 적응에 따른 결과이다. 사람은 같은 조건에 놓이면 같은 반응을 하게 된다는 말이다. 즉 만일 당신이 산림소방대원이라면 당신이 익히 학습한 반응은 불을 끄는 것이지 또 다른 불을 내는 것이 아니다. 만일 당신이 목숨을 구하려고 불길을 피해 달아나는 상황이라면 당신이 익히 학습한 반응은 불에서 최대한 멀리 달아나는 것이지 불을 향해 다가가는 것이 아니다. 통상적인 조건에서라면 그런 본능이 목숨을 구해줄 수 있다. 그러나 도지가 맨굴치 산불에서 살아남을 수 있었던 것은 그 두 개의 반응을 재빠르게 억누르고 포기했기 때문이다.

그 누구도 도지에게 그런 방식의 화재 대피책을 가르쳐주지 않았다. 심지어 도지는 그런 개념조차 알지 못했다. 순전히 현장에서 발휘된 즉흥적인 대처였다. 나중에 다른 두 생존자는 자기들이 받은 소방교육 내용 가운데에는 도지가 했던 그런 방식은 없었다고 청문회 자리에서 증언했다. 많은 소방 관련 전문가가 평생을 바쳐서 산불 진화 및 안전 대책을 연구했지만, 불길이 닥쳐올 때 맞불을 놓으면 생존 가능성이 높아진다는 사실을 알지 못했다.

내가 사람들에게 도지의 이 대피책을 얘기해주면 그들은 보통 그가 엄청난 압박감 속에서 놀라운 지략을 발휘했다는 사실에 감탄하면서 "천재네!"라고 말한다. 하지만 이런 놀라움은 이내 자신에 대한 낙담으로 이어진다. 자기처럼 평범한 사람은 그런 생각을 도저히 할 수 없다는 것이다. 그러면서 "초등학교 4학년 때였는데 수학 숙제를 하다가 완전히 얼어붙어버렸지"라고 말한다. 그러나 다시 생각하기는 대부분 특별한 기술이나 천재성이 없어도 된다.

맨굴치 화재의 그 결정적인 순간 이전에도 대원들은 다시 생각하기의 기회를 놓쳤다. 그 다시 생각하기는 아주 쉽게 적용할 수 있는 것이었다. 도지는 성냥불로 맞불을 놓기 전에, 즉 불길을 피해서 능선을 향해 도망치기로 하고 발길을 돌릴 때 대원들에게 무거운 짐을 버리라고 지시했다. 그런데도 대원들은 도끼, 톱, 삽 등을 챙긴 9킬로그램가량의 가방을 여전히 짊어진 채로 능선을 향해 힘겹게 올라갔다. 8분 동안이나 말이다.

죽느냐 사느냐의 갈림길에서 필사적으로 도망쳐야 한다면 우선 무거운 짐을 버려서 발걸음을 조금이라도 가볍게 하는 것이 우선임은 누가 봐도 명백하다. 그러나 소방대원에게 화재 진압 장비는 임무 수행의 필수 도구이기에 장비를 잘 챙겨야 한다는 원칙이 훈련 과정이나 경험에서 그들의 머리에 깊게 각인되어 있었다. 그래서 도지가 장비를 버리라는 지시를 내릴 때까지도 대원들은 그 무거운 장비를 짊어지고 있었다. 심지어 어떤 대원은 다른 대원이 뺏어서 버릴 때까지 계속 삽을 들고 있었다. 만일 대원들이 무거운 장비를 일찍 포기했더라면 그들이 살아남았을 가능성이 조금은 더 커지지 않았을까?

확실하지는 않지만 맨굴치 산불 때만 그런 일이 있었던 건 아닐 것이다. 1990년부터 1995년 사이에만 총 23명의 산림소방대원이 불길을 피해서 능선으로 도망치다 끝내 불길을 피하지 못하고 사망했다.[15] 이 대원들이 무거운 장비를 일찍감치 포기했더라면 사망자가 줄어들지 않았을까? 1994년에 콜로라도주의 스톰킹산에서 강풍으로 인해 산불이 협곡 하나를 완전히 집어삼켰는데, 이때 120미터 정도밖에 되지 않던 눈앞의 정상을 향해서 대피하던 소방대원들 가운데 14명(남성이 10명이었고 여성이 4명이었다)이 목숨을 잃었다.[16]

나중에 조사 과정에서 밝혀진 사실이지만, 장비와 백팩을 버리고 이동했다면 그 대원들은 15퍼센트 내지 20퍼센트 더 빠르게 이동할 수 있었다.[17] 그때 한 전문가는 이렇게 썼다.

"그들이 장비를 버리기만 했어도 아마 대부분 살아남았을 것이다."[18]

미국삼림국(U.S. Forest Service)도 공식적으로 "소방대원들이 백팩과 장비를 버리고 이동했다면 불길을 피해서 능선까지 무사히 다다랐을 것"이라고 결론을 내렸다.[19]

처음에 그 대원들은 자기가 무거운 짐을 들고 있음을 인식조차 하지 못한 채 자동반사 반응으로 도망쳤을 것이다. 이런 추정은 충분히 일리가 있다. 콜로라도 화재의 생존자들 가운데 한 사람은 다음과 같이 증언했다.

"정상을 약 270미터 앞둔 지점에서야 비로소 나는 내가 체인톱을 어깨에 짊어지고 있다는 사실을 깨달았습니다."

심지어 이 대원은 11킬로그램가량이나 되는 체인톱을 버린 뒤에도 소중한 시간을 낭비했다.

"멍청하게도 나는 그 톱을 둘 장소를 찾아서 두리번거렸습니다. 그 톱이 불길을 피할 수 있는 장소를 찾아서 말입니다. 그때 이런 생각을 했던 기억이 납니다. '내가 이 톱을 정말 버리고 가야 하나?'"

아닌 게 아니라 사망자 가운데 한 사람은 배낭을 메고 체인톱의 손잡이를 여전히 움켜쥔 채로 발견되었다. 장비를 버리면 살아남을 수도 있는데 왜 그렇게 많은 산림소방대원이 자기 장비에 집착할까?

소방대원이 자기 장비를 버린다고 해서 반드시 습관을 잊어버려야 하고 본능을 무시해야 하는 것은 아니다. 자기 장비를 버린다는 것은 실패를 받아들이고 자기 정체성의 한 부분을 포기한다는 뜻이다. 자기 직무에서 자신의 목표를, 그리고 인생에서의 자신의 역할을 다시 생각한다는 뜻이다. 이와 관련해서 조직심리학자 칼 웨익(Karl Weick)은 다음과 같이 설명한다.

"화재는 맨몸뚱이와 맨손으로 진압하지 않는다. 반드시 장비가 동원된다. 그리고 이 장비는 흔히 소방대원의 상징과도 같은 물건이다. 소방대원이 맨 처음 화재 현장에 투입되는 것도 소방대원이 이 장비를 가지고 있기 때문이다. … 소방대원으로서는 자기 장비를 버린다는 것이 존재론적인 위기이다. 나에게 화재 진압 장비가 없다면 나는 누구란 말인가?"[20]

산불 발생은 상대적으로 드문 일이다. 자기가 가진 장비 때문에 자신이 위험하게 된다든가 새로 놓은 맞불이 안전을 보장하는 통로가 된다든가 하는 상상을 하게 만드는 의사결정, 아주 짧은 시간 안에 내려야 하는 이런 의사결정에 따라서 죽느냐 사느냐가 갈리는 일은 드물다. 그러나 기존에 자기가 가지고 있던 여러 가정(가설)을 새삼스럽게 다시 생각해야 하는 과제는 놀라울 정도로 일상적이다. 어쩌면 모든 사람에게 해당되는 과제일지도 모른다.

사람은 누구나 앞에서 예로 든 소방대원들이 저지르는 실수와 똑같은 실수를 저지른다. 그러나 그 결과가 그다지 심각하지 않아서 흔히 자기가 실수를 했는지도 모른 채 넘어간다. 우리가 생각하는 여러 가지 방식은 우리를 무겁게 짓누르는 습관이 될 수 있다. 그래서 우리는 굳이 불편하고 성가시게 그런 가정들을 의심하려 들지 않고, 그러다가 결국 너무 늦어버린 상황을 맞이한다. 자동차의 브레이크 패드에서 이상한 소리가 나도 괜찮겠거니 생각하다가 결국 고속도로에서 낭패를

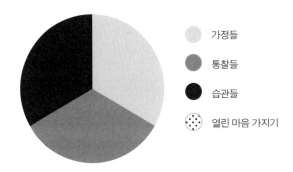

가정들

통찰들

습관들

열린 마음 가지기

당한다. 전문가들이 부동산 거품이 꺼질 때가 임박했다고 경고해도 주가가 계속 오르기만 할 것이라는 믿음을 의심하지 않는다. 배우자가 정서적으로 자기와 점점 멀어지고 있음을 뻔히 알면서도 자신들의 결혼 생활은 아무런 문제가 없다고 생각한다. 직장 동료 여러 명이 정리해고를 당하는 상황에서 자기는 안전할 것이라고 믿는다.

이 책은 다시 생각하기의 가치를 살펴본다. 소방대장 와그너 도지의 목숨을 구한 것과 같은 정신적인 유연성(mental flexibility)을 다루는 책이다. 또한 이 책은 도지가 실패했던 부분, 즉 자신이 아닌 다른 사람들에게 사고의 유연성 및 기민성을 촉발하는 방법도 다룬다.

당신은 산림소방대원이 아니므로 도끼나 삽은 들고 다니지 않을지 모르지만, 늘 사용하는 다른 인지 도구 몇 개는 가지고 다닌다. 이것은 당신이 알고 있는 일이거나 당신이 설정해둔 가정이거나, 혹은 당신이 가지고 있는 견해일 수 있다. 그런데 이런 것들 가운데 어떤 것들은 당신 직무의 한 부분이 아니라 당신 자아의 한 부분이다.

한 무리의 학생 집단이 있었다. 이들은 하버드대학교 최초의 온라인 소셜네트워크라고 불리는 것을 만들었다. 이들은 대학교에 입학하기도 전에 이미 전체 신입생의 8분의 1이 넘는 학생들과 '이-그룹(e-group)'을 통해서 접촉했다.[21] 그런데 이 학생들은 하버드대학교가 아니라 케임브리지대학교에 진학했고, 그 뒤에는 그 네트워크를 폐쇄해버렸다. 그리고 5년이 지난 뒤, 마크 저커버그(Mark Elliot Zuckerberg)가 다시 하버드대학교에서 페이스북을 시작했다.

최초의 온라인 커뮤니티를 만들었던 학생들은 저커버그의 성공을 보고는 무척 속이 쓰렸을 것이다. 아니, 속이 쓰렸음이 확실하다. 이렇게 단정적으로 말하는 이유는 내가 그 학생 집단 모임을 만들었던 사람들 가운데 한 명이기 때문이다.

분명히 해두지만, 현재 페이스북의 모습에 대해서 나는 어떤 전망도 가지고 있지 않았다. 돌이켜보면 나와 친구들은 우리가 만든 플랫폼의 잠재력을 두고 다시 생각해볼 일련의 기회를 그냥 흘려보냈다. 우리가 처음 생각한 이유는 그 '이-그룹'을 통해서 새로운 친구들을 사귄다는 것이었다. 그것이 다른 학교의 학생들에게, 혹은 학교 울타리를 넘어서서 다른 수많은 사람에게 이익이 되고 흥밋거리가 되리라고는 전혀 생각하지 않았던 것이다. 잘 학습된 우리의 습관은 온라인 도구를 이용해서 멀리 있는 사람들과 연결하는 것이 전부였다. 그랬다가 우리가 같은 학교에 다니게 되어 조금만 걸으면 언제든 볼 수 있는 반경 안에 함께 살게 되자 굳이 '이-그룹'을 쓸 필요가 없었다. 그럴 필요가 없다고 우리는 결론을 내렸다. 우리 모임의 친구들 가운데 한 명이 컴퓨터과학을 공부하고 있었고 또 다른 초기 회원 한 명은 이미 기술 스타트업을 창업해서 성공을 거두었지만, 우리는 온라인 소셜네트워크가 인터넷이 가져다줄 미래의 거대한 한 부분이 아니라 그저 한 차례 지나가는 유행일 뿐이라는 잘못된 가정에 사로잡혀 있었다. 나는 코딩하는 방법을 몰랐기 때문에 한층 정교한 프로그램을 만들 재간이 없었다. 회사를 설립한다는 사실 자체도 당시 나의 정체성과 맞지 않았다. 나는 나 자신을 초짜 기업가가 아니라 대학교 신입생으로만 바라보았기 때문이다.

그때 이후로 다시 생각하기는 나의 자아감에서 중심적인 요소가 되었다. 나는 심리학자이지만 프로이트(Sigmund Freud)의 팬이 아니고, 사무실에 따로 심리 전담 코치를 두고 있지 않으며, 환자를 대상으로 심리 치료를 하지는 않는다. 펜실베이니아대학교 와튼스쿨(Wharton School)의 조직심리학자로서 나는 지난 15년 동안의 증거를 기반으로 하는 경영 분야를 연구하고 가르쳤다. 또 데이터 및 아이디어 관련 기업가로서 구글, 픽사, NBA, 게이츠재단 등과 같은 기업 및 기관의 의뢰를 받아서 의미 있는 일자리를 만들고, 창의적인 팀을 조직하며, 협력적인 문화를 형성하는 작업에 도움을 주었다. 내가 하는 일은 우리가 일을 하고 지도자 역할을 수행하며 인생을 살아가는 방법에 대해서 다시 생각하는 것, 또 다른 사람들도 그렇게 다시 생각하도록 만드는 것이다.

내가 보기에는 다시 생각하기에 대해 지금보다 더 활력이 넘치는 때는 없다. 코로나 팬데믹이 전개되자 전 세계의 많은 지도자가 빠르게 걷던 걸음을 늦추고 자기가 설정한 가정들을 다시 생각했다. 바이러스가 자신들의 나라에는 영향을 주지 않을 것이라는 게 첫 번째 가정이었고, 코로나19가 독감보다 덜 치명적일 것이라는 게 두 번째 가정이었으며, 증상을 육안으로 확인할 수 있는 사람만 코로나19 바이러스를 전염시킬 것이라는 게 세 번째 가정이었다. 사람들이 일상생활에서 부담해야 하는 불편함과 거기에 따르는 비용은 현재 계속 쌓여만 간다.

작년에 우리 모두는 각자 자기의 정신적인 유연성을 테스트해야만 했다. 지금까지 우리는 병원에 가는 것, 식당에서 식사하는 것, 그리고 아버지 어머니나 할아버지 할머니와 포옹을 하는 것 등이 안전하다는 것을 너무도 오랫동안 당연하게 여겨왔지만, 이제는 이 가정을 의심할 수밖에 없게 되었다. 스포츠 경기는 늘 텔레비전으로 실시간 중계될 것이라는 가정도, 사람들이 서로 멀리 떨어진 채로 일해야 하거나 아이들이 학교에 가지 않고 집에서 공부하게 될 일은 없을 것이라는 가정도 그렇다.

팬데믹의 와중에 일어났던 경찰의 잔인한 행동들 때문에 많은 사람이 인종차별적인 부당함이 무엇인지, 여기에 맞서는 싸움에서 자신이 해야 할 역할이 무엇인지 등을 놓고 다시 생각하게 되었다. 세 명의 흑인 시민 조지 플로이드(George Floyd), 브리오나 테일러(Breonna Taylor), 아모드 알베리(Ahmaud Arbery)의 어이없는 죽음으로 수백만 명의 백인은 성차별이 단지 여성만의 쟁점이 아니듯, 인종차별이 단지 유색인종의 쟁점만이 아님을 깨달았다. 저항의 물결이 정치의 전

영역을 덮으면서 전국을 휩쓸자 '흑인의 목숨도 중요하다(Black Lives Matter)' 운동에 대한 지지는 단 2주 만에 지난 2년 동안만큼 증가했다.[22] 많은 사람이 인정하려 들지 않거나 인정할 수 없었던 인종차별주의의 생생한 실체를, 제도적인 차원에서 미국 전역 곳곳에 여전히 스며 있던 차별의 실체를 사람들은 이제 인정할 수밖에 없었다. 오랜 세월 침묵을 지켜왔던 수많은 사람이 이제는 인종차별주의에 반대하고 편견에 맞서는 것이야말로 자신의 의무라고 생각하게 되었다.

이런 경험들을 공유하고 있음에도 불구하고 우리는 지금 점점 더 심해지는 분열의 시대에 살고 있다. 어떤 사람들 사이에서는 애국가가 울려 퍼질 때 무릎을 꿇는 행위를 언급만 해도 친구 관계가 깨질 수 있다. 또 어떤 사람들 사이에서는 투표장에서 한 표의 투표권을 행사하는 것만으로도 결혼 관계가 끝장날 수 있다. 화석화한 이념들이 미국의 문화를 갈기갈기 찢어놓고 있다. 이런 상황에서 하물며 우리의 위대한 통치문서인 미국 헌법조차도 수정을 허용하고 있는데(미국 헌법에서 수정 조항은 27조까지 있다 – 옮긴이), 우리 머릿속의 정신적인 헌법을 수정하지 못할 이유가 어디에 있겠는가.

내가 이 책에서 설정한 목표는 다시 생각하기가 일어나는 방식을 탐구하는 것이다. 나는 가장 매력적인 증거를 찾아냈으며 세계에서 가장 숙련된 다시 생각하기 기술 보유자들을 찾아냈다. 독자들은 이제 다음과 같은 내용을 알게 될 것이다. 과거에 전향적인 생각을 하던 기업가가 왜 덫에 걸리고 말았는지, 오랜 기간에 걸쳐 공직에 도전했던 후보자가 왜 가면증후군(impostor syndrome, 자기 업적을 스스로 받아들이지 못하는 심리적 현상 – 옮긴이)을 약점이 아니라 강점으로 보게 되었는지, 노벨상을 받은 과학자가 어떻게 해서 자기가 틀렸을 때 슬퍼하지 않고 오히려 기뻐했는지, 세계 최고의 예측가들이 자기 견해를 어떻게 업데이트하는지, 그리고 오스카상을 받은 영화 제작자가 어떻게 생산적인 싸움을 벌여 나가는지 등에 대해서 말이다.

이 책의 2부에서는 다른 사람들이 다시 생각하기를 할 수 있도록 유도하는 방법을 살펴본다. 여기에서 독자들은 국제토론 챔피언이 토론에서 어떻게 이기는지, 흑인 연주자가 백인 우월주의자들을 어떻게 설득해서 증오를 내려놓게 했는지 알게 될 것이다. 또한 독자들은 한 의사의 특별한 경청이 어떻게 해서 백신을 대하는 사람들의 마음을 열었는지, 어떻게 해서 한 국회의원이 우간다의 반군 지도자가 평화회담에 나서도록 설득했는지 알게 될 것이다. 그리고 만일 독자들 가운데 양키스 팬이 있다면 내가 과연 이들을 설득해서 레드삭스를 응원하게 만들 수 있을지 시험해볼 것이다.

3부에서는 평생 학습의 커뮤니티를 어떻게 하면 만들 수 있을까 하는 주제를 탐구한다. 까다로운 대화를 전문으로 다루는 한 연구소는 낙태나 기후변화처럼 양극단의 논리가 치열하게 다투는 쟁점들을 놓고 대화할 때 의사소통을 한층 원활하게 하는 방법에 희망의 빛을 뿌려준다. 교육 현장에서는 교사가 교실을 마치 박물관처럼 대함으로써, 목수가 문제 해결에 접근하는 방식으로 접근함으로써, 그리고 구닥다리 교과서를 재사용함으로써 아이들이 다시 한 번 생각하도록 유도하는 방법을 찾을 수 있을 것이다. 또한 일터에서는 항공우주 분야 최초의 히스패닉계 여성의 사례를 들어서(이 여성은 우주왕복선 콜롬비아호가 공중분해되는 사건이 일어난 뒤에 이런 사고를 예방하기 위해 미항공우주국(NASA)의 지휘권을 떠맡았다) 학습을 중시하는 문화를 어떻게 구축할지 알아본다. 그리고 마지막으로 최고로 잘 세웠다고 생각하는 계획을 다시 검토하는 것이 얼마나 중요한지 살펴본다.

이것은 산림소방대원들이 힘들여 얻은 교훈이다. 와그너 도지는 결정적인 순간에 무거운 장비를 내려놓고 스스로 낸 불 속에서 안전한 피난처를 마련하기로 결정했고, 이 결정 덕분에 살아날 수 있었다. 그러나 다시 생각하기에 대한 한층 깊고 한층 제도적인 실패가 없었더라면 그의 독창적인 창의력은 굳이 필요하지도 않았을 것이다. 맨굴치 산불이 남긴 가장 큰 비극은 굳이 싸워도 되지 않을 싸움을 하다가 십여 명의 소방대원이 사망했다는 사실이다.

1880년대에 이미 과학자들은 숲의 생명주기에서 산불이 수행하는 중요한 역할에 주목하기 시작했다.[23] 산불은 죽은 나무를 제거하고, 토양에 영양을 제공하며, 햇빛이 숲의 구석구석까지 미칠 통로를 마련한다. 산불이 억제되면 숲은 나무들로 너무 빽빽해진다. 덤불과 나뭇잎과 잔가지가 쌓이고 쌓이면 한층 더 폭발적인 산불이 일어날 수 있다.

그러나 미국삼림국은 1978년이 되어서야 중요한 정책 전환을 단행했다. 산불 발생을 확인할 경우, 다음 날 오전 10시까지 반드시 진화해야 한다는 정책을 철폐한 것이다. 맨굴치 산불은 인명 피해의 위험이 전혀 없는 외진 곳에서 발생했고 산림소방대원들에게는 즉각

출동 명령이 떨어졌다. 왜냐하면 그들의 커뮤니티나 조직, 혹은 그들의 직장에서 그 누구도 산불이 제 갈 길로 가서 산림을 태우도록 내버려둬서는 안 된다는 가정에 의문을 품지 않았기 때문이다.

이 책의 메시지는 이제 더는 도움이 되지 않는 지식이나 의견은 버리자는 것과 일관성보다는 유연성에 자아감의 초점을 맞추자는 것이다. 만일 당신이 다시 생각하기 기술을 터득한다면 당신은 분명 직장에서 성공을 거두고 인생에서 행복을 누릴 보다 유리한 자리에 서게 될 것이다. 다시 생각하기는 오래된 문제에 새로운 해결책을 마련하는 데, 새로운 문제에 오래된 해결책을 다시 찾는 데 도움을 줄 것이다. 다시 생각하기는 당신 주변에 있는 사람들에게서 더 많은 것을 배우고 인생을 살아가면서 후회를 보다 적게 하는 지름길이다. 자신이 가장 소중하게 여기는 도구들 가운데 어떤 것, 그리고 자기 정체성의 가장 소중한 것들 가운데 어떤 것을 버릴 시점을 아는 것, 이것이 바로 지혜이다.

THINK AGAIN

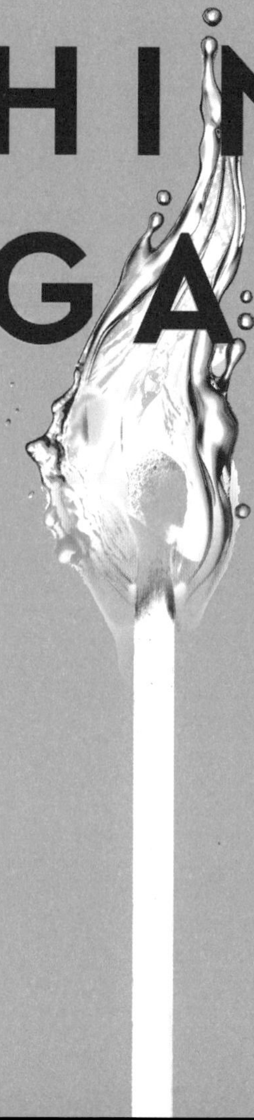

1부

개인 차원의 다시 생각하기

자기 견해 업데이트하기

1장

우리 마음속의 전도사, 검사, 정치인, 그리고 과학자

□ □ □

변화 없이 진보는 불가능하다.
그리고 자기 마음을 바꾸지 못하는 사람은 그 어떤 것도 바꾸지 못한다.[1]

조지 버나드 쇼(George Bernard Shaw)

당신은 마이크 라자리디스(Mike Lazaridis)가 누구인지 모를 수도 있다. 그러나 이 사람은 당신의 인생에 엄청난 충격을 가져다주었다.[2] 마이크는 어린 나이에 이미 전자공학 분야에서 귀재의 자질을 보였다. 막 네 살이 되었을 무렵에 그는 레고와 고무밴드를 가지고 자기만의 전축을 만들고 있었다. 고등학생 시절에는 교사들이 텔레비전이 고장 나면 마이크를 불러 고쳤다. 그는 시간이 남으면 컴퓨터를 조립했으며, 학교 퀴즈볼 팀들을 위해 성능이 한결 좋은 버저를 설계했고, 이 팀들은 그의 대학교 1학년 등록금을 마련해주었다. 전자공학과 졸업을 몇 달 앞둔 시점에 마이크는 당대의 많은 위대한 기업가가 학

교에서 하던 바로 그 일을 했다. 학교를 중퇴하는 것이었다. 이민자의 아들이었던 그가 세상에 자기 흔적을 내는 첫걸음을 뗀 것이다.

마이크는 영화 필름의 바코드를 읽는 장치의 특허를 냈고 이것이 그가 거둔 첫 번째 성공이었다. 이 장치가 할리우드에서 얼마나 유용하게 사용되었던지, 그는 이 장치를 발명한 업적으로 기술 부문에서 에미상과 오스카상을 동시에 받았다. 하지만 이것은 다음번 발명품에 비하면 아무것도 아니었다. 두 번째 발명품인 블랙베리 휴대전화로 그의 회사는 지구에서 가장 빠르게 성장하는 회사가 되었다.[3] 그의 발명품에는 곧바로 열혈 추종자들이 모여들었는데, 그 가운데는 빌 게이츠(Bill Gates)에서부터 가수 크리스티나 아길레라(Christina Aguilera)에 이르는 충성심 높은 유명 고객들이 즐비했다. 오프라 윈프리(Oprah Winfrey)도 "이것은 문자 그대로 내 인생을 바꾸어놓았다. 나는 이것 없이는 하루도 살지 못한다"고 말했다. 버락 오바마(Barack Obama) 대통령도 마이크의 이 발명품을 백악관의 비밀경호국에 양보하지 않았을 정도이다(오바마가 대통령에 취임했을 때 블랙베리를 계속 쓰려고 경호원들과 논쟁을 벌인 일은 유명하다 – 옮긴이).

마이크는 블랙베리가 이메일 송수신 무선통신 장치가 되기를 꿈꿨다. 2009년 여름 기준으로 블랙베리는 미국 스마트폰 시장을 절반 가깝게 석권했다. 그러다가 2014년까지 블랙베리의 시장점유율은 1퍼센트 미만으로 추락해버렸다.

어떤 기업이 이처럼 급격하게 추락할 때 우리는 그렇게 된 단 하나의 원인을 결코 정확하게 찾아내지 못한다. 그래서 우리는 그것을 인격화하는 경향이 있고, 따라서 '블랙베리는 적응에 실패했다'고 표현하곤 한다. 그러나 변화하는 환경에 적응하는 것은 기업이 일상적으로 하는 일이 아니다. 그것은 사람이 일상에서 내리는 수없이 많은 의사결정 속에서 하는 어떤 것이다. 마이크는 회사의 공동창업자이자 사장으로서, 또한 공동 CEO로서 블랙베리의 기술 및 제품과 관련된 모든 의사결정을 책임지고 있었다. 비록 그의 생각이 스마트폰 혁명을 촉발한 불씨가 되었을지는 몰라도, 그의 회사는 다시 생각하기에 서툴렀기 때문에 산소 부족 상태가 되었고, 결국 그의 발명품의 불꽃은 사그라들고 말았다. 도대체 그는 어디에서부터 잘못했을까?

사람들은 대부분 자기가 가진 지식과 전문성에 긍지를 느끼며 자신의 믿음과 의견을 고수하는 데 자부심을 가진다. 자기 생각에 확신을 가질 때 보상을 받는 안정된 세상에서라면 이런 접근이 일리가 있다. 그러나 문제는 우리가 사는 지금 세상은 눈이 핑핑 돌 정도로 빠르게 변화하는 세상이라는 데 있다. 이런 세상에서는 생각하는 데 보내는 시간만큼이나 많은 시간을 다시 생각하기에 써야 한다.

다시 생각하기는 일련의 기술인 동시에 마음가짐이기도 하다. 우리는 우리에게 필요한 정신적인 도구들을 이미 많이 가지고 있다. 우리는 그저 그것들을 기억하고 있다가 가끔 창고에서 꺼내 녹과 먼지를 제거하기만 하면 된다.

최초의 직감이 아닌 두 번째 생각

정보와 기술에 대한 접근성이 개선됨에 따라 지식은 단지 늘어나기만 하는 게 아니라 점점 더 빠른 속도로 늘어나고 있다. 2011년에 어떤 사람이 하루에 소비한 정보의 양은 그로부터 25년 전에 비해서 다섯 배로 늘어났다.[4] 1950년에는 의학계의 지식이 두 배로 늘어나는 데 약 50년이 걸렸다. 그러나 1980년이 되면 이 기간은 7년으로 줄어들고, 2010년에는 6개월로 줄어든다.[5] 이 엄청난 변화의 가속도는 무엇을 의미할까? 이제는 과거 그 어느 때보다도 더 신속하게 자기가 가진 믿음을 의심해야 한다는 뜻이다.

물론 이건 쉬운 일이 아니다. 기존의 믿음을 계속 품고 있을 때 이 믿음들은 점점 더 극단적이고[6] 견고해지는[7] 경향이 있다. 사실 나는 지금도 여전히 명왕성이 행성이 아닐지도 모른다는 사실을 받아들이기 어렵다(2006년 8월에 국제천문연맹(IAU)은 그때까지 믿었던 사실과 다르게 명왕성은 행성이 아니라고 발표했다 - 옮긴이). 교육 분야에서 역사의 어떤 이면이 드러나고 과학에서 혁명적인 일이 일어났을 때, 이런 내용이 정규 교과 과정에 반영되고 교과서가 개정되기까지는 여러 해가 걸리는 게 보통이다. 그리고 이제 다음과 같은 주제들에 대해서 널리 사실로 인정되는 가정들을 다시 생각할 필요가 있음을 연구자들이 최근에 발견했다. 우선 클레오파트라(Cleopatra)의 족보(그녀의 아버지는 이집트인이 아니라 그리스인이었으며 그녀의 어머니가 어떤 사람인지는 아직까지도 알려진 게 없다)가 있고,[8] 공룡의 출현(고생물학자들은 지금 몇몇 티라노사우루스는 등에 색깔이 있는 깃털을 달고 있었다고 생각한다)이 있으며,[9] 사물을 바라보는 데 필요한 것(맹인도 훈련을 통해서 사물을 '보게' 되었다. 음파가 시각피질을 활성화해서 마음의 눈에 묘사 내용을 생성할 수 있는데, 이 원리는 박쥐가 어둠 속에서도 사물을 식별하는 원리와 비슷하다)도 있다.[10] (나는 '누군가의 엉덩이에 연기를 불어주다(누군가에게 알랑방귀를 뀌다)'라는 표현이 좋은 인상을 주고 싶은 사람에게 담배를 선물했던 사람에게서 비롯되었다고 생각했다. 그러다가 아내로부터 그 표현의 기원을 듣고는 깜짝 놀랐다. 아내의 말에 따르면, 1700년대에는 물에 빠진 사람을 소생시킬 때 관장기를 이용해서 담배 연기를 항문으로 불어넣는 것이 상식이었다고 한다. 그러나 나중에 이렇게 하면 심장 계통이 위험해진다는 사실이 알려졌다.)[11] 빈티지 음반이나 클래식 자동차, 혹은 골동품 벽시계는 가치 있는 소장품이 될 수 있을지 몰라도, 구닥다리 사실들은 버리는 편이 가장 좋은 정신적인 화석일 뿐이다.

사람들은 보통 누군가에게 다시 생각하기가 필요하다는 것을 제3자의 입장에 섰을 때는 금방 알아본다. 자신이 받아든 어떤 의학적 진단을 놓고 다른 의사의 의견을 구할 때는 늘 전문가들의 의견에 의심을 품는다. 그러나 불행하게도 자기 자신의 지식과 의견을 놓고서는 태도가 달라진다. 흔히 옳다는 사실보다 옳다고 느끼는 편을 선호한다. 일상생활에서 우리는 누구를 채용할 것인가에서부터 시작해서 누구와 결혼할 것인가에 이르기까지 자신이 직접 많은 진단을 내린다. 그러므로 어떤 것에든 자기 자신의 두 번째 의견을 만드는 습관을 들일 필요가 있다.

이런 상상을 해보자. 당신 가족과 친하게 지내면서 당신에게 금융 분야의 조언을 자주 해주는 금융전문가가 있다. 그런데 이 사람이 당신 회사의 연금 구조와 관련이 없는 다른 연금펀드에 투자를 하라고 추천한다. 그런데 당신에게는 이 사람 말고 투자에 관해 상당한 지식을 가지고 있는 다른 친구도 있다. 이 친구는 그 연금펀드는 위험성이 높다고 말한다. 자, 이런 상황에서 당신은 어떻게 하겠는가?

스티븐 그린스펀(Stephen Greenspan)은 바로 이런 상황에서 데이터를 기반으로 한 예측을 무시하는 회의적인 전망의 경고를 따져보기로 했다. 그런데 그의 누이는 그 연금펀드에 이미 여러 해째 투자하고 있었으며 투자 결과에 만족하고 있었다. 누이의 친구들도 그 펀드에 투자해서 재미를 톡톡히 보고 있었다. 그 펀드의 수익률은 엄청난 정도까지는 아니었지만 꾸준하게 두 자릿수를 기록하고 있었다. 게다가 투자를 추천했던 금융전문가도 그 펀드를 얼마나 확실하게 믿었던지 자기 돈도 그 펀드에 투자해두고 있었다. 이런 정보로 무장한 그린스펀은 최종 판단을 내렸다. 그리고 대담하게 나갔다. 퇴직금 가운데 3분의 1에 가까운 돈을 그 펀드에 투자한 것이다. 그리고 얼마 지나지 않아서 그의 투자자산 규모는 25퍼센트나 불어났다.

그러다가 펀드가 망했고, 그는 하룻밤 사이에 모든 돈을 잃었다. 그 펀드는 바로 버니 매도프(Bernie Madof)의 다단계 금융사기였다.[12]

20년 전에 심리학자이자 나의 동료였던 필립 테틀록(Philip Tetlock)은 특이한 사실 하나를 발견했다. 사람들이 생각하고 말할 때 흔히 전혀 다른 직업인 세 사람의 사고방식 속으로 빠져든다는 것이었다.

그 세 사람은 전도사, 검사, 정치인이다.[13] 우리는 이 각각의 직업 모드(mode)에서 특정한 정체성을 취하며, 각 모드에서는 다른 모드와 뚜렷하게 구분되는 도구를 사용한다. 우리는 자신이 성스럽게 여기는 믿음이 위험해질 때 자기의 이상을 보호하고 드높이기 위해 전도사가 되어 설교를 한다. 그러다가 다른 사람의 논리에서 오류를 발견하면 검사가 되어 상대방이 틀렸고 자기가 옳음을 입증하는 논거를 줄줄이 늘어놓는다.[14] 그러다가 다른 사람의 동의를 얻어야 할 때는 재빠르게 정치인으로 변신해서 지역구민의 지지를 받으려고 대국민연설이나 언론플레이, 혹은 로비를 하는 등의 정치 공작을 한다. 그런데 여기에는 리스크가 존재한다. 자기가 옳다고 설교하고 상대방이 틀렸다고 조목조목 따지며 다른 사람의 지지를 얻으려고 정치 공작을 하는 데 너무 몰두한 나머지 자기 의견이 과연 자신이 생각하는 것처럼 옳은지 다시 생각하지 않기 때문이다.

그린스펀과 그의 누이가 버니 매도프에 투자하겠다고 선택했을 때, 그들이 여러 개의 정신적 도구 가운데 단 하나에만 의존했기 때문에 그런 선택을 한 것은 아니다. 전도사와 검사와 정치인이라는 세 개의 모드가 하나로 결합해서 두 사람이 잘못된 결정을 내리도록 유도한 것이다. 그린스펀의 누이가 그에게 자기와 자기 친구들이 거둔 투자수익 이야기를 할 때 그녀는 그 펀드의 장점을 주제로 설교를 했다. 그리고 그녀가 내보였던 확신은 그린스펀으로 하여금 투자를 말리던 자신의 친구에게 '조건반사적인 냉소주의'의 혐의를 씌우면서 그를 조목조목 비판하게 만들었다.[15] 또한 그린스펀은 자기의 욕망이

'투자하자!'는 쪽으로 손을 들게 할 때는 정치인이 되었다.

누구나 이런 덫에 걸릴 수 있다. 그린스펀은 자기가 더 잘 알고 있어야 했지만 그러지 못했다고, 자기가 다른 사람이 하는 말에 워낙 잘 속기 때문에 이런 결과가 빚어졌다고 말한다. 그 펀드에 투자하겠다고 결정할 무렵에 그는, 우리가 일반적으로 남에게 잘 속는 이유를 주제로 한 책을 거의 다 쓴 상태였다.[16] 그는 당시를 돌아보면서 다른 종류의 도구들을 가지고서 그 결정에 접근했어야 한다고 후회한다. 예를 들어서 그 펀드가 내는 수익을 곧이곧대로 믿기보다는 그 펀드의 전략을 보다 체계적으로 분석할 수도 있었다. 신뢰할 수 있는 여러 참고 자료를 통해 보다 많은 관점에서 바라볼 수도 있었다. 그리고 한꺼번에 많은 돈을 투자하기보다는 적은 돈으로 조금 더 긴 기간에 걸쳐 투자하는 식으로 실험해볼 수도 있었다.

이렇게 하는 것은 바로 과학자의 방식으로 들어가는 것, 즉 과학자가 되는 것이다.

과학자의 고글

직업이 과학자인 사람에게 다시 생각하기는 필수적인 요소이다. 과학자는 자기가 이해하는 범위의 한계를 끊임없이 인식해야 하는 대가로 보수를 지급받는다. 또한 과학자라면 자기가 아는 것을 당연히 의심해야 하고, 자기가 알지 못하는 것에 호기심을 가져야 하며, 새로운 데이터를 확보할 때마다 그것을 근거로 자기가 가지고 있던 기존의 견해를 계속 수정·보완(업데이트)해야 한다. 지난 20세기 100년 동안만 하더라도 여러 과학적 원리의 응용으로 극적인 발전이 전개되었다. 생물학자는 페니실린을 발견했고, 로켓과학자는 사람을 달에 보냈으며, 컴퓨터과학자는 인터넷을 만들었다.

그러나 과학자가 된다는 것은 단지 직업 차원의 일이 아니다.[17] 마음가짐의 틀이 중요하다. 즉 설교하고 범죄 사실을 따지고 정치 공작을 하는 것과는 전혀 다른 사고방식의 문제이다. 진실을 찾으려 할 때 우리는 과학자가 된다. 실험을 해서 가설을 시험하고 지식을 발견한다. 과학적인 도구들은 흰색 가운을 입고 비커를 든 사람의 전유물이 아니며, 과학적인 도구들을 사용하는 데는 현미경과 배양접시를 놓고 여러 해 동안 땀을 흘리지 않아도 된다. 가설들은 과학 실험실에서만큼이나 우리 일상에 널려 있다. 실험은 우리의 일상적인 의사결정에 필요한 정보를 줄 수 있다. 그래서 나는 이런 의문을 떠올린다. 과학이 아닌 다른 분야에 있는 사람들을 과학자처럼 생각하도록 훈련시킬 수 없을까? 이렇게만 할 수 있다면 그들이 보다 더 똑똑한 선택을 하지 않을까?

최근에 유럽의 연구자 네 명이 이런 의문에 대한 답을 찾아 나섰다. 기술, 소매유통, 가구, 식품, 보건, 레저, 기계 등의 분야를 망라해서 100명이 넘는 이탈리아 신생기업 창업자를 대상으로 대담한 실험을 진행한 것이다. 이 창업자들 대부분은 어떻게든 수익을 창출해야만 했는데, 이런 상황은 그들에게 과학적 사고를 가르치는 것이 이들 기업의 경영 실적에 어떤 영향을 주는지 조사하는 데는 이상적인 조건이었다.

　이들 창업자는 기업가정신 훈련 프로그램에 참석하려고 밀라노에 왔다. 넉 달에 걸친 프로그램 과정에서 그들은 기업 전략을 만들어내는 방법, 고객을 상대로 면담하는 방법, 최소실행가능제품(완전한 제품을 출시하기 전에 최소의 실행 가능한 형태로 출시하여 고객의 반응을 살피는 제품 – 옮긴이)을 만드는 방법, 그리고 시제품을 다듬는 방법을 배웠다. 그런데 그들이 알지 못했던 사실이 있었다. 연구자들이 그 집단을 '과학적 사고' 집단과 통제집단(실험 과정에서 조건을 설정한 집단과 비교하기 위해서 아무런 조건을 설정하지 않은 집단 – 옮긴이)으로 무작위로 분류했다는 사실이었다. 이 두 집단을 대상으로 한 훈련은 기본적으로 동일했지만 딱 하나 다른 점이 있었다. 과학적 사고 집단에는 과학자의 고글로 자기 회사를 바라보도록 끊임없이 권장하는 것이었다.[18] 과학적 사고의 관점에서 전략은 하나의 이론이고, 고객과의 면담은 여러 가설을 개발하는 데 도움이 되며, 최소실행가능제품과 시제품은 그 가설들을 시험하는 실험이 된다. 이럴 때 기업가의 과제는 결과를 엄정하게 측정하고 가설이 맞는지, 혹은 틀리는지를 토대로 의사결정을 내리는 것이다.

　그리고 그다음 해, 통제집단에 속했던 기업가의 회사들은 평균 300달러에도 미치지 못하는 수익을 기록한 반면, 과학적 사고 집단에 속했던 기업가의 회사들은 평균 1만 2,000달러가 넘는 수익을 기록했다. 후자는 두 배가 넘는 속도로 매출을 창출했으며, 고객들도 더 빠르고 쉽게 끌어들였다. 이유가 무엇이었을까? 통제집단에 속한 기

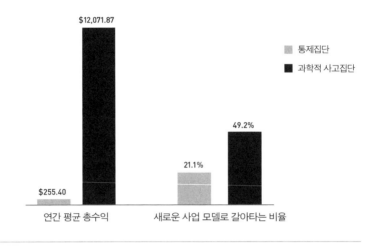

과학적 사고가 신생기업의 성공에 미치는 영향

- 통제집단
- 과학적 사고집단

$12,071.87

$255.40

연간 평균 총수익

21.1%

49.2%

새로운 사업 모델로 갈아타는 비율

업가들은 자신이 애초에 설정했던 전략과 제품에만 집착하는 경향을 보였다. 자신이 과거에 내렸던 결정의 장점을 설교하고, 대안이 될 수도 있는 선택의 약점을 따지며, 자신이 기존에 설정한 방향에 손을 들어주는 조언자들에게 박수를 쳐주면서 정치 공작을 하기란 너무도 쉬웠다. 반면에 과학자처럼 생각하라고 배운 기업가들은 세 번 이상 결정을 바꾸었다. 자신이 세웠던 가설이 잘못되었음을 확인할 때는 그 순간이 기존의 사업 모델을 다시 생각해야 할 시점임을 그들은 알았던 것이다.

이 결과와 관련된 놀라운 사실은, 우리는 보통 위대한 기업가와 지도자가 강인한 사고방식과 분명한 시각을 가졌다는 사실을 들어서 그들을 찬양한다는 점이다. 우리는 이런 사람들을 단호하고도 확고한 신념의 화신이며 모범이라고 여긴다. 그러나 드러난 증거로 보자면 그렇지 않다. 기업의 이사들을 놓고 토너먼트로 경쟁을 시켜보면 실제로 최고의 전략가는 단호하고 확고한 사람이 아니라 느리고 확신이 없는 사람이다.[19] 그들은 조심스러운 과학자들과 마찬가지로 자기 마음을 바꿀 유연성을 확보하기 위해 충분히 뜸을 들이고 시간을 들인다. 나는 단호함이라는 덕성이 과대평가되었다고 생각하기 시작했다. 그래서 나는 내 마음을 바꿀 권리를 예약해두고 있다.

직업 과학자처럼 추론하기 위해 굳이 직업 과학자가 되지 않아도 되는 것처럼, 직업 과학자라고 해서 반드시 과학적인 도구만을 사용하지는 않는다. 예를 들어서 어떤 과학자는 자기가 즐겨 사용하는 이론을 성스러운 복음으로 여기고, 받아들일 가치가 있는 사려 깊은 비평을 신성모독이라며 배척하기도 한다. 이럴 때 이 과학자는 이미 과학자가 아니라 전도사이다. 또 자기의 이론이나 견해가 정확성이 아니라 인기에 따라 출렁거리도록 내버려둘 때는 정치인이 된다. 그리고 새로운 발견보다는 비판과 폭로에만 몰두할 때는 검사가 된다. 알베르트 아인슈타인(Albert Einstein)은 자신의 상대성이론으로 물리학을 뒤집어놓은 뒤에 양자혁명에 반대한다.

"권위를 경멸한 나에게 운명이 벌을 내렸다. 그 벌은 내가 권위 그 자체가 되는 것이다."[20]

때로는 위대한 과학자도 한층 더 과학자처럼 생각해야 한다.

마이크 라자리디스는 스마트폰의 개척자가 되기 수십 년 전에 이미 과학 분야 영재로 소문났다. 중학생 때는 과학 전시회에서 태양전지판을 만들어 지역 신문에 이름을 알렸으며, 공립도서관에 있는 과

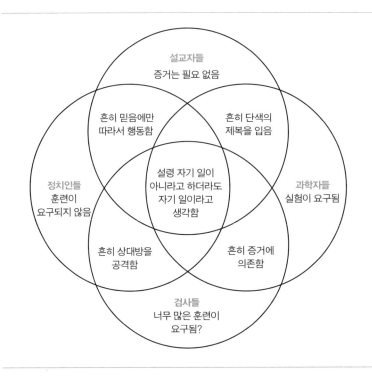

설교자들
증거는 필요 없음

흔히 믿음에만
따라서 행동함

흔히 단색의
제복을 입음

정치인들
훈련이
요구되지 않음

설령 자기 일이
아니라고 하더라도
자기 일이라고
생각함

과학자들
실험이 요구됨

흔히 상대방을
공격함

흔히 증거에
의존함

검사들
너무 많은 훈련이
요구됨?

학책을 모두 읽어 상을 받기도 했다. 그의 중학교 졸업앨범에는 그를 전기 충격으로 정신이 나가버린 미친 과학자로 묘사한 만화가 실려 있다.

블랙베리를 만들었을 때 그는 과학자처럼 생각하고 있었다. 기존의 무선 이메일 송수신 장치는 속도가 너무 느렸고 자판은 너무 작았다. 사람들은 자신의 작업물을 이메일로 자기 모바일 장치에 보내고, 그런 다음에는 오랜 시간을 들여서 그 작업물을 내려받았다. 이런 모습을 보고 그는 여러 가설을 세우기 시작했고, 회사의 엔지니어 팀에 그 가설들을 시험하게 했다. 사람들이 그 장치를 손에 들고 손가락 여러 개를 사용하지 않고 엄지손가락만 가지고 타이핑을 하면 어떻게 될까? 여러 개의 장치가 동기화되는 단일한 메일함이 있으면 어떻게 될까? 메시지가 서버를 통해서 전송되고 암호가 해독된 뒤에만 해당 장치에 그 메시지가 나타나면 어떻게 될까?

다른 회사에서 블랙베리를 추격할 때 마이크는 경쟁사의 스마트폰을 분해해서 연구하곤 했다. 그러나 그에게 깊은 인상을 준 제품은 나타나지 않았다. 그러다가 2007년 여름에 첫 번째 아이폰의 처리 능력을 보고 깜짝 놀랐다. 그는 "매킨토시 컴퓨터 한 대를 이 안에다 집어넣었군"이라고 말했다. 그러나 그 뒤에 마이크가 한 일은 블랙베리의 종말을 향해 첫걸음을 떼는 것이었다. 만일 블랙베리의 성공이 엔지니어로서 그가 가지고 있던 과학적 사고의 성공에 크게 힘입었다면, 여러 가지 점에서 볼 때 블랙베리의 몰락은 마이크가 CEO로서 다시 생각하기를 잘 수행하지 못했기 때문에 뒤따른 결과였다.

아이폰이 대성공을 거둘 때 마이크는 블랙베리가 과거에 선풍적인 인기를 끌며 성공할 수 있었던 여러 기능에 대한 애초의 믿음을 끝까지 버리지 않고 고집했다. 그는 사람들이 집에서 즐길 수 있는 온갖 앱을 갖춘 컴퓨터 한 대를 호주머니에 넣고 다니길 원하지 않고, 작업물을 이메일로 송수신하고 전화 통화를 할 수 있는 무선 장치를 원한다고 확신했다. 1997년 초에 이미 그의 엔지니어들 가운데 한 사람이 블랙베리에 인터넷 브라우저를 탑재하자고 제안했지만 마이크는 오로지 이메일에만 초점을 맞추라고 지시했다. 그로부터 10년이 지난 뒤에도 마이크는 강력한 인터넷 브라우저는 배터리를 소모시키고

무선 네트워크의 대역폭에 부담을 줄 것이라는 생각을 여전히 확고하게 가지고 있었다. 대안이 될 가설들을 시험하지 않았던 것이다.

2008년에 블랙베리의 가치는 700억 달러를 넘어섰지만, 블랙베리는 여전히 그 회사의 유일한 제품이었으며 신뢰할 수 있는 브라우저는 여전히 부족한 상태였다. 2010년에 마이크의 동료들이 암호화된 문자 메시지를 블랙베리의 기능으로 도입하자는 전략을 제시했을 때 마이크는 수긍하면서도 경쟁자들의 장치에서도 메시지들이 공유될 수 있게 하면 블랙베리가 구닥다리로 전락하지 않을까 염려했다. 그의 유보적인 태도가 회사 안에서 힘을 얻었고 결국 회사는 인스턴트 메시지 기능을 포기했는데, 그 바람에 회사는 나중에 왓츠앱(Whatsapp)이 포착할 190억 달러를 상회하는 기회를 놓치고 말았다. 전자 장비의 설계에 관한 한, 마이크는 다시 생각하기의 재능을 가지고 있었지만 자기가 만든 블랙베리의 시장에 대해서는 다시 생각하려 하지 않았다. 누가 얼마나 좋은 지능을 가지고 있느냐는 전혀 중요하지 않았다. 뛰어난 지능이 오히려 저주일 수도 있다.

똑똑한 사람일수록 더 실패한다

정신적인 마력(馬力)은 정신적인 재주를 보장하지 않는다. 아무리 머리가 좋아도 자기 마음을 바꿀 동기가 부족한 사람은 다시 생각할 많은 경우를 놓쳐버리고 만다. 연구 결과에 따르면 지능지수가 높은 사람일수록 고정관념에 빠져들 가능성이 더 높다. 대상의 패턴을 보다 빠르게 인지하기 때문이다.[21] 그리고 최근에 진행되었던 여러 실험을 통해서 드러난 사실인데, 똑똑한 사람일수록 자기 믿음을 수정·보완하는 데 그만큼 더 애를 먹는다.[22]

연구는 수학을 잘하는 사람이 데이터 분석도 잘하는지 살펴보았는데, 결과는 '그렇다'였다. 그러나 여기에는 조건이 붙었다. 피부에 난 뾰루지를 치료하는 것과 같은 단순한 작업에서만 그랬다. 하지만 미국에서의 총기 소유 관련 법안처럼 찬성자와 반대자가 강력한 감정을 드러내는 이념적인 쟁점에 초점을 맞춘 데이터를 분석할 때도 그럴까?

양적인 분석을 잘하는 사람은 결과를 해석할 때 한층 정확하다. 단 그 결과가 자기가 가지고 있던 믿음과 일치할 때만 그렇다. 그러나 만일 그 선험적인 패턴이 본인이 가진 이념과 다를 경우에는 수학 실력이 더는 도움이 되지 않고 장애물로 작용한다. 수학 실력이 자산이 아니라 부채로 작용하는 것이다. 숫자를 잘 주무르는 사람일수록 자기가 가진 의견과 충돌하는 패턴들을 분석하는 작업에서는 크게 실패할 확률이 더 높다. 자유주의자인 수학 천재는 총기 규제가 실패했음을 입증하는 증거를 평가하는 데서 다른 일반적인 동료보다도 못했다. 반면에 보수주의자인 수학 천재는 총기 금지가 효과가 있다는 증거를 제대로 잘 평가하지 못했다.

심리학에서 이런 패턴을 추동하는 편향이 적어도 두 개는 있다. 하나는 자신이 보게 될 것이라고 기대하는 것만 바라보는 확증 편향(confirmation bias)이고,[23] 다른 하나는 자신이 보고 싶은 것만 바라보는 소망 편향(desirability bias)이다.[24] 이 두 개의 편향은 사람들의 지능 활용을 가로막는 데서 그치지 않는다. 거기에서 한 걸음 더 나아가서 지능을 일그러뜨려 진리에 저항하게 만드는 무기로 만든다. 사람들은 자신의 신념을 보다 더 깊이 설교할 이유와, 자기가 맡은 소송에서 보다 더 열정적으로 따질 이유, 그리고 자신이 소속된 정당의 정치적 공세에 힘을 보탤 이유를 찾는다. 그런데 사람들은 보통 자기 생각에 젖어 있어 결과론적인 오류를 깨닫지 못한다.

내가 애호하는 편향은 '나는 편향되지 않았다'는 편향이다.[25] 이 경우에 사람들은 자기가 다른 사람보다 한층 객관적이라고 믿는다. 똑똑한 사람일수록 이 편향의 덫에 더 잘 빠져든다.[26] 똑똑한 사람일수록 자신의 한계를 바라보기 어렵다는 뜻이다. 생각을 잘하는 사람일수록 다시 생각하기에 서툴 수 있다.

사람이 과학자 모드에 들어가 있을 때는 자기 생각이 화석화된 이데올로기가 되도록 내버려두지 않는다. 정답이나 해법을 미리 정해두고 시작하지 않고 수수께끼와 의문을 풀어나가면서 정답이나 해법에 한 걸음씩 접근한다. 직관을 가지고 설교하지 않고 증거를 찾아서 증거를 들고 가르친다. 다른 사람이 하는 주장에 건전한 의심을 품는 데 그치지 않고 자기의 주장을 제시함으로써 반박한다.

과학자처럼 생각하는 데는 열린 마음으로 대응하는 것 말고도 다른 조건이 포함된다. 그것은 바로 활발하게 열린 마음을 가지는 것이다.[27] 여기에는 (자기가 반드시 옳아야만 하는 이유들이 아니라) 자기가 틀렸을 수도 있는 여러 이유를 찾는 것이 포함된다. 또 자기가 배운 것을 근거로 해서 자기의 생각을 새롭게 고치는 것도 포함된다.

이런 일들은 과학자 모드 이외에 다른 모드에서는 거의 일어나지 않는다. 자기 마음을 바꾸는 것이 전도사 모드에서는 도덕적인 허약함을 드러내는 표시이지만 과학자 모드에서는 지적으로 성실하다는 표시이다. 자기가 다른 사람에게 설득되는 것을 받아들이는 것이 검사 모드에서는 패배를 인정하는 것이지만 과학자 모드에서는 진리를 향해 한 걸음 다가서는 것이다. 당근과 채찍이 번갈아 주어질 때 정치인 모드에서는 손바닥 뒤집듯 쉽게 의견을 바꾸게 되지만 과학자 모드에서는 한층 예리한 논리와 한층 강력한 데이터를 추종하게 된다.[28]

지금까지 나는 과학자 모드에서 이 책을 최대한 잘 쓰려고 노력했다. (애초에 나는 다시 생각하기에 대한 어떤 해답이 아니라 이런저런 의문을 가지고 시작했다. 그런 다음에는 무작위의 통제 실험들 및 체계적인 현장 연구들을 통해서 드러난 최상의 증거들을 찾아 나섰다. 증거가 없는 곳에서는 내가 직접 연구조사 프로젝트를 수행했다. 그러다가 데이터에 입각한 어떤 통찰을 얻고 나서야 비로소 나는 그 연구들을 생생하게 입증하고 환하게 밝혀줄 이야기들을 찾아 나섰다. 이상적인 세상에서라면 모든 통찰이 메타분석에서 도출될 것이다. 메타분석은 연구논문들을 대상으로 한 연구이며, 여기에서는 연구자들이 전체 증거들을 통해서 드러나는 패턴들을 하나씩 차곡차곡 쌓아가면서 각 데이터 측정점의 품질에 맞추어서 자기 내용을 조정한다. 데이터가 없는 곳에서는 연구 과정이 엄정한 논문들이나 어떤 대상을 대표하거나 생각을 촉발하는 논문들에 초점을 맞추어서 살펴보았다. 이 책에서 때로 나는 이런저런 방법론을 매우 구체적으로 설명할 것이다. 이렇게까지 하는 이유는 연구자들이 어떻게 그런 결론에 도달했는지 독자가 이해할 수 있도록 하기 위해서일 뿐만 아니라, 과학자들이 어떻게 생각하는지 독자가 들여다볼 수 있도록 하기 위해서이다. 많은 부분에서 나는 연구논문 그 자체를 깊이 파고들지 않고 그저 결과만 요약할 것이다. 독자가 과학자가 되기 위해서가 아니라 과학자처럼 다시 생각하기 위해서 이 책을 읽으리라 기대하기 때문이다. 그런데 만일 메타분석이라는 말만 들어도 흥분되는 사람이 있다면 사회과학에 입문할 것을 진지하게 (다시) 생각해보라고 권하고 싶다.) 나는 교사이지 전도사가 아니다. 나는 정치를 버텨낼 수 없으며 종신교수로 지금까지 10년 동안 재직한 경험 덕분에, 내 강의를 듣는 사람에게 잘 보이고 싶어서 느꼈던 그 모든 유혹이 말끔하게 치료되면 좋겠다고 기대할 뿐이다. 비록 나는 내 몫으로 할당된 검사 모드의 시간보다 더 많은 시간을 썼지만, 어차피 법정에 선다면 검사가 아니라 판사가 되기로 마음먹었다. 나는 내가 생각하는 모든 것에 독자가 동의할 것이라고 기대하지 않는다. 내가 생각하는 방식에 독자가 흥미를 가지면 좋겠다고 기대할 뿐이다. 덧붙인다면 이 책에서 다루는 논문들, 이야기들, 관념들 등이 계기가 되어서 독자 스스로 다시 생각하기를 실천하기를 기대한다. 어쨌거나 배움의 목적은 자기 믿음을 확인하는 것이 아니라 그 믿음이 제대로 된 진화의 길을 걸어가게 만드는 것이니까 말이다.

내가 가진 믿음들 가운데 하나는, 사람은 모든 환경에서 열린 마음이 될 수 없다는 것이다. 상황에 따라서는 설교하는 게 맞거나 잘못

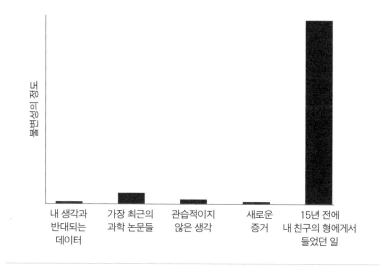

된 사실을 조목조목 따지며 비판하는 게 맞거나 정치 공작을 하는 게 맞을 수 있다. 그렇긴 하지만 사람은 대부분의 경우에, 보다 많은 시간에 보다 많이 마음을 엶으로써 이득을 얻는다고 나는 생각한다. 왜냐하면 우리가 과학자 모드로 들어가야만 사고의 민첩성을 획득하기 때문이다.

심리학자 미하이 칙센트미하이(Mihaly Csikszentmihalyi)는 물리학자 라이너스 폴링(Linus Pauling)이나 바이러스 연구자 조너스 소크(Jonas Salk) 같은 저명한 과학자들을 연구하면서, 이런 사람들이 다른 동료들과 구별되는 차이점은 인지의 유연성, 즉 "상황이 요구하는 데 따라서 하나의 극단에서 또 다른 극단으로" 기꺼이 의견을 바꿀 수 있는 태도라고 결론을 내렸다.[29] 위대한 예술가들에게도, 그리고 고도로 창의적

인 건축가들의 독립적인 연구에서도 동일한 논리가 적용된다.[30]

우리는 심지어 백악관의 대통령 집무실에서도 이런 사실을 확인할 수 있다. 전문가들은 길고 긴 항목의 개성적인 특성을 근거로 미국의 역대 대통령을 평가했으며, 이 내용을 별도의 독립적인 역사가들과 정치학자들이 매긴 역대 대통령 순위와 비교했다.[31] 그런데 재임 기간, 전쟁, 스캔들 등과 같은 변수를 제외했을 때 단 하나의 특성이 일관되게 대통령의 위대함과 일치했다. 그 특성은 대통령이 야심적이거나 강압적이거나, 혹은 친근하거나 권모술수에 능하거나 하는 게 아니었다. 매력적이거나 위트가 넘치거나 차분하거나 세련되거나 하는 것도 아니었다.

위대한 대통령을 구별하는 요소는 바로 지적 호기심과 개방성이었다. 그들은 폭넓은 주제로 독서를 했으며, 내치와 외교에 버금갈 정도로 생물학, 철학, 건축학, 그리고 음악 분야의 발전에 대해서도 많은 것을 배우고 싶어 했다. 그들은 새로운 견해에 귀를 기울였고 자기가 가지고 있던 낡은 견해를 새롭게 고치는 데 관심을 쏟았다. 그들은 자기가 펼치던 정책들을 획득해야 하는 점수가 아니라 진행해야 할 일종의 실험으로 바라보았다. 그들은 직업 정치인이었지만 자기에게 닥친 문제들을 과학자 같은 태도와 접근법으로 풀곤 했다.

자신의 믿음을 끊임없이 버려라

다시 생각하기의 과정을 연구하면서 나는 이것이 흔히 특정한 사이클(주기)을 통해서 전개됨을 알았다. 다시 생각하기는 맨 먼저 지적인 겸손함에서부터, 즉 자기가 알지 못한다는 사실을 아는 것에서부터 시작한다. 누구나 자기가 알지 못하는 분야의 길고 긴 항목을 적어나 갈 수 있다. 내 경우에는 예술, 금융시장, 패션, 화학, 식품, 영국인이 미국 노래를 부를 때는 왜 영국인 악센트가 사라질까, 내 발바닥을 다른 사람이 간질이면 간지러운데 내가 간질이면 왜 간지럽지 않을까 등이 그 항목에 포함된다.

과학적 사고는 자부심보다는 겸손함을, 확신보다는 의심을, 종결에 따른 신경 끊음보다는 호기심을 소중하게 여긴다. 우리가 과학자 모드에서 벗어날 때 다시 생각하기 사이클은 무너지고, 과도한 확신 사이클이 작동한다. 만일 우리가 설교를 한다면 우리는 자기가 가진 지식 안에 존재하는 어떤 간극을 바라보지 못한 채 자기는 이미 진리를 발견했다고 믿을 것이다. 자부심은 의심이 아니라 확신을 낳는데, 확신은 우리를 검사로 만들어버린다. 그래서 다른 사람의 마음을

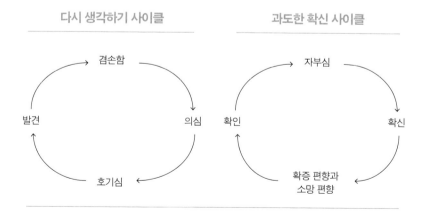

닫아버린다. 이렇게 해서 우리는 확증 편향과 소망 편향에 사로잡히고 만다. 그래서 정치인이 되어 자기 지역구민(우리가 지금도 여전히 좋은 인상을 심어주려고 노력하는 부모나 직장 상사, 혹은 학교의 급우들)에게 지지받지 못하는 것들은 무시하거나 차버린다. 우리는 치장을 하고 가장을 하느라 너무 바쁜 나머지, 진리가 어느 구석에 처박히든 말든 신경도 쓰지 않는다. 이렇게 해서 자기 의견이 옳음을 확인받고 나면 우리는 한층 더 오만해진다. 그러다가 결국 우리는 뚱뚱한 고양이 증후군(the fat-cat syndrome, 성공한 사람이 성공에 취해서 비효율성을 묵살하여 결국 기회를 놓쳐버리는 현상 – 옮긴이)[32]에 사로잡히고 만다. 엄격한 규율로 스스로를 압박하면서 자기 믿음을 검증하는 대신에 그때까지 만들어진 명예에 취한다는 뜻이다.

다시 블랙베리 이야기로 돌아가면, 마이크 라자리디스는 과도한 확신 사이클에 갇혀버렸다. 성공한 자기 발명품에 대한 자부심은 그에게 너무도 단단한 확신을 심어주었다. 터치스크린보다 키보드를 선호하는 그의 태도는 다른 어떤 것보다도 분명했다. 그가 그토록 설교하고 싶었던 것은 블랙베리가 가진 미덕이었다. 그리고 애플은 그가 서둘러서 기소해야 할 악덕이자 범죄자였다. 회사 주가가 떨어졌지만 마이크는 확증 편향과 소망 편향에 사로잡혀 있었다. 열성팬들이 보내주는 환호성이 가져다준 확인 절차는 결국 그를 희생자로 만들었다. 그는 2011년에 이렇게 말했다.

"블랙베리는 우상으로 섬겨지는 제품입니다. 기업에서 사용하고, 지도자들이 사용하고, 내로라하는 유명인사들이 사용합니다."[33]

2012년이 되면서 아이폰이 전 세계 스마트폰 시장의 4분의 1을 차지했지만, 마이크는 여전히 유리 액정 타이핑 방식에 저항하며 키보드를 고집했다. 그는 2013년에 있었던 이사회 회의장에서 터치스크린 방식의 스마트폰을 가리키며 이런 말을 했다.

"나는 이걸 받아들일 수 없어요. 사람들이 블랙베리를 사는 이유 가운데 하나가 키보드거든요."[34]

자기 진영의 안방에서만 유세를 펼치는 정치인과 마찬가지로, 그는 기존의 수백만 명 사용자의 키보드 취향에 초점을 맞추고는 수십억 명이나 되는 잠재적인 사용자에게 매력적으로 다가가는 터치스크린 방식을 무시했다. 공식적인 기록으로 남도록 솔직하게 말해두자면, 나는 지금도 블랙베리의 그 키보드가 그립다. 그래서 이 키보드가 나중에 언젠가 다시 돌아올 수 있도록 허락을 받았다고 하니 무척 기대되고 흥분된다.

마이크는 마침내 스크린과 소프트웨어를 놓고 다시 상상하기 작업을 시작했지만, 그때는 그의 엔지니어들 가운데 몇몇이 과거의 자기 작품을 포기하지 않으려 했다. 이렇게 해서 마이크의 회사 안에는 다시 생각하기의 실패가 널리 퍼져 나갔다. 2011년에 익명의 고위 간부가 마이크와 그의 공동 CEO에게 공개서한을 보냈다.

"휴대전화에 컴퓨터를 집어넣는다는 말에 그런 게 가능하기나 하겠느냐면서 우리는 마음껏 비웃었다. … 지금 우리는 무려 3~4년이나 뒤처져 있다."[35]

확신은 자기 스스로를 자기가 직접 만든 감옥에 가둬버릴 수 있다.

해결책은 자기 생각의 속도를 줄이는 게 아니라 다시 생각하기의 속도를 높이는 것이다. 바로 이 해결책이 파산의 문턱까지 갔던 애플을 세계에서 가장 가치가 높은 기업으로 만들었다.[36]

애플 르네상스의 전설은 스티브 잡스(Steve Jobs)라는 외로운 천재를 중심으로 돌아갔다. 아이폰이 태어날 수 있었던 것은 그가 가졌던 확신과 선명한 전망 때문에 가능했다는 말이 있다. 그런데 실제로 그는 휴대전화라는 범주를 결사적으로 반대했다. 직원들은 휴대전화에 대한 전망을 가지고 있었고, 결국 애플을 되살린 것은 잡스의 마음을 돌리게 만든 직원들의 능력이었다. 비록 잡스는 '다르게 생각하기'의 방법을 알고 있긴 했지만 다시 생각하기의 많은 부분을 실행한 것은 그의 팀이었다.

2004년에 엔지니어와 프로그램 설계자, 그리고 마케팅 담당자로 구성된 작은 팀이 애플의 히트 제품인 아이팟을 아이폰으로 바꾸자고 제안했다. 그러자 잡스는 "왜 우리가 ㅆㅂ 그걸 해야 돼? 내가 들은 아이디어 가운데서 제일 멍청한 소리네"라고 쏘아붙였다. 이 팀은 휴대전화가 음악을 들려주는 기능을 탑재하기 시작했음을 이미 깨달았지만 잡스는 그 방향으로 나가다가는 자칫 한창 잘나가는 아이팟 사업을 망칠지 모른다고 걱정했다. 그는 휴대전화 제조사들을 증오했으며 통신사들이 묶어놓은 이런저런 제한을 받아들인 채 그 안에서 제품을 설계하고 싶지 않았다. 그랬던 터라 그는 사적인 자리에서나 공적인 자리에서 절대로 휴대전화는 만들지 않겠다고 몇 번이고 공언했다.

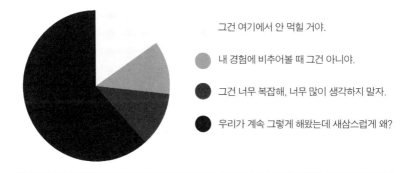

그건 여기에서 안 먹힐 거야.

내 경험에 비추어볼 때 그건 아니야.

그건 너무 복잡해, 너무 많이 생각하지 말자.

우리가 계속 그렇게 해왔는데 새삼스럽게 왜?

그러나 애플의 엔지니어 몇 명은 이미 그 분야에 대한 연구조사를 진행하고 있었다. 그들은 힘을 모아서 잡스를 설득하기 시작했다. 잡스 자신이 무언가를 알지 못한다는 사실을 모르는 상태이므로 자신이 확신하는 것들을 제발 좀 의심해보라고 했다. 그러면서 모든 사람이 즐겨 사용할 스마트폰을 만들거나 통신사들을 애플이 하자는 방식대로 움직이게 만들 수 있다고 주장했다.

연구조사에 따르면, 사람들이 변화에 저항할 때는 현재 상태를 계속 유지하는 것이 도움이 된다. 그러나 변화에 대한 여러 전망은 연속성에 대한 전망까지 아우를 때 한층 더 매력적이다. 전략이야 달라지며 진화할지 몰라도 정체성은 계속 이어진다.

잡스와 가깝게 지냈던 엔지니어들은 이것이 잡스를 설득하는 가장 좋은 길임을 알았다. 그들은 잡스에게 자기들은 애플을 전화기 회사로 만들지 않을 것이라고, 애플은 여전히 컴퓨터 회사로 남을 것이라고 다짐했다. 다만 기존 제품들을 여전히 안고 가면서 전화기를 추가

할 뿐이라고 했다. 애플은 이미 2만 개의 노래를 사람들의 주머니 속에 집어넣었는데, 노래뿐만 아니라 다른 모든 것을 주머니에 집어넣지 못할 이유가 어디 있느냐고 했다. 그들은 자기 자신의 기술을 놓고 다시 생각할 필요가 있었다. 그러면서도 동시에 자기들의 DNA를 유지해야 했다. 여섯 달에 걸친 토론 끝에 비로소 잡스는 그들의 노력을 격려할 정도로 그 분야에 충분한 호기심을 갖게 되었다. 이렇게 해서 아이팟에 호출 기능을 덧붙여야 할지, 아니면 맥킨토시를 전화기 기능도 하는 미니 태블릿으로 전환할지 시험하는 실험을 하기 위해 두 개의 팀이 출범해서 경주를 벌였다. 그리고 아이폰 출시 4년 뒤에 애플 수익의 절반이 아이폰에서 나왔다.

아이폰은 스마트폰 다시 생각하기를 통해서 극적인 도약의 모범을 보여주었다. 스마트폰의 혁신은 크기나 형태의 다양함, 높은 카메라 품질, 긴 배터리 수명 등으로 처음 시작될 때부터 속도나 규모가 점점 커졌다. 그러나 목적이나 사용자 경험이라는 측면에서 근본적인 변화는 거의 없었다. 지금 와서 돌이켜보며 하는 말이지만, 만약 마이크 라자리디스의 마음이 조금이라도 더 열려 있었더라면 어떻게 되었을까? 자기가 그토록 사랑했던 블랙베리를 다시 생각하는 쪽으로 마음이 더 열려 있었더라면 블랙베리와 애플이 스마트폰을 다시 상상하도록 서로를 경쟁적으로 자극해서 지금쯤은 스마트폰이 몇 배나 더 발전해 있지 않을까?

자기가 알지 못하는 것에 마음을 닫아버리는 것, 이것이 지식이 몰고 오는 저주이다. 좋은 판단은 자기 마음을 여는 기술과 그렇게 하겠다는 의지에 달려 있다. 스마트폰에서뿐만 아니라 인생에서도 마찬가지라고 나는 확신한다. 다시 생각하기는 점점 더 중요한 습관이 되고 있다. 물론 내가 틀렸을 수도 있다. 만일 그렇다면 나는 기꺼이 재빠르게 다시 생각하겠다.

2장

안락의자 쿼러백과
가면을 쓴 사기꾼

확신의 최적점 찾기

□ □ □

무지가 지식보다 더 자주 확신을 안겨준다(무식하면 용감하다).[1]

찰스 다윈(Charles Robert Darwin)

우르술라 메르츠(Ursula Mercz)가 병원에 갔을 때다. 그녀는 두통과 요통, 그리고 어지럼증이 심해서 일을 할 수 없을 지경이라고 하소연했다. 그 뒤 한 달에 걸쳐서 상태는 악화되었다. 침대 옆 협탁에 둔 물잔을 집어 들기조차 힘들 정도였다. 자기 방의 문고리를 찾을 수도 없었다. 침대 모서리에 부딪치기 일쑤였다.

우르술라는 50대의 재봉사였으며 손에 익은 솜씨는 아프기 전과 전혀 다름이 없었다. 의사가 보는 앞에서 가위로 종이를 오려서 다양한 모양을 만들어내기도 했다. 또한 자기 코, 입, 두 팔과 두 다리를 모두 쉽게 가리켰으며, 자기 집과 반려동물들까지 정확하고 자세하게 묘사했다. 오스트리아의 의사 가브리엘 안톤(Gabriel Anton)에게 우르술라는 호기심을 불러일으키는 특이한 환자였다. 안톤이 그녀 앞에 붉은색 리본과 가위를 올려두었을 때 그녀는 그 사물의 이름을 말하지 못했다. 그러나 "그녀는 자기 앞에 놓은 사물들을 볼 수 있다고 차분하고도 진지하게 확신을 가지고 대답했다."

우르술라에게 말하기의 문제가 있음은 분명했고, 이 점은 본인도 인정했다. 그리고 공간 방향화(spatial orientation, 3차원 공간에서 여러 물체 사이의 위치 관계를 이해하고 조작하는 능력 - 옮긴이)의 문제도 있었다. 그런데 무언가 이상한 점이 있었다. 그녀는 빛과 어둠의 차이를 더는 알아보지 못했다. 안톤이 어떤 물건을 집어 들고 무엇인지 묘사해보라고 할 때 그녀는 그 물건을 바라보려는 시도조차 하지 않으면서 대신 손을 뻗어서 만지려고 했다. 여러 테스트를 한 결과 그녀의 시력은 심각하게 손상되어 있었다. 그런데 이상하게도 안톤이 그녀에게 증상을 물으면 그녀는 사물이 잘 보인다고 우겨댔다. 나중에 시력을 완전히 잃은 뒤에도 그녀는 이런 사실을 전혀 인식하지 못했다. 환자 우르술라에 대해 안톤은 다음과 같이 썼다.

"정말 놀라운 일이었다. … 이 환자는 처음에는 심각하게, 그리고 나중에는 완전하게 시력을 잃어버렸지만 이런 사실을 전혀 알아차리지 못했다. … 환자는 자신이 시력을 잃었다는 사실을 정신적으로 인정하지 못했다."[2]

1800년대 후반에 있었던 일이고, 이런 증상을 보인 환자는 우르술라 한 명만이 아니었다. 그로부터 10년 전에 취리히의 어떤 신경병리학자가 특이한 환자를 만났다. 이 환자는 사고를 당해서 시력을 잃었지만 "지적으로는 전혀 손상되지 않았음에도 불구하고" 자기가 시력을 잃었음을 전혀 인식하지 못했다. 이 환자는 자기 눈앞에 주먹이 날아와도 눈을 깜박이지 않았으며 접시에 담긴 음식을 알아보지 못하면서도 "자기가 어둡고 축축한 웅덩이, 혹은 지하실에 있다고만 생각했다."

그로부터 반세기가 지난 뒤에 의사 두 명이 또 다른 환자 여섯 명을 학계에 보고했다. 시력을 잃었음에도 불구하고 그렇지 않다고 주장하는 환자들이었다. "우리 환자들이 보인 가장 뚜렷한 특징 가운데 하나는 경험을 통한 학습을 하지 못한다는 점이다"라고 그 의사들은 썼다.[3]

— 그들은 자기가 시력을 잃었음을 깨닫지 못하기 때문에 걸어 다닐 때마다 가구나 벽에 부딪치곤 했다. 이런 일이 반복되어도 그들은 자기 생각과 태도를 바꾸지 않았다. 어쩔 수 없이 시력 상실을 인정해야만 하는 상황에서도 그들은 시각상의 어떤 어려움도 없다고 부인하거나 다음과 같은 식으로 말하곤 했다. "방이 왜 이렇게 어둡나요? 불을 켜주세요." "잊어버리고 안경을 안 써서 그런 겁니다." "썩잘 보이지는 않지만 그래도 보일 건 다 보입니다." 이 환자들은 자기가 시력을 잃어버렸음을 입증하는 그 어떤 증거나 설명도 받아들이려 하지 않는다.

이런 현상을 처음 기록으로 남긴 사람이 로마의 철학자 세네카(Seneca)이다. 세네카는 시력을 잃었으면서도 방이 너무 깜깜하다고 투덜대는 여성의 이야기를 남겼다.⁴ 일반적인 인지 능력에서는 별다른 문제가 없는 사람이 자기 신체에 분명히 장애가 있음에도 불구하고 이런 사실을 인지하지 못하는 증상을 의학계에서는 '안톤증후군(Anton's syndrome)'이라고 부른다.⁵ 이런 증상이 나타나는 원인은 뇌의 후두엽 손상으로 알려져 있다. 그러나 뇌가 정상적으로 작동할 때조차도 안톤증후군의 또 다른 버전에 우리는 취약하다. 적어도 나는 그렇게 믿는다.

사람은 누구나 자기 지식과 의견 안에 맹점을 가지고 있다. 이런 사실과 관련해서 나쁜 소식과 좋은 소식이 동시에 있다. 나쁜 소식은 이 맹점 때문에 우리는 자기 눈이 멀었다는 사실을 전혀 바라보지 못할 수 있고, 또 그 바람에 자기 판단에 잘못된 확신을 가지고서는 다시 생각하기를 거부할 수도 있다는 점이다. 반면에 좋은 소식은 올바른 확신을 가지기만 하면 자신을 보다 분명하게 바라보고, 또 자기 견해를 수정·보완할 수 있다는 점이다. 운전을 처음 배울 때 우리는 시야의 사각지대가 있다는 말과 함께 거울과 센서를 조정해서 이 사각지대를 없애야 한다는 말을 듣는다. 인생에서도 마찬가지다. 마음가짐(사고방식)에는 거울이나 센서 따위가 없으므로 자기의 인지적 맹점을 인식하고 자기 생각을 적절하게 조정하는 방법을 배워야 한다.

두 개의 증후군

2015년 12월 1일, 할라 토마스도티르(Halla Tómasdóttir)는 뜻밖의 전화를 받았다. 마침 그때 그녀의 집 지붕은 두껍게 쌓인 눈과 얼음의 무게를 견디지 못하고 내려앉은 상태였고, 할라는 한쪽 벽에서 물이 줄줄 흘러내리는 광경을 바라보며 전화를 받았다. 전화를 건 친구는 할라에게 페이스북을 봤는지 물었다. 할라와 관련된 게시물이 올라와 있다는 것이었다. 그 게시물은 할라가 아이슬란드 대통령에 출마해야 한다는 누군가의 청원이었다.

이때 할라의 머리에 맨 처음 떠오른 생각은 '대체 내가 뭐라고 대통령 선거에 출마해?'였다. 그녀는 한 대학교의 설립을 도왔으며 그 뒤 2007년에는 어떤 투자회사를 공동으로 창업했다. 2008년에 금융위기가 세상을 흔들 때 아이슬란드는 특히 큰 어려움을 겪었는데, 주요 민간은행 세 곳이 파산했고 통화는 붕괴했다. 아이슬란드는 경제 규모에 걸맞게 역사상 최악의 금융 붕괴를 맞았다. 그러나 할라는 지도력을 발휘해서 회사가 위기를 무사히 돌파하도록 이끌었다. 이런 성과를 거두긴 했지만 그녀는 자기가 대통령직을 수행할 준비는 전혀 되어 있지 않다고 느꼈다. 정치적인 경력과 인맥도 전혀 없었고, 정부나 공공부문의 고위직을 맡아서 일한 적도 없었기 때문이다.

자기가 마치 가면을 쓴 사기꾼이 된 듯한 느낌이었다. 이런 느낌을 받은 게 할라로서는 그때가 처음이 아니었다. 여덟 살 때는 피아노 교사가 칭찬을 아끼지 않으면서 연주회에 나가서 연주하라고 자주 권유했다. 그러나 할라는 자기가 그런 영예를 누릴 자격이 있다고 생각한 적이 한 번도 없었다. 그래서 연주회 때마다 몸이 아프다고 느꼈다. 비록 어린 시절 그때의 연주회와 지금의 대통령 선거가 주는 무게감이 전혀 다르긴 했지만 할라가 느낀 자기 의심은 낯설지 않았다. 당시를 회상하면서 할라는 나에게 이렇게 말했다.

"가슴이 철렁 내려앉는 느낌이었죠. 마치 피아노 연주회장에서 그랬던 것처럼 말입니다. 사실 그때와 그렇게 크게 다르지도 않았어요. 그것은 내가 경험한 것 가운데서는 최악의 성인 가면증후군이었습니다."

그 뒤 여러 달 동안 할라는 대통령 후보로 나서는 문제를 놓고 고민했다. 친구들과 가족들은 그녀가 상당한 수완과 자질을 가지고 있으니 그것을 받아들이라고 격려했지만, 그녀는 경험과 자신이 없다는 확신에서 벗어나지 못했다. 그래서 할라는 다른 여성들에게 출마를 권하며 그녀들을 설득하고 나섰다. 그 가운데 한 명은 결국 아이슬란드 총리까지 역임했다.

할라가 선뜻 나서지 않았지만 청원은 중단되지 않았다. 할라의 친구들과 가족과 동료들은 계속해서 할라에게 대통령 후보로 나서라고 권했다. 그리고 어느 순간 그녀는 '나라고 못 할 게 뭐가 있어?' 하는 생각을 했다. 마침내 그녀는 후보로 나서기로 마음먹었다. 그러나 당선 가능성은 높지 않았다. 스무 명이 넘는 후보가 뛰어든 선거판에서 그녀는 무명이나 다름없는 정치 신인이었고 무소속이었다. 그런데 후보들 가운데 한 사람이 특히 강력한 후보이자 위험한 인물이었다.

어떤 경제학자가 할라에게 아이슬란드의 파산에 가장 큰 책임이 있는 세 사람이 누구라고 생각하느냐고 묻자 그녀는 세 사람 몫을 한 사람이 했다며 다비드 오드손(Davíð Oddsson)을 지목했다. 오드손은 1991년부터 2004년까지 아이슬란드의 총리로 재임했는데, 그는 아이슬란드의 은행들을 민영화함으로써 이들을 위험에 빠뜨렸다. 2005년부터 2009년까지 아이슬란드 중앙은행의 총재로 있을 때는 이 은행의 자산을 인위적으로 부풀렸는데, 그렇게 부풀린 규모는 아이슬란드 국내총생산(GDP)의 무려 10배가 넘었다. 사람들이 그가 저지른 경영상의 여러 잘못을 증언했지만, 그는 사임을 거부하다가 결국 의회의 탄핵을 받고서야 물러났다. 〈타임(Time)〉지는 세계 금융위기에 책임져야 할 25명 가운데 한 명으로 그를 꼽았다. 그럼에도 불구하고 오드손은 2016년에 대통령 선거에 후보로 나서겠다고 발표했다.

"나는 많은 경험과 지식을 가지고 있으므로 대통령직을 잘 수행할 수 있을 것이다."[6]

이론적으로 확신과 역량은 손을 잡고 나란히 간다. 그러나 현실에서 이 둘은 자주 서로를 배척한다. 이런 현상은 어떤 사람이 가진 리더십 역량을 놓고 본인이 평가하는 내용과 동료나 상사, 혹은 부하가 평가하는 내용이 다른 경우에 확인할 수 있다. 예를 들어서 모두 합해서 수십만 명의 사례를 담은 95건의 연구논문에 대한 메타분석에서 확인하기로는, 여성은 자신의 리더십 역량을 과소평가하고 남성은 과대평가하는데, 이런 패턴은 전형적이다.[7]

당신은 아마도 프로 미식축구의 감독보다도 자기가 아는 게 더 많다고 확신하는 열혈 스포츠팬을 만나본 적이 있을 것이다. 이런 사람이 사로잡혀 있는 마음가짐의 상태가 바로 확신이 역량을 훨씬 초과하는 안락의자 쿼터백증후군(armchair quarterback syndrome)이다. 오드손은 심지어 한 나라의 경제를 망쳐놓고서도 여전히 자기가 (쿼터백은 말할 것도 없고) 감독이 될 자격이 없음을 인정하려 들지 않았다. 그의 눈에는 자기의 약점이 보이지 않았던 것이다.

안락의자 쿼터백증후군의 반대편에는 역량이 확신을 초월하는 가면증후군이 있다.[8] 아무리 봐도 성공을 거둘 수 있을 것 같지 않은데 성공을 거둔 사람이 있다. 당신 눈에 이렇게 보이는 사람들을 떠올려보라. 이들은 자신이 얼마나 똑똑하거나 창의적인지, 혹은 매력적인지 정말 까맣게 모른다. 그리고 당신이 아무리 그렇다고 설득하려 들어도 이들은 자신의 견해를 다시 생각하려 들지 않는다. 심지어 온라

"내가 가진 확신으로 당신이 가진 전문지식을 다 부숴드리죠."

Jason Adam Katzenstein/The New Yorker Collection/
The Cartoon Bank; ⓒ Condé Nast

인 청원으로 많은 사람이 자기를 신뢰한다는 사실이 입증된 다음에도 할라는 여전히 자기가 한 나라를 이끌 자격을 갖추었다고 확신하지 못했다. 즉 그녀의 눈에는 자기가 가진 힘과 강점이 보이지 않았던 것이다.

비록 이 두 증후군의 당사자들은 정반대의 맹점을 가지고 있었지만, 확신의 양극단에 서 있던 두 사람 모두 자기 계획을 다시 생각하기를 망설였다. 확신의 이상적인 수준은 아마도 안락의자 쿼터백과 가면을 쓴 사기꾼 사이의 어떤 지점이 될 것이다. 그렇다면 과연 어떻게 하면 그 최적점을 찾을 수 있을까?

오만함의 무지

내가 애호하는 상 가운데 하나가 내용이 계몽적이면서도 유쾌한 연구조사에 주어지는 풍자적인 상이다. 이 상의 정식 명칭은 이그노벨상(Ig Nobel Prize, 짝퉁노벨상)이며 실제 노벨상 수상자가 수여한다.[9] 대학생이던 어느 가을날, 나는 1,000명이 넘는 동료 학생과 함께 그 수상식을 보러 학교 극장으로 달려갔다. 수상자들 가운데는 살아 있는 개구리를 공중부양시키는 자기장을 발견한 물리학자 두 명과 낭만적 사랑의 생화학이 강박장애와 공통점이 있음을 발견한 화학자 세 명, 그리고 고양이의 발이 키보드 자판을 건드리면 이를 감지해서 고양이가 싫어하는 소리를 내게 만드는 소프트웨어 포센스(PawSense)를 발명한 컴퓨터학자가 포함되어 있었다. 포센스가 강아지의 발도 인식했는지 어떤지는 분명하지 않다.

상이 하나씩 수여될 때마다 나는 웃음을 터뜨렸다. 그러나 생각거리를 가장 많이 안겨준 수상자는 따로 있었다. 그들은 심리학자 데이비드 더닝(David Dunning)과 저스틴 크루거(Justin Kruger)였다. 두 사람이 기량과 확신을 주제로 다룬 소박한 보고서(modest report)를 공동으로 발표한 직후였는데, 이 보고서는 곧 유명해지게 될 터였다. 두 사람은 많은 상황에서 무언가를 할 수 없는 사람은 자기가 그 무언가를 할 수 없다는 사실을 모른다는 것을 발견했다. 현재 더닝-크루거 효과(Dunning-Kruger effect)로 알려져 있는 두 사람의 논리에 따르면, 사람이 가장 큰 자신감으로 충만해 있을 때는 해당 분야에 대한 숙련도(기량, 솜씨)가 부족할 때이다.

최초의 더닝-크루거 연구에서는, 논리적 추론과 문법과 유머 분야에서 가장 낮은 점수를 기록한 사람들이 해당 분야의 자기 능력을 가장 크게 부풀려서 생각했다.[10] 평균적으로 보면, 그런 사람은 자기가 전체 동료의 62퍼센트보다 능력이 뛰어나다고 믿지만 실제로는 12퍼센트보다 뛰어날 뿐이다.[11] 특정한 분야에서 덜 똑똑한 사람일수록 그 분야에서 자기가 똑똑하다고 생각하는 비율은 그만큼 더 높아진다. 한 무리의 미식축구팬들 가운데에서 미식축구에 대해서 아는 게 가장 적은 사람이 안락의자 쿼터백이 될 가능성이 가장 높다. 바로 이런 사람이 감독이 경기 운영을 잘못해서 경기를 망쳐놓는다고 감독을 욕하면서 이기려면 이렇게 저렇게 해야 한다고 설교를 늘어놓는다. 안락의자에 앉아서.

이런 경향은 매우 중요한데, 왜냐하면 우리는 자아인식을 훼손하고 모든 종류의 설정에서 우리를 짓밟기 때문이다. 예를 들어서 경제학자들이 전 세계의 다양한 산업 분야에 걸친 수천 개 기업의 운영 및 관리 행위를 평가한 다음에 이것을 기업의 경영자가 스스로 내린 평가와 비교할 때 어떤 일이 일어나는지 살펴보자.[12]

아래 그래프에서 만일 경영 성과에 대한 자체 평가가 실제 성과와 일치한다면 모든 나라는 기울기 45도 선에 놓일 것이다. 그렇지만 모든 나라가 과도한 확신에 사로잡혀 있는데, 특히 경영이 가장 나쁜 곳에서 확신 수준이 가장 높다.[13] (이것은 자체 평가가 실제 현실과

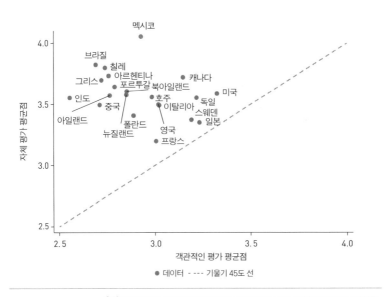

경영자는 자기 역량을 과대평가하는 경향이 있다
(경영 행위에 대한 객관적인 평가 점수 vs. 자체 평가 점수)

출처: World Management Survey Bloom and Van Reenen 2007 and Maloney 2017b.

꽤 근접하게 나타나는 미국 같은 나라에서는 좋은 소식이다. 그러나 이 결과가 모든 영역에서 사실로 적용되지는 않는다. 예를 들어 다음과 같은 연구 결과도 있다. 최근에 이루어진 한 연구조사에서 전 세계 영어권에 속하는 나라의 10대 청소년들에게 수학 분야 16개 영역에 대한 자기의 지식을 스스로 평가해보라고 물었다. 그런데 그 가운데 세 개 영역인 서술 분수(declarative fractions), 진수(proper numbers), 가정적 크기변환(subjunctive scaling)은 누가 거짓말을 하는지 알아보기 위한 가짜였다.[14] 결과에 따르면, 거짓말을 가장 많이 한 집단은 북아메리카에 사는 부유한 가정의 남학생이었다.)

물론 경영 역량을 객관적으로 판단하는 게 어려울 수 있다. 한층 쉬운 지식을 놓고 살펴보자. 예외가 아니라면 당신도 학교에 다니는 동안 줄곧 시험을 치르면서 자기 지식을 평가받았을 것이다. 보통의 다른 사람과 비교할 때 당신은 다음 주제에 대해 각각 얼마나 많이 안다고 생각하는가? 선택지는 세 가지다. 더 많이, 더 적게, 비슷하게.

- 왜 영어가 미국의 공식 언어가 되었을까?
- 살렘에서는 왜 여성들이 화형을 당했을까?
- 월트 디즈니(Walt Disney)는 미키 마우스를 그리기 전에는 무슨 직업을 가지고 있었을까?
- 인간은 우주에서 어떤 우주선을 타고 만리장성을 처음 보았을까?
- 사탕을 먹는 것이 아이들의 행동에 왜 영향을 줄까?

내가 가장 싫어하는 것이 모르면서 아는 체하는 것이다. 얼마나 거슬리고 짜증나는지 이것을 주제로 책 한 권도 금방 써버릴 수 있다. 일련의 연구에서 연구자들은 사람들이 위에 열거한 것들과 비슷한 다양한 주제를 놓고 자기가 대부분의 사람들보다 많이 (혹은 적게) 알고 있다고 생각하는지 스스로 평가하게 하고, 이어서 실제로 그런지 어떤지 문제를 내서 시험을 봤다. 그런데 결과는 지식이 많다고 응답한 사람일수록 자기를 과대평가했고, 따라서 학습과 보완에 그만큼 관심을 덜 가지는 것으로 나타났다.[15] 혹시 당신은 역사와 과학에 대해서 대부분의 사람보다 더 많이 안다고 생각하는가? 만일 그렇다면 당신은 당신이 생각하는 것보다 더 적게 알고 있을 가능성이 높다. 아무래도 당신은 더닝이 했던 다음 말에 귀를 기울일 필요가 있다.

"더닝-크루거 클럽의 첫 번째 규칙은 자기가 더닝-크루거 클럽의 회원이라는 사실을 전혀 모르는 것이다."[16] (나는 니나 스트로밍거(Nina Strohminger)가 한 말을 자주 예로 들곤 하는데, 한번은 그녀가 다음과 같이 탄식했다. "오늘 아침에 아버지가 전화를 해서는 더닝-크루거 효과에 대해서 설명해주셨다. 심리학 박사 학위를 가진 자기 딸이 그 개념에 대해서 잘 알고 있을 것임을 전혀 알지 못한 채로 말이다. 아버지의 그런 모습이 더닝-크루거 효과를 아주 깔끔하게 정리한다.")[17]

앞에서 제시한 다섯 개 질문에 대해서 당신이 조금이라도 안다고 생각한다면 다시 한 번 더 생각해보기 바란다.[18] 미국에는 공식적인 언어가 없고, 살렘에서 마녀로 의심받은 여성들은 화형이 아니라 교수형을 당했으며, 월트 디즈니는 미키 마우스를 그리지 않았고(미키 마우스는 어브 이웍스(Ub Iwerks)라는 애니메이션 감독의 작품이다), 우주에서는 육안으로 만리장성을 볼 수 없으며, 설탕이 어린이의 행동에 미치는 영향의 평균값은 0이다.

더닝-크루거 효과가 일상생활에서 자주 재미있는 일화를 낳지만 아이슬란드에서는 전혀 웃음거리가 아니었다. 오드손은 중앙은행 총재로 재직했지만 금융 경제에 관해서는 그 어떤 교육이나 훈련도 받은 적이 없었다. 그는 정치에 입문하기 전에 방송국에서 라디오 코미디 프로그램을 만들었으며, 희곡과 단편소설을 썼고, 로스쿨에 진학했으며, 기자로 일했다. 아이슬란드의 총리로 재임하는 동안에 그가 전문가들을 얼마나 무시했던지, 심지어 국립경제연구소를 해체하기까지 했다. 의회에서는 이런 그를 중앙은행 총재 자리에서 쫓아내려고, 중앙은행 총재는 최소한 경제학 석사 학위가 있어야 한다는 내용의 특별법을 제정해야만 했다. 하지만 이것도 몇 년 뒤에 오드손이

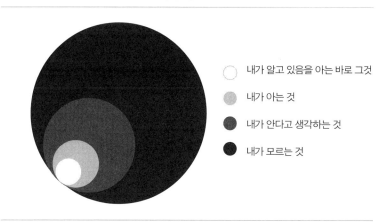

내가 아는 것

○ 내가 알고 있음을 아는 바로 그것

● 내가 아는 것

● 내가 안다고 생각하는 것

● 내가 모르는 것

대통령 선거에 나서는 것을 막지는 못했다. 그는 자기가 무지하다는 사실이 전혀 눈에 들어오지 않는 것 같았다. 그는 자기가 모른다는 사실을 알지 못한 것이다.

어리석음이라는 산 정상에서의 표준

안락의자 쿼터백증후군이 문제인 이유는 다시 생각하기를 방해하기 때문이다. 만일 어떤 것에 대해서 잘 안다고 확신한다면 자기 지식에 묻어 있을 수도 있는 오류나 빈틈을 굳이 찾으려고 애쓸 이유가 없다. 그러니 새로운 지식을 찾을 필요도, 기존의 지식을 바로잡을 필요도 없다. 어떤 연구에서는 정서지능 테스트에서 최하점을 받은 사람들이 자기 능력을 과대평가할 가능성이 가장 높은 데서만 그치는 게 아니라, 자기가 받은 점수가 부정확하거나 적절하지 않다고 여길 가능성 역시 가장 높았으며, 따라서 자기를 개선하는 데 무언가를 투자할 가능성은 가장 낮았다.[19]

그렇다. 이렇게 되고 마는 이유는 근본적으로 부서지기 쉬운 우리의 자아 때문이다. 사람은 자신을 긍정적으로 바라보려고 할 때, 혹은 다른 사람에게 멋있게 보이고 싶을 때 자기의 약점을 부정하고 싶은 충동에 사로잡힌다. 부패와의 전쟁을 선언했지만 사실은 '의도적으로 외면하기(willful blindness)', 혹은 '사회적 기만(social deception)'에 의해 동기를 부여받는 비리 정치인이 이런 고전적인 사례에 속한다. 그러나 이 동기부여는 빙산의 일각일 뿐이다.[20] (더닝-크루거 효과에서 통계적 측정치의 역할에 대한 갑론을박은 지금도 이어지고 있다. 그러나 이런 논란의 대부분은 이 효과가 진짜냐 가짜냐를 따지는 게 아니라, 이 효과가 얼마나 크냐, 그리고 언제 발생하느냐 하는 점을 둘러싸고 진행된다. 그런데 흥미롭게도, 자기 지식을 정확하게 평가하라고 동기를 부여받을 때조차도 아는 게 가장 적은 사람이 아는 게 가장 많은 사람과 겨룬다. 논리 추론 테스트를 치른 사람들에게 자기가 받은 점수를 정확하게, 즉 겸손하게 추정하는 사람에게 100달러를 준다는 제안을 했음에도 불구하고, 이 사람들은 여전히 자기 점수를 과대평가했다. 실험 참가자들은 20개 문항의 테스트에서 실제보다 평균 1.42개를 더 맞혔다고 추정했다. 그리고 또한 이 실험에서도 실제 점수가 가장 낮은 사람이 가장 확신에 차 있었다.)[21]

자기 능력에 대한 정확한 추정을 가로막는 힘 가운데 상대적으로 눈에 덜 띄는 게 있다. 그것은 초인지 기술(metacognitive skill, 메타인지 기술), 즉 자기가 하는 생각에 대해서 생각하는 능력이다. 이 능력이 부족하면 자기가 능력이 부족하다는 사실을 인지할 수 없다. 기술 분야의 기업가이지만 교육 제도에 대한 정보를 가지고 있지 않은 사람은 자기가 세운 장대한 계획이 교육 분야에 산재한 여러 문제를 말끔하게 바로잡을 수 있다고 느낀다. 또 사회성이 부족한 사람은 자기가 마치 제임스 본드나 된 것처럼 사람들 사이를 휘젓고 다닌다. 고등학생 때 일인데, 한 친구가 나에게 유머감각이 없다고 지적했다. 왜 그렇게 생각하는지 물었더니 이런 대답이 돌아왔다.

"내가 웃기는 얘기 많이 하는데 너는 한 번도 안 웃었거든."

자기가 웃기는 사람이라고 말하는 사람 중에 진짜 웃기는 사람은 한 사람도 없다. 진짜로 유머감각이 없는 사람이 그 친구였는지, 아니면 나였는지 판단은 당신이 알아서 하기 바란다.

탁월한 수준에 도달할 지식과 기술이 부족한 사람들은 종종 탁월함을 판단할 지식과 기술도 부족하다. 이런 통찰력이 있으면 아는 게 없으면서도 확신에 찬 사람들을 금방 포착하고 제어할 수 있다. 그러나 명심하자. 이런 사람들을 놀리기 전에 나 자신도 '그들'이 될 때가 있음을 기억하는 게 좋다.

우리 모두는 많은 것에서 초보자이지만 이런 사실을 언제나 잊어버리는 것은 아니다. 사람은 누구나 대화를 흥미진진하게 이끌어가는 능력처럼 바람직한 기술에 대해서는 자신을 과대평가하는 경향이 있다.[22] 또한 운전, 타이핑, 상식 퀴즈, 감정 조절 등처럼 경험을 전문성과 혼동하기 쉬운 것들에서 지나친 자신감에 사로잡히는 경향도 있다. 그러나 우리는 그림 그리기, 경주용 자동차 운전하기, 알파벳을 거꾸로 빠르게 암송하기 등처럼 자기가 경험이 부족하다는 사실을 쉽게 알 수 있는 것들에서는 자신을 과소평가한다. 절대적인 초심자가 더닝-크루거의 덫에 걸리는 경우는 드물다. 미식축구에 대해서 하나도 모르는 사람이 자기가 미식축구 감독보다 더 많이 안다고 진심으로 믿으며 사람들 앞에서 떠들어대지는 않는다는 말이다.

다음의 도표에서 보듯이 사람이 과도한 확신으로 무장하게 되는 시점은 초심자에서 아마추어로 나아갈 때이다. 그러므로 얄팍한 지식은 때로 위험하다. 우리는 인생의 너무도 많은 영역에서 자기 의견

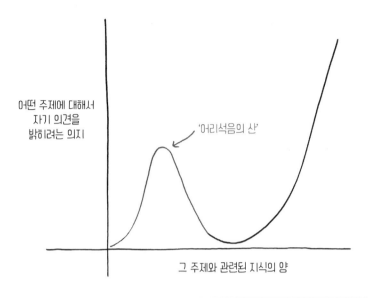

어떤 주제에 대해서
자기 의견을
밝히려는 의지

'어리석음의 산'

그 주제와 관련된 지식의 양

에 의심을 품거나 자기가 알지 못하는 것을 발견할 정도로 충분히 많은 전문성을 가지지 못한다. 우리는 해당 주제에 대해 어떤 발언을 하고 이런저런 재단을 할 때 자신감을 느낄 정도의 지식만 가지고 있을 뿐이다. 자기가 어리석음의 산 정상에 서 있음을 깨닫지 못한 채, 거기에서 내려와 다른 쪽으로 갈 생각은 조금도 하지 않은 채 말이다.

더닝이 했던 한 실험에서 우리는 이런 현상을 생생하게 목격할 수 있다. 좀비가 등장하는 가상의 상황에서 의사 역할을 하는 사람들이 등장하는 실험이다.[23] 이들이 부상당한 사람을 몇 명만 볼 때는 스스로 판단하는 자기 능력과 실제로 가지고 있는 자기 능력이 일치한다. 그러나 불행하게도 경험이 쌓이면 그들이 갖게 되는 자신감(확신)은 그들이 실제로 가지고 있는 능력보다 더 빠르게 커지며, 그 시점부터

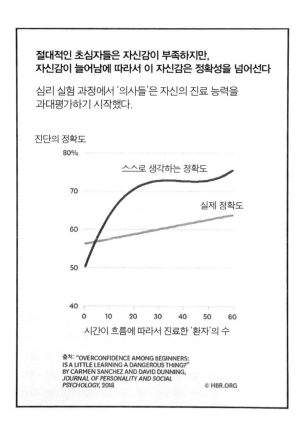

**절대적인 초심자들은 자신감이 부족하지만,
자신감이 늘어남에 따라서 이 자신감은 정확성을 넘어선다**

심리 실험 과정에서 '의사들'은 자신의 진료 능력을
과대평가하기 시작했다.

진단의 정확도

80%

스스로 생각하는 정확도

70

실제 정확도

60

50

40

0   10   20   30   40   50   60

시간이 흐름에 따라서 진료한 '환자'의 수

출처: "OVERCONFIDENCE AMONG BEGINNERS:
IS A LITTLE LEARNING A DANGEROUS THING?"
BY CARMEN SANCHEZ AND DAVID DUNNING,
JOURNAL OF PERSONALITY AND SOCIAL
PSYCHOLOGY, 2018   © HBR.ORG

그 자신감은 실제 능력보다 높은 수준에서 유지된다.

병원의 환자 사망률이 가장 높은 때는 1년 중에서도 새로운 레지던트들이 부임해서 진료를 보기 시작하는 6월이다. 그 이유가 바로 여기에 있는지도 모른다.[24] 신참 의사들의 능력 부족이 위험한 게 아니라, 자기 능력을 과대평가하는 그들의 마음가짐(사고방식)이 위험하다.

초심자에서 아마추어로 나아갈 때 다시 생각하기 사이클이 깨질 수 있다. 사람은 경험이 쌓이면서 겸손함을 잃는다. 빠르게 발전하는 자기 모습에 자부심을 느끼며, 이 자부심은 자신이 이제는 달인이 되었다는 잘못된 인식을 촉진한다. 이렇게 해서 확신 사이클이 시작되고, 사람들은 자신이 알고 있는 것을 의심하지 않기 시작하면서 자신이 모르는 것에 대해서 호기심을 가지지 않는다. 흠결투성이 가정(가설)들로 가득 찬 초심자의 거품이라는 덫에 갇히고 마는 것이다. 이 덫에 걸리고 나면 자신이 모른다는 사실 자체를 모른다.

바로 이런 일이 아이슬란드의 오드손에게서 일어난 것이다. 오드손의 오만함은 주변 사람들에 의해 강화되었으며 비평가들로부터 전혀 사실 확인을 받지 않았다. 그는 자기 주변을 "격렬하게 충성스러운 심복들"로만 채웠으며[25] 자기에게 우호적인 사람을 적어둔 목록과 자기를 비판하는 사람을 적어둔 목록을 철저하게 관리하고 활용한 것으로 알려져 있다. 아이슬란드의 경제가 붕괴하기 몇 달 전에 영국 중앙은행이 도움을 주겠다고 제안했지만, 그는 이 제안을 거절했다. 위기가 절정에 이르렀던 절체절명의 순간에 그는 아이슬란드 은행들이 지고 있는 부채를 공적자금으로 메울 의도가 전혀 없다고 성급하게도 공식적으로 선언했다. 그로부터 2년 뒤에 의회의 의결로 독립적인 진실위원회가 구성되었고, 이 위원회는 오드손을 중과실 혐의로 기소했다. 아이슬란드 금융 붕괴의 과정을 꼼꼼하게 파헤친 한 기자는 오드손의 몰락 원인이 "오만함, 즉 아이슬란드에 가장 좋은 길을 자기는 확실하게 안다는 절대적인 확신"이었다고 지적했다.[26]

오드손에게 부족했던 것은 사람이 가져야 하는 마음가짐에서 절대적으로 필요한 요소인 겸손함이다. 어리석음의 산에 붙잡힌 사람을 치료하는 방법은 해독제를 정기적으로 복용하는 것이다. 이와 관련

무식한 닭, 더그 세비지(Doug Savage) 작

자아도취자 테스트

1단계:
잠깐 자기 자신에 대해서
생각하라.

2단계:
만일 1단계를 제대로 잘했으면,
당신은 자아도취자가 아니다.

www.savagechickens.com

해서 인터넷 블로거 팀 어번(Tim Urban)은 다음과 같이 설명한다.

"오만함은 무지에 확신을 합한 것이다. 겸손함이 인생의 경험을 흡수해서 이것을 지식과 지혜로 바꾸어놓는다면, 오만함은 인생의 경험을 튕겨내는 고무 방패이다."[27]

골디락스가 잘못된 이유

많은 사람이 확신(자신감)을 시소라고 생각한다. 확신이 지나치게 강하면 오만해지고 만다. 반대로 확신이 지나치게 적으면 온순해진다. 이것이 겸손함에 대해서 우리가 갖는 두려움이다. 즉 우리는 자기에게 낮은 평가를 주게 될 것을 두려워한다. 우리는 시소가 균형을 잡길 원한다. 그래서 골디락스(Goldilocks) 모드로 들어가서 적정한 양의 확신을 찾으려 한다. 그러나 최근에 나는 이것이 잘못된 접근법임을 알았다(영국 전래동화의 주인공 소녀의 이름에서 비롯된 골디락스는 '뜨겁지도 차갑지도 않은 적당한'이라는 뜻이다 - 옮긴이).

사람들은 흔히 겸손함을 잘못 이해한다. 겸손함은 확신을 적게 하는 것, 즉 자신감이 부족한 것이 아니다. '겸손함(humility)'의 라틴어 어원 가운데 하나는 '땅에서부터'이다. 한마디로 말해 겸손함은 얼마든지 오류를 저지르고 잘못될 수 있음을 인정하면서 땅에 뿌리를 튼튼하게 내리는 것이다.

확신은 자기 자신을 얼마나 많이 믿느냐 하는 문제이다. 확신은 자기 방법론을 얼마나 신봉하느냐 하는 것과 구분된다는 사실은 증거가 말해준다.[28] 미래에 어떤 목표를 달성할 능력이 자기에게 있음을 확신하면서도 현재 자기가 올바른 도구를 가지고 있는지 의심하는 겸손함을 유지할 수 있다. 바로 이 지점이 확신의 최적점이다.

자기 힘과 전략을 완전히 확신할 때는 오만함 때문에 눈이 먼다. 반대로 그 힘과 전략에 대한 확신이 부족할 때는 의심으로 마비되고 만다. 올바른 방법론을 알고 있지만 그 방법론을 실행할 능력에 확신이 없을 때는 열등감에 사로잡힐 수 있다. 우리가 얻고자 하는 것은 확신에 찬 겸손함, 다시 말해서 자기가 올바른 해결책을 가지고 있지 않을 수도 있으며, 심지어 문제를 올바르게 설정하고 있지 않을 수도 있음을 인정하면서도 자기 능력을 믿는 것이다. 이럴 때 우리는 자기가 가진 낡은 지식을 다시 살펴보겠다는 의심을 품으며, 새로운 통찰을 찾아 나서겠다는 충분한 확신을 갖는다.

자기 도구에 대한 믿음

	확실하다	불확실하다
불안정하며	집착적인 열등감	상황을 악화하는 의심
안정적이며	맹목적인 오만함	확신에 찬 겸손함

자기 자신에 대한 믿음

의류업체 스팬스(SPANX)의 공동창업자 사라 블레이클리(Sara Blakely)가 발 없는 팬티스타킹을 처음 떠올렸을 때 그녀는 그 아이디어를 현실에서 실현할 자기 능력을 믿었지만, 자기가 당시에 가지고 있던 도구들을 전적으로 의심했다.[29] 낮에는 팩스기 방문 판매를 해야 했기에 그녀는 자신이 패션이나 소매유통업, 혹은 제조업에 대해서 전혀 모른다는 사실을 잘 알았다. 그녀는 시제품을 재단할 때 일주일 내내 양말 공장을 일일이 찾아다니며 도움을 청했다. 특허 수수료를 마련할 여유가 없어서 특허 관련 책을 읽고 특허출원 서류를 직접 작성했다. 그녀가 품었던 의심은 그녀를 힘들게 하지 않았다. 자기 앞에 놓인 온갖 과제를 거뜬히 극복할 수 있다고 확신했기 때문이다. 그녀의 확신은 그녀가 가지고 있던 지식에서 비롯된 게 아니라 새로운 것을 배울 수 있는 학습 능력에서 비롯되었다.

확신에 찬 겸손함은 학습을 통해서 얻을 수 있다. 자기가 안다고 생각하는 것을 무조건 확신하지 않고 자기가 알지 못하는 것을 받아들일 때 발생하는 편익을 다룬 짧은 글을 읽은 학생들이 자기 약점 분야에서 추가로 도움을 구하러 나설 확률은 65퍼센트에서 85퍼센트로 뛰어오른다는 것을 한 실험이 확인했다. 또한 그 학생들은 자기가 몰랐던 사실을 배우기 위해 정치적 반대 진영의 견해를 탐구할 가능성도 더 높았다.[30]

확신에 찬 겸손함은 다시 생각하기로 들어가는 마음의 문을 열어줄 뿐만 아니라 다시 생각하기의 질을 높여준다. 대학교와 대학원에서 자기 믿음을 기꺼이 수정하겠다는 태도를 가진 학생은 그렇지 않은 학생에 비해서 성적이 좋다.[31] 고등학교에서도 자기가 무언가를 모른다는 사실을 받아들이는 학생은 교사로부터는 효과적으로 학습한다는 평가를 받으며,[32] 급우들로부터는 팀에 더 많이 기여한다는 평가를 받는다.[33] 마지막 학년이 끝날 때 이 학생들은 확신에 차 있던 동료들보다 수학 점수가 상당히 높았다. 다 안다고 생각하지 않고 자기가 이해한 수준을 검증하려고 끊임없이 문제를 풀었기 때문이다.

성인이 되어 자기가 모른다는 사실을 받아들이겠다는 자신감(확신)을 가질 때 이들은 증거가 얼마나 강력한지에 더 많은 관심을 기울이며,[34] 자기와 반대되는 의견들을 읽고 이해하는 데 남들보다 더 많은 시간을 쓴다.[35] 미국과 중국을 대상으로 리더십 효과를 다룬 엄정한 연구논문들이 내린 결론에 따르면, 가장 생산적이고 혁신적인 팀은 확신에 차 있거나 겸손한 지도자가 이끄는 팀이 아니었고, 가장 효과적인 지도자들은 자신감과 겸손함 두 측면에서 모두 높은 점수를 기록했다.[36] 그들은 자기 능력에 믿음을 가졌지만, 또한 자신의 약점도 예리하게 인식했다. 그들은 위대함의 한계를 밀어 올리며 한층 더 높은 단계로 나아가려면 우선 자기의 한계를 인식하고, 그런 뒤에 그 한계를 넘어서야 한다는 것을 잘 알았다.

만일 정확성에 신경을 쓴다면 맹점을 허락해서는 안 된다. 자신이 가진 지식과 기술에 대한 정확한 상을 얻고자 한다면 마치 과학자가 현미경을 들여다보듯이 자기 자신을 평가하는 작업이 도움이 된다. 그러나 최근에 나에게 생긴 믿음 가운데 하나는, 사람은 때때로 자기 자신을 과소평가하는 편이 더 낫다는 것이다.

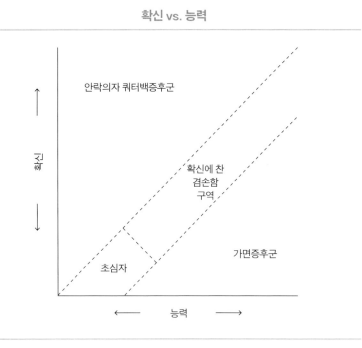

확신 vs. 능력

의심이 안겨다주는 이득

아이슬란드 대통령 선거 한 달 반 전에 할라 토마스도티르의 지지율은 1퍼센트밖에 되지 않았다.[37] 제1차 대통령 후보 텔레비전 토론을 중계하게 된 방송국은 유력한 후보들에게 초점을 맞추기 위해 지지율 2.5퍼센트 미만인 후보는 토론에 참석시키지 않겠다고 했다. 다행히 토론 당일에 할라는 가까스로 그 문턱을 넘었고, 그 뒤 한 달 동안 그녀의 지지율은 가파르게 올라갔다. 그녀는 단지 가능성 있는 후보에 그치지 않았다. 마지막 네 명의 강력한 후보 가운데 한 명으로까지 올라섰다.

몇 년 뒤에 나는 할라를 내 강의실로 초대했다. 할라는 학생들에게 강연을 하면서 자기를 그렇게 빛나는 유성이 되도록 쏘아 올렸던 심리적인 연료는 다름 아닌 가면증후군이었다고 말했다. 자기가 마치 가면을 쓴 사기꾼 같다는 느낌은 보통 나쁜 의미로 받아들여지는데, 이것은 분명 맞는 말이다. 자기가 가치 없는 사람이라는 느낌에 만성적으로 사로잡혀 있으면 고통스럽다. 이 느낌은 동기부여를 말살하고 마음속에 품은 야심을 추구하지 못하도록 발목을 잡는다.

그러나 때로 많은 사람의 마음속으로 가벼운 수준의 자기 의심이 스며들기도 한다. 몇몇 연구에 따르면 사람들 가운데 절반 이상이 직업과 관련해서 경력을 쌓아가는 어떤 시점에서 자기가 가면을 쓴 사기꾼이라고 느낀다.[38] 이런 현상은 특히 여성 및 소외집단에서 나타나는 것으로 알려져 있다.[39] 그런데 이상하게도 이런 현상이 높은 성취를 거둔 사람들 사이에서도 나타나는 것 같다.

나는 성인이 되기도 전에 이미 특허권을 딴 학생을 가르쳤고 운전 면허증을 따기도 전에 체스 달인이 된 학생도 가르쳤지만, 이런 학생들은 여전히 불안해하면서 자기 능력을 끊임없이 의심한다. 그러나 아무리 자기 능력을 의심하더라도 일반적인 기준으로 보면 이런 사람들이 성공을 거둔 건 분명하다. 여기에서 이런 생각을 한번 해보자. 그들이 성공을 거둔 건 사실 그런 자기 의심 덕분이 아니었을까?

이런 가설을 확인하기 위해 바시마 테위픽(Basima Tewfik, 당시에 그는 펜실베이니아대학교 와튼스쿨의 박사 과정 학생이었고 지금은 MIT 교수이다)은 임상 실습을 막 시작한 한 무리의 의대생을 실험 참가자로 모집했다. 바시마는 이 학생들이, 다양한 질병 증상을 호소하는 역할을 하도록 훈련받은 배우들과 30분 이상 대화를 나누게 했다. 그리고 그 학생들이 환자를 어떻게 대하는지 관찰하면서 올바른 진단을 내리는지 추적했다.

바시마는 이렇게 하기 일주일 전에 그 학생들에게 설문지를 돌려서 '나는 다른 사람들이 생각하는 것만큼 그렇게 유능하지 않다.' '나에게 중요한 사람들은 내가 나 자신을 평가하는 것보다 나를 더 유능하게 평가한다'와 같은 생각, 즉 자기가 가면을 쓴 사기꾼이라는 생각을 얼마나 자주 하는지 물었다. 그런데 이 설문에서 자기를 사기꾼이라 생각한다고 응답했던 학생들이 그렇지 않은 학생에 비해 환자 진료 과정에서 잘못된 판단을 적게 했으며 환자를 대하는 태도도 훨씬 더 좋았다. 질문이나 정보 공유를 효과적으로 했을 뿐만 아니라 환자에게 공감하는 모습을 보이며 공손하고 전문적이라는 평가를 받은 것이다. 바시마는 투자 전문가들을 대상으로 한 또 다른 연구에서도 비슷한 양상을 확인했다. 자기가 가면을 쓴 사기꾼이라는 생각을 더 많이 하는 사람일수록 넉 달 뒤에 실시된 상급자의 고과에서 더 높은 점수를 받았다.[40]

이 증거는 새롭게 나타난 것이다. 우리는 가면증후군이 언제 유익하고 언제 해로운가 하는 문제를 놓고 지금도 여전히 많은 것을 배워야 한다. 그래서 나는 우리가 지금까지 가면증후군을 잘못된 심리적 장애로만 바라보는 오판을 해왔던 것이 아닌가 생각한다.

가면의 공포가 스멀스멀 피어오를 때 통상적인 조언은 그 공포를 무시하라는 것, 즉 의심이 가져다주는 편익만을 생각하라는 것이다. 공포를 물리치는 게 아니라 끌어안는 것이 더 좋을 수 있다. 왜냐하면 자기가 가면을 쓰고 있다는 생각이 의심의 세 가지 이득을 가져다주기 때문이다.

가면을 쓰고 있다는 느낌이 가져다주는 첫 번째 이득은 더 열심히 노력하도록 동기부여가 된다는 점이다. 어떤 경주를 시작할지 말지를 놓고 결정해야 할 때는 이런 느낌이 아무래도 도움이 되지는 않겠지만, 일단 출발선에 서고 난 다음에는 최종 결승전 참가자 명단에 들어갈 수 있도록 결승선까지 최선을 다해 달리겠다는 마음을 강화한다. (이 반응은 성별에 따라 달라질 수 있다. 투자 전문가들을 대상으로 한 바시마의 연구에서, 자기가 가면을 썼다는 생각은 남성과 여성 모두에게 성과를 올리는 데 도움이 되었다. 그러나 팀워크를 높이는 데는 남성들 사

안락의자 쿼터백증후군 vs. 가면증후군

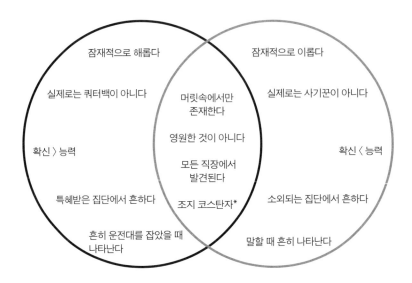

잠재적으로 해롭다

잠재적으로 이롭다

실제로는 쿼터백이 아니다

머릿속에서만
존재한다

실제로는 사기꾼이 아니다

확신 〉 능력

영원한 것이 아니다

확신 〈 능력

모든 직장에서
발견된다

특혜받은 집단에서 흔하다

조지 코스탄자*

소외되는 집단에서 흔하다

흔히 운전대를 잡았을 때
나타난다

말할 때 흔히 나타난다

* 미국 시트콤 〈사인펠드(Seinfeld)〉의 등장인물 – 옮긴이

이에서 더 많은 효과가 나타났다. 즉 남성들은 핵심적인 업무에서 자기가 다른 사람의 기대에 못 미칠지도 모른다는 두려움을 상쇄하기 위해 협력 작업을 추가로 수행했다. 한편 여성들은 확신에 보다 더 많이 의존했으며, 따라서 의심 때문에 더욱 위축되는 모습을 보였다.) 나는 콜센터 직원과 군인, 그리고 정부기관이나 비영리단체에 근무하는 직원 등을 대상으로 연구조사를 진행했는데, 그 결과 사람을 자기만족에 머물게 하는 것은 확신이라는 사실을 발견했다.[41] 만일 우리가 다른 사람을 실망시킬지 모른다는 걱정을 전혀 하지 않는다면 아마 우리는 실제로도 그런 실망을 안겨주지 않을 가능성이 크다. 그러나 자기가 가면을 쓰

고 있다고 느낄 때 우리 마음속에는 남에게 무언가를 입증해야 한다는 생각이 들어선다.[42] 이런 점에서 보자면 어쩌면 가면을 절대로 쓰지 말아야 할지도 모르지만, 다른 한편으로는 절대로 벗어던지지 말아야 할지도 모른다.

가면을 쓰고 있다는 느낌의 두 번째 이득은 더 똑똑해지도록 노력하는 동기부여가 된다는 점이다. 자기가 결국에는 이길 것임을 믿지 않을 때는 자기 전략을 다시 생각한다고 해서 잃는 건 아무것도 없다. 밑져야 본전이기 때문이다. 모든 초심자가 더닝-크루거 효과의 희생자가 되지 않음을 명심해라. 가면을 쓰고 있다는 느낌은 우리에게 초심자의 마음가짐을 부여함으로써 다른 사람들이 당연한 진실로 여기는 여러 가정을 의심하게 만든다.

세 번째 이득은 가면을 쓰고 있다는 느낌을 가질 때 우리는 한층 훌륭한 학습자가 된다는 점이다.[43] 자기가 가진 지식과 기술을 의심함으로써 우리는 겸손해지고 다른 사람들에게서 어떤 것이든 배우려고 나선다. 심리학자 엘리자베스 맨쿠소(Elizabeth Krumrei Mancuso)와 그녀의 동료들이 썼듯이 "학습은 자기가 배울 게 있음을 깨닫는 겸손함이 전제된다."[44]

이런 역학을 증명하는 몇 가지 증거는 와튼스쿨에서 박사 과정을 밟았던 또 다른 학생이자 지금은 뉴욕주립대학교 버펄로 캠퍼스의 교수 대니엘 터싱(Danielle Tussing)의 연구 결과에서도 볼 수 있다. 대니엘은 간호사들이 돌아가면서 책임간호사의 역할을 맡는 병원의 자료를 수집했다. 책임간호사 역할을 돌아가면서 맡는다는 것은 설령 자기 능력을 의심하는 사람이라고 하더라도 책임간호사가 될 수 있다는 뜻이다. 그런데 자기가 책임자가 되기에는 부족하다고 느낀 간호사가 실제로는 책임자의 역할을 보다 더 효과적으로 수행했는데, 이런 결과가 나온 부분적인 이유는 그들이 다른 동료들에게서 제2의 의견을 구하는 데 보다 더 적극적이었기 때문이다.[45] 그들은 자신을 현장에서 한 걸음 물러나 있는 사람이 아니라 현장에서 뛰는 사람으로 보았으며, 경험이나 전문성 측면에서 자기에게 부족한 것들 가운데 많은 부분을 다른 사람의 의견을 경청함으로써 보완할 수 있음을 알았다. 이런 경우의 가장 생생한 사례가 할라 토마스도티르이다.

비범한 겸손함

할라를 만났을 때 그녀는, 과거에는 자기가 품었던 의심들이 자신을 약하게 만들었다고 말했다. 그때만 하더라도 그녀는 그 의심들을 자기에게는 성공할 역량이 부족하다는 신호로 받아들였다고 했다. 하지만 내가 만난 시점에 그녀는 확신에 찬 겸손함의 지점에 이미 도달해 있었으며, 따라서 그 의심들을 전혀 다르게 받아들였다. 그 의심들이야말로 자기가 가진 도구들을 개선하는 데 필요한 단서라고 바라본다.

지금까지 드러난 많은 증거로 보건대, 확신은 발전의 원인이 되는 만큼이나 발전의 결과이기도 하다.[46] 그러니 확신이 어려운 목표를 성취할 수 있을 때까지 기다릴 필요가 없다. 우리는 어려운 목표를 성취하는 과정을 통해서 확신을 구축할 수 있다. 할라도 다음과 같이 말했다.

"나는 가면증후군을 좋은 것으로 받아들이게 되었습니다. 이것을 나에게 유리하게 활용하는 방법을 배웠거든요. 아닌 게 아니라 자기 의심을 통해서 나는 잘 성장하고 있으니까 말이죠."

다른 대통령 후보들이 통상적인 언론 보도에 별 생각 없이 의존할 때 할라는 자신이 가진 여러 도구를 의심했고, 이런 의심 덕분에 그녀는 선거 유세 방식을 놓고 기꺼이 다시 생각했다. 그녀는 더 열심히, 그리고 더 똑똑하게 일하면서 밤늦게까지 SNS 메시지에 개인적인 답변을 올렸다. 그녀는 페이스북 라이브 방송을 하면서 유권자들이 무엇이든 물어보도록 했으며 스냅챗을 배워 젊은 층을 파고들었다. 그리고 잃을 게 아무것도 없다고 생각했기에 다른 후보들이 별로 찾아가지 않던 곳을 찾아갔다. 경쟁 후보들을 비난하는 네거티브 유세보다는 포지티브 유세에 집중했다. '나빠져봐야 얼마나 더 나빠지겠어?'라고 그녀는 생각했다. 그랬기에 유권자들로부터 강력한 공감을 얻을 수 있었다. 유권자들은 후보들이 서로 비방하는 모습에 질렸던 터라 그녀가 경쟁자들을 존중하는 참신한 모습을 좋아했다.

불확실성은 우리에게 질문을 하게 하고 새로운 아이디어를 받아들이게 만든다. 불확실성은 우리가 더닝-크루거 효과에 빠져들지 않도록 막아준다.

"나는 내가 모든 것을 다 알고 있다는 생각은 절대로 하지 않습니다. 이런 가면증후군은 언제나 나를 조심하게 만들어서 나를 성장시킵니다. 변화를 꾀하는 사람이라면 가면증후군이 반드시 필요할지도 모릅니다. 가면은 '여기에서는 이렇게 하는 게 옳아'라는 말을 거의 하지 않습니다. '이게 맞는 길이야'라는 말도 절대로 하지 않죠. 나는 배우고 성장하고 싶은 욕망이 워낙 강렬했기에 어떻게 하면 예전과 다르게 할 수 있을지 모든 사람에게 물으며 조언을 구했습니다."

이렇게 말하는 할라는 정치인이라기보다는 과학자에 가깝다. 비록 그녀는 자신이 가진 도구들을 의심했지만 학습자로서의 자기 자신에 대해서는 확신을 가졌다. 그녀는 지식을 구하려면 전문가들에게 배우는 것이 최상의 방법이지만 창의성과 지혜는 어디에서든 얻을 수 있음을 잘 알았다.

아이슬란드 대통령 선거에서 차기 대통령은 할라와 다비드 오드손, 그리고 다른 두 명으로 압축되었다. 선거운동 기간 내내 미디어는 할라를 제외한 세 사람을 할라보다 더 많이 다루었다. 할라의 인터뷰가 1면에 크게 실리는 일은 한 번도 없었지만 다른 후보들에게는 흔한 일이었다. 그들이 동원한 선거자금도 할라보다 훨씬 많았다. 그러나 할라는 선거 당일에 유권자의 4분이 1이 넘는 지지를 받으면서 아이슬란드를, 그리고 할라 자신을 깜짝 놀라게 했다.

그녀는 득표율 2위를 기록하면서 대통령이 되지는 못했다. 그녀의 득표율은 1위 후보의 39퍼센트에 미치지 못하는 28퍼센트였다. 그러나 할라는 14퍼센트밖에 얻지 못하며 꼴찌로 밀려난 오드손을 확실하게 눌렀다. 그녀의 지지율이 빠르게 상승한 것을 놓고 볼 때 선거운동을 몇 주만 더 했으면 1위를 기록할 수도 있었겠다는 상상은 결코 허무맹랑하지만은 않다.

위대한 사상가는 의심이 가면을 쓴 사기꾼이라고 해서 이 의심을 떨쳐내지 않는다. 사람은 누구나 맹점을 가지고 있으며, 이 맹점을 개선해야 함을 잘 알기에 자신이 품는 의심을 소중하게 여긴다. 또 자기가 알고 있는 많은 지식을 뽐내지 않으며, 오히려 자기가 모르는 지식이 많다는 사실에 경탄한다. 그들은 각각의 모든 해답은 새롭게 던진 질문에서부터 나타나며 지식을 향한 탐구는 결코 끝나는 법이 없음을 잘 안다. 평생 배우고 익히는 사람의 특징은 자신이 만나는 모든 사람에게서 무언가를 배울 수 있음을 잘 안다는 점이다.

오만함은 자기 약점을 바라보지 못하게 눈을 가린다. 겸손함은 반사용 렌즈라서 자기 약점을 선명하게 바라볼 수 있게 도와준다. 확신에 찬 겸손함은 교정용 렌즈라서 그 약점을 극복하게 돕는다.

3장

|

틀렸을 때 느끼는 기쁨
자기가 생각하는 모든 것을 믿지 않을 때의 희열

□ □ □

나는 하버드대학교에서 학위를 받았다.
내가 틀릴 때마다 세상은 조금씩 더 엉터리가 된다. [1]

켈시 그래머(Kelsey Grammer)가 시트콤 〈프레이저(Frasier)〉에서 연기한
프레이저 크레인(Frasier Crane) 박사

1959년 가을, 한 저명한 심리학자가 매우 비윤리적인 연구에 실험 참가자들을 모집했다.[2] 그는 하버드대학교에 재학 중인 2학년 학생들을 일련의 실험에 참가시켰는데, 이 실험은 그 학생들이 졸업할 때까지 계속 이어질 예정이었다. 이 학생들은 자발적으로 일주일에 두 시간씩 쪼개서 자신의 개성을 발달시키고 심리적인 문제를 해결할 방법과 관련된 지식을 쌓기로 했다. 그런데 사실상 이 학생들은 자기가 가진 믿음을 공격받아도 좋다는 데 서명했지만 이런 사실을 전혀 알지 못했다.

심리학자 헨리 머리(Henry Murray)는 원래 의사이자 생화학자로 교

육과 훈련을 받았다. 그러다가 심리학자가 되었고, 심리학자로 이름을 널리 알린 뒤에는, 심리학 연구자들이 어떻게 하면 사람들이 까다로운 상호작용을 잘 수행할까 하는 문제에는 거의 관심을 기울이지 않는다는 사실에 환멸을 느꼈다. 그래서 그는 그 연구를 자신의 심리 실험실에서 진행하기로 마음먹었다. 그는 학생들에게 한 달이라는 시간을 주고는 본인이 중요하게 여기는 핵심적인 가치관과 삶의 원칙을 포함한 개인적인 인생철학을 정리해서 제출하도록 했다. 학생들이 각자 내용을 정리해왔을 때 그는 학생들을 두 명씩 짝을 지어준 뒤에 하루나 이틀에 걸쳐 상대방이 정리한 내용을 읽게 했다. 그런 다음에는 그 내용을 놓고 토론하게 하고, 이 토론을 촬영했다. 그런데 이 토론은 학생들이 예상했던 것보다 훨씬 더 격렬하게 진행되곤 했다.

헨리는 제2차 세계대전 때 활약했던 첩보요원들을 위해서 자신이 직접 개발한 심리적 평가를 토대로 그 연구 작업을 모델링했다. 그는 제2차 세계대전 때 중령으로 복무하면서 중앙정보국(CIA)의 전신인 전략첩보국(OSS)의 후보 요원들을 심사하는 임무를 맡아 수행했다. 그때 그는 첩보요원이 되겠다는 후보들이 외부의 압박에 대처하며 견디는 방식을 알아보려고 이들을 지하실에 데리고 가서 강한 불빛을 얼굴에 비추며 심문을 했다. 이 심문 과정을 수행하던 조사관은 후보 요원들이 전혀 예상하지 못하는 시간 간격을 두고 불쑥 나타나서 "거짓말하지 마!"라며 고함을 지르곤 했다. 몇몇 후보자는 압박을 견디지 못하고 그 자리에서 포기하고 돌아섰다. 심지어 어떤 후보 요원은 울음을 터뜨리기도 했다. 이 모든 과정을 견딘 후보 요원은 정식 첩보요원이 되었다.

이런 경험이 있던 헨리는 스트레스 반응에 대한 한층 체계적인 연구를 진행할 준비를 갖추었다. 실험 참가자를 선발하는 과정부터 철저했다. 다양한 성격을 모두 아울러야 했고 정신건강 측면에서도 다양성을 확보하도록 실험 참가자를 엄격하게 선발해서 표본을 완성했다. 그는 학생들에게 각각의 성격 특성을 토대로 암호명을 부여했다. 예를 들면 드릴(Drill), 석영(Quartz), 메뚜기(Locust), 경첩(Hinge), 준법자(Lawful) 등이었다. 준법자에 대해서는 뒤에서 다시 더 자세하게 이야기하겠다.

학생들의 토론 상대는 그들의 동료가 아니라 법학생이었는데, 이 법학생은 연구팀과 한통속이었다. 이런 사실을 학생들은 전혀 알지 못했다. 법학생에게 주어진 임무는 실험에 참가한 학생들을 상대로 18분 동안 무자비한 공격을 퍼붓는 것이었다. 헨리는 이것을 '스트레스를 주는 대면 논쟁'이라고 불렀는데, 그는 법학생에게 "맹렬하고 전방위적이며 개인적으로 모욕을 주는 … 공격 모드"를 동원해서 실험 참가자들을 최대한 화나게, 그리고 불안하게 만들라고 지시했다. 그 가여운 참가자들은 자기가 생각하는 고귀한 이상과 가치관을 방어하기 위해 진땀을 흘리며 고함을 질러야 했다.

그런데 고통은 거기에서 멈추지 않았다. 그 뒤 몇 주 동안 학생들은 다시 실험실로 불려가서 토론 영상에 기록된 자기의 반응 모습을 놓고 또다시 토론해야 했다. 괴로워하는 모습, 일관성 없는 말들을 떠들거리며 이어가는 자신의 모습을 지켜보아야 했던 것이다. 그 굴욕적인 18분의 토론 아닌 토론을 무려 여덟 시간 동안이나 다시 경험해야 했다. 그로부터 사반세기가 지난 뒤에 당시의 실험 참가자들이 그때를 돌아보았는데, 많은 사람이 그 경험을 고통스러웠다고 표현했다. '드릴'은 그 감정을 묘사하면서 '끓이지 않는 분노'라는 표현을 썼다. '메뚜기'는 자신이 느꼈던 당혹감, 분노, 원통함, 불쾌함 등의 감정을 회상하면서 다음과 같이 썼다.

"그들은 나를 속였다. 토론을 하면 된다고 했지만 그건 토론이 아니었다. 나를 일방적으로 공격했다. 어떻게 나에게 그런 짓을 할 수 있었단 말인가? 도대체 무슨 목적으로 나에게 그런 짓을 했을까?"

그런데 어떤 참가자들은 두드러지게 다른 반응을 보였다. 그들은 자기가 가지고 있던 믿음에 대해서 다시 생각해보라는 강요를 받으면서 짜릿한 흥분을 느꼈던 것 같다. 예를 들어 한 참가자는 당시를 다음과 같이 기억했다.

"자기가 소중하게 여기는 (적어도 내 경우에는 대학교 2학년생의 어쭙잖은) 가치관이 무자비하게 공격당했으니 어떤 사람들은 그 경험을 불편하게 받아들였을 수도 있다. 그러나 나에게는 한 주에 한 번 기분 잡치는 경험이 아니었다. 물론 인생 전체를 놓고 이렇다 저렇다 할 수 없는 건 당연하고."[3]

다른 참가자는 당시의 일들을 '매우 동의할 수 있다'는 표현으로 묘사했고, 또 다른 참가자는 '재미있었다'라고까지 했다.[4]

이처럼 그 실험을 매우 긍정적으로 받아들인 참가자들이 했던 말들을 처음 읽은 뒤부터 지금까지, 나는 무엇이 그들을 그렇게 생각하게 만들었을까 하는 의문에 사로잡혀 있다. 자신의 믿음이 송두리째 뽑혀나가는 그 경험을 어떻게 즐길 수 있었을까? 우리가 그들의 태도를 배우려면 어떻게 해야 할까?

헨리가 했던 그 연구와 관련된 기록은 여전히 봉인되어 있고 당시 실험 참가자들 다수가 자신의 신분을 밝히지 않았다. 그래서 내가 할 수 있는 것의 범위는 제한적이지만, 그래도 나는 내가 할 수 있는 최선을 다했다. 그들과 비슷한 사람을 찾아나서는 일이었다. 이렇게 해서 나는 노벨상 수상자 한 명과 세계 최고의 선거 예측 전문가 두 사람을 찾아냈다. 이들은 자기가 틀렸다는 사실에 그저 편안함을 느끼는 데 그치지 않고 짜릿한 희열까지 느낀다. 적어도 내가 보기에는 그렇

무식한 닭, 더그 세비지 작

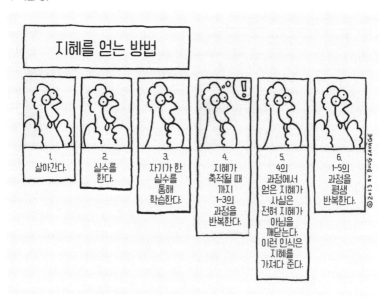

다. 자기가 믿는 내용이 진실이 아닐 수도 있음을 발견하는 순간에 한층 포용적으로 그 사실을 받아들이는 방법에 대해서 우리가 그들에게서 무언가를 배울 수 있다고 나는 생각한다. 목표는 보다 덜 자주 틀리는 것이다. 우리는 우리가 받아들이고 싶어 하는 것보다 더 자주 틀린다는 사실을 인식해야 한다. 이런 사실을 부정하면 할수록 우리는 자기가 판 구덩이에 그만큼 더 깊이 빠져든다.

당신의 생각을 감시하는 독재자

내 아들이 다섯 살 때였다. 녀석은 사촌동생이 생길 것이라는 말을 듣고 무척 좋아했다. 아내와 나는 태어날 아기가 아들일 것이라고 생각했고, 아들 녀석도 그렇게 생각했다. 그런데 정작 태어난 아기는 아들이 아니라 딸이었다. 이 소식을 전하자 아들 녀석은 울음을 터뜨렸다. 그래서 내가 물었다.

"왜 우니? 남자 아기가 태어날 것이라고 기대했다가 실망해서 그러니?"

"아니에요!"

녀석은 두 주먹을 바닥에 내리치면서 대답했다.

"우리 셋 다 틀렸잖아요!"

나는 틀리는 것이 언제나 나쁜 것은 아니라고 아들에게 설명했다. 틀렸다는 것은 알지 못했던 새로운 사실을 배웠다는 신호가 될 수 있다고, 그 발견 자체가 기쁨이 될 수 있다고 말했다.

이런 인식이 나에게 저절로 생긴 것은 아니다. 성장 과정에서 나는 틀리지 말아야 한다는 생각에 사로잡혀 있었다. 초등학교 2학년 때는 교사가 'lightning'의 철자를 'lightening'으로 잘못 쓴 것을 지적했다. 야구 카드를 교환할 때는 가장 최근에 있었던 경기의 통계 결과를 줄줄이 읊으면서 각 선수에게 매겨진 기존의 가격표, 즉 친구들이 나에게 제시하는 가격표가 잘못되었다고 주장했다. 친구들은 나의 이런 습관을 짜증스럽게 여겼고 나를 '미스터 팩트'라는 별명으로 부르기 시작했다. 이런 태도가 당시에 얼마나 심각했던지 한번은 나와 가장 친한 친구가 내가 틀렸음을 인정하지 않으면 나와 얘기하지 않겠다고 선언할 정도였다. 그때부터 내가 틀릴 수도 있음을 더 잘 받아들이려고 노력하는 나만의 여정이 시작되었다.

사회학자 머리 데이비스(Murray Davis)는 고전이 된 한 논문에서 어떤 생각들이 살아남은 것은 그 생각들이 진실이기 때문이 아니라 흥미롭기 때문이라고 주장했다.[5] 어떤 생각을 흥미롭게 만드는 것은 그 생각이 우리가 허술하게 가지고 있는 의견을 반박하기 때문이다. 달은 지구의 마그마 비에서 나온 증기 속에서 처음 생성되었을지도 모른다는 사실을 당신은 알고 있는가?[6] 일각고래의 뿔이 실제로는 이빨이라는 사실을 알고 있는가?[7] 어떤 생각이나 가정이 우리 마음속에 깊이 새겨져 있지 않았고 우리가 그것에 의문을 품을 때, 우리는 흔히 흥분을 느낀다. 감정의 자연스러운 흐름은 놀람("진짜야?")에서 시작해서 호기심("더 얘기해줘!")으로 이어지고 다시 희열("우아!")로 이어진다. SF 작가 아이작 아시모프(Isaac Asimov)가 했다는 말을 빌려서 표현하면, 위대한 발견들은 흔히 '유레카!'가 아니라 '그것 참 재밌군'에서부터 시작된다.

그러나 자기가 가지고 있는 핵심적인 믿음이 의심받을 때 사람들은 마음을 열기보다는 닫아버리는 경향이 있다. 마치 우리의 머릿속에 작은 독재자가 들어앉아 있어서, 김정은이 북한을 통제하듯이, 실제 사실과 관련된 이야기가 우리의 마음속에 흐르는 것을 차단하는 것 같다.[8] 심리학에서는 이것을 전제군주 자아(totalitarian ego)라고 부르는데, 이것이 하는 일은 위협적인 정보를 차단하는 것이다.

누군가가 자기의 정체성이나 지성을 공격할 때, 이 내면의 독재자가 얼마나 쓸모 있는지 쉽게 확인할 수 있다. 전제군주 자아는 마치 우리 정신의 경호원처럼 개입하여 우리에게 위안이 되는 거짓말을 제공함으로써 자아의 이미지를 보호한다. 저 사람들이 샘이 나서 그러는 거야, 너는 정말정말정말 말도 안 되게 잘생겼어, 너는 다음번 애완 자갈(Pet Rock)을 발명하기 직전이야. 물리학자 리처드 파인먼(Richard Feynman)이 말했듯이 "자신을 속여서는 안 된다. 그런데 자신은 세상에서 가장 속이기 쉬운 사람이다."[9]

또한 우리의 내면 독재자는 우리가 깊이 신봉하는 의견이 위협받을 때는 책임지고 전면에 나서길 좋아한다. 앞서 소개했던 하버드대학교의 연구에서 실험 진행자가 실험 참가자들의 가치관과 세계관을 공격할 때 가장 강하게 부정적인 반응을 보인 사람은 암호명 '준법자'였다. 준법자는 노동자 계층 출신이었으며 특이할 정도로 조숙했는데, 열여섯 살에 대학교에 입학했으며 그 실험에 참가할 때는 열일곱 살이었다. 그가 가지고 있던 여러 믿음 가운데 하나는 기술이 문명을 해롭게 한다는 것이었는데, 그는 자기 견해가 공격을 받자 적대적인 모습을 보였다. 준법자는 나중에 교수가 되었는데, 그가 발표한 대표적인 저술을 보더라도 그는 나중까지도 자신의 그 견해를 전혀 바꾸지 않았음이 분명했다. 오히려 기술을 향한 그의 우려는 증폭되어 있었다.

— 산업혁명 및 이것의 결과는 인류에 재앙이 되고 말았다. '기술적으로 발전한' 여러 나라에 사는 사람들의 수명이 크게 길어지긴 했지만 사회를 불안정하게 만들었고, 삶 자체를 도무지 만족스럽지 못한 것으로 만들었으며, 사람들에게 … 육체적인 고통은 말할 것도 없고 … 온갖 굴욕을 안길 것이고 자연계에도 심각한 해를 입힐 것이다.[10]

이런 종류의 확신은 위협에 대한 통상적인 반응이다. 신경과학자들은 우리의 핵심적인 믿음이 도전을 받을 때는 뇌 속의 편도체가 자극을 받을 수 있음을 확인했다.[11] '도마뱀의 뇌'로 일컬어지는 편도체는, 냉정한 합리성을 거침없이 건너뛴 다음에 맹렬한 투쟁-도피 반응을 활성화하는 원초적인 기능을 수행하는 뇌 부위이다. 분노와 공포는 본능적인 감정이다.[12] 이때는 마음을 세게 두들겨 맞은 것 같은 느낌이 든다. 바로 이때 전제군주 자아가 정신의 갑옷을 챙겨들고 우리를 구하러 온다. 우리는 전도사나 검사가 되어서 계몽되지 않은 사람을 개종하려 하거나 이 사람의 죄를 따진다. 이런 맥락에서 저널리스트 엘리자베스 콜버트(Elizabeth Kolbert)는 다음과 같이 썼다.

"다른 사람이 어떤 주장을 펼치면서 자기를 공격할 때 우리는 재빠르게 상대방 주장의 약점을 찾아낸다. 그러나 정작 우리가 보지 못하는 것은 바로 자기 주장의 허점이다."[13]

내가 보기에는 이 점이 이상하다. 왜냐하면 사람이 세상에 태어날 때부터 자기 의견을 가지고 태어나지는 않기 때문이다. 우리는 자기의 키나 순수지능(raw intelligence)은 통제할 수 없지만 자기가 진실이라고 믿는 것만큼은 온전하게 통제할 수 있다. 우리는 자기의 견해를 스스로 선택하며, 언제든 자기가 원하기만 하면 그 견해를 다시 생각하기로 선택할 수 있다. 우리는 이런 일에 익숙해져야 한다. 왜냐하면 사람이 툭하면 틀린다는 증거는 수도 없이 널려 있기 때문이다. 예를 들면 이렇게 말이다. 이 장의 원고를 금요일까지 끝낼 수 있다고 확신했는데 왜 이렇게 돼버렸지? 상자에 큰부리새 그림이 그려져 있는 시리얼이 프루트룹스(Fruit Loops)라고 분명히 알고 있었는데 이제 보니까 프룻룹스(Froot Loops)네? 어젯밤에 분명히 우유를 냉장고 안에 넣었는데 이상하게도 아침에 보니까 우유가 탁자 위에 놓여 있네.

내면의 독재자는 과도한 확신 사이클을 활성화함으로써 통제의 영향력을 이어나간다. 이런 일이 일어나는 과정은 다음과 같다.[14] 우선 우리의 잘못된 의견은 필터버블(filter bubbles, 이용자의 관심사에 맞춰 필터링된 인터넷 정보로 인해 편향된 정보에 갇히는 현상 – 옮긴이) 안에 갇힌 채로 보호된다. 이 필터버블 속에서 사람들은 자기의 확신을 지지하는 정보만 접하기 때문에 자기 의견에 자부심을 느낀다. 그런 다음에 우리의 믿음은 반향실(echo chamber) 안에 밀봉되는데, 이 반향실 안에서 우리는 자기가 가진 믿음에 힘을 보태주고 박수를 쳐주는 사람들이 하는 말만 듣는다. 이렇게 해서 지나친 자기 확신의 성채가 단단하게 완성된다. 그런데 이 성채가 비록 난공불락처럼 보일 수도 있지만, 이 성채를 깨부수겠다고 작정한 전문가들로 구성된 집단은 지금도 점점 커지고 있다.

애착과 관련된 몇 가지 쟁점

얼마 전에 내가 어떤 총회 자리에서 강연을 할 때였다.[15] '기버(giver, 주는 것을 좋아하는 사람)'와 '테이커(taker, 받는 것을 좋아하는 사람)', 그리고 '매처(matcher, 주기와 받기의 균형을 추구하는 사람)'에 대해서 내가 연구하던 내용을 설명하는 자리였다. 나는 관대한 사람과 이기적인 사람과 공정한 사람 가운데 어느 쪽이 영업과 엔지니어링 같은 직무에서 보다 높은 성과를 내는지 연구하고 있었다. 그런데 노벨상 수상자인 대니얼 카너먼(Daniel Kahneman)이 그 자리에 참석해 있었는데, 그는 인간의 직관이라는 것이 얼마나 불완전하고 흠결이 많은지를 평생에 걸쳐 연구하고 입증한 심리학자이다. 그는 나중에 나에게, 기버가 테이커나 매처보다 실패율이 더 높지만 성공률도 더 높음을 발견했다는 사실에 깜짝 놀랐다면서 나를 칭찬했다.[16]

만일 당신이라면 당신을 깜짝 놀라게 하는 어떤 논문을 접할 때 어떻게 반응하겠는가? 많은 사람은 방어적으로 나서면서 그 논문의 실험 설계 방식이나 통계 분석에서 오류를 찾아내려고 할 것이다. 그러나 카너먼은 반대였다. 그는 눈을 동그랗게 뜨고 활짝 웃으면서 "정말 멋지군요! 내가 틀렸어!"라고 말했다.

나중에 카너먼과 점심을 먹는 자리에서 나는 그가 보인 반응에 대해 물었다. 무척이나 재미있다는 표정으로 눈을 연신 깜박거리던 그의 모습이 나에게는 '자기가 틀렸음을 확인할 때 느끼는 기쁨'으로 비쳤기 때문이다. 그는 85년 인생을 살면서 누가 자기에게 그런 말을 한 적이 한 번도 없긴 했지만, 아무튼 자기가 틀렸다는 사실을 알아서 진정으로 기쁘다고 말했다. 왜냐하면 그것은 그가 이제는 예전보다 덜 틀리게 되었음을, 즉 몰랐던 사실을 새롭게 하나 더 알았음을 뜻하기 때문이라고 했다.

그게 어떤 느낌인지는 나도 알고 있었다. 대학교 재학 시절에 무엇보다도 강력하게 나를 사회과학으로 끌어당긴 게 있었다. 그것은 내가 기대하던 내용을 여지없이 깨부수는 논문을 읽는 재미였다. 그렇게 새로운 사실을 알고 나면 나는 곧바로 룸메이트들에게 내가 다시 생각하기 시작한 가정에 대해 이야기하곤 했다. 처음으로 독립적인 연구 프로젝트를 진행할 때 내가 가지고 있던 몇 가지 예측을 검증했는데, 내가 설정했던 10개 남짓한 가설이 '거짓'으로 판명되었다. (나는 내가 일하던 여행 가이드 회사에서 어떤 작가나 편집자는 왜 다른 사람들보다 더 높은 성과를 내는지 그 이유를 설명해주는 요인을 연구하고 있었다. 성과는 개개인이 가지고 있는 자율감, 통제력, 확신, 도전의식, 연결성, 협력성, 갈등, 지지, 자긍심, 스트레스, 피드백, 역할 명료성, 혹은 즐거움 등과는 관련이 없었다. 높은 성과를 올리는 사람들은 자기가 하는 일이 다른 사람들에게 긍정적인 충격을 줄 것이라는 믿음으로 일하는 사람들이었다. 이런 사실을 근거로 나는 남에게 주기를 좋아하는 사람이 남에게 받기를 좋아하는 사람보다 성공할 가능성이 더 높을 것이라고 예측했다. 이런 사람들은 자기가 하는 행동에 의해서 다른 사람들의 삶에서 빚어질 차이에 고무되고 여기에서 힘을 얻을 것이라는 게 내 예측의 근거였다. 계속해서 나는 다른 많은 연구에서도 이 가설을 검증하고 지지하는 작업을 이어갔다. 그러다가 나는 관대함이 보다 낮은 수준의 생산성과 보다 높은 수준의 피로도의 지표가 된다는 다른 논문들을 접하게 되었다. 그때 나는 그 논문들이 틀렸음을 입증하려 들지 않고 내가 틀렸음을, 즉 나의 이해 수준이 불완전함을 깨달았다. 그때부터 나는 남에게 주기를 좋아하는 사람이 언제 성공하는지, 그리고 또 언제 실패하는지 탐구하기 시작했고, 이 연구 결과가 나의 첫 저서 《기브앤테이크(Give and Take)》로 열매를 맺었다.) 이 경험은 지적 겸손함을 일깨우는 커다란 교훈이 되었다. 그러나 나는 전혀 위축되지 않았다. 오히려 짜릿한 희열을 느꼈다. 내가 틀렸다는 사실을 발견하는 것이 기뻤다. 그 발견은 몰랐던 사실을 새롭게 배웠다는 뜻이기 때문이었다. 카너먼이 말한 것처럼 "틀렸음을 깨닫는 것은 내가 무언가를 배웠다고 확실하게 느낄 수 있는 유일한 길"이기 때문이다.

카너먼은 설교를 하거나 조목조목 따져서 비판을 하거나 정치 활동을 하는 데는 관심이 없다. 그는 오로지 진리를 찾는 데만 매진하는 과학자이다. 그래서 나는 어떻게 하면 그런 태도를 계속 유지할 수 있느냐고 그에게 물었다. 그러자 그는 자기가 가진 믿음들이 자기 정체성의 한 부분으로 자리 잡지 못하도록 한다면서 다음과 같이 설명했다.

"나는 나와 함께 일하는 사람들이 미쳐버릴 정도로 금방금방 내 마음을 바꿔버립니다. 내가 가진 생각에 애착을 가지는 것은 그저 일시적일 뿐입니다. 내가 가진 생각이라고 해서 그 생각을 무조건 사랑하는 일은 없거든요."

애착(attachment)···. 바로 이것이 자기 의견이 핵심을 비껴갔을 때 이런 사실을 인식하지 못하도록 막고, 더 나아가 그 의견을 다시 생각하지 못하도록 막는다. 자기가 틀렸을 때의 기쁨을 마음껏 누리려면 분리(detachment)가 필요하다. 두 가지 종류의 분리가 매우 유용하다는 사실을 나는 깨달았다. 하나는 자신의 현재에서 자신의 과거를 분리하는 것이고, 다른 하나는 자신의 의견에서 자기 정체성을 분리하는 것이다.

자신의 현재에서 자신의 과거를 분리하는 것부터 먼저 살펴보자. 심리학에서 현재의 자신과 과거의 자신 사이의 유사점을 측정하는 한 가지 방법은 다음과 같은 질문을 던지는 것이다. 다음 중 어떤 형태가 당신이 지금 자기 자신을 바라보는 방식을 보다 더 정확하게 묘사하는가?

현재의 자신에게서 과거의 자신을 떼어내는 것이 불안하게 느껴질 수 있다. 심지어 긍정적인 변화조차도 부정적인 감정을 낳을 수 있다.[17] 예컨대 자기 정체성이 보다 나은 단계로 진화하는 경우에도 궤도에서 벗어났다거나 연결성이 끊어져버렸다는 느낌에 사로잡힐 수 있다.[18] 그러나 긴 시간을 놓고 보면 자기가 누구인지 다시 생각하는 것이 정신적으로 건강해지는 길로 나아가는 것 같다. 적어도 과거의 자신에게서 벗어나 현재의 자신으로 이어진 과정에 대해서 논리정연한 이야기를 할 수 있기만 하다면 말이다.[19] 어떤 연구에서는 과거의 자신과 분리되었다고 느낄 때 사람들은 1년 동안 우울함을 덜 느꼈다. 자기 인생이 진행 방향을 바꾸었으며 자기 정체성이 바뀌는 과정에 있다고 느낄 때, 과거에 가지고 있던 어리석은 여러 믿음에서 벗어나기는 한결 쉬워진다.[20]

과거의 나는 어린 시절 별명이 말해주듯 '미스터 팩트'였다. 그때 나는 아는 것에 지나치게 집착했다. 그러나 지금은 내가 아는 어떤 것보다 내가 모르는 어떤 것을 찾아내는 데 더 큰 관심을 가지고 있다. 헤지펀드 회사 브리지워터의 창업자 레이 달리오(Ray Dalio)는 나에게 이런 말을 했다.

"자기를 돌아보면서 '이런! 1년 전에 내가 그렇게 어리석었단 말이야?'라고 생각하지 않는 사람이라면, 이 사람은 지난 1년 동안 그다지 많은 것을 새로 배우지 않았던 게 분명합니다."[21]

두 번째 종류의 분리는 자기의 의견에서 자기 정체성을 분리하는 것이다. 아마도 당신은, 약간의 문제라도 있는 사람은 대뇌 전두엽 백질을 절제하는 수술을 해야 한다고 믿는 수술 전문 의사를 직접 만나고 싶은 마음이 별로 없을 것이다. 체벌이 진정한 교육 방식임을 신봉하는 교사에게 자녀를 보내고 싶은 마음도 없을 것이다. 조금이라도 의심스러운 사람은 무조건 체포해서 신체를 수색하는 것이야말로 경찰 본연의 임무라고 생각하는 사람이 경찰 책임자로 있는 동네에서 살고 싶은 마음 또한 없을 것이다. 그러나 과거 한때에는 이런 관행들이 모두 합리적이고 효과적인 것이라고 여겼다.

우리는 대부분 자기가 가진 믿음과 사상, 그리고 이념이라는 잣대로 자기 자신을 규정하는 데 익숙해져 있다. 그러나 이런 식의 접근은 문제가 될 수 있다. 세상이 바뀌고 지식이 진화할 때 여기에 대응해서 우리가 우리의 마음을 바꾸는 것을 그런 접근이 가로막을 수 있기 때문이다. 자기 의견을 성스럽게만 여길 때는 자기 의견이 틀렸을 수 있다는 생각조차도 적대적으로 바라볼 수 있다. 그리고 이때 전제군주 자아가 튀어나와서 반대 주장을 억누르고 반대 증거를 부수어버리며 학습으로 통하는 문을 닫아버린다.

어떤 사람의 정체성은 그 사람이 믿고 있는 것들이 아니라 그 사이 소중하게 여기는 것들이 무엇이냐에 따라서 규정된다. 당신의 가치관, 즉 당신이 소중하게 여기는 것은 당신 인생의 핵심 원리들이다. 그것은 탁월함과 관대함이 될 수도 있고, 자유와 공정함이 될 수도 있으며, 혹은 안정성과 온전함이 될 수도 있다. 이런 종류의 원리를 자기 정체성으로 삼을 때 당신은 그 원리들을 발전시켜나갈 최상의 방법을 향해서 마음을 활짝 열어둘 수 있다. 당신은 건강을 지키는 것을 자기 정체성으로 삼는 의사, 학생들의 학습에 도움을 주는 것을 자기 정체성으로 삼는 교사, 그리고 주민의 안전과 정의 증진을 자기 정체성으로 삼는 경찰관을 당연히 원할 것이다. 사람들이 자신의 의견이 아니라 자기 가치관으로 자신을 규정할 때, 사람들은 새로

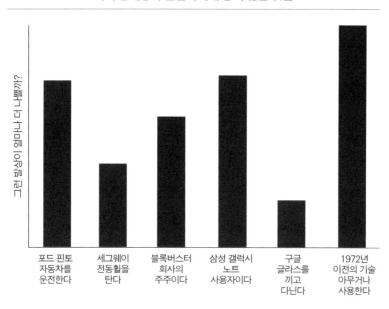

자기 정체성과 연결하기에 좋지 않은 것들

운 증거가 제시될 때마다 자신의 기존 관행을 수정·보완하는 유연성을 가질 수 있다.

요다 효과: "지금까지 배운 것을 깡그리 잊어버려야 한다."

나는 자신이 틀렸음을 발견하는 데서 기쁨을 느끼는 사람들을 찾아 나섰다. 그러자 동료 한 명이 장-피에르 뵈곰스(Jean-Pierre Beugoms)를 만나보라고 해서 직접 만났다. 40대 후반이었으며, 자기 잘못에 솔직한 사람이어서 진실이 아무리 자기에게 해를 끼친다고 하더라도 언제나 진실을 말하는 그런 사람이었다.[22] 그의 아들이 걸음마를 떼고 아장아장 걸어 다닐 무렵의 일이었다. 그는 아들과 함께 우주 관련 다큐멘터리 프로그램을 텔레비전으로 보고 있었는데, 그러다 별 생각 없이 미래의 어느 날에 태양이 붉은 거인으로 바뀌어서 지구를 삼켜버릴 것이라고 말했다. 그러나 아들은 재미있어 하지 않았다. 재미있어 하기는커녕 울면서 "나는 지구를 사랑한단 말이야!"라고 고함을 질렀다. 장-피에르는 너무도 마음이 아팠던 나머지, 앞으로는 지구에 일어날 수도 있는 그런 위협을 언급하느니 차라리 혀를 깨물겠다고 마음먹었다.

1990년대에 장-피에르는 전문가로 일컬어지는 사람들이 신문과 방송 등 온갖 미디어를 통해서 제시하는 예측을 수집한 뒤 이것들을 자기 나름대로 평가하고 예측해서 점수를 매기는 취미를 가지고 있었다. 그러다가 나중에는 굿저지먼트(Good Judgment, 현명한 판단)가

주관하는 국제 예측 토너먼트 대회에 참가하기도 했다. 이 대회에 참석한 사람들은 저마다 미래를 예측했다. 그렇지만 미래를 예측하기란 쉽지 않은 일이다. 역사가는 과거조차 예측하지 못한다는 속담이 있다. 이 예측 대회에는 전 세계에서 수천 명이 참여해 저마다 정치와 경제와 기술 분야에서 일어날 사건을 예측한다. 그런데 여기에서 제시되는 문제들은 특정 시간대를 기준으로 측정 가능하고 구체적인 결과를 묻는다. 예를 들면 이런 식이다. 이란의 현 대통령이 여섯 달 뒤에도 여전히 자리를 지키고 있을까? 다음 월드컵대회에서는 어느 나라가 우승할까? 내년에 어떤 개인이나 회사가 자율주행 자동차와 관련된 사고로 기소되는 일이 일어날까?

대회 참가자들은 '예' 또는 '아니오'로만 대답하는 게 아니라 확률 값을 제시해야 한다. 이것은 자기가 알지 못한다는 사실을 본인이 과연 아는지 어떤지 검증하는 체계적인 방법이다. 참가자들은 몇 달 뒤에 자기 예측의 정확성과 확신 정도에 따라, 즉 정확성뿐만 아니라 얼마나 올바른 수준의 확신을 가지고 있느냐에 따라 점수를 받는다. 최고의 예측자들은 실제로 실현되는 자기 예측에는 확신을 가지는 한편, 틀린 것으로 밝혀지는 자기 예측에는 의심을 품는다.

2015년 11월 18일, 장-피에르는 경쟁자들이 깜짝 놀란 예측 하나를 등록했다. 전날 '2016년 7월에 누가 미국 공화당의 대통령 후보가 될 것인가?'라는 새로운 질문이 공개 예측 토너먼트 대회에서 제시되었고, 선택지는 젭 부시(Jep Bush), 벤 카슨(Ben Carson), 테드 크루즈(Ted Cruz), 칼리 피오리나(Carly Fiorina), 마르코 루비오(Marco Rubio),

도널드 트럼프(Donald Trump), 그리고 '여기에는 없음'이었다. 공화당 전국대회가 열리기 여덟 달 전이었으므로 트럼프의 이름이 선택지에 포함된 것은 농담이나 다름없었다. 예측 웹사이트 파이브서티에이트(FiveThirtyEight)의 운영자이자 존경받는 통계전문가 네이트 실버(Nate Silver)에 따르면, 트럼프가 공화당 대통령 후보로 지명될 확률은 겨우 6퍼센트밖에 되지 않았기 때문이다.[23] 그러나 장-피에르는 고심을 거듭한 끝에 그 확률을 68퍼센트로 예측했다.[24]

장-피에르는 미국에서 일어나는 일을 예측하는 데서만 뛰어난 게 아니었다. 영국이 유럽연합(EU)에서 탈퇴하는 것, 즉 브렉시트(Brexit)의 확률이 50퍼센트를 넘는다고 예측했다. 경쟁자들은 대부분 그렇게 될 확률이 거의 없다고 봤는데, 50퍼센트라는 그의 예측 확률은 엄청나게 높은 수치였다. 세네갈의 대통령 선거 결과를 예측할 때도 그는 의외의 예측을 내놓았다. 역대 재선 당선율이 매우 높은 데다 다른 예측자들은 현직 대통령의 완승을 예측함에도 불구하고, 그는 현직 대통령이 질 것이라고 예측했다. 그리고 아닌 게 아니라, 그는 미디어에 출연하는 전문가들이나 여론조사 기관들이 트럼프를 가능성 있는 후보로 여기기 훨씬 이전부터 트럼프를 차기 대통령으로 찍었다. 그는 수많은 예측 전문가들이 "여전히 트럼프를 부정하고 있다는 사실이 놀라울 따름이다"라는 글을 이미 2015년에 썼다.

성적으로 놓고 보자면 장-피에르는 세계 최고의 선거 예측 전문가인 셈이다. 그의 강점은 과학자처럼 생각한다는 데 있다. 그는 열정적으로(passionately) 반열정적이다(dispassionate). 그는 인생의 다양한 시점에서 정치적인 이념과 종교적인 믿음을 바꾸었다. (자기 가치관을 다치게 하지 않으면서도 자기 안에 뿌리 깊은 믿음을 바꿀 수 있다. 한 무리의 심리학자가 자기가 믿던 종교를 최근에 버린 사람들을 계속 종교 활동을 하는 사람들 및 종교를 가진 적이 없는 사람들과 비교했다. 이 연구자들은 홍콩, 네덜란드, 뉴질랜드, 미국에서 종교의 잔류효과를 발견했다. 즉 자기가 믿던 종교를 버린 사람들은 예전과 다름없이 봉사활동을 이어갔으며, 종교를 가진 적이 없던 사람들보다 더 많은 돈을 자선단체에 기부한다는 사실을 확인한 것이다.)[25] 그는 여론조사나 통계 분야를 공부하지도 않았고 그 분야에서 일한 적도 없다. 그는 군사학자(軍史學者)였는데, 이것은 그의 전공 분야가 미래를 예측하는 데 전혀 도움이 되지 않았다는 뜻이다. 통계학자들은 여론조사를 종합하는 방식에 대한 자기 견해에 고착되어 있었다. 그러나 장-피에르는 측정하기 어려워서 쉽게 간과되는 변수들에 더 많은 관심을 기울였다. 트럼프에게 그런 변수는 "미디어 조작에 능숙함, 인지도, (이민자나 '멕시코와의 국경에 세우는 장벽' 등과 같은) 이슈 선점" 등이 포함되었다.[26]

설령 예측이 취미라고 하더라도 장-피에르와 같은 예측가들이 자기 의견을 형성하는 방법에서 배울 점이 많다. 동료 심리학자 필립 테틀록은 예측 기술은 얼마나 많은 것을 아느냐보다 어떻게 생각하느냐가 더 중요하다는 사실을 발견한다.[27] 그와 그의 동료들이 예측에서의 탁월함을 예측하는 여러 변수를 연구했는데, 이 연구에서 투지와 야망은 가장 높은 순위의 변수로 올라서지 않았다.[28] 지능도 마찬가지였는데, 지능은 두 번째로 높을 뿐이었다. 지적 능력보다 약 세

배나 높은 예측력을 가진 변수는 따로 있었다.

예측가의 성공을 보장하는 가장 중요한 변수는 바로 예측가가 자신의 믿음을 얼마나 자주 수정·보완(업데이트)하느냐는 것이었다.[29] 최고의 예측가들은 다시 생각하기 사이클을 부지런히 돌렸다. 그들은 자기 판단을 의심하는 확신에 찬 겸손함과 새로운 정보를 발견하고자 하는 호기심을 가지고 있었고, 그랬기에 이런 것들을 바탕으로 자기 예측을 계속 개선할 수 있었다.

이 지점에서 핵심이 되는 질문은 '다시 생각하기가 얼마나 많이 필요할까'이다. 비록 최적점은 사람과 상황에 따라서 늘 바뀌긴 하지만, 그래도 우리는 평균치에서 어떤 단서를 찾을 수 있다. 예측 대회가 몇 년에 걸쳐 진행되는 동안에 전형적인 경쟁자들은 자기 예측을 질문 하나당 대략 두 번 업데이트했다. 그러나 최고 수준의 예측가들은 질문 하나당 다섯 번 이상을 업데이트했다.[30]

이것이 얼마나 가능한지 생각해보자. 수십 번, 혹은 수백 번의 업데이트를 한다고 반드시 더 나은 판단이 보장되지는 않는다. 다시 생각하기를 몇 번만 더 하더라도 눈에 띌 정도의 변화가 얼마든지 가능하다. 그러나 최고의 예측가들이 하는 다시 생각하기의 깊이가 남다르다는 점은 특별히 강조할 필요가 있다. 가장 최근에 자기의 잘못을 받아들여서 자기 의견을 수정한 때가 언제인지 기억하는 사람이 우리 가운데서 과연 몇 명이나 될까? 이런 맥락에서 저널리스트 캐스린 슐츠(Kathryn Schulz)는 다음과 같이 썼다.

"비록 적은 양의 증거라고 할지라도 어떤 결론을 이끌어내기에는 충분하다. 그러나 그 적은 양의 증거가 그렇게 내린 결론을 수정하기에 충분한 경우는 거의 없다."[31]

바로 이 지점에서 최고의 예측가들이 두각을 나타낸다. 그들은 늘 다시 생각하기를 기꺼이 수행했다. 그들은 자기 의견을 진실로 바라보기보다는 그저 하나의 직감으로만 바라보았다. 붙잡아야 할 사실(팩트)이라기보다는 즐길 수 있는 가능성으로만 바라보았던 것이다.[32] 그들은 어떤 생각이든 의심부터 한 다음에 받아들였으며, 이렇게 생각을 받아들인 뒤에도 그 생각을 기꺼이 다시 의심할 준비가 되어 있었고, 또 그렇게 했다. 그들은 새로운 정보와 더 나은 증거를, 특히 기존에 가지고 있던 믿음에 실망을 안겨주는 증거를 끊임없이 찾았다.

시트콤 〈사인펠드〉에서 조지 콘스탄자가 했던 "진짜라고 믿는 한 거짓말은 거짓말이 아니다"라는 말은 유명하다.[33] 자기 마음속에 들어오는 모든 생각을 믿지 않는다는 것은 지혜롭다는 뜻이고, 자기 가슴속에 들어오는 모든 감정을 내면화하지 않는다는 것은 정서지능이 높다는 뜻이다.

세계 최고 수준의 또 다른 예측가는 키르스테 모렐(Kjirste Morrell)이다.[34] 그녀는 분명히 똑똑하다. MIT에서 기계공학 박사 학위를 받았으니 말이다. 그러나 그녀가 학교와 자기 전문 분야에서 했던 경험은 세계에서 일어나는 사건들을 예측하는 작업과는 정확하게 일치하지 않는다. 인체 고관절 역학, 편한 신발 설계하기, 로봇 휠체어 만들기가 그녀의 전문 분야였다. 나는 그녀에게 어떻게 해서 예측을 그렇게 잘하게 되었느냐고 물었다. 그녀는 이렇게 대답했다.

"홍코너~! 무패를 자랑하는, 절대로 바뀌지 않는 프랭크의 믿음~!"

"틀린 상태를 오래 지속한다고 해서 나에게 이득이 되는 건 아무 것도 없으니까요. 기존의 틀린 믿음을 될 수 있으면 빠르게 바꿀수록 나에게는 훨씬 더 이득이거든요. 그리고 몰랐던 어떤 것을 발견했다는 느낌은 무척이나 기분이 좋습니다. 마치 깜짝 선물을 받은 것처럼 말이죠. 내가 생각하기에는 다른 사람들도 얼마든지 이렇게 할 수 있습니다."

키르스테는 자기가 틀렸음을 발견할 때의 고통을 지우는 방법을 아직 알아내지 못했다. 그녀는 그 고통을 지우는 대신 그 고통을 즐거움의 원천으로 바꾸어버렸다. 즉 그녀는 파블로프의 개가 종소리를 듣고 침을 흘리는 방법을 배울 때처럼 고전적인 조건화의 한 형태를 통해서 그 경지에 이르렀다. 틀릴 때마다 반복해서 올바른 해답으로 나아가는 길이 제시된다면, 틀리는 경험 그 자체는 기쁨이 될 수 있다는 뜻이다.

그렇다고 해서 우리가 그 과정의 모든 단계에서 실패를 즐길 수 있다는 뜻은 아니다. 키르스테의 가장 큰 실패는 2016년 대통령 선거 예측이었는데, 이 선거에서 그녀는 힐러리 클린턴(Hillary Clinton)이 트럼프를 이길 것이라고 예측했다. 그녀는 트럼프 지지자가 아니었기에 자기 예측이 빗나간다는 전망은 본인에게 고통스러운 일이었다. 클린턴이 트럼프를 이길 것이라는 예측은 그녀의 정체성과 너무도 가깝게 붙어 있었다. 그녀는 트럼프가 대통령이 될 수도 있음을 알고 있었지만 그런 일이 가능하다는 생각조차 하고 싶지 않았다. 그랬기에 그녀는 트럼프의 승리를 예측할 수 없었던 것이다.

이런 일은 2016년 미국 대통령 선거에서는 이상한 일이 아닐 정도로 많은 사람이 똑같이 저지른 실수였다. 수많은 예측가와 여론조사 전문가, 그리고 정치평론가가 트럼프를 (그리고 브렉시트를) 과소평가했다. 왜냐하면 그들은 자기가 과거에 했던 예측 및 자기 정체성에 정서적으로 지나치게 편중되어 있었기 때문이다. 혹시 당신은 어제보다 더 나은 예측가가 되고 싶은가? 그렇다면 어제 가지고 있던 의견들을 던져버려라. 그게 도움이 된다. 아침에 일어나서 손뼉 한 번 친 다음에는 세상이 어떻게 되든 신경 쓰지 않겠다고 마음먹어라. 누가 대통령이 되든, 혹은 이 나라에 무슨 일이 생기든 상관없다고 생각해라. 세상은 어차피 부당하고, 당신이 수십 년 동안 쌓은 전문성이라는 것도 구닥다리다! 아무것도 아니고, 누구나 할 수 있는 식은 죽먹기라고 생각해라. 이런 것쯤은 사랑하는 마음을 떼어내는 것만큼이나 쉬운 일이잖아! 아무튼 그렇게 해서 장-피에르는 가까스로 그 일을 해냈다.

2015년 봄에 트럼프가 대통령 선거에 나서겠다고 선언했을 때, 장-피에르는 그가 공화당 후보 지명을 받을 확률을 2퍼센트로밖에 보지 않았다. 8월에 실시된 여러 여론조사에서 트럼프의 지지도가 오르기 시작하자 장-피에르는 자기 자신을 의심하고 나섰다. 그는 현재의 자신에게서 과거의 자신을 떼어내면서, 자신이 애초에 했던 예측은 당시에 자신이 가지고 있던 정보를 전제로 한다면 충분히 있을 수 있는 일임을 인정했다.

자기 의견에서 자기 정체성을 떼어내는 일은 한층 더 어려웠다. 장-피에르는 트럼프가 이기길 바라지 않았다. 그랬기에 소망 편향의 덫에 빠지기는 한층 더 쉬울 수밖에 없었다. 그는 다른 목표를 설정함으로써 그 편향을 극복했다. 이것을 그는 다음과 같이 설명했다.

"나는 애초의 예측에 크게 사로잡히지 않았습니다. … 왜냐하면 나에게는 최고의 예측가가 되고 싶다는 소망이 있었거든요."

물론 그에게도 자신이 실제로 선호하던 결과가 나오길 바라는 마음이 없지 않았다. 그러나 실수를 하지 않기를 바라는 마음이 그보다 훨씬 더 컸다. 자신이 속한 이념적 집단보다 진실을 더 중요하게 여긴 것이다.

"만일 그 증거가 특정 쟁점에 대해서 우리 집단이 틀렸음을 강력하게 암시한다면 그게 맞겠죠. 나는 내가 갖게 되는 모든 의견을 잠정적인 것으로 여깁니다. 그렇기 때문에 현실에서의 실제 사실(팩트)이 변할 때면 내 의견을 바꿉니다."

연구 결과를 보면, 우리가 틀릴지도 모른다는 단 하나의 이유를 찾아내기만 해도 과도한 확신을 충분히 제어할 수 있다.[35] 장-피에르는 한 걸음 더 나아갔다. 그는 시사평론가들이 트럼프가 이길 수 없는 이유로 드는 주장들을 조목조목 정리해서 목록으로 만든 다음에 그들이, 또는 자신이 틀렸다는 증거를 찾아 나섰다. 그리고 여론조사 안에서 그 증거를 발견했다. 트럼프는 호소력의 폭이 좁은 일부 당파적인 집단이 지지하는 후보일 뿐이라는 주장이 널리 퍼져 있었지만, 실제로는 그렇지 않고 트럼프가 공화당 지지자의 핵심층에서 인기가 높다는 사실을 확인한 것이다. 9월 중순에 장-피에르는 트럼프가 공화당의 대통령 후보로 지명받을 확률을 50퍼센트 이상으로 점쳤고, 그 바람에 그는 완전히 '이상한 사람'이 되고 말았다.

"자신이 틀린 길로 가고 있음을 사실로 받아들여야 합니다. 자신이 틀렸음을 입증하려고 노력해야 합니다. 자신이 틀렸다는 것은 결코

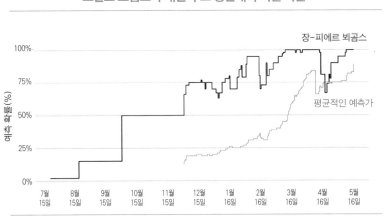

도널드 트럼프가 대선 후보 경선에서 이길 확률

우울하게 받아들일 일이 아닙니다. 그럴 때는 그냥 이렇게 말하세요. '이봐, 난 새로운 사실을 발견했어!'라고요."

실수가 빚어졌다 … 대부분은 내가 한 실수다

장-피에르가 트럼프의 승리를 예측한 것은 선견지명이었다. 그러나 트럼프에 반대하는 자기 감정을 거스르면서 그 예측을 끝까지 고집하기란 쉽지 않았다. 그는 2016년 봄에 언론이 힐러리의 이메일 사건을 다루는 것을 보고는 이것이 힐러리 진영에 급박한 경고신호가 켜진 것이라고 보았다. 그리고 그는 트럼프의 승리를 두 달 동안 더 예측했다(힐러리가 국무부 장관으로 일하던 4년 동안 국무부 공식 이메일 대신 별도 서버를 두고 개인 계정만으로 공무를 보았던 사실이 선거 기간 동안에 드러났다. '미국판 사초(史草) 실종 사건'으로 비화되어 공화당은 물론이고, 오바마 대통령과 민주당의 중진 의원까지 힐러리를 비판했다 – 옮긴이). 그러나 여름이 되고 트럼프가 실제로 대통령이 될 가능성이 임박해지자, 그는 자기가 원치 않는 대통령을 보아야 한다는 사실에 잠을 제대로 자지 못할 정도였다. 그리고 결국 그는 힐러리 쪽으로 예측을 바꾸었다.

장-피에르는 과거를 돌아보면서 자기가 내렸던 결정을 옹호하려 들지 않았다. 경험이 많은 예측가임에도 불구하고 소망 편향에 빠져서 자신이 바라는 결과가 판단을 흐리게 만드는 실수, 즉 초보자나 저지를 법한 실수를 저질렀음을 별다른 거부감 없이 받아들였다. 그는 트럼프가 패배하기를 간절하게 바란다는 바로 그 이유 때문에 클

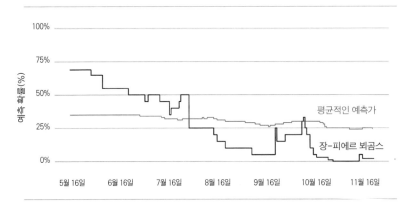

도널드 트럼프가 대통령 선거에서 이길 확률

린턴의 승리를 예측하도록 만들었던 어떤 힘에 초점을 맞추고는 이렇게 말했다.

"그렇게 하는 것이 내가 했던 유쾌하지 않은 예측에 대한 나의 태도이고 방식입니다."

그러고는 쉽게 예상할 수 없는 행동을 했다. 그것은 바로 자기 자신을 비웃고 나무라는 것이었다.

마음이 불안정한 사람일수록 남을 비웃고 나무란다. 자기가 틀렸다는 사실에도 마음이 편안할 수 있는 사람이면 자기를 비웃고 나무라는 일을 전혀 두려워하지 않는다. 자기 자신을 비웃고 나무랄 때 비록 자기가 한 결정을 심각하게 다룰 수 있을지는 몰라도 자기 자신을 심각하게 다룰 필요는 없다. 연구 결과를 보면, 사람들은 자기 자신을 농담의 소재로 사용할 때 마음이 더 행복해지는 경향이 있다.[36] (어떤 사람이 자기 자신을 농담거리로 삼아서 남을 웃기려 할 때 사람들이 보이는 반응은 그 사람의 성별에 따라 달라진다는 증거가 나와 있다. 남성이 그렇게 할 때는 유능한 지도자로 비치는 반면에, 여성이 그렇게 할 때는 덜 유능한 사람으로 비친다.[37] 어떤 여성이 자기를 농담 소재로 삼는다면 그것은 무능함이나 부적절함의 반영이 아니라 확신에 찬 겸손함과 위트의 상징이라는 사실을 많은 사람이 놓치는 것 같다.) 자기가 저지른 실수를 두고 자기 자신을 때릴 게 아니라 과거에 했던 잘못을 현재 누릴 수 있는 즐거움의 소재로 삼을 수 있으며, 또 그렇게 해야 한다.

물론 자기가 틀렸다는 사실이 언제나 기쁘지만은 않다. 실수를 포용하는 데로 나아가는 길에는 고통스러운 순간들로 가득 차 있다. 하지만 그 실수들이야말로 발전에 꼭 필요한 요소임을 명심할 때 그런 고통의 순간에 보다 더 잘 대처할 수 있다. 그런데 만일 자기가 틀렸다는 깨달음 속에서 신나는 느낌을 포착하는 방법을 알지 못한다면 어떻게 될까? 틀린 것을 바로잡기란 분명 끔찍하게 어려울 것이다.

나는 위대한 과학자들과 최고의 예측가들에게서 어떤 역설 하나를 발견했다. 그들이 자기가 틀렸음을 알고도 마음이 편할 수 있는 이유는 그들이 자기가 틀렸다는 사실을 끔찍하게 싫어하기 때문이라는 역설이다. 그들을 돋보이게 만드는 것은 그들이 가진 시간 지평이다. 그들은 장기적인 차원에서 올바른 해답에 접근하겠다고 생각한다. 또 이렇게 접근하려면 단기적인 차원에서는 넘어지거나 왔던 길을 되돌아가거나 경로를 바꾸는 일은 얼마든지 일어날 수 있음을 잘 안다. 그들은 편하고 화려한 길을 피해서 튼튼한 길을 찾아 나선다. 내년에 자기 예측이 틀릴지도 모른다는 두려움은 작년에 자기가 했던 실수를 선명하게 바라보게 만드는 강력한 동기로 작용한다. 아마존의 CEO 제프 베이조스(Jeff Bezos)도 이렇게 말했다.

"자주 맞는 사람은 많이 듣고, 또 자기 마음을 자주 바꾼다. 만일 당신이 자주 마음을 바꾸지 않는다면 당신은 자주 틀릴 것이다."[38]

장-피에르는 자기가 틀렸을 이런 사실을 포착하는 자기만의 기법을 가지고 있다. 그는 어떤 예측을 할 때마다 그 예측이 진실이 될 수 있는 조건들의 목록을 만든다. (물론 그가 마음을 바꾸어야 할 조건들의 목록도 함께 만든다.) 이렇게 하면 정직하고 솔직한 마음을 유지할 수 있어서 나쁜 예측에 집착하지 않게 된다고 설명한다.

예측 대회에 참가한 예측가들의 습관은 인생을 살아가는 데서도 유용하다. 예를 들어 당신이 어떤 의견을 정리해야 한다고 치자. 이때 당신이 정리한 의견이 틀렸음을 입증하려면 어떤 일이 일어나야 할 것인지 먼저 정리해라. 그런 다음에 자기 견해를 계속 추적해서 언제 옳고, 언제 틀렸으며, 자기 생각이 어떻게 바뀌어왔는지 살펴라. 이와 관련해서 장-피에르는 "나는 나 자신을 입증하고 싶은 마음에서 그렇게 시작했어요. 그런데 지금은 나 자신을 개선하고 싶습니다. 내가 얼마나 잘할 수 있는지 보려고 말입니다"라고 말했다.

자기가 틀렸음을 스스로 인정하는 것과 이런 사실을 다른 사람들에게 고백하는 것은 전혀 다른 차원의 일이다. 자기 내면의 독재자를 떨쳐낸다고 하더라도 다른 사람들의 비웃음에 직면해야 하는 위험을 추가로 무릅써야 한다. 경우에 따라서 우리는, 다른 사람이 내가 틀렸다는 사실을 알아내면 그동안 쌓은 나의 명성이 무너질지도 모른다는 두려움에 휩싸인다. 자기가 틀렸음을 인정하는 사람은 이런 두려움을 어떻게 극복할까?

1990년대 초에 영국의 물리학자 앤드루 라인(Andrew Lyne)이 세계에서 가장 권위 있는 과학 잡지에 중요한 발견을 소개했다.[39] 어떤 행성이 중성자별(초신성 폭발 뒤에 남은 핵으로 구성된 별-옮긴이)의 궤도를 돌 수 있다는 최초의 증거를 제시한 것이다. 그리고 몇 달 뒤, 한 천문학회에서의 프레젠테이션을 준비하는 과정에서 그는 지구가 원 궤도가 아니라 타원 궤도로 움직인다는 사실에 맞춰서 변수 조정을 하지 않았다는 사실을 깨달았다. 즉 존재하지도 않던 행성을 발견했다고 발표한 것이다. 결과적으로 보자면 끔찍하게 틀린 말을 한 것이다.

앤드루는 수백 명의 동료 학자가 바라보는 가운데, 연단에 올라가서 자기가 실수했음을 인정했다. 그가 고백을 마치자 사람들은 기립박수를 쳤고, 그 박수 소리로 총회장이 들썩거렸다. 이 모습을 두고한 천체물리학자는 "여태까지 내가 본 장면 가운데 가장 명예롭고 훌륭한 장면이었다"고 말했다.[40]

이런 용기 있는 고백을 한 사람은 앤드루 한 사람만이 아니다. 심리학자들은 어떤 사람이 자기가 틀렸음을 인정한다고 해서 그 사람이 덜 유능하게 비치지 않는다는 사실을 확인했다.[41] 그것은 정직함과 기꺼이 배우겠다는 마음의 표현이다.[42] 과학자들은 자기가 수행한 연구가 제대로 진행되지 않았음을 인정하면 자기 명성이 해를 입는다고 믿지만, 이건 사실이 아니다. 오히려 그 반대가 사실이다. 즉 새로운 데이터를 부정하지 않고 인정할 때 한층 우호적인 평판을 받는

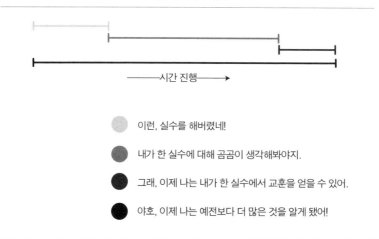

학습의 시간 지평

──────시간 진행──→

○ 이런, 실수를 해버렸네!

● 내가 한 실수에 대해 곰곰이 생각해봐야지.

● 그래, 이제 나는 내가 한 실수에서 교훈을 얻을 수 있어.

● 야호, 이제 나는 예전보다 더 많은 것을 알게 됐어!

다. 배우 윌 스미스(Will Smith)도 "잘못된 어떤 것을 바로잡는 것이 자기에게 주어진 책임이라면, 그 잘못이 누구의 잘못인지는 전혀 중요하지 않다. 책임을 지는 것이야말로 자기의 힘을 되찾는 것이다"라고 말했다.[43]

자기가 틀렸을지도 모른다는 사실을 알았을 때 사람들이 자기를 방어하기 위해서 들이대는 표준적인 방편은 '나는 내 의견을 말할 권리가 있다'이다. 하지만 나는 이런 식의 발상을 수정하고자 한다. 물론 우리는 누구나 자기 머릿속에 어떤 의견이든 가질 수 있다. 그러나 이 의견을 밖으로 드러내겠다는 선택을 한 이상 논리와 사실로써 근거를 마련하고, 자기의 추론을 다른 사람과 공유하며, 더 나은 증거가 나오면 기존의 의견을 바꾸는 것은 당연한 의무이다.

이쯤에서 헨리 머리가 하버드대학교에서 진행했던 비윤리적인 연구 과정에서 자기 가치관을 공격당했던 학생들을 다시 떠올려보자. 어디까지나 나의 추측이지만, 그 실험을 즐겼던 학생들은 위대한 과학자들이나 최고의 예측가들과 비슷한 마음가짐을 가지지 않았을까 싶다. 그들은 자신의 세계관과 가치관이 공격받을 때, 이 도전을 자기 생각을 발전시켜나갈 흥미로운 기회로 바라보았다. 반면에 그 공격에서 스트레스를 받은 학생들은 분리하는 방법을 알지 못한 채 애착에만 집착했다. 그들의 의견은 그 자체로 그들의 정체성이었다. 자신의 의견이 공격받을 때 그들은 자신의 자아가 위협받는다고 느꼈다. 그러자 그들 내면의 독재자가 그들을 보호하려고 튀어나왔다.

'준법자'라는 암호명을 가졌던 학생을 놓고 보자. 그는 그 연구로 인해 정서적으로 피해를 입었다고 느꼈다. 그 연구가 있고 40년이 흐른 뒤에 그는 다음과 같이 당시를 회상했다.

"그 토론에서 상대방은 우리에게 온갖 모욕을 퍼부었다. 그것은 정말이지 불쾌하기 짝이 없는 경험이었다."[44]

준법자는 현재, 그때와는 다른 암호명을 가지고 있다. 이 암호명은 대부분의 미국인이 잘 아는 '유나바머(Unabomber)'이다.

'준법자' 테드 카진스키(Ted Kaczynski)는 수학 교수가 되었다가 무정부주의자로 변신해서 테러리스트가 되었다. 그는 우편물 폭탄 테러로 세 명을 죽이고 스물세 명, 혹은 그 이상에게 부상을 입혔다. 연방수사국(FBI)의 수사는 18년 동안 이어졌다. 그러다 그가 〈뉴욕타임스(New York Times)〉와 〈워싱턴포스트(Washington Post)〉에 선언문을 기고하고 그의 동생이 그의 필체를 알아보면서 길었던 수사는 막을 내렸다. 그는 체포되어 사면 없는 종신형을 선고받고 복역 중이다.

다음에 인용한 구절은 카진스키의 선언문에 나오는 구절이다. 그가 발표한 선언문 전체를 읽는다고 하더라도 내용이나 구조 때문에 당신의 마음이 불편해지지는 않을 것이다.[45] 그런데 충격적인 것은 확신의 수준이다. 카진스키는 자기 견해 이외의 다른 견해가 들어설 여지를 전혀 고려하지 않는다. 자신이 틀렸을지도 모른다는 암시는 거의 찾아볼 수 없다. 시작 부분만 잠깐 보자.

— 산업혁명 및 이것의 결과는 인류에 재앙이 되고 말았다. … 사회를 불안정하게 만들었고, 삶 자체를 도무지 만족스럽지 못한 것으로 만들었으며 … 기술이 지속적으로 발전하면 상황은 더욱 나빠질 것이다. 사람들에게 온갖 굴욕을 안길 것이고 자연계에도 심각한 해를 입힐 것이다. … 만일 현재의 체제가 유지된다면 이런 결과를 피할 수 없게 된다. 제도를 개혁하거나 수정할 길은 그 어디에도 없다. …

카진스키의 사례는 그의 정신건강과 관련된 많은 의문을 남겼지만 이 의문들은 여전히 풀리지 않은 채로 남아 있다. 그리고 나는 그와 관련된 궁금증을 여전히 가슴에 품고 있다. 만일 그가 자기 의견을 의심하는 방법을 배웠더라도 폭력에 의존했던 그 방식을 여전히 정당하다고 생각했을까? 만일 그가 자신이 틀렸음을 발견하는 능력을 계발했더라면 어떻게 되었을까? 그래도 그는 그렇게 잘못된 행동을 하면서 파국을 맞이했을까?

우리는 새로운 정보를 접할 때마다 어떤 선택을 한다. 우리는 자신의 의견을 자기 정체성과 동일시해서 설교와 기소라는 억지를 부리며 살아갈 수 있다. 혹은 과학자처럼 살면서, 설령 자신의 생각이나 견해가 틀렸음을 입증하는 것이라도 진리를 추구할 수도 있다. 과연 어떻게 살아야 할까?

|

4장

어느 멋진 파이트클럽

건설적인 갈등의 심리학

□   □   □

사람들의 주장들은 극단적으로 상스럽다. 왜냐하면 좋은 사회에서는
모든 사람이 정확하게 똑같은 의견을 가지고 있기 때문이다.[1]

오스카 와일드(Oscar Wilde)

그리스도형제연합교회(Church of the United Brethren in Christ) 주교의
아들이자 대가족의 구성원이었던 두 아이는 무슨 일이든 함께했다.
함께 신문사를 설립했으며 독자적인 인쇄기를 제작했다. 자전거 가
게를 열어 자신들만의 자전거를 제작하기도 했다. 그 뒤로도 두 사람
은 여러 해 동안 도저히 불가능해 보이던 일을 하면서 땀을 흘렸고,
마침내 인류 최초로 성공한 비행기를 발명했다.

월버 라이트(Wilbur Wright)와 오빌 라이트(Orville Wright) 형제는
아버지가 여행에서 돌아오면서 장난감 헬리콥터(이 장난감은 프랑스의
알퐁스 페노(Alphonse Penaud)가 발명한 것으로 종이와 대나무와 고무줄로 만

들어졌다고 한다 – 옮긴이)를 사왔을 때 처음으로 날아다니는 것에 관심을 가졌다.[2] 두 사람은 그 장난감이 망가지자 그것과 비슷한 자기들만의 헬리콥터를 만들었다. 그렇게 두 사람은 함께 놀고 함께 일하며 하늘을 나는 인간을 상상하면서 생각에 생각을 거듭했다. 그러나 이 과정에서 두 사람 사이에는 형제들 사이에서 있을 법한 경쟁심은 전혀 없었다. 심지어 윌버는 자기들이 "생각도 함께한다"고까지 말했다. 비록 그 사업을 처음 시작한 것은 형 윌버였지만 형제는 자신들이 이룩한 업적에 대한 명예와 권리를 똑같이 나누어 가졌다. 그리고 작은 마을 키티호크에서 역사적인 첫 비행을 할 때 누가 조종석에 앉을지에 대해 동전을 던져 결정했다.

생각하기의 새로운 방법은 흔히 오래된 유대 관계에서 비롯된다. 배우 티나 페이(Tina Fey)와 에이미 폴러(Amy Poehler)의 코미디 궁합은 두 사람의 이십 대 시절로까지 거슬러 올라가는데, 그때 두 사람은 즉흥연기 강좌를 함께 들으면서 서로 죽이 잘 맞는다고 느꼈다.[3] 비틀스의 음악적 조화는 심지어 구성원들의 고등학교 시절까지 거슬러 올라간다. 친구의 친구 사이였던 폴 매카트니(Paul McCartney)와 존 레넌(John Lennon)은 서로를 소개받고 몇 분 지나지 않아서 기타를 가르치고 배우는 사이가 되었다.[4] 벤앤드제리스 아이스크림(Ben & Jerry's Ice Cream)은 공동창업자 두 사람이 중학교 1학년 때 체육 수업을 함께하면서부터 다져진 우정을 기반으로 설립되었다.[5] 여러 사람이 함께 일을 일구어나갈 때는 이들 사이에 일체감이 필요하다. 그러나 모든 진실이 다 그렇듯, 이것 역시 말처럼 그렇게 쉽거나 간단

한 문제가 아니다.

갈등 분야에서 세계 최고의 전문가 가운데 한 명은 호주의 조직심리학자 카렌 '에티' 젠(Karen 'Etty' Jehn)인데, 갈등이라고 하면 어쩌면 당신은 에티가 '관계 갈등(relationship conflict)'이라고 부르는 것, 즉 단지 마찰만이 아니라 적대감으로까지 채워진 개인적이고 정서적인 충돌을 상상할지도 모르겠다.[6] 예를 들면 이런 것들 말이다. 나는 네 얼굴 보는 것도 딱 싫어,[7] 네가 내 말을 확실하게 알아듣도록 앞으로는 유치원생들이 쓰는 말로 얘기해줄게, 멧돼지 머저리야![8] 화장실 변기에 대가리 처박고 사과나 빨아먹어라, 참 좋겠다![9]

그러나 에티는 '업무 갈등(task conflict)', 즉 생각이나 의견과 관련된 또 다른 갈등을 포착했다. 누구를 채용할지, 어떤 식당에 가서 점심을 먹을지, 혹은 막 태어난 아기의 이름을 거트루드로 지을지 쿼사로 지을지 등을 놓고 토론할 때 우리는 업무 갈등에 사로잡힌다.

여러 해 전에 나는 실리콘밸리에서 새로 구성된 스타트업 팀 수백 개를 대상으로 그들이 일을 함께하기 시작한 지 처음 여섯 달 동안 그들 사이의 갈등에 대해 여러 차례에 걸쳐 설문조사를 했다. 그들은 설령 끊임없이 다투면서 의견이 일치하는 게 아무것도 없다 하더라도 자기들 사이에 어떤 종류의 갈등이 있는지에 대해서는 서로 뜻이 통했다. 그리고 그 팀들의 프로젝트가 끝났을 때 나는 그 팀들의 상사들에게 각 팀의 유효성을 평가해달라고 요청했다.

성과가 빈약한 팀들은 업무 갈등보다는 관계 갈등을 가지고 시작했다. 그들은 시작부터 개인적인 반목이 심했으며, 서로를 얼마나 끔

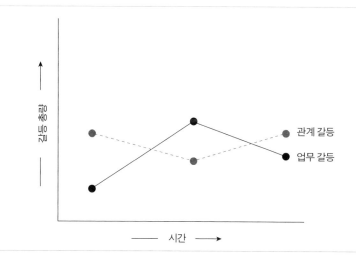

찍이 싫어했던지 서로에게 불편함을 안겨주는 행위 자체가 전혀 즐겁지 않을 정도였다. 팀 구성원들 가운데 다수가 자기들의 관계 문제를 놓고 해결책을 찾으려고 머리를 맞대기까지 여러 달이 걸렸다. 게다가 핵심적인 의사결정 사항을 놓고 토론하기 시작했어도, 자기들이 결정한 방향을 놓고 다시 생각하기를 시도하기에는 이미 너무 늦어버린 경우가 많았다.

그렇다면 성과가 높은 팀에서는 어떤 일이 일어났을까? 당신도 충분히 예상하겠지만, 그들은 관계 갈등이 낮은 상태에서 시작했으며, 이 갈등 수준이 계속 낮은 상태로 유지되었다. 하지만 그렇다고 해서 업무 갈등이 낮지는 않았다. 처음 시작부터 업무 갈등은 높은 수준이었다. 다들 경쟁적으로 자기 주장을 펼쳤기 때문이다. 그러나 의견 차이를 좁혀 나가면서 하나의 방향으로 나아가며 팀의 업무를 수행했

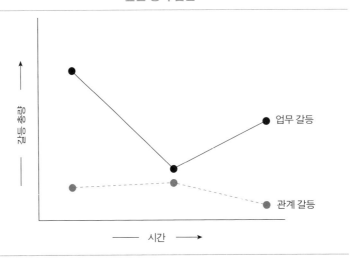

높은 성과 집단

세로축: 갈등 총량

가로축: 시간

업무 갈등

관계 갈등

고, 그러다 논의할 쟁점이 생기면 업무 갈등은 다시 커졌다.

지금까지 8,000개가 넘는 팀을 대상으로 100건이 넘는 연구가 갈등 유형을 면밀하게 검토해왔다.[10] 그리고 이 연구들을 대상으로 한 메타분석을 통해 관계 갈등이 일반적으로는 팀의 성과에 부정적으로 작용하지만, 그럼에도 불구하고 몇몇 업무 갈등은 성과에 긍정적으로 작용한다는 사실이 드러났다. 예를 들어 어떤 팀이 초기에 적정한 수준의 업무 갈등을 겪을 때, 중국 기술 기업에서는 독창적인 아이디어를 더 많이 냈고,[11] 네덜란드의 배송 서비스 업체에서는 혁신이 더 많이 나타났으며,[12] 미국의 병원에서는 보다 나은 의사결정이 이루어졌다.[13] 어떤 연구팀이 결론 내렸듯이 "갈등이 없는 상태는 조화로움이 아니라 무관심이다."[14]

관계 갈등은 파괴적으로 작용한다. 부분적인 이유로는 다시 생각하기를 방해하기 때문이다. 어떤 갈등이 개인적이고 감정적일 때 우리는 자기 견해를 옳다고 주장하는 전도사가 되거나, 다른 사람 견해를 틀렸다고 비판하는 검사가 되거나, 혹은 자기편에 서지 않는 다른 모든 의견을 묵살하는 편협한 정치인이 된다. 업무 갈등은 생각의 다양성을 가져와서 과도한 확신 사이클에 떨어지지 않도록 막아줌으로써 건설적으로 작용할 수 있다. 업무 갈등은 겸손한 태도를 잃지 않게 하고, 의심을 딛고 일어서게 하며, 자칫 놓쳐버릴 수도 있는 것에 호기심을 갖게 만든다. 또한 사람들이 다시 한 번 생각하도록 유도함으로써 사람들 사이의 관계를 해치지 않은 채로 진실에 조금이라도 더 가깝게 다가설 수 있게 해준다.

생산적인 의견불일치가 삶의 중요한 기술임에도 많은 사람이 이 기술을 온전하게 개발하지 않는다. 이 문제는 어린 시절에서부터 시작된다. 즉 부모가 닫혀 있는 방문 안에서 싸울 때 아이는 불안에 휩싸이고 아이의 인성은 손상된다. 중요한 것은 부부가 갈등할 때 각자가 얼마나 정중하게 주장하느냐는 것이지, 얼마나 자주, 혹은 얼마나 덜 싸우느냐가 아니다. 충돌하더라도 건설적으로 충돌하는 부부의 자녀는 초등학교에서 정신적으로 한층 안정감을 느낄 뿐만 아니라, 그 뒤로도 여러 해 동안 급우들에게 상대적으로 더 많은 도움을 주고 동정심을 드러낸다.[15]

좋은 싸움을 할 수 있을 때 사람은 한층 예의 바르게 될 뿐만 아니라 창의성 근육이 개발된다. 어떤 고전적인 연구에서 고도로 창의적인 건축가들은, 기술적으로 유능하지만 창의성이 처지는 건축가들에 비해서 퇴근길에 안고 가는 갈등의 양이 더 많은 경향이 나타났다.[16] 이런 사람들은 흔히 "격렬하지만 안전한" 환경의 가정에서 성장했다.[17] 로버트 알버트(Robert Albert)도 "창의적인 인물로 성장한 사람은 언제나 평화롭기만 한 가정이 아니라 가끔 '흔들림'이 있는 가정 출신이다"라고 지적했다.[18] 이런 사람의 부모는 신체적으로나 언어적으로 폭력적이지 않았지만, 그렇다고 해서 갈등을 굳이 피하려 하지 않았다. 이런 부모는 자녀에게 일방적으로 자기 주장만 하지 않았다. 아이들에게 자기 주장을 분명하게 하도록 지지하고 격려했다. 이 아이들은 남을 비판하는 방법을 배웠고 또 익혔다. 바로 이런 일이 라이트 형제 윌버와 오빌에게 일어난 것이다.

라이트 형제가 자기들은 함께 생각한다고 말했을 때 이 말의 실제 의미는 함께 싸운다는 뜻이다. 무언가를 주장하는 것은 가족의 전통이었다. 그들의 아버지는 지역 교회의 주교였지만 무신론자들이 쓴 책도 서재에 꽂아두었으며, 아이들이 그 책을 읽고 토론하도록 시켰다. 이렇게 형제는 자기의 생각을 위해서 싸울 수 있는 용기와 마음속의 결심을 잃지 않으면서도 의견불일치를 줄여나가는 끈기를 길렀다. 형제가 어떤 문제를 붙잡고 씨름할 때는 몇 시간이 아니라 몇 주, 혹은 몇 달씩 논쟁을 이어가곤 했다. 그렇다고 해서 그들이 화가 나서 쉴 새 없이 옥신각신 입씨름을 벌인 건 아니었다. 그들은 그저 그게 재미있고 거기에서 무언가를 배울 수 있었기에 끊임없이 싸웠다.

"나는 오빌과 싸우는 게 좋아."

윌버가 과거를 돌아보면서 했던 말이다. 당신도 알고 있을지 모르지만, 인간이 하늘을 날지 못하게 가로막았던 결정적인 가정 하나를 다시 생각하게 만든 것은 바로 두 사람 사이에 끝없이 이어졌던 열정적인 말싸움과 주장이었다.

다른 사람의 눈치를 보는 예스맨의 비행

가만히 생각해보니 나는 지금까지 평화를 잘 지켜야 한다는 마음으로 살아왔던 것 같다. 어쩌면 중학교 때 친구들로부터 따돌림을 받았던 경험 때문인지도 모른다. 아니 어쩌면 유전적인 영향 때문인지도 모르고, 이혼한 부부의 어린 아들이라는 경험 때문인지도 모른다. 이유가 무엇이든 간에 심리학에서는 나의 이런 성향을 가리켜 친화성(agreeableness)이라고 부른다.[19] 이 성격적 특성은 전 세계에서 중요한 성격적 특성 가운데 하나이다. 친화적인 사람들은 '나이스'한 경향이 있다. 우호적이고 정중하고 캐나다인 같다. (4,000만 건이 넘는 트윗을 분석한 결과 미국인은 캐나다인에 비해서 'shit' 'bitch' 'hate' 'damn' 등의 단어를 더 자주 사용하는 반면, 캐나다인은 'thanks' 'great' 'good' 'sure' 등과 같은 기분 좋은 단어를 선호한다.)[20]

내가 우선적으로 느끼는 충동은 아무리 사소한 갈등이라도 갈등은 무조건 회피하자는 것이다. 예를 들어 택시를 탔는데 에어컨 바람이 너무 세서 춥다고 치자. 이럴 때 나는 기사에게 에어컨을 꺼달라는 말을 하고 싶지만 쉽게 하지 못한다. 그래서 그냥 참고서 벌벌 떤다. 그러다 보면 어느새 이가 따닥따닥 부딪치는 소리가 들린다. 누가

내가 갈등을 회피하는 이유

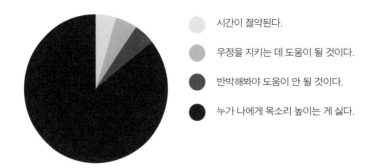

○ 시간이 절약된다.

○ 우정을 지키는 데 도움이 될 것이다.

● 반박해봐야 도움이 안 될 것이다.

● 누가 나에게 목소리 높이는 게 싫다.

내 발을 밟아도 오히려 내가 사과한다. 방해가 되어서 미안하다고. 학생들이 내 강의를 평가할 때 가장 많이 하는 불만은 내가 "멍청한 말들을 지나칠 정도로 인정해준다"는 것이다.

친화적이지 않은 사람은 비판적이고 부정적이며 호전적인 경향이 있다. 그리고 엔지니어나 변호사가 될 가능성이 상대적으로 높다.[21] 이들도 갈등이 불편하긴 하지만 그 갈등이 이들에게 활력을 불어넣는다. 만일 당신이 매우 비판적인 사람이라면 아마도 당신은 우호적인 대화보다는 호전적인 대화에서 더 큰 행복을 느낄 것이다.[22] 이런 성격적인 특성은 흔히 부당한 비난을 번다. 즉 이런 사람은 모든 것에 불평을 늘어놓는 괴팍한 사람이나 아즈카반 감옥에서 모든 만남의 행복한 기억을 빨아먹는 디멘터(Dementor, 《해리포터(Harry Potter)》에 등장하는 인물로 마법 세계의 감옥 아즈카반을 지키는 간수-옮긴이)와 같은 인물로 낙인 찍힌다. 그러나 나는 픽사(Pixar)를 연구할 때 완전히 다른 관점을 가지고 작업에 임했다.[23]

2000년에 픽사는 한창 잘나갔다. 픽사의 여러 팀은 자기들의 첫 번째 블록버스터였던 1995년 작품 〈토이 스토리(Toy Story)〉에서 컴퓨터를 사용해서 애니메이션을 다시 생각했고, 그 뒤로도 두 개의 작품을 대대적으로 성공시켰다. 그러나 픽사의 창업자들은 이런 영광에 안주하려 하지 않았다. 그들은 판을 다시 흔들 목적으로 감독 브래드 버드(Brad Bird)를 새로 영입했다. 당시에 브래드는 막 데뷔 작품을 발표했을 때였고, 이 작품은 좋은 평을 받았음에도 흥행은 저조했다. 그래서 브래드는 한층 크고 대담한 어떤 시도를 하고 싶어서 몸이 근질거리던 참이었다. 브래드가 자기 계획을 픽사의 담당자들 앞에서 발표했을 때 픽사의 기술 담당 책임자는 그 발상이 실현 불가능하다고 말했다. 브래드가 생각하는 것을 애니메이션으로 구현하려면 10년이라는 시간과 5억 달러의 돈이 필요할 것이라는 게 이유였다.

그러나 브래드는 포기하지 않았다. 그는 픽사에서 자신의 프로젝트를 지원해줄 최대의 부적응자들을 찾아 나섰다. 부적응자들이란 호전적이고 불만이 많으며 도무지 만족할 줄 모르는 사람들이었다. 이 사람들은 '검은 양들'로 불리기도 했고 '해적들'로 불리기도 했다. 브래드는 이 사람들을 한자리에 불러 모았다. 그러고는 그 누구도 자기들이 그 프로젝트를 성사시킬 것이라고는 믿지 않을 것이라고 경고부터 했다. 하지만 그로부터 4년 뒤에 그의 팀은 픽사 역사상 가장 복잡한 영화를 개봉하는 데 성공했을 뿐만 아니라, 1분당 제작비를 한껏 낮추는 데도 성공했다. 이렇게 해서 탄생한 애니메이션 〈인크레더블(The Incredibles)〉은 전 세계에서 6억 3,100만 달러가 넘는 수익을 기록했으며 오스카상 장편 애니메이션상을 받았다.

그런데 브래드가 하지 않았던 일이 무엇인지 알아야 한다. 그는 자기 팀을 친화적인 사람들로 구성하지 않았다. 친화적인 사람들은 '나'를 지지하는 훌륭한 관계망을 형성한다. 이런 사람들은 '나'에게 격려와 응원을 아끼지 않는다. 그러나 다시 생각하기는 그것과는 다른 종류의 관계망(네트워크)에 의존한다. 바로 도전 네트워크(challenge network)이다. 이 관계망은 '내'가 바라보지 못하는 맹점을 지적하고 '나'의 약점을 극복할 수 있도록 도움을 줄 것이라고 믿어도 되는 사람들의 집단이다. 이들의 역할은 '내'가 가진 전문성에 대해서 한층 겸손한 태도를 갖게 만들고, 나의 지식을 의심하게 하며, 새로운 가능성에 호기심을 가지도록 밀어붙임으로써 '나'의 다시 생각하기 사이클을 활성화하는 것이다.

도전 네트워크를 구성하는 이상적인 구성원은 친화적이지 않은 사람이다. 이런 사람이라야 다른 사람들이 당연하게 여기는 관행에 의심을 품는 것을 두려워하지 않고 '나'를 다시 생각하도록 몰아붙이기 때문이다. 친화적이지 않은 사람들이 보다 더 자주 목소리를 높이고,[24] (지도자가 새로운 것을 선뜻 받아들이지 않는 모습을 보일 때는 특히 더 그렇다.)[25] 업무 갈등 또한 한층 더 많이 유발한다는 사실은 이미 증거로 밝혀졌다.[26] 이들은 의학 드라마 〈하우스(House)〉의 의사나 영화 〈악마는 프라다를 입는다(The Devil Wears Prada)〉의 편집장 같은 인물이다. 그들은 우리가 별로 듣고 싶지 않지만 꼭 들어야 할 쓴소리를 하는 사람들이다.

친화적이지 않은 사람을 제어하는 일이 늘 쉽지만은 않다. 그러나 특정한 조건들이 충족되기만 하면 도움이 된다. 석유 시추 기업이나 기술 기업을 대상으로 한 여러 연구는 사람들의 목적의식이 분명하고 주변의 지지를 받고 있다고 느끼는 경우에만 불만족이 창의성을 증진시킨다고 주장한다.[27] 그리고 문화적인 부적응자들은 다른 동료들과 강력한 유대감을 가질 때 가치 있는 성과를 낼 가능성이 높다고 주장한다.[28] (팀을 구성할 때 적응자가 중요하게 기여할 때가 있고 부적응자가 그렇게 할 때가 있음을 고려해야 한다. 연구 결과에 따르면, 사람들은 대개 특성과 배경은 자기와 닮지 않아도 원칙은 자기와 닮은 사람을 팀 구성원으로 원한다고 한다. 개성과 경험의 다양성은 다시 생각하기에 필요한 참신한 발상과 새로운 실천 방식에 필요한 보완적인 기술을 가져다준다. 그리고 구성원들이 소중한 가치를 공유할 때는 헌신성과 협력성이 높아진다.)[29]

픽사는 브래드가 합류하기 전부터 재능 있는 사람들이 자기 영역을 확대해나가도록 그들을 장려하는 회사라고 정평이 나 있었다. 픽사의 예전 영화에서는 장난감, 벌레, 괴물 등이 등장인물로 나왔는데, 이런 캐릭터는 애니메이션으로 제작하기가 상대적으로 단순하고 쉬웠다. 그런데 사람의 외양을 한 슈퍼히어로들로 애니메이션 영화를 만드는 일은 당시의 컴퓨터 애니메이션 역량으로는 힘들었기 때문에 기술 담당팀들은 브래드의 〈인크레더블〉 프로젝트에 선뜻 달려들지 못하고 망설였다. 바로 이때 브래드는 도전 네트워크를 구성했다. 그는 업무 갈등을 강화하고 제작 과정을 다시 생각하기 위해서 '해적들'을 모아서 '해적단'을 구성했다.

브래드는 픽사 내부의 해적들을 모아놓고는, 회사의 회계 담당자들이나 높은 사람들은 그들을 믿지 않을지 몰라도 자기는 그들을 믿는다고 말했다. 브래드는 그렇게 그들을 결집한 다음, 그들이 가지고 있는 아이디어를 찾아내기 위해서 자기 길을 걸어갔다. 브래드는 나에게 이렇게 말했다.

"나는 불만이 많은 사람을 원합니다. 왜냐하면 이런 사람이야말로 일을 더 잘하는 방법을 알고 있는데 그렇게 할 수 있는 길을 찾지 못해서 애를 먹거든요. 경주용 자동차가 도로를 질주해야지 차고에서 그저 헛바퀴만 돌리고 있다고 생각해보세요. 그냥 차고 문을 열어주기만 하면 됩니다. 그러면 그 사람들은 어디가 되었든 그곳으로 나를 데려다줍니다."

그 해적들이 솜씨를 발휘해서 돌파구를 찾아냈다. 값비싼 기술을 대신할 경제적인 대안을 마련했으며 어려운 문제를 해결할 쉬운 방법을 제시했다. 슈퍼히어로 가족을 애니메이션으로 구현해야 할 시점이 다가왔을 때 그들은 여러 근육이 함께 움직이는 복잡한 선들을 놓고 굳이 땀 흘려 고생하지 않았다. 단순한 타원의 형태들을 서로 겹치게 함으로써 복잡한 근육이 겹쳐지는 모습을 표현할 수 있음을 알아냈기 때문이다.

나는 브래드에게 그 해적들의 가치를 어떻게 알아보았느냐고 물었다. 그러자 그는 자기 역시 해적이기 때문이라고 대답했다. 브래드는 어린 시절에 친구들 집에 가서 저녁을 먹곤 했는데, 그럴 때마다 학교에서 어땠는지 묻는 친구 부모들의 예의 바른 질문에 화들짝 놀랐다고 한다. 자기 집에서는 저녁 식사 시간이 전쟁터나 다름없었기 때문이었다. 그의 가족은 마음속에 있는 감정과 생각을 있는 그대로 드러내서 시끄럽게 떠들고 토론했다. 비록 호전적이긴 했지만 브래드는 이런 게 재미있었다. 그리고 바로 이런 감성을 첫 번째 꿈의 직장이었던 디즈니에서 마구 분출했다. 그는 이른 나이에서부터 디즈니의 노장 대가들로부터 지도와 훈련을 받았는데, 이 대가들이 물러난 뒤에 그 자리를 새로 채운 사람들(이들이 이제 디즈니에서 새로운 세대를 지휘했다)은 예전의 그 기준을 인정하지 않았고, 그래서 브래드는 좌절감을 느꼈다. 브래드는 디즈니에서 애니메이션 경력을 시작한 지 몇 달 지나지 않아서 간부들을 비판하고 나섰다. 전통적인 방식의 프로젝트와 표준화된 작업만 한다는 게 비판의 이유였다. 그러자 그들은 입 다물고 시키는 일이나 열심히 하라고 했다. 브래드는 그렇게는 못 하겠다고 했고, 그들은 그를 해고했다.

지도자들이 업무 갈등으로부터 자기를 보호하는 모습을 나는 너무도 많이 봤다. 지도자는 권한이 생기면 쓴소리 하는 사람을 멀리하고 아첨꾼의 말에만 귀를 기울인다. 그리고 정치인이 되어서 듣기 좋은 소리만 하는 사람들을 자기 주변에 둘러 세운다. 그래서 아첨꾼의 유혹에 더 잘 넘어간다. 연구 결과에 따르면, 기업의 성과가 저조할 때 아첨과 순응에 맛을 들인 CEO는 과도한 확신에 빠져든다.[30] 그들은 기존의 전략적인 계획을 고수하면서 경로를 바꾸려 하지 않는다. 이렇게 되면 그들이 나아갈 방향은 이미 정해진다. 그들이 도달할 지점

무식한 닭, 더그 세비지 작

www.savagechickens.com

은 바로 실패이다.

사람들은 자기가 내리는 결론에 동의하는 사람보다 자기가 가진 생각에 문제를 제기하는 사람에게서 더 많은 것을 배운다. 강력한 지도자는 자기를 비판하는 사람을 가까이하며 그들의 목소리를 키워준다. 반면에 허약한 지도자는 자기를 비판하는 사람을 멀리하며 그들의 목소리를 죽여버린다. 이런 반응은 권력을 가진 사람에게 한정되지 않는다. 비록 우리가 바람직한 원칙을 가지고 있다고 하더라도 현실에서 우리는 도전 네트워크의 가치를 자주 무시해버린다.

어떤 실험에서 자기 파트너로부터 칭찬보다는 비판을 더 많이 들은 사람이 파트너를 다른 사람으로 바꾸어달라고 요청하는 비율은 그렇지 않은 경우의 네 배나 되었다. 온갖 다양한 직장에서 동일하게 나타난 결과인데, 동료들로부터 거친 피드백을 받은 직원은 그 동료들을 회피하거나 자기 관계망에서 삭제하는 전형적인 반응을 보였다. 그리고 그다음 해에 그 직원의 성과는 저조해졌다.[31] 미국 국방부와 백악관에서는 어떤 정책이나 후보자를 저격하기 위해서 거칠기 짝이 없는 인물들이 구성원으로 활동하는, 이름도 무시무시한 이른바 '살인위원회(murder boards)'를 가끔 열어서 업무 갈등을 강화한다.[32] 구글의 '문샷 공장(moonshot factory)'인 구글 엑스에는 제안들을 다시 생각하는 업무를 맡고 있는 신속 평가팀이 있다. 이 팀의 구성원들은 독립적으로 평가점수를 매기며 대담하면서도 성취가능하다고 드러난 제안만 통과시킨다.[33] 과학계에서 도전 네트워크는 흔히 동료 평가 과정의 시금석이 된다. 연구자는 논문을 익명으로 제출하고 각각의 전문가가 독립적으로 이 논문을 검토하는 과정이 이어지는데, 나 역시도 이 평가 과정에서 물을 먹은 적이 있다. 절대로 잊지 못할 경험으로 남아 있는데, 당시 동료 평가 과정에 참여했던 어떤 사람이 탈락의 쓴맛을 안겨주는 통지 속에 조언 하나를 보냈다. 애덤 그랜트의 저작을 다시 읽어보라는 조언이었다. 야! 내가 애덤 그랜트야!

나는 책을 집필할 때 나만의 도전 관계망을 미리 정리한다. 나는 생각이 정말 깊은 비판자들을 모은 다음에 그들에게 원고를 잘근잘근 씹어달라고 부탁한다. 나는 비판자들이 소중하게 여기는 가치들을 그들이 각자 가지고 있는 개성과 연결해서 생각하는 것이 중요하다는 사실을 진즉에 깨우쳤다. 즉 나는 받는 사람이 아니라 주는 사람, 즉 친화적이지 않은 사람을 찾고 있다는 뜻이다. 퉁명한 성격의 사람이야말로 흔히 최고의 비판자가 된다. 그들의 의도는 원고의 질을 높이는 것이지 자기 자아를 살찌우는 것이 아니다. 그들은 자기가 불안정하기 때문에 비판하는 게 아니다. 그들은 그 자체를 소중하게 여기기 때문에 호전적으로 도전한다. 그들은 사람들에게 거친 사랑을 나누어준다. (우리가 남의 비판을 얼마나 잘 받아들이는지는 비판의 내용만큼이나 비판자와 우리의 관계에 따라서 달라진다. 한 실험에서 "내가 이런 논평을 해주는 이유는 당신에게 기대를 무척 많이 하고 있으며 당신이 그 기대를 저버리지 않을 것임을 알기 때문이다"라는 말을 들은 사람은 그렇지 않은 사람에 비해서 자기에게 돌아온 비판을 40퍼센트 더 많이 수용했다. 자신의 잠재력을 믿어주고 자신이 성공하길 진심으로 바라는 사람이 해주는 혹독한 진실을 받아들이는 일은 놀라울 정도로 쉽다.)[34]

어니스트 헤밍웨이(Ernest Hemingway)는 "훌륭한 작가에게 가장 중요한 재능은 타고난 충격 완화 오물 검출기이다"라고 말했다.[35] 나의 도전 네트워크가 바로 나의 오물 검출기이다. 나는 이것을 좋은 파이트클럽이라고 생각한다. '논쟁을 피하는 것은 나쁜 태도이다'는 가장 중요한 원칙이다. 당신이 마주하는 침묵은 당신의 견해가 가지는 가치와 정중한 의견불일치를 소화할 수 있는 당신의 능력을 존중하지 않는 것이다.

브래드는 바로 이 원칙을 품고 살아간다. 그는 자신의 오랜 제작자인 존 워커(John Walker)와 전설적인 논쟁을 했다. 〈인크레더블〉을 만들 때였는데 두 사람은 등장인물의 세부적인 묘사 하나하나를 놓고 싸웠다. 머리카락도 예외가 아니었다. 아빠 슈퍼히어로의 대머리선을 이마 어디까지 잡아야 할지, 혹은 10대 딸의 머리카락이 얼마나 길고 찰랑거려야 할지를 놓고 싸웠다. 한번은 브래드가 아기가 젤리처럼 끈적끈적한 물고기로 변신하는 장면을 바랐는데, 존은 단호하게 반대했다. 애니메이션으로 구현하기가 너무 어렵다는 것이었다. 이것 때문에 제작 일정이 지체될 수도 있었다. 존은 브래드의 제안을 반대하면서 껄껄 웃으며 이렇게 말했다.

"나는 자네가 결승선을 향해 나아갈 수 있도록 방향을 잡아주려는 것뿐이야. 함께 결승선을 무사히 잘 넘도록 나도 노력하고 있단 걸 알아줘."

그러자 브래드가 주먹을 휘두르면서 이렇게 말했다.

"나는 우리가 결승선을 일등으로 넘도록 노력하고 있단 말이야!"

결국 존은 브래드를 설득했고, 그 얘기는 없던 걸로 했다. 브래드는 나에게 이렇게 말했다.

"나는 존과 함께 일하는 걸 무척 좋아합니다. 존은 나쁜 소식을 내 얼굴에 대고 직접 얘기하거든요. 우리 의견이 서로 갈리는 게 좋습니다. 의견 차이를 놓고 싸우는 것도 좋고요. 이런 과정을 거치면 한층 더 강력한 물건이 나오니까요."

이런 싸움 덕분에 브래드는 오스카상을 두 번이나 받았고, 더 나은 학습자가 되었으며, 보다 나은 지도자가 되었다. 존은 끈적끈적한 아기 장면을 한사코 거부하지는 않았다. 그는 그저 브래드에게 잠시 한 걸음 멈추고 기다리라는 말을 했을 뿐이다. 그리고 14년 뒤에 〈인크레더블 2〉에서 그 아기 잭잭은 너구리와 싸움을 벌이면서 끈적끈적하게 변했다. 내 아이들이 보고 깔깔거리며 웃던 그 장면은 아마도 가장 만들기 어려운 장면이었을 것이다.

동의하지 않으려면 동의하지 마라

서로 다른 견해를 놓고 끝장토론을 해서 결론을 내는 데는 단점이 도사리고 있으며, 이 리스크는 반드시 제대로 관리해야 한다. 〈인크레더블〉에서 니콜 그린들(Nicole Grindle)이라는 신예 스타는 존과 브래드가 소통하는 모습을 한 발 떨어져서 지켜보고는 머리카락의 시뮬레이션을 관리했다. 니콜은 나중에 존과 함께 〈인크레더블 2〉를 제작했는데, 이때 그녀가 가지고 있던 걱정거리 가운데 하나는 존과 브래드라는 두 거장 사이에 있었던 그 엄청난 양의 논쟁이 자기 목소리를 높이는 일에 덜 적극적인, 그러니까 그런 일을 다소 불편하게 여기는 사람들(신참자, 내성적인 사람, 여성, 소수민족 출신자 등)의 목소리를 완전히 압도하지 않을까 하는 것이었다. 지위나 권력(권한)이 부족한 사람은 정치적인 모드로 들어가서, 자신의 불만을 억누른 채 보수를 가장 많이 받는 사람의 의견(Highest Paid Person's Opinion, HIPPO)에 동조하는 현상이 일상적으로 일어난다.[36] 때로는 해당 현장에서 살아남으려면 그렇게 하는 것 말고는 선택의 여지가 없다.

니콜은 이런 사람들이 남에게 인정받고 싶은 욕망 때문에 업무 갈등을 유발하는 행위를 애써 자제하지 않게 각자 다양한 아이디어를 내놓도록 그들을 자극하고 격려했다. 어떤 사람들은 전체가 모인 자리에서 자기 의견을 직접 말하기도 했고, 또 다른 사람들은 니콜을 따로 찾아가서 조언과 지지를 부탁하기도 했다. 비록 니콜은 해적이 아니었지만, 어느 순간 자기 역시 자신의 의견과 다른 의견을 지지한다는 사실을 깨닫고는, 캐릭터 설정이나 대사 구성을 놓고 브래드와 싸움을 벌이는 일을 점점 더 편하게 느꼈다.

"브래드는 여전히 성질머리가 고약한 사람이에요. 픽사에 발을 들여놓은 지 가장 오래된 사람이기도 하고요. 그러니 누구든 브래드 앞에서 반대 의견을 내놓을 때는 한바탕 뜨겁게 토론할 마음의 준비를 단단히 해야 합니다."

열띤 토론이라는 발상은 좋은 싸움이 어떻게, 그리고 왜 일어나는가에 대한 중요한 의미를 담고 있다. 브래드가 동료 누군가에게 무언가를 주장하는 모습(혹은 해적들이 서로 싸우는 모습)을 지켜보고 있으면 거기에서 빚어지는 긴장과 열기가 감정적인 차원이 아니라 지적인 차원임을 누구든 금방 알아차릴 수 있다. 브래드는 목소리 톤이 높고 거침이 없다. 그렇다고 전투적이거나 공격적이지는 않다. 그들은 의견불일치 그 자체를 위해서 다른 의견을 내놓지는 않는다. 여기에 대해서 니콜은 다음과 같이 설명한다.

"의견불일치가 소란스럽게 이루어지든 정숙하게 이루어지든 기존의 관점과 다른 의견을 끈질기게 내야 합니다. 우리는 탁월함을 위해서, 즉 훌륭한 영화를 만든다는 공동의 목표를 위해서 모였으니까요."

그들 사이에서 진행되는 상호작용을 가까이에서 지켜보고 나니까 비로소 내 개성 가운데서 오랜 세월 동안 모순이라고 느꼈던 것의 실체가 무엇인지 마침내 온전하게 이해할 수 있었다. 어떻게 나는 상대방에게 매우 친화적인 태도를 보이면서 동시에 그 사람과 좋은 토론을 할 수 있었을까?

친화성이라는 것은 사람과 사람 사이 만남의 조화와 관련된 문제이지 인지적인 일치 차원의 문제가 아니다. 친화적이면서도 의견은 얼마든지 갈릴 수 있다. 비록 나는 다른 사람의 감정을 다치게 하는 것을 끔찍하게 싫어하긴 해도, 그 사람이 가진 생각에 대해 문제를 지적하고 도전해야 할 때는 전혀 두려움을 느끼지 않는다. 사실 내가 어떤 사람과 논쟁을 한다는 것은 그 사람을 향한 존경의 감정을 표현하는 것이지 그 반대의 감정을 드러내는 게 아니다. 그 사람의 의견을 그만큼 소중하게 여기니까 반박을 한다는 뜻이다. 만일 그 의견이 나에게 중요하지 않다면 굳이 반박하거나 입씨름을 할 필요도 없다. 내가 어떤 사람과 토론하면서 그 사람의 잘못을 입증하고 내 잘못을 입증받는 게 즐거울 때, 그 사람과 나의 토론 궁합이 잘 맞음을 나는 알아차린다.

친화적인 사람이라고 해서 늘 갈등을 회피하지는 않는다. 이런 사람들은 자기 주변 사람들에게 자기를 잘 맞춘다. 그들이 설정하고 있는 기준이나 규범에 자기를 맞춘다는 뜻이다. 내가 즐겨 인용하는 실험이 있는데, 나의 동료 제니퍼 채트먼(Jennifer Chatman)과 시걸 바르세이드(Sigal Barsade)가 했던 실험이다. 친화적인 사람들이 협력적인 분위기의 팀에 소속되어 있을 때는 그렇지 않은 사람들에 비해서 상당히 높은 수준으로 협조적이었다. 그런데 이들이 경쟁적인 분위기의 팀에 배치되면 이들도 친화적이지 않은 다른 구성원들과 마찬가지로 친화적이지 않게 행동했다.[37]

존이 브래드와 함께 일하면서 그로부터 영향받은 점이 바로 이런 것이었다. 존은 갈등을 회피하는 성향이다. 식당에서 종업원이 엉뚱

한 요리를 가져와도 아무 말 하지 않고 그냥 먹는 사람이다. 그는 이렇게 말했다.

"하지만 나 자신의 문제가 아니라 보다 더 중요한 어떤 문제와 관련될 때는 내 목소리를 분명하고도 크게 내야 합니다. '이것은 일종의 의무다'라는 생각이 듭니다. 그러면 밤을 꼬박 새우면서까지 싸우죠. 그러다 그 문제가 해결되면 새벽 5시라도 맥주 한잔 하러 나가고요."

이런 적응성은 라이트 형제에게서도 볼 수 있다. 오빌은 형 윌버 덕분에 저절로 도전 네트워크를 가지고 있었다. 윌버는 친화적이지 않은 성격으로 유명했다. 그는 누가 아무리 뭐라고 해도 끄떡하지 않았으며, 누군가 자기 의견과 다른 의견을 내면 그 자리에서 묵살해버리는 습관을 가지고 있었다. 이에 비해 오빌은 예의 바르고 쾌활하며 비판에 민감했다. 그러나 이런 특성은 윌버와 함께 있을 때는 흔적도 없이 사라졌다. 윌버도 "오빌은 참 좋은 싸움꾼이다"라고 말했다. 어느 날 밤, 잠을 이루지 못하던 오빌이 방향타를 고정된 방식이 아니라 움직일 수 있도록 만들면 어떨까 하는 아이디어를 떠올렸다. 다음 날 아침 식탁에서 오빌은 이 아이디어를 윌버에게 설명할 준비를 하면서 다른 동료 한 명에게 눈을 찡긋했다. 윌버가 곧바로 도전 모드로 들어가서 자기 아이디어를 뭉개버릴 테니 지켜보라는 뜻이었다. 그런데 놀랍게도 윌버는 그 아이디어의 가능성을 곧바로 알아보았다. 그리고 그것은 두 사람이 거둔 중요한 발견 가운데 하나가 되었다.

친화적이지 않은 사람은 우리에게 다시 생각하도록 밀어붙이는 데 그치지 않고 친화적인 사람이 편안한 마음으로 어떤 주장을 하도록 만들기도 한다. 우리의 퉁명스러운 동료들은 갈등을 피해서 도망치지 않고 직접적으로 갈등에 맞선다. 그들은 한바탕 드잡이가 얼마든지 가능함을 몸소 확인시킴으로써 다른 사람들이 따를 기준을 새로 설정한다. 그러나 만일 조심하지 않으면 작은 실랑이가 커다란 싸움으로 변질될 수 있다. 그렇다면 우리는 이런 나쁜 결과를 어떻게 피할 수 있을까?

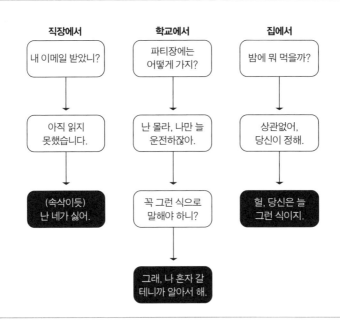

업무 갈등이 관계 갈등으로 변질되는 경우

직장에서

내 이메일 받았니?

↓

아직 읽지 못했습니다.

↓

(속삭이듯) 난 네가 싫어.

학교에서

파티장에는 어떻게 가지?

↓

난 몰라, 나만 늘 운전하잖아.

↓

꼭 그런 식으로 말해야 하니?

↓

그래, 나 혼자 갈 테니까 알아서 해.

집에서

밤에 뭐 먹을까?

↓

상관없어, 당신이 정해.

↓

헐, 당신은 늘 그런 식이지.

미쳐버리는 일 없이 뜨거워지기

업무 갈등과 관련된 중요한 문제는 흔히 관계 갈등으로 확대된다.[38] 추수감사절 칠면조 요리에 얼마나 많은 양념을 할 것인지를 두고 의견이 갈리다가 정확하게 1분 안에 "너한테서 나쁜 냄새가 나!"라고 고함을 지르는 당신의 모습을 보게 될 것이다.

라이트 형제는 평생을 함께하면서 상대방이 민감하게 반응하는 것이 무엇인지 잘 알고 있었다. 하지만 그렇다고 해서 두 사람이 늘 차분한 마음을 유지했다는 뜻은 아니다. 이륙 이전에 마지막으로 넘어야 할 과제는 정말 까다로운 문제였던 프로펠러 설계였다. 그들은 자기들이 만든 비행기가 프로펠러 하나로는 날지 못할 것임을 알았다. 하지만 그렇다고 해서 올바른 대안이 있는 것도 아니었다. 이런저런 시도를 하면서 두 사람이 한 번에 몇 시간씩 주장을 주고받곤 했다. 그러다가 목소리가 높아지기도 했다. 이런 상태가 여러 달째 계속되면서 한 사람이 자기가 제안하는 방식의 장점을 설교하고 상대방 방식의 단점을 줄줄이 지적하고 나면, 다시 다른 사람이 똑같이 설교하고 지적했다. 나중에는 여동생이 참다못해서 두 오빠가 계속 그렇게 싸우면 자기가 집을 나가버리겠다고 위협했다. 그러나 두 사람은 계속 그렇게 토론을 이어갔고, 마침내 어느 날 밤에는 두 사람 인생에서 가장 큰 목소리로 싸움을 벌이는 일이 일어났다.

그런데 이상하게도 다음 날 아침에 두 사람은 아무 일도 없었다는 듯이 사이좋게 가게에 출근했다. 그러고는 프로펠러 논쟁을 다시 이

어갔다. 하지만 이번에는 고함을 지르지 않았다. 그리고 얼마 뒤에 두 사람 모두 자신이 설정했던 가정들을 다시 생각하면서 무엇을 난관 돌파의 타개책으로 삼을 수 있을지 고민에 고민을 거듭했다.

라이트 형제는 관계 갈등 없이 격렬한 업무 갈등을 조장하는 데는 대가들이었다. 두 사람의 목소리가 높아진 것은 상대방에 대한 적대감이 커진 게 아니라 집중력이 높아졌기 때문이었다. 아닌 게 아니라 두 사람 휘하에 있던 정비공도 깜짝 놀라서 이렇게 말했다.

"두 사람이 진짜로 미쳤다고는 생각하지 않습니다. 그렇지만 엄청나게 뜨거워진 건 분명하죠."

한 연구 결과에 따르면, 어떤 분쟁을 의견불일치가 아닌 토론으로 규정하는 것만으로도 자기가 동의하지 않는 의견을 충분히 고려해서 마음을 바꿀 수도 있다는 신호로 상대방이 받아들이며, 따라서 상대방이 더 많은 정보를 제공하도록 동기를 부여한다.[39] 의견불일치는 개인적인 것이며 잠재적으로 적대적이기까지 하다. 어떤 토론이든 토론을 할 때면 우리는 감정이 아니라 개념이나 아이디어를 놓고 다툴 것이라고 기대한다. "우리 토론할까?"라고 물음으로써 의견불일치에 접근하는 것은 전도사나 검사가 아니라 과학자처럼 생각하고 싶으며, 상대방도 그런 식으로 생각하길 바란다는 메시지를 보내는 셈이다.

라이트 형제는 의견불일치를 생산적이고 유쾌한 것으로 여기는 가족 문화에서 성장했다. 그러나 다른 사람과 의견 대립으로 논박을 벌일 때는 자기 행동을 재설정하기 위해 특별히 애를 써야만 했다.

"솔직한 주장은 그저 상대방의 눈에 들어 있는 들보와 티끌을 서로 빼주어서 두 사람 모두 밝은 눈으로 대상을 선명하게 바라볼 수 있게 하는 과정일 뿐이지 않겠는가."

윌버가 항공술과 관련된 의견을 격렬하게 나눈 끝에 마음을 다친 동료에게 보낸 편지 가운데 일부분이다. 이처럼 윌버는 자기의 주장과 토론이 개인적인 감정 차원이 아님을 강조했다. 그는 자신의 주장이 자신의 생각을 검증하고 다듬는 기회라고 보았다.

"나는 자네가 토론 과정에서 제대로 비판받지도 않은 채 그냥 포기해버리고 마는 나쁜 버릇으로 돌아가버린 게 아닐까 생각하네. 나는 내가 말하는 근거를 상당한 수준으로 확신한다고 느끼지만, 다른 사람이 나를 올바르게 비판해서 비로소 문제가 제대로 해결될 때의 즐거움을 기대했다네. 토론은 사물을 바라보는 미처 알지 못했던 새로운 여러 길을 열어주니까 말일세."

라이트 형제는 프로펠러를 놓고 논박을 벌일 때 사람들이 흔히 하는 실수를 저질렀다. 두 사람 모두 자기가 옳고 상대방이 틀린 이유만 열심히 설교한 것이다. 이유를 놓고 논박을 벌일 때는 자기 의견에 감정적으로 애착되어서 상대방 의견을 묵살하는 경우가 있다. 그렇지만 방법을 놓고 논박을 벌이면 보다 나은 싸움을 펼칠 가능성이 더욱 높아진다.

사회과학자들이 세금 정책이나 보건 정책, 혹은 핵 개발 제재 정책 등과 관련해서 특정한 정책을 선호하는 이유를 사람들에게 물으면 그들은 흔히 자신이 가지고 있는 확신에만 초점을 맞추어서 그 확신을 강화하려 든다.[40] 그러나 그들에게 이런 정책들이 현실에서 어떻게 작용하는지 설명하라고 요구할 때, 혹은 그런 것들을 전문가에게 어떻게 설명할지 물으면 다시 생각하기 사이클은 활성화된다. 그래서 사람들은 자신이 아닌 지식에서 부족한 부분이 무엇인지 알아차리고, 자신이 내린 결론을 의심하며, 덜 극단적인 태도를 취한다. 그리고 마침내 대안에 대해서 더 많이 궁금해한다.

심리학자들은 많은 사람이 자기가 실제로 아는 것보다 훨씬 더 많이 안다고 믿는 착각, 즉 설명 깊이의 착각(illusion of explanatory depth)에 빠진다는 사실을 발견했다.[41] 자전거, 피아노, 이어버드 등과 같은 일상용품을 놓고 보자. 당신은 이것들을 얼마나 많이 알고 있는가? 사람들은 자기가 아는 지식을 지나치게 확신한다. 그래서 그 물건들이 작동하는 방식에 대해서 본인이 실제로 알고 있는 것보다 훨씬 많이 안다고 믿는다. 그렇지만 각각의 물건이 작동하는 역학을 구체적으로 풀어서 분석해보라고 하면 사람들은 자기가 알고 있는 것의 한계를 깨닫는다. 자동차 기어는 어떻게 작동하는가? 피아노 건반은 어떻게 소리를 만들어내는가? 이어버드는 어떤 원리로 당신의 휴대전화에서 나는 소리를 당신의 귀로 전송하는가? 사람들은 이런 질문에 정확한 대답을 하기 위해 자신이 얼마나 애를 쓰는지 보고는 깜짝 놀라고,[42] 자기가 실제로 아는 게 별로 없음을 금방 깨닫는다.[43] 바로 이런 일이 라이트 형제가 어느 날 밤에 그렇게 소리 높여 싸운 뒤에 일어났다.

다음 날 아침에 두 사람은 프로펠러 문제에 전혀 다른 방식으로 접근했다. 오빌이 먼저 가게에 출근해서 정비공에게 자기 생각이 틀렸고 윌버가 주장하는 방식으로 설계하는 게 맞다고 말했다. 그런데 윌버가 출근해서는 자기 생각이 틀렸고 오빌의 생각이 맞을지도 모른다고 말했다.

두 사람은 과학자 모드로 들어가면서 서로 다른 해결책이 성공하거나 실패하는 이유가 아니라, 그 해결책들이 어떻게 작동하는지에 초점을 맞추었다. 그리고 마침내 두 사람은 각자의 접근법이 안고 있던 문제를 포착했으며, 둘 다 틀렸음을 깨달았다. 여기에 대해서 오빌은 "우리는 그 문제에 대한 우리만의 이론 하나를 만들었다. 그리고 곧 지금까지의 프로펠러는 모두 틀렸다는 사실을 발견했다"라고 썼다. 그는 자기들의 새로운 설계는 "(우리가 이 프로펠러를 키티호크에서 시험하고 또 다른 사실을 알기 전까지) 모두 맞았다"며 환호했다.

더 나은 해결책을 마련한 뒤에도 형제는 그 해결책을 놓고 다시 생각하는 가능성을 여전히 열어두었다. 키티호크에서 두 사람은 그게 올바른 해결책임을 확인했다. 두 사람은 자신들의 비행기가 프로펠러 하나를 필요로 하지 않음을 알아냈다. 사실 그 비행기는 회전날개처럼 기능하기 위해서 반대 방향으로 돌아가는 두 개의 프로펠러가 필요했다.

이것이 바로 업무 갈등이 빚어내는 아름다움이다. 커다란 논쟁에서 우리가 넘어서야 할 대상은 아름다운 포장이 아니라 프로펠러의 갈등이다. 두 개의 프로펠러를 서로 다른 방향으로 회전시킴으로써 우리의 생각은 땅으로 곤두박질치지 않고 하늘로 날아오른다.

THINK
AGAIN

2부

개인과 개인 사이의
다시 생각하기

상대방의 마음 열기

|

5장

적과 함께 춤을
논쟁에서 이기고 상대방에게 영향력을 행사하는 법

□ □ □

논쟁에서 상대방을 압도한다고 해서 그 사람을 설득한 것은 아니다.[1]

팀 크라이더(Tim Kreider)

하리시 나타라얀(Harish Natarajan)은 서른한 살에 이미 국제토론대회에서 서른 번 넘게 우승했다. 이 분야의 세계 기록이다. 그러나 그의 대적 상대가 오늘 특이한 도전장을 던졌다.

데브라 조 프렉테트(Debra Jo Prectet)는 이스라엘 하이파 출신의 영재이다. 데브라는 이제 겨우 여덟 살이고 국제토론대회에는 지난여름에 처음 진출했다. 하지만 사실 데브라는 그 순간을 여러 해 동안 준비했다. 그녀는 지식을 쌓기 위해 수없이 많은 기사를 스펀지처럼 빨아들였고, 논지를 선명하게 펼치는 역량을 연마하기 위해서 토론법을 깊이 공부했으며, 심지어 발언 속에 유머를 담아내는 연습까지

했다. 지금 그녀는 챔피언에게 도전할 준비가 되어 있고, 그녀의 부모는 이 아이가 새로운 역사를 쓸 것이라고 기대한다.

하리시 역시 신동이었다. 여덟 살 때 이미 인도의 카스트제도를 주제로 한 식탁 토론에서 부모를 이겼다. 2012년에 유럽 토론 챔피언이 되었고, 2016년에는 세계토론선수권대회 결승전에 진출했으며, 감독 자격으로 세계선수권대회에 출전한 필리핀 국제학교 토론팀을 이끌기도 했다. 나는 내 제자였던 사람의 소개로 하리시를 만났다. 그는 학생 때 유난히 똑똑했는데, 어린 시절에 하리시를 상대로 자주 토론을 했지만 '많이 (어쩌면 모두)' 졌다고 했다.[2]

2019년 2월 샌프란시스코. 대규모 청중이 지켜보는 가운데 벌어진 하리시와 데브라의 토론 대결. 토론 주제가 무엇으로 제시될지는 두 사람 모두 모른다. 두 사람이 무대에 오른 뒤에야 사회자는 토론 주제를 발표했다. '과연 정부는 유치원 보조금을 지급해야 하는가?' 이것이 이날의 토론 주제였다.

15분 동안 토론 준비를 한 뒤에 데브라는 찬성 주장을 펼치고 하리시는 반대 주장을 펼칠 터였고, 토론의 승패는 누가 청중의 지지를 많이 받느냐에 따라서 판가름이 날 터였다(토론 시간은 15분의 사전 준비에 이어서 모두 발언 4분씩, 상대 의견 반박 4분씩, 마무리 발언 2분씩 총 10분이 양쪽에 주어졌다 – 옮긴이). 그러나 두 사람이 나에게 준 충격은 승패의 결과보다 한층 더 컸다. 토론에서 이기려면 무엇이 필요한가 하는 점에 대해 그동안 내가 가지고 있었던 생각을 완전히 바꾸어놓았기 때문이다.

공격의 포문은 데브라가 먼저 연다. 하리시가 비록 토론대회 우승 횟수로 세계 기록을 가지고 있지만 자기처럼 특이한 토론자를 상대로 토론하기는 처음이라서 당황스럽겠다는 농담으로 청중을 웃긴다. 그러고는 유치원 프로그램이 가져다주는 학문적·사회적·직업적 편익을 다룬 여러 연구 저작을 요약한다. 또한 유치원 교육에 대한 투자야말로 똑똑한 투자라는 전직 수상의 주장도 재치 있게 인용한다.

하리시는 데브라가 제시한 사실들을 인정하면서도, 유치원에 정부보조금을 지급하는 것은 빈곤으로 야기된 문제를 치유하기에는 적절한 처방이 아니라고 주장한다. 그러면서 이 문제는 두 가지 차원에서 평가해야 한다고 주장한다. 하나는 유치원이 과연 제대로 보조금을 받지 못하고 있고 그 보조금이 제대로 활용되지 못하고 있는가 하는 점이고, 또 하나는 도움이 절실하게 필요한 빈곤층에 보조금이 과연 도움이 되는가 하는 점이라고 말한다. 그러면서 빈곤층을 도울 방법은 매우 많은데, 유치원에 보조금을 지급하는 방식은 납세자의 돈을 가장 유용하게 쓰는 방식이 아니라고 주장한다.

토론을 지켜보던 청중 가운데 92퍼센트는 이미 마음을 정해두고 있다. 나도 그 가운데 한 사람이다. 내가 그 주제에 대한 찬반의 어느 진영에 서 있는지 깨닫기까지는 얼마 걸리지 않았다. 미국에서 공교육은 유아원부터 고등학교까지 무료이다. 어린이를 대상으로 하는 조기교육은 이 아이가 커서 나중에 받는 교육보다 빈곤에서 벗어나는 데 훨씬 더 크고 중요함을 나는 잘 알고 있었고, 그런 사실을 입증하는 증거도 내게는 이미 익숙했다.[3] 교육에 대한 접근권은 물, 음식,

쉼터, 보건 등에 대한 접근권과 마찬가지로 기본적인 인권이라고 나는 믿는다. 그래서 나는 데브라 편에 선 것이다.

데브라의 모두 발언 가운데 한 부분이 특히 내 마음에 와닿았다. 그 가운데 한 구절을 소개하면 이렇다.

— **데브라** 연구 결과를 보면 분명한 사실이 드러납니다. 어린이가 좋은 유치원 교육을 받고 나면 빈곤 때문에 빚어진 여러 가지 불리한 점들을 보다 쉽게 극복할 수 있습니다.

데이터는 승리를 가져다준다! 내 심장아, 진정해라.

— **데브라** 청중 여러분은 아마도 여기 있는 상대방 토론자가 투자의 우선순위를 이야기한 걸 들으셨을 겁니다. 아마도 보조금이 당연히 필요하지만 유치원 보조금은 아니라고 말할 겁니다. 그래서 나타라얀 씨에게 묻고 싶습니다. 우리 함께 증거와 데이터를 면밀하게 살피고, 그에 따라 판단을 해야 하지 않을까요?

하리시를 나에게 소개했던 나의 제자는, 하리시에게 약점이 있다면 그의 탁월한 토론이 늘 사실만을 토대로 하는 게 아니라고 했다.

— **하리시** 기본적인 이유를 살펴보는 것에서부터 시작해보죠. 만일 우리가 유치원이 원칙적으로 좋은 것이라고 믿는다면 이 유치원에 보조

금을 지급하는 것은 확실히 가치 있는 일입니다. 하지만 그렇다고 해서 그런 이유만으로는 보조금 지급이 정당화될 수 없다고 나는 생각합니다.

데브라는 자기가 해야 할 일을 명쾌하게 수행했다. 데이터로 하리시를 밀어붙였을 뿐만 아니라, 하리시가 어떤 식으로 반대 논지를 펼칠 것인지도 이미 예상하고 있었다.

— **데브라** 정부의 예산 규모는 어마어마합니다. 유치원에 보조금을 지급하고 다른 여러 분야에 투자도 할 수 있을 정도로 여유가 있습니다. 그러므로 유치원에 보조금을 지급하는 것보다 더 중요한 사업이 있다는 생각은 타당하지 않습니다. 예산 규모로 볼 때, 이걸 하면 저걸 못 하고 저걸 하면 이걸 못 하는 그런 상황이 아니라는 말입니다.

하리시의 우선순위 논거를 무너뜨리는 한 방, 최고다!

— **하리시** 정부가 모든 좋은 일을 다 할 수 있을 정도로 넉넉한 예산을 가지고 있을 수도 있겠지요. 어쩌면 정부는 보건 분야에 지원할 예산을 가지고 있을 수 있습니다. 복지 수당을 지급할 예산도 가지고 있을 수 있습니다. 유치원뿐만 아니라 수돗물을 제공할 예산도 가지고 있을 수 있습니다. 나는 이런 나라에 정말 살고 싶습니다. 그렇지만 내가 지금 사는 세상은 그런 곳이 아닙니다. 정부가 예산을 지출

하는 데 온갖 실질적인 제약이 있어서 발목을 잡는 바람에 예산이 제대로 사용되지 못하는 그런 세상에 우리는 살고 있습니다. 그런 제약이 설령 실제로는 존재하지 않는다고 하더라도 정치적으로는 엄연하게 존재하는 그런 세상에 말입니다.

이런? 하리시의 유효 점수를 인정할 수밖에 없다. 설령 어떤 제도가 이득을 가져다줄 잠재력을 가지고 있다 하더라도 실제로 그 이득이 실현되려면 많은 정치적인 자본이 필요하다. 그런데 이 자본은 다른 곳에 투자될 수도 있다.

— **데브라** 빈곤층에 기회를 제공하는 것은 인간의 도덕적인 의무이며 국가가 해야 하는 핵심적인 역할입니다. 분명한 사실은, 유치원 교육을 지원할 예산을 우리가 적극적으로 찾아야 한다는 점입니다. 행운이나 시장의 힘에만 의존해서는 안 됩니다. 이 문제는 사회안전망을 반드시 확보해야 할 정도로 중요한 문제입니다.

그렇지! 이 문제는 정치적이거나 경제적인 차원의 문제가 아니고 도덕적인 차원의 문제야.

— **하리시** 우리가 동의하는 내용을 정리해보겠습니다. 빈곤이 끔찍한 현실이라는 데 동의합니다. 사람들이 수돗물을 공급받지 못하는 현실이 끔찍합니다. 사람들이 가족을 먹여 살리느라고 힘들게 일해야

하는 현실이 끔찍합니다. 의료보장을 받을 수 없는 현실이 끔찍합니다. 이런 모든 현실이 끔찍합니다. 바로 이런 것들을 우리는 어떻게든 해결해야 합니다. 그런데 이런 것들 가운데 그 어떤 것도 해결되지 않습니다. 거기에 필요한 예산이 유치원을 보조하는 데 들어가니까 말입니다. 왜 이래야 합니까?

흠…. 데브라가 다른 방식으로 토론을 전개할 수 있지 않을까?

— **데브라** 보편 종일제 유치원 교육은 범죄와 복지의존성, 그리고 아동학대 등의 감소뿐만 아니라 보건 분야에서의 경제 절약 효과를 상당한 수준으로 창출합니다.
  하리시 높은 수준의 유치원 교육이 범죄를 줄여줄 테지만, 범죄 예방이라는 차원에서 보자면 다른 조치들도 마찬가지일 것입니다.
  데브라 높은 수준의 유치원 교육은 고등학교 졸업률도 높여줍니다.
  하리시 높은 수준의 유치원 교육이 개인의 삶에 엄청난 개선을 가져다주겠지요. 그렇지만 유치원에 가는 아이들의 수가 엄청나게 늘어난다고 하더라도 이 아이들이 모두 높은 수준의 유치원 교육을 받을 것이라고는 생각하지 않습니다.

아, 하리시 말이 옳다. 극빈층 가정의 아이들이 최악의 유치원에 가게 될 위험이 도사리고 있다. 이 시점에서 나는 내가 가지고 있던 의견을 다시 생각하기 시작한다.

━ 하리시 유치원에 보조금을 지급한다고 하더라도 모든 아이가 다 유치원에 갈 수 있다는 뜻은 아닙니다. … 문제는 누구에게 도움을 주느냐 하는 것입니다. 당신이 돕지 않는 사람들은 극빈층에 속한 아이들입니다. 중산층에 속한 아이들에게 부당하고도 과도한 이득을 안겨주기만 할 뿐입니다.

하리시에게 다시 유효 점수! 유치원은 무료가 아니기 때문에 빈곤층은 여전히 아이를 유치원에 보낼 여유가 없다. 이제 나는 데브라와 하리시 가운데 어느 진영에 서는 게 옳을지 헷갈린다.

자, 지금까지 당신은 양측의 주장을 들었다. 이 토론의 승자가 누구인지 말하기 전에, 우선 당신이 어느 쪽에 손을 드는지 묻고 싶다. 유치원 보조금 지급에 대한 당신의 의견은 찬성인가 반대인가? 그리고 당신의 그 의견에 대해서 당신은 얼마나 많이 다시 생각하기를 했는가?

만일 당신이 나와 같다면 분명 여러 차례 다시 생각하기를 했을 것이다. 의견을 바꾼다고 해서 변절자나 위선자는 아니다. 학습을 향해서 마음을 열어두고 있다는 뜻일 뿐이다.

돌이켜보면 나는 그 토론이 시작되기도 전에 이미 어떤 의견을 확고하게 가지고 있었는데, 이런 내 모습이 실망스럽다. 아동발달 및 조기교육에 대해서 나도 몇몇 저작을 읽긴 했지만 보조금의 경제적 효과나 그 보조금이 다른 곳에 투자될 때의 효과에 대해서는 전혀 알지 못했다. 나 자신을 향한 다짐. 다음번에 다시 '어리석음의 산' 정상에 올라갈 때는 꼭 셀카를 찍어두자.

토론이 끝나고 청중들은 투표를 했다. 마음을 정하지 못한 사람의 수는 토론 전과 다름없었지만, 청중 의견의 균형은 데브라 쪽에서 하리시 쪽으로 기울었다. 토론 전후를 놓고 볼 때 유치원 보조금 지급 찬성은 79퍼센트에서 62퍼센트로 줄었으며, 반대는 13퍼센트에서 30퍼센트로 두 배 이상 늘었다. 데브라는 더 많은 자료를 가지고 있었고, 더 나은 증거를 가지고 있었으며, 더 긍정적인 이미지를 가지고 있었다. 토론이 시작되기 전에 청중은 데브라의 편이었다. 그러나 하리시는 청중이 각자 가지고 있던 의견을 다시 생각하도록 설득했다. 하리시는 어떻게 그렇게 했으며, 토론의 기술과 관련해서 우리는 하리시에게 무엇을 배울 수 있을까?

이 장에서는 상대방으로 하여금 자기가 가진 의견을 다시 생각하도록 설득하는 내용을 다룬다. 우리는 상대방을 설득하려 할 때 흔히 대립적인 접근법을 구사한다. 상대방의 마음을 열기보다는 어떻게 하면 상대방의 입을 다물어버리게 할까 하는 점에 초점을 맞춘다. 방패를 쳐들고 상대방의 논지를 물리치는 한편, 자신의 의견을 설교하고 상대방 의견의 약점을 비판하거나 자신의 생각을 실제로는 전혀 바꾸지 않은 채 상대방이 듣고 싶은 말을 한다. 나는 보다 협력적인 접근법을 탐구하고 싶다. 자신의 겸손함과 호기심을 기꺼이 드러내면서 상대방으로 하여금 과학자처럼 생각하도록 유도하는 그런 접근법 말이다.

거래의 과학

오래전에 있었던 일이다. 내 강의를 들은 적이 있는 제이미가 전화를 해서 어떤 비즈니스스쿨에 진학하려 하는데 어느 학교로 가면 좋을지 도움말을 청했다. 제이미는 대학교를 졸업하고 취직해서 직업 경력을 성공적으로 쌓아가던 중이었다. 그래서 나는 굳이 돈과 시간을 낭비할 필요가 있느냐고 했다. 그러면서 대학원 학위가 그녀의 미래에 확실하게 더 나은 결과를 보장하리라는 증거가 부족하다는 사실을 두루 설명했다. 또한 학위가 직무에 맞지 않을 정도로 전문적일 수도 있고, 다시 공부하는 기간에 경력이 단절되고 그만큼 경험이 부족해질 것이라는 위험을 지적했다. 제이미는 자기 회사 사장이 회사에서 승진하려면 MBA 학위가 있어야 하지 않겠느냐고 말했다고 했고, 나는 그렇지 않은 경우도 제법 많이 알고 있다고 했다. 그리고 평생 그 회사에 다닐 생각은 아니지 않느냐고 지적했다. 그러자 마침내 제이미가 매섭게 맞받아쳤다.

"교수님은 논리 깡패(logic bully)시네요!"

논리… 뭐…라…고…?

"논리로 사람을 괴롭히신다고요. 교수님은 오로지 논리적인 주장으로 저를 찍어 누르시잖아요. 저는 그런 논리에 동의하지 않지만, 뭐라고 반박은 못하겠네요."

제이미가 나에게 붙여준 논리 깡패라는 그 딱지가 처음에는 오히려 듣기 좋았다. 사회과학자로서의 내 역할, 즉 최고의 데이터로 무장해서 토론에서 이기는 역할을 그것만큼 확실하게 묘사하는 표현은 없을 것 같았다. 내가 강력하게 주장하면 할수록 제이미는 더욱 완강하게 자기 의견을 고수했다. 그러다가 문득, 제이미가 보여준 것과 똑같은 종류의 저항을 그전에도 내가 여러 번 다른 사람들에게 부추겼음을 깨달았다.

어릴 때 나는 가라테 사범으로부터 이길 준비를 확실하게 하지 않았으면 절대로 먼저 싸움을 시작하지 말라는 말을 들었다. 바로 이것이 내가 일을 하면서나 친구를 만날 때 토론에 접근하던 방식이었다. 승리의 열쇠는 빈틈없는 논리와 정밀한 데이터로 무장하고 전투에 나서는 것이라고 생각한 것이다. 그러나 내가 강력하게 공격할수록 상대방 역시 그만큼 강력하게 반격했다. 나는 상대방이 내 의견을 받

"나중에 전화드릴게요. 지금 우리 부부가 늘 즐겨 하는 말다툼을 하고 있어서요."

David Sipress/The New Yorker Collection/The Cartoon Bank; © Condé Nast.

아들여서 자기 의견을 다시 생각하도록 설득하려고 예리하게 초점을 맞추고 접근했지만, 그때마다 나는 내 안의 설교자와 검사를 보았다. 비록 그런 마음가짐이 때로는 내 의견을 끈질기게 지켜야 한다는 동기를 부여하기도 했지만, 상대방을 소외시키는 결과를 자주 보아야 했다. 그러니까 사실 나는 이기는 게 아니었다.

수백 년 동안 토론은 하나의 예술 형태로 칭송받아 왔다. 그러나 지금은 토론을 잘하는 방법을 다루는 과학이 점점 중요해지고 있다. 공식적인 토론 자리에서 토론자가 가져야 하는 목표는 청중의 마음을 움직이는 것이다. 그러나 비공식적인 토론 자리에서는 토론 상대방의 마음을 바꾸는 것이 목표이다. 이 토론은 진실에 대한 어떤 의견일치에 다다르려고 노력하는 것, 즉 일종의 협상이 된다. 토론에서 이기는 방법과 관련된 지식과 기술을 쌓고 연마하기 위해서 나는 협상의 심리학을 공부했고, 이렇게 배운 것들을 활용해서 기업과 정부의 지도자들에게 협상 기술을 가르쳤다. 하지만 그러다가 나는 지금 나의 방식과 태도가 (그리고 가라테 사범에게서 배웠던 가르침은) 터무니없이 잘못된 것임을 깨달았다.

좋은 토론은 전쟁이 아니다. 있는 힘껏 줄을 당겨서 상대방을 자기 쪽으로 끌어와야 이기는 줄다리기도 아니다. 오히려 다른 스텝을 마음에 두고 있는 상대방과 협상해서 함께 추는 춤, 그것도 미리 안무가 짜여 있지 않은 춤을 즉흥적으로 추는 것이라고 할 수 있다.[4] 만일 한쪽이 상대방을 너무 강하게 이끌려고 하면 상대방은 저항한다. 반면에 자기 움직임을 상대방에게 맞출 수 있고 상대방을 자기에게 맞추려고 한다면 이 두 사람은 한층 더 우아하게 리듬을 탈 것이다.

닐 라컴(Neil Rackham)의 고전적인 연구가 있다. 이 연구에서 라컴과 그의 동료들은 협상 전문가들이 일반인과 다른 점이 무엇인지 실험을 통해서 살폈다. 연구자들은 평균적인 협상가 집단과 고도로 숙련된 협상가 집단을 설정했다.[5] 후자 집단의 협상가는 수많은 성공 기록을 가지고 있으며 협상 상대방으로부터 유능하다는 평가를 받은 사람들이었다. 연구자들은 두 집단의 기법을 비교하기 위해서 두 집단이 진행하던 노사 협상 과정을 기록했다.

어떤 전쟁에서든 땅을 잃는 게 아니라 땅을 얻는 것이 목표이다. 그래서 사람들은 흔히 전투에서 지는 것을 두려워한다. 어떤 협상에서 다른 사람의 주장에 동의하는 행동은 상대방을 누그러뜨리는 효과를 발휘한다. 전문가들은 협상의 본질을 잘 알았다. 협상이라는 것은 상대방과 함께 추어야 하는 춤인데, 자기는 가만히 있으면서 상대방 혼자만 움직이게 할 수 없음을 알고 있었던 것이다. 상대방과 조화를 이루며 춤을 만들어나가려면 때로는 백스텝을 밟을 필요도 있다.

일반인과 전문가 사이의 한 가지 차이점은 협상 테이블에 앉기도 전에 뚜렷하게 드러난다. 연구자들은 협상이 시작되기 전에 두 집단에게 협상 계획이 무엇인지 물었다. 이때 평균적인 협상가들은 기대되는 합의 내용은 따로 살피거나 챙기지 않고 오로지 전투 준비만 열심히 했다. 그런데 전문 협상가들은 상대방과 밟아나갈 수도 있는 일련의 스텝의 종류와 순서를 미리 정리했다. 즉 전체 협상 계획의 3분의 1을 상대방과 합의할 수 있는 내용을 찾는 데 할애한 것이다.

협상 테이블에 상대방과 마주앉아서 여러 선택지를 놓고 논의하면서 이런저런 제안을 할 때 두 번째 차이가 나타났다. 대부분의 사람들은 토론을 천칭과 같은 것이라고 생각한다. 즉 주장하는 요지를 자기 쪽에 많이 쌓으면 쌓을수록 무게중심이 자기 쪽으로 쏠리고 그만큼 유리해진다고 생각하는 것이다. 그러나 그 실험에서 전문가들은 정반대로 했다. 자기 주장의 요지를 상대방보다 적게 제시했다. 그들은 자신이 가장 중요하게 여기는 논지의 요지가 희석되길 원하지 않았다. 라컴의 표현을 빌자면 "허약한 주장이 전체적으로 강력한 주장을 희석시킨다."

많은 논리 요지를 협상 테이블에 올려놓을 때 상대방으로서는 그 가운데서 가장 허약한 것을 찾아서 깨는 일이 그만큼 더 쉬워진다. 상대방이 우리의 논리 요지 하나를 젖히고 나면, 그 뒤로는 우리의 전체 진영이 한층 쉽게 흐트러질 수 있다. 이런 일이 평균적인 협상가 집단에서 정기적으로 나타났다. 말하자면 종류가 제각기 다른 무기들을 전투 현장에 너무도 많이 들고 나온 셈이었다. 결국 그들은 자신이 가진 가장 매력적인 논지의 강한 힘 때문이 아니라 가장 덜 매력적인 논지의 약한 힘 때문에 협상에서 졌다.

이런 습관은 세 번째 차이로 이어졌다. 평균적인 협상가들은 방어-공격이 챗바퀴처럼 돌아가는 구조에 빠져버리는 경향이 강했다. 그들은 상대방의 제안을 오만하게 걷어차고는 자기 주장에만 몰두했는데, 그 바람에 양측은 마음을 열지 않았다. 여기에 비해서 전문 협상가들은 공격이나 방어로 나아가는 경우는 드물었고, 대신 "그러니까 당신은 이 제안에 전혀 흥미를 느끼지 못한다는 말이죠?"와 같은 질문을 하면서 호기심을 표현했다.

질문을 하느냐 하지 않느냐 여부는 두 집단의 네 번째 차이점이다. 전문 협상가들은 다섯 번 말할 때 적어도 한 번은 질문했다. 그들은 덜 단호해 보였지만, 마치 상대방과 함께 춤을 추듯이 상대방이 스텝을 밟아나가도록 하면서 춤을 이끌었다.

최근에 이루어진 여러 실험에 따르면, 과학자 수준의 겸손함과 소박함을 갖춘 협상가가 단 한 사람만 있어도 협상 당사자인 양측이 모두 만족해하는 결과를 한층 더 많이 만들어낼 수 있다.[6] 왜냐하면 이 사람은 더 많은 정보를 탐색해서 양쪽이 모두 승자가 되는 여러 방법을 찾아내기 때문이다. 이 사람은 협상 상대방에게 무엇을 생각하라고 말하지 않는다. 상대방에게 함께 춤을 추자고 부탁할 뿐이다. 바로

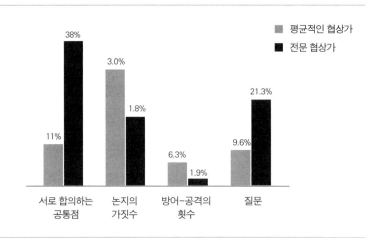

전문 협상가가 평균적인 협상가와 다른 점

이것이 하리시 나타라얀이 앞에서 인용한 토론에서 보여주었던 바로 그 모습이다.

같은 박자에 맞추어서 춤추기

청중은 토론이 시작되기 전에 이미 보조금 지급에 찬성하고 있었기 때문에 하리시가 나아가고자 하는 방향에는 변화의 여지가 상대적으로 더 많았다. 그러나 그는 또한 청중에게 인기 없는 의견을 주장해야 한다는 불리함도 함께 안고 있었다. 그렇지만 그는 전문 협상가의 교과서에 나오는 원리를 실천함으로써 청중의 마음을 열었다.

하리시는 상대방도 공감하는 공통점을 강조하는 것에서부터 논지를 풀어나갔다. 반론을 펴기 위해 마이크를 잡았을 때 그는 우선 데브라와 자기가 동의하는 것들로 청중의 관심을 끌었다.

"그래서 나는 우리가 동의하지 않는 부분은 겉으로 보이는 것보다 훨씬 적다고 생각합니다."

그는 빈곤이라는 문제에 대해서 자신이 중요하게 여긴다는 사실을 (그리고 여러 연구 결과가 유효하다는 사실을) 상기시킨 다음에, 이 문제의 해법으로 보조금을 지급하는 방식에 반대했다.

자신의 마음을 바꾸기를 거부한다면 상대방의 마음을 바꿀 여지는 많지 않다. 자신을 비판하는 내용을 인정함으로써, 그리고 심지어 상대방에게서 배운 내용을 인정함으로써 자신의 개방성을 과시할 수 있다.[7] 그런 다음에 상대방이 기꺼이 수정할 수 있는 의견이 무엇인지 묻는다면, 이것은 결코 위선이 아니다.

다른 사람이 다시 생각하도록 설득하는 것은 어떻게 좋은 토론을 이끌어나가느냐는 차원의 문제가 아니라, 상대방을 설득하는 데 있어서 자신이 올바른 동기를 가지고 있음을 어떻게 입증하느냐 하는 차원의 문제이다. 상대방이 좋은 지적을 했음을 인정함으로써, 자신이 어떤 생각을 막무가내로 밀어붙이려는 설교자나 검사나 정치인이 아니라는 신호를, 다시 말해서 자신은 진실에 가깝게 다가서려고 노력하는 과학자라는 신호를 보내는 셈이다.[8] 이런 맥락에서 하리시는 나와 개인적으로 만난 자리에서 이렇게 말했다.

"토론은 때로 필요 이상으로 전투적이거나 적대적으로 비화합니다. 그렇지만 상대방이 하는 말을 경청하고 그 말을 인정해야 합니다. 이렇게 해야 비로소 자신은 모든 것을 고려하는 이성적인 사람이라는 인상을 상대방에게 심어줄 수 있습니다."

이성적이라는 말은 문자 그대로 이성에 따라서 판단한다는, 다시 말해 논리와 데이터 속에서 자기 견해를 얼마든지 수정할 수 있다는 뜻이다. 그렇다면 데브라는 하리시와 토론할 때 왜 그렇게 하지 않았을까? 왜 자기들 사이의 공통점을 무시하고 간과했을까?

그 이유는 데브라가 여덟 살이 아니기 때문이다. 데브라는 사람이 아니기 때문이다.

데브라 조 프렉테트(Debra Jo Prectet)라는 이름은 내가 철자 순서를 바꾸어서 지어낸 이름이다. 공식적인 이름은 프로젝트 디베이터(Project Debater)이고, 사람이 아니라 기계이다. 좀 더 구체적으로 말하면 IBM이 개발한 인공지능이다. 그러니까 체스를 두는 인공지능 왓슨(Watson)처럼 토론을 하도록 개발된 인공지능이다.[9]

IBM은 2011년에 처음 이 발상을 했고 2014년에 집중적으로 개발 작업을 했다. 그리고 몇 년 뒤에 프로젝트 디베이터는 사람들이 지켜보는 가운데서 지적인 토론을 수행할 수 있는 놀라운 능력을 갖추었다. 온갖 사실을 알고 있으며, 일관성 있는 문장을 구사하고, 심지어 반론까지 펼칠 정도가 된 것이다. 이 인공지능이 알고 있는 지식은 신뢰할 수 있는 여러 신문과 잡지에 실린 기사 4억 개 분량이며, 여기에 탑재된 논지 파악 엔진은 핵심 주장들을 적절하게 배열하고, 그 주장들의 논리적인 경계선이 어디인지 파악하며, 관련 증거의 유효성을 판단할 수 있도록 설계되었다. 이 인공지능은 어떤 토론 주제가 제시되더라도 즉각 관련 데이터를 검색해서 하나의 논리적인 결론을 만들어낸 다음에 이것을 명쾌하게, 심지어 농담을 곁들여서 재미있게 제시한다. 여성의 목소리로, 제한 시간 안에. 이 인공지능이 유치원 보조금 지급 토론에서 맨 처음 한 말은 "안녕 하리시, 나는 당신이 인간을 상대로 한 토론대회에서 세계 기록을 가지고 있다고 들었는데, 아마 기계를 상대로는 한 번도 토론해보지 않았겠죠? 미래에 온 걸 환영합니다(Welcome to the future)"였다.

물론 하리시가 프로젝트 디베이터를 이긴 이유가 청중이 기계에 대해서 무언가 모를 반감을 가졌기에 인간을 응원해서일 수도 있다. 그러나 그 토론에서 하리시가 택했던 접근법이 그동안 그가 국제대회에서 상대했던 수많은 토론자에게 적용해서 이겼던 바로 그 접근법이었음은 분명히 지적해둘 가치가 있다. 내가 깜짝 놀랐던 점은, 인공지능은 복잡한 여러 능력에 통달하면서도 바로 그 결정적인 능력은 갖추지 못했다는 사실이었다.

컴퓨터는 100억 개의 문장을 연구한 뒤에야 비로소 재밌는 농담을 할 수 있었다. 재밌는 농담을 하는 기술은 높은 수준의 사회적·정서적 지능을 갖춘 존재라야 비로소 구사할 수 있는 것이라고 일반적으로 알려져 있다. 프로젝트 디베이터는 논리적인 주장을 하는 방법을 배웠으며, 심지어 상대방이 어떤 식으로 반론할 것인지까지 예상했다. 그러나 상대방의 주장 가운데 몇몇에 동의하는 방법은 배우지 않았다. 그런 행동이 인간이 썼던 4억 개의 기사에는 별로 없었기 때문에 그랬던 모양이다. 사람이 쓴 기사들은 보통 자기 주장을 설교하거나 반대편 주장을 깎아내리거나, 혹은 상대편을 지지하는 사람들에게 아첨하는 정치 활동을 하느라 너무 바쁜 나머지 반대편 주장에 동의할 여유가 없다.

나는 하리시에게 상대방과 자기의 공통점을 찾아내는 능력을 어떻게 길렀느냐고 물었다. 하리시는 놀랍도록 실용적인 팁 하나를 가르쳐주었다. 토론할 때 사람들은 대부분 상대방의 주장 가운데서 가장 허술한 것, 즉 '짚으로 만든 허수아비'를 잡고서 허술한 곳을 찾으려고 달려들지만 자기는 반대로 한다고 했다. 즉 상대방의 주장 가운데서 가장 강력한 것, 즉 '강철 인간'[10]을 붙잡고 시작한다는 것이었다. 정치인이 이따금 이 전술을 채택해서 영합하려 하거나 설득하려 든다. 그러나 하리시는 훌륭한 이 전술을 과학자처럼 학습하는 데 이용한다. 유치원이 아이들에게 유익하다는 주장을 깨뜨리려는 대신에 그 논지가 타당하다고 받아들였던 것이다. 이렇게 함으로써 그는 상대방의 관점, 더 나아가 청중의 관점에 공감할 수 있었다. 그런 다음에 그는 유치원에 제공되는 정부보조금이 빈곤층 아동이 유치원에 접근하는 데 도움이 되지 않을 것이라는 우려를 드러냈는데, 이것은 완벽하게 공정하고 또 균형 잡힌 접근이었다.

하리시가 전문 협상가들과 닮은 점은 상대방과 자기의 공통점으로 관심을 이끄는 것, 그리고 방어-공격의 무한반복을 피하는 것, 이 두 가지뿐만이 아니었다. 그는 또한 너무 공격적이지 않으려고 조심했다.

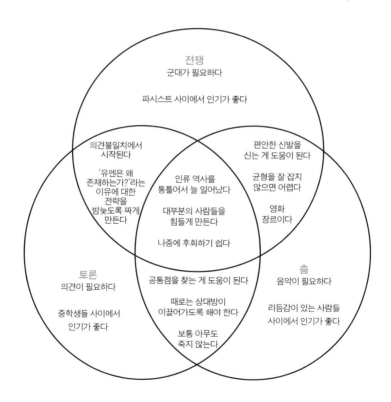

상대방의 감정을 상하게 하지 마라

하리시가 가지고 있던 또 하나의 강점은 그가 가지고 있던 여러 약점 가운데 하나에서 비롯되었다. 아무리 공부를 많이 하고 조사를 많이 한다고 해도 사람은 컴퓨터만큼 많은 데이터에 접근할 수 없다. 토론이 끝난 뒤에 청중에게 하리시와 인공지능 가운데 어느 쪽에서 더 많은 정보를 얻었느냐고 물었을 때 압도적으로 많은 사람이 인공지능을 꼽았다. 그러나 청중의 지지를 더 많이 받은 쪽은 하리시였다. 왜 이런 일이 일어났을까?

인공지능은 정부가 유치원에 보조금을 지급하는 데 찬성 논리를 펼치기 위한 근거를 마련하려고 공부에 공부를 거듭했다. 그러나 하리시는 숙련된 협상가와 마찬가지로 두 가지의 반대 논리에 초점을 맞추었다. 굳이 두 가지에만 초점을 맞춘 것은 제시하는 논리가 많아질수록 논리를 개발하고 다듬는 데 많은 시간과 노력이 들어간다는 것을 잘 알았기 때문이다.

"주장하는 내용이 너무 많아지면 자기가 가지고 있는 시간과 역량을 각각의 주장에 나누어야 하고, 그러면 각각의 주장에 쏟는 시간과 역량은 줄어들 수밖에 없어요. 그렇게 해서는 단 하나의 주장도 먹히지 않을 수 있습니다. 또 청중들도 그 모든 게 충분히 중요하다고 받아들지도 않을 테고요. 최고의 토론 전문가들은 많은 정보를 인용하지 않습니다."

언제나 이 접근법이 토론에 임하는 최고의 방법일까? 이 질문에 대한 대답은 (사회과학의 거의 모든 문제가 그렇듯이) 사정에 따라서 그때 그때 다르다. 토론에서 제시해야 하는 요지의 개수는 상황에 따라서 다르다.

전도사나 검사의 방식이 한층 강력한 설득력을 가질 때가 있다. 연구 결과에 따르면, 이런 접근법의 유효성은 세 가지 변수에 따라서 달라진다. 첫째, 얼마나 많은 사람이 그 쟁점에 관심을 가지는가? 둘째, 사람들이 자기 주장에 얼마나 마음을 열고 있는가? 셋째, 사람들이 전체적으로 얼마나 강력한 의지를 가지고 있는가? 만일 사람들이 그 쟁점에 관심 없거나 자기 관점에 그다지 호응하지 않는다면 보다 더 많은 논리가 도움이 될 것이다. 사람들은 양을 질의 신호로 바라보는 경향이 있다.[11] 사람들에게 주제가 중요할수록 논리의 품질은 그만큼 더 중요해진다.[12] 합리화의 논리를 이것저것 많이 제시하는 것이 오히려 반발을 살 가능성이 높을 때는 청중이 자기 견해에 회의

적일 때, 해당 쟁점에 이해관계가 걸려 있을 때, 그리고 고집을 부릴 때이다.[13] 사람들이 다시 생각하기에 저항할 경우에는 논리를 많이 제시할수록 우리의 의견을 쏘아서 쓰러뜨릴 총알을 그만큼 더 많이 그들에게 주는 셈이 된다.

그러나 이것은 우리가 제시하는 논리 요지의 개수에 관한 얘기만은 아니다. 그것들이 얼마나 잘 통하는가 하는 문제이기도 하다. 언젠가 한번은 어떤 대학교에서 학교에 단 한 푼도 기부하지 않은 졸업자들에게 기부금을 받아낼 방법이 있는지 나에게 물었다. 이 문제를 해결할 실마리를 찾으려고 나와 동료들은 실험을 하나 했다.[14] 기부금을 내지 않는 수천 명의 졸업자가 기부에 나서도록 설득하는 내용이 담긴 두 개의 서로 다른 메시지를 시험하는 실험이었다. 하나는 기부가 학생과 교직원에게 도움이 될 것이라는 내용으로 선행 기회를 강조하는 것이었고, 다른 하나는 기부를 통해서 기부의 따뜻한 기쁨을 누릴 수 있다는 내용으로 좋은 기분을 느낄 기회를 강조하는 것이었다.

두 메시지는 동일하게 효과적이었다. 두 경우 모두 구두쇠 졸업자 6.5퍼센트가 기부에 나서도록 유도했다. 그다음에 우리는 두 개의 메시지를 결합해서 하나의 메시지로 만들었다. 두 개의 논리가 하나의 논리보다 더 낫지 않을까 하고 기대했기 때문이다.

그러나 그렇지 않았다. 두 개의 논리를 결합했을 때 기부자의 비율은 3퍼센트 미만으로 떨어졌다. 논리를 하나씩 제시할 때가 두 개의 논리를 합해서 제시할 때보다 두 배 이상 효과적이었던 것이다.

이미 부정적인 태도를 가지고 있는 사람들에게 여러 가지 이유를 붙여서 기부를 요청할 때, 그들은 누군가가 자기를 설득하려 한다고 생각하고는 곧바로 방어에 나섰다. 단 하나의 주장은 일종의 대화처럼 받아들여지지만 여러 개의 주장은 무차별적인 공격으로 받아들여질 수 있다. 그래서 사람들은 전도사의 목소리가 들리는 라디오를 꺼버리고, 검사의 기소 내용을 반박해줄 최고의 변호사를 부르는 것이다.

논리의 양이나 질과 마찬가지로 논리의 출처 역시 중요하다. 가장 설득력이 높은 출처는 흔히 자기와 가장 가까운 사람이다.

내 강의를 듣는 학생 레이첼 브루하우스(Rachel Breuhaus)는 내가 미처 몰랐던 사실을 알려주었다. 최고의 대학 농구팀들은 열성팬을 가지고 있지만 정작 경기장에는 빈자리가 많다는 사실이었다. 우리는 더 많은 팬이 경기장에 나와서 응원하도록 동기를 부여하는 전략을 연구하려고 한 가지 실험을 준비했다. 이 실험은 시즌 관람권을 구매한 수백 명의 팬을 대상으로 경기가 있기 일주일 전에 진행했다. 가만히 내버려둘 때는 열성팬으로 추정되는 사람들 가운데 77퍼센트가 경기장을 찾았다. 우리는 열성팬을 설득하는 데 가장 강력한 힘을 발휘하는 주체가 팀 자체라고 판단하고, 홈코트에서 관람석을 채운 팬이 보내주는 응원이 얼마나 큰 힘이 되는지 호소하는 선수와 코치진의 말을 인용한 이메일을 그들에게 보냈다. 그러나 이 방식은 별다른 효과가 없었다. 이 집단의 경기 관람률은 76퍼센트밖에 되지 않았다.

그런데 색다른 접근법을 담은 이메일이 열성팬의 관람률을 끌어올렸다. 이 집단에게 우리는 단순히 '당신은 경기장에 갈 계획입니까?'라고만 물었는데 관람률이 85퍼센트까지 올라갔다.[15] 이 질문은 팬들에게 경기장에 갈지 말지 스스로 판단하고 결정할 자유를 주었다.

심리학자들은 이미 오래전부터 자기를 가장 잘 설득할 수 있는 사람은 바로 자기 자신임을 알고 있었다.[16] 다른 누구도 아닌 바로 자기 자신이 가장 매력적이라고 생각하는 논리(이유)들을 선택하며, 또 그것에 대한 실질적인 소유권을 가지고서 주체적으로 그것에 대해 말한다.

바로 이 점이 하리시가 가진 마지막 강점이다. 모두 발언에서든 반박 발언에서든 그는 곰곰이 생각해봐야 할 질문들을 인공지능인 프로젝트 디베이터보다 더 많이 제시했다. 이에 비해서 인공지능은 똑 부러지는 선언적인 문장으로 말했으며, 모두 발언에서 딱 하나의 질문을 했다. 게다가 그 질문은 청중에게 한 게 아니라 하리시에게 한 것이었다. 한편 하리시는 청중이 생각해야 할 질문을 여섯 개 제시했다. 첫 1분 동안에 그는 유치원 교육이 긍정적인 효과를 준다는 그 이유 하나가 유치원이 정부 지원을 받는 게 당연하다는 뜻은 아니라고 주장하며 "굳이 지원해야 하는 이유가 무엇이죠?"라고 물었다. 계속해서 그는 유치원이 현재 받는 지원이 충분하지 않은지, 또 과연 유치원이 극빈층에 도움을 주는지 물었으며, 또한 유치원이 극빈층에 도움이 되지 않는 이유가 무엇인지, 왜 그 비용이 그토록 비싼지, 그리고 극빈층에 도움이 되지 않는다면 실질적으로 도움을 받는 계층은 누구인지 물었다.

하리시가 구사했던 여러 기법은, 토론에서 의견이 일치하지 않을 때 상대방이 과도한 확신 사이클을 버리고 다시 생각하기 싸이클로 옮겨갈 가능성을 높여준다. 우리가 상대방의 말 가운데서 타당한 부분이 있다고 동의하고 인정할 때 우리는 확신에 찬 겸손함의 모범을 보이게 되며 상대방이 우리를 따르도록 유도하게 된다. 일관성 있고 매력적인 근거들을 갖춘 주장을 할 때 상대방이 자신의 의견을 의심하는 쪽으로 유도할 수도 있다. 또한 진정한 질문을 할 때 상대방에게 좀 더 많은 것을 배우겠다는 마음을 심어줄 수도 있다. 자기가 옳다는 내용을 굳이 상대방에게 납득시키려 하지 않아도 된다. 그저 자신이 틀렸을 수도 있다는 가능성에 그들이 마음을 열도록 해주기만 하면 된다. 그러면 나머지는 그들의 호기심이 알아서 해결한다.

그렇기는 하지만 이런 단계들이 늘 충분하지는 않다. 함께 춤을 추자고 우리가 아무리 멋지게 요청하더라도 상대방이 거부할 수 있다. 자기 믿음에 너무 강하게 고착된 사람들은 호흡을 맞춰보자는 상대방의 단순한 제안조차 자기를 공격하는 것으로 받아들인다. 이때는 어떻게 해야 할까?

지킬 박사와 적대감 씨

여러 해 전에 나는 월스트리트의 어떤 회사로부터 일반사원급 애널리스트 및 어소시에이트 파트너(associate partner) 여러 명을 영입하는 문제로 컨설팅 의뢰를 받았다. 나는 두 달 동안 조사를 했고, 데이터를 기반으로 한 스물여섯 가지의 추천안을 담아 보고서를 작성했다. 그런데 회사의 경영진에게 프레젠테이션을 하던 도중에 한 이사가 내 말을 끊고 질문을 했다.

"그냥 그 사람들에게 돈을 조금 더 줘버리면 해결될 문제 아닙니까?"

그래서 나는, 그들에게 오로지 돈 얘기만 해서는 그들의 마음을 움직이지 못할 것이라고 대답했다. 광범위한 산업 분야를 대상으로 한 많은 연구논문에 따르면, 기본적인 필요성을 충족하기에 충분할 만큼 돈을 버는 사람들에게 단지 돈을 조금 더 주겠다고 제안한다고 해서 나쁜 일자리와 나쁜 상사에게서 떠나려는 그들의 마음을 돌려놓지는 못한다.[17] 이런 사실을 알지 못했던 그 이사는 내 말에 반박하기 시작했다.

"내 경험으로 봐서는 그렇지 않거든요."

그래서 나는 검사 모드로 들어가서 반격했다.

"예, 바로 그렇기 때문에 제가 무작위 통제집단의 과거와 현재의 모습이 어떤지 데이터를 보여드린 겁니다. 자기만의 특이한 경험이 아니라 많은 사람의 경험에서 엄격하게 배워야 한다는 뜻입니다."

그러자 그 이사는 다시 반박했다. 자기 회사는 다른 회사들과 다르다는 것이었다. 그래서 나는 그 회사 직원들과 관련된 몇 가지 기본적인 통계수치를 줄줄이 제시했다. 아닌 게 아니라 설문조사 및 면접조사에서 경제적인 보상에 대해서 언급한 직원은 단 한 명도 없었다.

그들은 이미 충분히 많은 (어쩌면 지나칠 정도로) 보상을 받고 있었으며, 만일 보상이 문제를 해결할 수 있었다면 문제는 애초에 발생하지도 않았을 게 분명했다. (봉급은 사람들에게 동기를 부여하려고 그 사람들 앞에서 흔들어대는 당근이 아니다. 그것은 우리가 그 사람을 얼마나 높게 평가하는지 보여주는 일종의 상징이다. 관리자는 소속감을 가지고 자유롭고도 훌륭하게 성과를 낼 수 있는 의미 있는 직무를 직원들에게 배치함으로써 직원들에게 동기를 부여할 수 있다. 즉 관리자는 사람들에게 높은 봉급을 지급함으로써 회사가 그들을 인정한다는 사실을 보여줄 수 있다.) 하지만 그 이사는 여전히 고개를 젓기만 했다. 마침내 나는 너무 흥분한 나머지 평소 내 성격과 다르게 이렇게 쏘아붙였다.

"똑똑한 사람들이 이렇게 멍청하게 행동하는 걸 나는 처음 봅니다."

컴퓨터과학자 폴 그레이엄(Paul Graham)이 만든 의견불일치 계층도(hierarchy of disagreement)에서 주장의 가장 높은 계층 형식은 핵심적인 요지를 반박하는 것이며, 가장 낮은 계층 형식은 상대방에게 욕을 하는 것이다.[18] 이 계층도에 비추어보자면 나는 그 이사의 말에 흥분한 나머지 '논리 깡패'에서 순식간에 '동네 양아치(playground bully)'로 전락한 셈이다.

동네 양아치의 부끄러운 모습을 보이고 말았던 그 프레젠테이션을 만일 지금 내가 다시 할 수만 있다면 공통점에서부터 구체적인 사실들을 최소한으로 제시하면서 이야기를 풀어나갈 것이다. 내가 연구 조사한 내용을 가지고 그들의 믿음을 공격하지 않고, 어떻게 하면 내가 제시한 데이터가 그들의 마음을 열 수 있는지 물어볼 것이다.

핵심 요지 반박하기	상대방의 핵심 요지를 명쾌하게 반박한다.
반박하기	상대방의 실수를 찾아내고 왜 그것이 잘못되었는지 인용을 사용해서 설명한다.
반증하기	추론하거나 증거 제시로 반대 이유를 뒷받침한다.
반대하기	별다른 증거를 제시하지 않은 채 반대한다.
논조에 대응하기	주장하는 내용도 없이 상대방의 논조를 비판한다.
인신공격하기	주장하는 내용도 없이 상대방의 특성이나 권위를 공격한다.
욕하기	예를 들어서 "너는 멍청이구나"라고 말한다.

몇 년 뒤에 이런 접근법을 시험할 기회가 생겼다. 창의성을 주제로 한 기조연설을 하면서 나는 베토벤과 모차르트 같은 위대한 작곡가가 실제로는 동료 작곡가들에 비해 성공률이 높지 않다는 사실을 인용했다.[19] 두 사람은 다른 작곡가들보다 훨씬 많은 곡을 썼고, 그 덕분에 위대한 작곡가가 될 기회가 그만큼 높아졌던 것이다. 그러자 청중 가운데 한 사람이 끼어들어서 이렇게 말했다.

"개소리 하고 있네! 당신은 지금 위대한 작곡가를 깎아내리고 있어. 정말 무식하기 짝이 없는 소리야! 당신은 당신이 지금 무슨 말을 하는지도 몰라!"

나는 그때 곧바로 대응하지 않았다. 그리고 휴식 시간에 그 훼방꾼을 찾아가서 이렇게 말했다.

나 제가 제시한 데이터와 의견이 다른 건 얼마든지 환영합니다만, 제가 생각하기에 아까 선생님이 보여주신 태도는 자기 의견을 표현하는 바람직한 방법은 아닙니다. 지적인 토론을 할 때는 그렇게 하면 안 된다고 저는 배웠고, 또 그렇게 훈련을 받아서 말입니다. 선생님은요?

음악인 나야 뭐… 나는 댁이 틀렸다고 생각할 뿐이오.

나 그건 제 의견이 아닙니다. 어떤 사회과학자 두 사람이 각자 따로 연구해서 확인한 사실이거든요. 어떤 증거가 있으면 선생님이 생각을 바꾸시겠습니까?

음악인 한 음악가의 위대함을 양적인 차원에서 측정할 수 있다고 생각하지는 않습니다. 그렇지만 그 논문을 한번 읽어보고 싶긴 하군요.

나중에 나는 그 논문을 그에게 보냈는데, 얼마 뒤 그는 사과하는 내용의 답장을 보내주었다. 그가 그 논문을 읽고 마음을 바꿨는지 어쨌는지는 알 수 없지만, 적어도 그의 마음을 여는 데까지는 성공한 셈이다.

누군가가 당신에게 적대적인 태도를 보인다고 치자. 이때 당신이 그 사람의 주장을 전쟁 도발로 바라보고 대응한다면 당신은 공격할 수도 있고 후퇴할 수도 있다. 그러나 만일 그 주장을 전쟁이 아니라 춤으로 바라본다면 당신이 택할 선택의 가짓수는 하나 더 늘어난다. 사이드스텝을 밟는 것이다. 즉, 그 대화에 대한 대화를 하는 것이다. 그러면 관심의 초점은 의견불일치의 내용에서 대화 과정으로 이동한다. 상대방이 분노와 적대감을 더 많이 드러낼수록 당신은 호기심과 관심을 더 많이 드러내라는 뜻이다. 상대방이 자제력을 잃을 때 당신이 평정심을 보인다면 당신이 그만큼 더 강하다는 뜻이다. 이런 행동은 바람으로부터 감정의 돛을 분리하는 것이다. 이런 상황에서도 "흥분해서 고함을 지르는 것이야말로 내가 가장 좋아하는 의사소통 방식이란 말이야!"라고 소리를 지르며 달려드는 사람은 아마도 거의 없을 것이다.

바로 이것이 평균적인 협상가와 달리 전문 협상가에게서만 찾아볼 수 있는 다섯 번째 모습이다. 그들은 그 과정에 대해서 자기가 느끼는 감정을 상대적으로 더 많이 말하며 상대방의 감정이 이러저러할 것이라고 자기가 이해하는 내용이 과연 맞는지 더 많이 시험하려 든다. 다음과 같은 식으로 말이다. 나는 이 토론이 전개되는 방식이 실망스럽다, 당신은 이 토론에서 좌절감을 느끼는가? 나는 당신이 이 제안을 공정하다고 봐주길 기대했다, 당신은 이런 접근법을 전혀 탐탁지 않게 여기는 것 같은데 내가 정확하게 이해했는가? 솔직하게 말해서 내가 제시한 데이터에 당신이 반응을 보이는 게 나로서는 조금 혼란스럽다, 만일 당신이 내가 하는 일의 가치를 소중하게 여기지 않는다면 당신이 나에게 프로젝트를 의뢰한 이유는 무엇인가?

논쟁이 뜨겁게 진행되는 와중에 토론을 중단하고서 "어떤 증거가 있으면 선생님이 생각을 바꾸시겠습니까?"라는 질문을 언제나 할 수 있는 건 아니다. 만일 "그런 증거 필요 없어"라는 대답이 돌아온다면 토론을 계속할 이유는 없어진다. 말을 물가로 데리고 갈 순 있어도 말이 억지로 생각하게 만들 수는 없는 노릇이다.

허약한 의견이 가지고 있는 힘

토론을 하는데 도무지 진전이 없다고 해도 대화 자체를 완전히 끝내버릴 필요는 없다. "의견이 일치될 수 없다는 데 의견일치를 봅시다"가 토론의 마지막 말이 되어서는 안 된다. 그 말을 출발점으로 해서 주장과 설득보다는 이해와 학습에 초점을 맞춘 새로운 토론이 시작되어야 한다. 이것이 과학자 모드의 방식인데, 장기적인 관점을 가지고 어떻게 하면 토론을 보다 효과적으로 할 수 있을지 따져보아야 한다는 말이다. 이렇게 할 때 우리는 같은 주제로 다른 사람과 토론할 때, 혹은 같은 사람과 다른 날에 다른 주제로 토론할 때 더 나은 위치에서 토론을 시작할 수 있다.

나는 그 컨설팅 프로젝트와 관련해서 첫 번째 토론을 망쳐버린 뒤 내가 알던 월스트리트의 어느 기업 이사를 찾아가서 다음번 토론에서는 어떻게 접근하는 게 좋을지 가르쳐달라고 청했다. 그러자 그는 바깥으로 드러내는 확신의 수준을 낮추라고 했다.

사실 내가 제시한 스물여섯 개의 추천안 가운데 어떤 것이 적절할지 나 자신도 확신이 없다고 쉽게 대꾸할 수 있었지만 그렇게 하지 못했다. 또한 비록 돈이 일반적으로는 그 문제를 해결할 수 없지만 100만 달러의 근속 보너스를 약속할 때 어떤 효과가 발생하는지 테스트한 경우는 한 번도 본 적이 없다고 한발 물러설 수도 있었지만 그렇게 하지 못했다. 아닌 게 아니라 이 실험은 상당히 재미있는 실험이 될 것 같지 않은가?

여러 해 전에 나는 내 책《오리지널스(Originals)》에서 "자기 의견을 분명하게 가지되 거기에 집착하지 않는 것(strong opinions, weakly held)"이 도움이 된다고 주장했다. 하지만 나는 그 뒤에 마음을 바꾸었다. 지금 나는 그런 태도가 잘못된 것이라고 믿는다. 만일 우리가 집착하지 않고 느슨하게만 붙들고 있는 의견을 강력하게 드러내면 오히려 역효과를 낼 수 있다.[20] 자기 의견을 전적으로 확신하지 않는 상태로 상대방과 소통하는 행동은 자기가 확신에 찬 겸손함(confident humility)을 가지고 있다는 신호를 보내며, 상대방의 호기심을 불러일으키고, 이 토론은 한층 더 미묘한 차이를 다루는 토론으로 이어진다. 연구 결과에 따르면, 법정에서 증언자나 배심원의 자신감이 매우 높거나, 혹은 반대로 매우 낮은 상태가 아니라 적절하게 높은 상태로 발언할 때 이들의 발언은 한층 더 신뢰감이 있으며 설득력이 높아진다.[21] (설득 시도를 주제로 한 어떤 메타분석에서, 상대방의 주된 논리를 반박할 때는 일면적인 메시지보다 양면적인 메시지가 설득력이 더 높은 것으로 드러났다. 그러나 그 두 개의 메시지를 전달하면서 자신이 어느 쪽에 더 무게를 둔다는 언급을 하지 않을 때는 자신의 의견만 설교하는 것보다 오히려 설득력이 낮았다.)[22] 그런데 이런 원리들은 토론에만 국한되지 않는다. 자기 믿음, 혹은 자기 자신을 옹호하는 다양한 상황에서 모두 통한다.

2014년에 미셸 한센(Michele Hansen)이라는 젊은 여성이 한 투자

회사에서 제품관리자를 채용한다는 구인광고를 보았다.[23] 이 여성은 그 일을 하게 된다면 무척 좋겠다는 생각에 마음이 들떴다. 그러나 문제가 있었다. 그 일을 해낼 준비가 되어 있지 않았던 것이다. 금융 분야로는 전혀 공부하지 않은 데다 그 일을 하려면 여러 해에 걸친 경험이 필요했지만 그런 경험도 부족했다. 만일 당신이 그 여성의 처지이고 그 직장에 지원하기로 마음먹었다면, 당신은 자신을 어떻게 소개하겠는가?

대개는 자기가 가진 역량을 강조하고 약점을 최소로 줄일 것이다. 미셸 스콧(Michael Scott)이 텔레비전 드라마 〈오피스(The Office)〉에서 무표정한 얼굴로 그랬듯이 "나는 일을 매우 열심히 하며 많은 것에 많은 관심을 가집니다. 내가 일에 너무 깊이 빠진 게 아닌가 하는 생

정직한 면접

면접관	취업 준비자
5년 뒤에 당신은 어디에 있을까요?	당신 자리에 앉아서 취업 준비자에게 보다 더 나은 질문을 하겠죠.
당신을 한 문장으로 표현해보세요.	간결함 그 자체입니다.
당신의 가장 큰 약점은 무엇입니까?	삼두박근이 너무 발달했다는 사실입니다.
지금 일자리를 그만두는 이유는 무엇입니까?	내가 그만두는 게 아니라, 회사에서 그만두라고 합니다.
당신이 지금까지 거둔 가장 큰 성취는 무엇입니까?	이메일 답장 안 보내기에 있어 회사 내 최장 기록을 가지고 있습니다.
당신이 이 일자리를 원하는 이유가 무엇입니까?	돈을 벌어야 먹을 걸 살 수 있고, 그래야 굶어 죽지 않죠.
스트레스는 어떻게 다스립니까?	분노를 폭발한 다음에 완전히 아무 생각 없이 뻗어버리는 것입니다.
당신의 목표는 무엇입니까?	돈을 벌어서 먹을 걸 사고, 그래서 굶어 죽지 않는 것입니다.
연락드릴게요.	절대로 연락 안 줄 거죠, 그렇죠?

각이 들 정도입니다"라고 말할 것이다.[24] 그러나 미셸 한센은 정반대로 했다. 드라마 〈사인펠드〉의 조지 콘스탄자의 "제 이름은 조지입니다. 저는 실업자이고 부모님에게 얹혀서 삽니다"라는 대사를 읊은 것이나 다름없었다.[25] 그녀는 자기 단점을 감추려 하기보다 오히려 모두 드러냈다. 그녀는 자기소개서를 이렇게 시작했다.

"어쩌면 저는 여러분이 상상하고 계신 그런 지원자가 아닐지도 모릅니다. 제품관리자로서 갖추어야 할 10년 경험도 없고 자산관리사 자격증도 가지고 있지 않습니다."

그녀는 자신의 약점을 줄줄이 나열한 뒤, 그럼에도 불구하고 회사에서 자기를 채용해야 할 몇 가지 이유를 강조했다.

── 그러나 저는 그 누구도 배워서 익힐 수 없는 기술을 가지고 있습니다. 제가 받는 연봉 등급 및 제 책임 범위로 규정한 범위를 훨씬 뛰어넘는 수준으로 일에 대한 책임감과 장악력을 가지고 있습니다. 저는 누가 저에게 지시할 때까지 기다리지 않고 꼭 해야 할 일을 직접 찾아서 합니다. 직장에서 하는 일이든 개인적으로 하는 일이든 저는 제가 하는 일에 언제나 최선을 다합니다. 저는 기업가적인 진취성을 가지고 있으며, 무슨 일이든 끝까지 책임지고 완수합니다. 제가 맡게 될 프로젝트에 제가 탁월한 선택이 될 것이라고 저는 자신합니다. 저는 백지 상태에서 새로운 영역을 개척하는 것을 좋아합니다. (저의 이런 특성은 제가 전에 다닌 직장의 모든 상사가 확인해줄 것입니다.)

일주일 뒤에 인사 담당자가 그녀에게 전화를 걸었고, 그 뒤에 그녀는 한 차례 더 인사팀과 통화를 했다. 이 두 차례의 통화에서 그녀는 인사팀이 최근에 진행한, 그들도 깜짝 놀랐던 실험에 대해 물었고 인사팀은 그녀의 이 질문에 몹시 놀랐다. 미셸과 인사팀은 여러 이야기를 나누었는데, 인사팀에서는 틀림없다고 확신해서 채용했지만 나중에 잘못된 채용으로 입증된 경우가 몇 번이나 되었던가 하는 이야기까지 나누었다. 결국 미셸은 그 일자리를 얻었고, 직무를 훌륭하게 수행했으며, 나중에는 승진해서 제품개발 책임자가 되었다. 그런데 그녀의 이런 취업 성공은 그녀에게서만 찾아볼 수 있는 게 아니다. 인사팀에서는 자기를 은근히 자랑하는 지원자보다 자기 약점을 솔직하게 인정하는 지원자 채용에 더 많은 관심을 기울인다는 사실은 이미 증명된 사실이다.[26]

미셸은 자기가 불리한 싸움을 하고 있음을 인정한 뒤에도 방어적이거나 공세적으로 나서지 않았다. 그녀는 자기가 충분한 자격을 갖추고 있음을 설교하지도 않았고 직무 수행과 관련된 문제점을 지적하고 나서지도 않았다. 자기가 부족하다는 사실을 자기소개서를 통해 인정함으로써 그녀는 인사팀의 조건반사적인 거부를 미리 방지하는 한편, 자기도 자신의 약점을 충분히 잘 알고 있으며 그 사실을 받아들일 수 있을 정도로 충분히 안정감이 있음을 과시했다.

정보를 갖춘 사람이라면 당신 주장에 담긴 허점을 찾아낼 것이다. 그들에게 무언가를 기대한다는 겸손함을, 그들의 장점을 알아보는 통찰력을, 그들을 인정하는 성실함을 가지고 있다고 인정받는 편이 낫다. 미셸은 자신이 가진 소수의 핵심 강점을 강조함으로써 논점이 흐려지는 것을 피하는 동시에 자신이 제시하는 가장 강력한 주장에 초점을 맞추었다. 그리고 인사팀이 그동안 얼마나 많은 오판을 했는지 궁금해함으로써 인사팀으로 하여금 그들이 당연하게 여기던 기준을 다시 생각하도록 유도했다. 그러자 인사팀은 자신들이 모든 기술과 자격증을 갖춘 사람을 찾고 있는 게 아니라, 배우고자 하는 동기와 능력을 가진 사람을 찾고 있음을 다시금 깨달았다. 미셸은 자신이 충분히 알아야 할 것들을 알지 못한다는 사실을 알았으며, 이런 사실을 받아들일 자신감을 가지고 있었다. 이것이 미셸이라는 사람의 본질, 즉 그녀는 자신이 알아야 하는 것이면 무엇이든 배울 수 있는 사람이라는 선명한 신호를 인사팀에 보낸 것이다.

미셸이 보여준 사례처럼 우리는 청중에 맞춰서 생각하기보다는 청중에게 질문함으로써 그들이 우리와 동반자가 되어 그들 스스로 다시 생각하게 만들 수 있다. 토론을 마치 전쟁처럼 생각하고 접근한다면 반드시 승자와 패자가 나올 수밖에 없다. 그러나 토론을 전쟁이 아니라 춤이라고 생각하고 접근한다면 양측이 함께 보다 더 나은 지점으로 나아갈 안무를 짤 수 있게 된다. 상대방이 가진 강점을 인정하는 한편 자신이 상대방에게 드러낼 반응을 자기가 가진 몇 되지 않은 최고의 단계에 한정할 때, 보다 더 나은 리듬을 찾아낼 기회는 그만큼 더 넓어진다.

6장

|

다이아몬드에 묻은 나쁜 피

고정관념을 흔들어서 편견을 줄이다

□ | | □

나는 마음속 깊은 곳에서부터 진심으로 양키스 녀석들을 증오했다.
내가 양키스들을 얼마나 증오했던지, 첫 고해성사 때
뉴욕의 그 모든 양키스가 팔이 부러지거나 다리가 부러지거나 발목을 접질리길
간절히 소망했음을 털어놓고 용서를 빌어야 했을 정도였다.[1]

도리스 컨스 굿윈(Doris Kearns Goodwin)

1983년 메릴랜드주에서의 어느 날 오후, 대릴 데이비스(Daryl Davis)
가 컨트리뮤직 공연장에서 피아노를 연주하려고 라운지에 들어섰
다.[2] 그 공간에는 대릴을 빼고는 모두 백인이었는데 사실 이런 경우
가 그에게는 처음이 아니었다. 하지만 그때까지만 하더라도 그는 백
인 우월주의자와 대화다운 대화를 나눈 적이 한 번도 없었다.

그런데 공연이 끝난 뒤에 청중석에 앉아 있던 백인 노인이 대릴에
게 다가와서는 어떻게 흑인 연주자가 제리 리 루이스(Jerry Lee Lewis)
처럼 연주할 수 있느냐면서 자기는 깜짝 놀랐다고 말했다. 그러자 대
릴은 사실 자기와 루이스는 친구 사이이며 루이스도 자신의 음악 스

타일이 흑인 연주자들에게 영향받은 것이라고 인정했다는 얘기를 했다. 그 노인은 대릴의 말을 반신반의하면서도 잠시 얘기를 나누자면서 자기가 한잔 사겠다고 했다.

얼마 뒤에 그 노인은 자신은 여태까지 흑인과 마주 앉아서 술을 마신 적이 한 번도 없다고 털어놓았다. 그리고 그 이유까지 설명했다. 그는 100년 넘게 흑인을 살해해온 백인 우월주의자 집단 KKK단의 단원이었는데, 2년 전에는 한 흑인 남성에게 직접 린치를 가한 적도 있다고 했다.

만일 당신이 당신이나 당신과 똑같은 피부색을 가진 사람을 지독하게 증오하는 사람과 마주앉아 있다면 아마도 당신은 본능적으로 도망쳐야겠다는 생각부터 할 것이다. 아닌 게 아니라 그게 맞는 방법이기도 하다. 그러나 대릴은 전혀 다르게 대응했다. 그는 웃음을 터뜨렸다. 노인이 KKK단 회원증을 꺼내서 보여주며 농담이 아니라고 했을 때 대릴은 열 살 무렵부터 마음속에 품고 있던 질문을 떠올렸다. 1960년대 말이었고, 그는 컵스카우트(보이스카우트 가운데 6~12세에 해당하는 단원 – 옮긴이) 행진을 하고 있었다. 그런데 백인 구경꾼들이 깡통이며 돌멩이며 병을 그에게 던지기 시작했다. 그때가 대릴로서는 인종차별을 노골적으로 당한 첫 경험이었다. 무척 화가 나기도 했지만 한편으로는 당혹스럽기 짝이 없었다.

"저 사람들은 내가 누구인지도 모르면서 어떻게 나를 증오할 수 있지?"

술잔을 내려놓고 대화를 나눈 끝에 노인은 대릴에게 자신의 전화

번호를 주며 그 지역에 공연하러 올 때면 꼭 전화를 해달라고 부탁했다. 대릴은 그러겠다고 했고 실제로 그렇게 했다. 한 달 뒤에 그 지역에서 공연이 열렸는데, 노인은 대릴의 공연을 보기 위해 친구 여럿을 데리고 찾아왔다.

이렇게 해서 교류가 생기고 시간이 흐르자 두 사람 사이에는 우정이 싹텄고 노인은 KKK단에서 탈퇴했다. 그런데 그 일은 대릴의 인생에서 또 하나의 전환점이 되었다. 그 일이 있고 얼마 지나지 않아서 대릴은 KKK단의 최고위 간부 임페리얼 위저드(Imperial Wizard) 및 그랜드 드래곤(Grand Dragon)들을 만나서(KKK단의 일반 회원은 '스펙터(specter, 유령)'로 불렸다 – 옮긴이) 그들이 궁금해하던 것들에 대답을 해주게 된 것이다. 그때 이후로 대릴은 많은 백인 우월주의자를 만나 KKK단에서 탈퇴하고 증오를 버리라고 설득했다.

나는 이런 식의 변화가 어떻게 해서 일어나는지, 어떤 집단 전체에 대한 고정관념과 편견에 깊이 뿌리 내린 과도한 확신 사이클을 어떻게 하면 깰 수 있는지 알고 싶었다. 이상하게 들릴지 모르지만 나의 이 탐색의 여정은 어떤 야구 경기에서 시작되었다.

야구 경기장에 갔더니 누가 나를 미워하더라

"양키스 꺼져! 양키스 꺼져!"

어느 여름밤의 펜웨이파크 경기장. 나로서는 처음이자 딱 한 번 있었던 보스턴 레드삭스의 야구 경기를 직접 관람하는 순간이었다. 7회였고 3만 7,000여 명의 관중이 갑자기 응원 구호를 외쳐대기 시작했다. 경기장 전체가 완벽한 하모니 속에 뉴욕 양키스를 향한 욕설의 함성을 질러댔다.

뉴욕 양키스와 보스턴 레드삭스가 100년 넘게 라이벌 관계임은 나도 알고 있었다. 이 라이벌 관계는 미국의 모든 프로 스포츠 종목 가운데서 특히 뜨거웠다. 레드삭스 팬이 양키스를 싫어하는 것을 나는 당연하게 여겼다. 하지만 나는 그날 경기에서 그런 구호가 나오리라고는 전혀 예상하지 못했다. 왜냐하면 양키스는 그 경기장에 없었기 때문이다.

레드삭스의 상대편 팀은 오클랜드 애슬레틱스였다. 그러니까 레드삭스 팬들은 그곳에 있지도 않던, 있기는커녕 수백 킬로미터나 떨어져 있던 팀에게 욕설을 퍼붓고 있었던 것이다. 그것은 버거킹 팬들이 버거킹이 웬디스를 상대로 벌이는 맛 경연 대회장에서 "맥도날드 꺼져!"라고 외쳐대는 것과 다름없었다.

나는 레드삭스 팬들이 자기 팀을 사랑하는 것보다 양키스를 더 많이 증오하는 게 아닌가 하고 생각하기 시작했다. 보스턴의 부모들이 자기 아이들에게 양키스를 향해서는 가운뎃손가락을 올려야 한다고, 그리고 가는 세로 줄무늬가 들어간 것은 무엇이든 증오해야 한다고 가르친다는 것은 잘 알려진 사실이며, '양키스 꺼져!(Yankees Suck!)'는 보스턴 역사에서 가장 인기 좋은 티셔츠 문구이다.[3] 레드삭스 팬들에게 자기 팀을 응원하는 데 얼마를 쓸 수 있는지 물었을 때 그들은 503달러라고 대답했는데, 양키스를 조롱하는 데는 그보다 더 많은 560달러를 쓸 수 있다고 대답했다.[4] 이런 증오의 감정이 얼마나 뿌리 깊은지, 신경과학자들까지 굳이 나서서 이 감정이 사람들의 마음에서 점화되는 과정을 관찰할 정도이다.[5] 즉 레드삭스 팬들이 양키스가 경기에 지는 모습을 볼 때는 그들의 뇌에서 보상 및 즐거움과 관련된 뇌 부위가 즉각적으로 활성화된다는 사실을 확인할 정도라는 것이다. 이런 감정들은 보스턴이라는 울타리를 훌쩍 넘어선다.[6] 2019년에 트윗 내용을 분석했는데, 양키스는 미국의 50개 주 가운데서 28개 주에서 가장 많이 증오를 받는 야구팀으로 나타났다. 아래와 같은 티셔츠가 그렇게 높은 인기를 누리는 이유도 바로 여기에 있다.

최근에 나는 레드삭스의 골수팬인 친구에게 전화를 해서 어떤 조건이라면 양키스를 응원할 수 있느냐고 물었다. 그랬더니 이 친구는 조금도 망설이지 않고 "만일 걔들이 알카에다와 경기를 한다면… 혹시 그럴지도 모르지"라고 대답했다.

자기 팀을 사랑하는 것과 테러리스트가 경쟁 팀을 부숴놓으면 좋겠다고 생각할 정도로 그 경쟁 팀을 미워하는 것은 별개의 사항이다.

낯선 사람이나
양키스 팬과는 절대로
대화하지 마라.
엄마의 말씀

각 주에서 가장 많은 증오의 대상이 되는 MLB 팀
(2019년 시즌 동안의 지역별 트윗 분석 결과)

만일 당신이 특정 스포츠 팀, 그리고 그 팬들을 경멸한다면 당신은 어떤 집단 사람들에 대해서 강력한 의견을 가지고 있는 셈이다. 그 믿음은 고정관념이며, 또 이것들은 자주 편견으로 자리 잡는다. 이런 태도가 강하면 강할수록 그 태도를 다시 생각할 가능성은 그만큼 줄어든다.

경쟁은 스포츠 분야에만 있는 게 아니다. 제한된 자원을 놓고 자기와 경쟁한다고 여기는 집단이나 자기 정체성을 위협한다고 여기는 어떤 집단에 특별한 적대감을 가질 때는 언제든 경쟁이 형성된다. 기업계에서 푸마와 아디다스의 경쟁이 얼마나 심한지, 어느 브랜드를 좋아하느냐를 기준으로 삼아서 가족이 다른 가족을 차별할 정도이다. 그것도 여러 세대에 걸쳐서까지 말이다.[7] 그래서 사람들은 빵집, 술집, 가게도 서로 다른 곳으로 찾아가며, 심지어 경쟁 관계라고 생각하는 회사의 신발을 신는 사람과는 데이트조차 하지 않으려고 한다. 정치에서도 마찬가지이다. 어떤 민주당 지지자는 공화당 지지자를 탐욕스럽고 무식한 백치라고 여기며, 반대로 어떤 공화당 지지자는 민주당 지지자를 게으르고 거짓말 잘하는 위선자라고 여긴다. 고정관념은 고착되고 편견은 깊어지므로 사람들은 자기 집단의 정체성을 올바르게 파악하지 못하는 데 그치지 않고, 경쟁 상대의 정체성을 제대로 파악하지 못한다. 이렇게 해서 사람들은 자신이 어떠어떠한 사람이 아니라는 것으로써 자신이 어떤 사람인지 규정한다. 자기편의 미덕을 설명하지 않는 것에 그치지 않고, 경쟁자들의 악덕을 비판하는 데서 자기 가치를 찾는다.[8]

사람들은 경쟁 집단에 대해서 편견을 가질 때 자기 집단을 드높이며 경쟁자를 깎아내린다. 설령 이것이 해로운 짓이고 나쁜 짓이더라도 수단과 방법을 가리지 않고 달려드는 일이 흔하게 일어난다. (유고슬라비아 출신의 테니스 선수 모니카 셀레스(Monica Seles)가 1993년에 테니스코트에서 칼에 찔리는 사건이 일어났을 때, 독일 출신이며 그녀의 경쟁자인 슈테피 그라프(Steffi Graf)의 팬은 환호성을 지르며 좋아했다. 이런 그라프 열성팬을 나는 적어도 한 사람은 알고 있다. 2009년 NBA 결승전에서 케빈 듀란트(Kevin Durant)가 부상당하자 토론토 랩터스의 몇몇 팬은 환호성을 지르며 좋아함으로써 캐나다 사람들도 얼마든지 잔인할 수 있음을 입증했다. 어떤 스포츠 해설자는 다음과 같이 주장했다. "프로 스포츠 세계에서 경쟁 팀에서 중요한 역할을 하는 선수가 부상당해 자기가 응원하는 팀이 이길 가능성이 조금이라도 더 높아지는 상황이라면 박수를 치며 좋아하지 않을 팬은 단 한 사람도 없다." 만일 당신이 어떤 사람이 다치거나 말거나 당신이 응원하는 팀이 경기에서 이기는 것을 더 중요하게 여긴다면, 미안한 말이지만 당신은 소시오패스일 가능성이 높다.) 이런 공격성은 경기장 바깥으로까지 확장된다. 스페인의 바르셀로나에서 브라질에 이르기까지 축구팬들 사이에서 주먹다짐은 흔하게 일어난다. 부정행위의 추문은 곳곳에서 일어나는데 이런 행위는 선수나 코치진에 한정되지도 않는다. 오하이오주립대학교 학생들을 대상으로 이루어졌던 심리학 실험이 그 사실을 입증했다. 실험 진행자들은 이 학생들에게, 만일 다른 학교 출신인 어떤 학생에게 거짓말을 하기만 하면 자신이 받는 보수는 두 배가 되고 그 학생이 받는 보수는 절반이 깎인다는 사실을 일러주었다. 그러자 학생들이 오하이오주립대학교와 경쟁 관계인 미시간대학교에 다니는 학생에게 거짓말을 한 비율이 버클리대학교나 버지니아대학교에 다니는 학생에게 거짓말을 한 비율의 무려 네 배나 되었다.[9]

왜 사람들은 경쟁 집단에 대해서 고정관념을 가질까? 그리고 또 어떻게 하면 그 사람들이 그 고정관념에 대해서 다시 생각하게 할 수 있을까?

둥근 돌과 모난 돌

자기 집단과 다른 집단 사이의 경계선이 매우 사소한 것이라 하더라도 사람들은 다른 집단에 대해서 적대감을 느낄 수 있다. 이런 사실을 심리학자들은 수십 년 전부터 확인해왔다.[10] 겉으로 볼 때 전혀 악의가 없는 질문 하나를 예로 들어보자. 핫도그는 샌드위치일까?[11] 실험에 참가한 학생들 대부분이 이 질문에 대답할 때, 자기와 의견이 다른 사람들이 조금이라도 돈을 덜 받을 수 있다면 자기와 의견이 같은 사람들에게 자기 돈 1달러를 기꺼이 희생하겠다는 생각에 강하게 사로잡혀 있었다.

모든 인간 사회에서 사람은 기본적으로 소속감과 지위를 찾고자 한다. 자기를 어떤 집단과 동일시한다는 뜻은 자기가 한 종족(동일성을 가진 집단)의 일원이 되고 자기 종족이 이길 때 자부심을 느낀다는 뜻이다.[12] 심리학자들은 대학생을 대상으로 한 고전적인 여러 연구

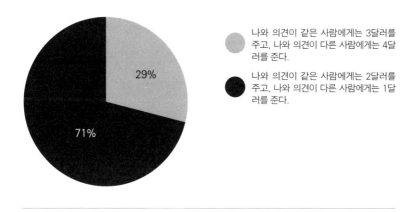

29%

71%

● 나와 의견이 같은 사람에게는 3달러를
주고, 나와 의견이 다른 사람에게는 4달
러를 준다.

● 나와 의견이 같은 사람에게는 2달러를
주고, 나와 의견이 다른 사람에게는 1달
러를 준다.

를 통해 자기 팀이 미식축구 경기에서 이겼을 때, 학생들이 학교 표
시가 박힌 옷을 입고 돌아다닐 가능성이 높다는 사실을 확인했다.[13]
애리조나주립대학교에서부터 노터데임대학교와 사우스캘리포니아
대학교에 이르기까지 학생들은 토요일에 있었던 경기의 승리감을 마
음껏 누리려고 일요일에 팀 셔츠와 모자, 그리고 재킷을 입고 돌아다
녔다. 그러나 만일 자기 학교 팀이 졌을 경우에는 학교 이름이나 로
고가 들어간 옷을 피했으며 '우리가 졌다'는 말 대신 '선수들이 졌다'
라고 말함으로써 그 패배와 자기 사이에 거리를 두었다. 몇몇 경제학
자 및 금융 전문가들은 어떤 나라의 월드컵 축구팀이 경기에서 이기
면 주가가 오르고 반대로 경기에서 지면 주가가 떨어진다는 사실을
이미 확인했다. (축구 경기 패배가 주식시장에 안겨주는 충격은 폭넓은
논의의 주제이다.[14] 많은 연구가 그 효과를 입증했지만 어떤 연구들은 입
증하지 못했다. 내가 구체적인 분석이 아니라 직감으로만 느끼는 것이지

만, 이런 현상은 축구가 가장 인기 높은 운동 종목인 나라들에서 사람들이 자기 팀이 그 경기에서 당연히 이기리라고 생각하고, 또한 그 경기가 매우 중요해서 지면 큰일 나는 경우에 그런 현상이 일어나기 쉽지 않을까 싶다. 스포츠가 주식시장에 어떻게 영향을 줄까 하는 문제와 상관없이 스포츠가 사람들의 심리를 확실히 좌우한다는 것을 우리는 잘 안다. 유럽의 군 장교들을 대상으로 한 어떤 연구는 자기가 좋아하는 팀이 일요일 경기에서 지면, 다음 날인 월요일에는 업무에 집중하지 못해 성과가 낮다는 사실을 확인했다.)[15]

경쟁 관계는 지리적으로 가깝거나 정기적으로 경쟁하거나 우열을 가리기 어려운 두 팀 사이에서 쉽게 발생한다.[16] 양키스와 레드삭스가 이런 패턴에 딱 들어맞는다. 둘 다 대서양 연안에 있으며, 한 시즌에 열여덟 번이나 열아홉 번 만나고, 둘 다 성공의 역사를 가지고 있으며, 2019년을 기준으로 할 때 2,200번 넘게 승패를 다투었는데 두 팀 모두 1,000번 넘게 이겼다. 이 두 팀은 또한 다른 어떤 구단보다도 많은 팬을 거느리고 있다.[17]

나는 어떻게 하면 이 두 팀의 팬들이 상대 구단에 대해서 가지고 있는 고정관념을 다시 생각할 수 있을지 시험해보기로 마음먹었다. 그리고 박사 과정 학생이던 팀 쿤드로(Tim Kundro)와 함께 두 팀의 골수팬을 대상으로 일련의 실험을 진행했다. 일단 그들이 가지고 있는 고정관념이 어떤 것인지 알아보기 위해 우리는 두 팀의 팬 1,000명 이상에게 상대 팀에 대한 부정적인 점 세 가지를 적으라고 했다. 응답자들은 대부분 상대 팀을 묘사하기 위해서 동일한 단어를 사용

레드삭스 팬이 양키스 팬을
미워하는 이유

양키스 팬이 레드삭스 팬을
미워하는 이유

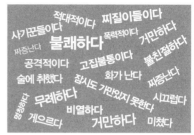

했으며, 특유의 발음과 턱수염과 "먹다 남긴 콘칩 냄새가 나는" 경향이 못마땅하다고 답했다.

　일단 이런 종류의 고정관념이 형성되고 나면 정신적인 이유나 사회적인 이유 때문에 그 고정관념을 떼어내기 어렵다. 심리학자 조지 켈리(George Kelly)는 우리가 가지고 있는 믿음들은 가상현실 고글과 비슷하다고 했다.[18] 우리는 이런 고정관념을 가지고서 세상을 인식하며 자기를 둘러싼 환경과 상황을 헤쳐 나간다. 그러므로 누구든 자기가 가진 견해가 위협받고 흔들릴 때는 자기가 쓰고 있는 고글에 금이 간 것처럼 대상을 흐릿하게밖에 보지 못한다. 그러므로 누군가가 자기의 견해를 위협할 때 두 팔을 올려서 방어 자세를 취하는 것은 자연스러운 반응이다. 그리고 켈리는, 사람들이 자기 의견이 잘못되었음을 잘 알고 있으면서도 그 의견을 방어하려고 애를 쓸 때 특히 적대적인 태도를 취한다는 사실도 확인했다. 금이 간 고글을 버리고 다른 고글을 쓸 생각은 하지 않은 채 정신의 곡예사가 되어 자기 정신을 이리 비틀고 저리 맞춰서 마침내 자기의 기존 의견을 다치지 않고 고스란히 유지할 수 있는 어떤 가시각(可視角, 눈으로 대상을 온전하게 바라볼 수 있는 각도 - 옮긴이)을 찾아낸다.

사회적으로 보자면 고정관념이 쉽게 사라지지 않는 또 다른 이유가 있다. 사람들은 자기와 많은 것을 공유하는 사람들과 상호작용하는 경향이 있는데, 그 바람에 한층 더 극단적으로 흐른다. 이런 현상을 집단극화(group polarization, 같은 집단끼리 모여 비슷한 이야기를 나누다 보면 의견이 고정되어 극단적인 방향으로 치닫는 현상 - 옮긴이)라고 하는데, 이것은 수백 번의 실험을 통해서 이미 확인된 현상이다.[19] 권위주의적인 신념을 가진 배심원들은 함께 숙의한 뒤에 한층 가혹한 처벌을 추천한다.[20] 기업의 이사들은 집단 토론을 거친 뒤에 터무니없이 비싼 보험료를 지급하기로 의결하는 경향이 있다.[21] 차별 철폐 조치나 동성 결혼에 대해서 선명한 의견을 가지고 있던 시민은 자기와 같은 의견을 가진 몇몇 사람과 대화를 나누고 나면 이런 쟁점에 대해서 한층 더 극단적인 견해를 갖게 된다. 이들의 설교와 고발은 자신이 가진 정치적 성향을 따라서 흘러간다. 극화, 즉 극단적인 치달음은 획일성에 의해서 강화된다.[22] 어떤 집단에 소속되어 있지만 주변에만 머무는 사람들은 해당 집단에서 가장 전형적인 구성원(이들은 대개 가장 극단적인 견해를 가지고 있다)의 지도를 따름으로써 그 집단에 녹아들고 또한 거기에서 자신의 지위를 확보한다.

레드삭스의 팬인 가정에서 성장한 사람이라면 양키스 팬들을 나쁘게 말하는 소리를 당연히 자주 들었을 것이다. 그리고 자기가 가진 혐오와 동일한 혐오를 가진 관중들로 가득 찬 경기장에 가서 정기적으로 레드삭스를 응원하면 양키스를 향한 경멸감은 자연스럽게 강화되고 석회화된다. 그리고 이런 일이 한 번 일어나고 나면 자신이 응원하는 팀의 장점과 경쟁 팀의 단점만 보인다. 구단들이 나서서 경기는 그저 경기일 뿐이라는 말로 팬들의 극단적인 경쟁심을 누그러뜨리려고 해도 이런 노력은 오히려 역풍으로 작용한다. 이것은 이미 확인된 사실이다. 이럴 때 팬들은 자기 정체성이 훼손된다고 느끼고 한층 더 공격적으로 바뀌기 때문이다.[23] 이런 패턴을 깨기 위한 나의 첫 번째 아이디어는 우주 공간에서 나왔다.

가설 1: 자기들만의 리그가 아니라 공동의 리그이다

당신이 지구를 떠나서 우주 공간으로 나간다면 아마도 당신은 다른 사람들에게 느끼는 감정을 다시 생각하게 될 것이다. 어떤 심리학 연구팀이 100명이 넘는 우주비행사를 대상으로 인터뷰와 설문조사, 그리고 자서전 분석 등을 통해서 그들에게 나타난 변화를 평가하는 방식으로 우주 공간 경험이 인간 내면에 미치는 효과를 연구했다. 우주 공간에서 귀환한 직후에 우주비행사들은 개인적인 성취나 행복감보다는 인류 전체의 공동선에 더 많은 관심을 가졌다.[24] 예를 들어서 아폴로 14호의 우주비행사 에드거 미첼(Edgar Mitchell)은 다음과 같이 썼다.

"즉각적으로 전 지구적인 차원의 의식을 가지게 된다. … 현재 상태의 세계에 대해서 격렬한 불만족을 느끼면서 지구가 안고 있는 문제를 해결하기 위해서 무언가를 해야만 한다는 강렬한 충동을 느낀다. ··· 달에서 지구를 바라보면 국제적인 정치적 분쟁은 너무도 사소해 보인다. 당신도 분명 정치인의 멱살을 잡고 40만 킬로미터(지구에서 달까지의 거리가 약 40만 킬로미터이다 – 옮긴이) 밖으로 질질 끌고 가서 '저기 저 지구를 보고 정신 좀 차려라, 이 개××야!'라고 고함을 지르고 싶을 것이다."[25]

이런 반응을 이른바 조망효과(overview effect)라고 한다. 그 효과를 나에게 가장 생생하게 묘사한 우주인은 제프 애슈비(Jeff Ashby)이다. 그는 우주 공간에서 처음 지구를 돌아보던 그 순간이 자신을 영원히 바꾸어놓았다고 말했다.

— 지구에서 우주비행사들은 하늘에 뜬 별들을 바라봅니다. 우리는 다들 별에 미친 사람들이라고 볼 수 있죠. 우주에서 보면 그 별들은 지구에서 보는 것과 똑같아요. 그런데 지구는 정말 다릅니다. 지구는 어떤 관점을 줍니다. 내가 처음 우주에서 지구를 얼핏 본 것은 첫 비행이 시작된 지 15분쯤 지난 뒤였습니다. 비행 점검표를 바라보고 있었는데, 갑자기 아래쪽에 있는 창문으로 지구의 밝은 부분이 보이더군요. 바로 내려다보이는 대륙이 아프리카였어요. 이 대륙이 비행기를 타고 있을 때 도시가 움직이듯이 그렇게 움직이고 있더라고요. 90분 동안에 지구를 한 바퀴 돌면서(국제우주정거장에서 관찰되는 지구 자전의 시간은 90분이다 – 옮긴이) 지구 대기가 빚어내는 연푸른 호(弧, arc)를 봤어요. 금방이라도 부서질 것 같은

그 작은 곳에 우리 인류가 함께 살아가고 있음을 확인하는 순간, 지구 이쪽에 사는 사람과 저쪽에 사는 사람 사이에 존재하는 연결점을 쉽게 찾아볼 수 있겠더군요. 그들 사이에 어떤 경계선도 뚜렷하게 존재하지 않는다는 걸 바로 알아차릴 수 있었어요. 우리는 그저 그 작은 하나의 공간에 함께 모여 살아가고 있을 뿐임을 깨달았습니다.[26]

누구든 우주에서 지구를 바라보기만 하면 모든 인류가 하나의 동일한 정체성을 가지고 있음을 깨닫는다. 나는 이런 조망효과를 야구팬들에게 심어주고 싶었다. 동일한 정체성이 경쟁자들 사이에 다리를 놓을 수 있음을 입증하는 증거가 있다. 어떤 심리학 실험에서 연구자들이 맨체스터 유나이티드의 팬을 무작위로 모은 뒤에 이들에게 짧은 글짓기 과제를 주었다. 그런데 집단별로 글짓기 주제가 달랐다. 한 집단에는 자기 팀을 사랑하는 이유를 적으라고 했고, 다른 집단에는 자기 팀과 경쟁 팀의 공통점을 적으라고 했다. 그렇게 한 다음에 실험 참가자 바로 앞에서 인위적인 상황을 연출했다. 맨유의 가장 강력한 경쟁 팀의 티셔츠를 입은 사람이 달려가다가 갑자기 넘어져서 발목을 부여잡고 비명을 지르는 것이었다. 이런 설정에서 과연 실험 참가자들은 가던 길을 멈추고 그 사람을 도울까? 자기 팀을 사랑하는 이유를 적으라고 지시받은 집단에서는 30퍼센트만 도움의 손길을 내민 반면, 자기 팀과 경쟁 팀의 공통점을 적으라고 지시받은 집단에서는 70퍼센트가 도움의 손길을 내밀었다.[27]

팀과 나는 레드삭스 팬과 양키스 팬을 모아서 야구팬으로서의 공통된 정체성을 생각하게 해보았다. 그러나 잘 되지 않았다. 그들은 상대방에 대해서 조금이라도 더 긍정적인 생각을 가지려 하지 않았고 긴급 상황에서 상대방에게 도움의 손길을 내밀려 하지 않았다. 공통의 정체성은 모든 상황에서 형성되지 않는다. 경쟁 팀을 응원하는 팬이 사고를 당했을 때 공통된 정체성에 대해서 생각하는 것이 도움의 손길을 내밀도록 촉진할 수는 있다. 그러나 상대방이 놓인 상황이 매우 위험하거나 절박하지 않다면 그 사람을 그저 한 명의 '찌질이'로만 생각하기가, 다시 말해서 그 사람을 돕는 것이 자신의 의무가 아니라고 생각하기가 쉽다. 레드삭스 팬인 어떤 사람은 "우리나 걔네들 모두 야구를 사랑합니다. 그러나 걔네들은 잘못된 팀을 응원하잖아요. 그게 잘못된 겁니다"라고 말했다. 또 다른 레드삭스 팬은 양쪽 다 야구를 사랑하긴 하지만 "양키스는 개똥이고 그 팬들은 생각만 해도 짜증난다"는 생각에는 전혀 변함이 없다고 말했다.

가설 2: 적에게 연민을 느끼다

그다음에 나는 평화의 심리로 눈을 돌렸다. 개척자적인 심리학자이자 홀로코스트 생존자인 허버트 켈만(Hebert Kelman)은 이스라엘과 팔레스타인 사이에 형성된 갈등 뒤에 놓여 있는 고정관념을 깨려고 두 집단이 서로를 이해하고 서로에게 연민을 느끼도록 가르쳤다.[28] 이스라엘과 팔레스타인에서 각각 영향력 있는 지도자들이 한자리에 모여 함께 교류하면서 문제를 해결하는 워크숍을 설계했는데, 이 자리에서 양측 지도자들은 평화로 나아가는 경로를 놓고 대외비를 전제로 허심탄회하게 이야기를 나누었다. 여러 해 동안 그들은 각자의 경험과 관점을 공유했으며, 각자 느끼는 필요성과 공포를 서로 치유했고, 갈등을 해소할 참신한 해법을 탐구했다. 이렇게 많은 시간이 흐르자 이 워크숍은 단지 고정관념을 깨는 데 그치지 않았다. 양측 인사들 사이에 돈독한 우정이 형성되었던 것이다.

상대방을 인격적으로 대하기란 스포츠에서보다 훨씬 쉬웠다. 그도 그럴 것이 승리와 패배에 따른 보상이나 처벌 수준이 한층 낮았고 경기장이 어느 한쪽에 유리하게 기울지도 않았기 때문이다. 나는 스포츠 분야에서 또 다른 강력한 경쟁 관계에 있는 노스캐롤라이나대학교와 듀크대학교의 학생들을 대상으로 삼았다. 듀크대학교 농구팀은 2001년에 미국대학생체육협회 농구선수권대회에서 우승을 차지했는데, 당시에 이 농구팀을 이끌었던 선수 셰인 배티어(Shane Battier)에게 나는 어떤 상황이면 노스캐롤라이나대학교를 응원할 수 있겠느냐고 물었다. 그러자 곧바로 이런 대답이 돌아왔다.

"탈레반하고 싸우면 응원해주죠."

그렇게나 많은 사람이 자기가 그토록 좋아하는 스포츠 종목에서 테러리스트들을 깨부순다는 상상을 하고 있다는 걸 나는 미처 몰랐다. 듀크대학교 학생을 인격화할 때 과연 이것이 노스캐롤라이나대학교 학생들이 듀크대학교 학생들에게 가지는 고정관념을 바꾸어놓을 수 있을지 궁금했다.

나는 동료 앨리슨 프래게일(Alison Fragale), 카렌 놀턴(Karren Know-lton)과 함께 실험을 설계한 뒤 노스캐롤라이나대학교 학생들에게 동료 대학생의 입사지원서 작성을 도우라고 했다.[29] 우리는 그 취업준비생이 금전적인 필요성 때문에 노스캐롤라이나가 아닌 듀크를 선택해서 갔다고 말해놓았는데, 그랬더니 실험 참가자들은 보다 더 많은 시간을 들여서 그 동료를 도왔다. 동료가 처한 곤경에 공감할 때 실험 참가자들은 그를 도와줄 가치가 있는 특별한 개인으로 바라보았으며, 그를 상대적으로 더 많이 좋아했다. 그러나 우리가 실험 참가자들에게 듀크대학교 학생들에 대한 일반적인 의견을 물었을 때 그들은 듀크대학교 학생들을 오로지 경쟁자로만 바라보았다. 즉 누군가가 듀크대학교 학생을 욕하는 걸 들으면 흐뭇해했으며, 반대로 칭찬하는 걸 들으면 개인적인 모욕을 당한 것처럼 분하게 여겼다. 우리는 상대방을 바라보는 태도를 바꾸는 데는 성공했지만 상대방 집단에 대해서 그들이 가지고 있던 고정관념을 바꾸는 데는 실패했다.

이것과 비슷한 일은 팀과 내가 양키스 팬들을 인격화했을 때도 일어났다. 우리는 레드삭스 팬들에게 야구 열성팬이 쓴 이야기 하나를 읽게 했다. 이 이야기를 쓴 사람은 꼬맹이 시절에 할아버지에게서 야구를 배웠으며 어머니와 캐치볼을 했던 즐거운 추억도 가지고 있었다. 그리고 이야기 끝부분에 자신이 양키스의 열성팬임을 밝혔다. 이 글을 읽은 레드삭스의 어떤 팬은 이렇게 말했다.

"이 사람은 진짜 믿음직한 사람이에요. 양키스 팬치고는 찾아보기 드문 사람이네요."

다른 사람은 이렇게 말했다.

"괜찮은 사람이군. 양키스 팬 같지 않아."

또 다른 사람은 안타깝다는 듯이 한숨을 쉬었다.

"나는 이런 이야기를 정말 좋아하지만, 양키스 팬이라는 말에 정이 뚝 떨어져. 이런 사람은 전형적인 양키스 팬들 사이에서보다 다른 데서 더 많이 찾아볼 수 있어. 아무튼 이런 사람 괜찮아."

허버트도 이스라엘인과 팔레스타인인에게서 우리와 똑같은 결과를 만났다. 공동의 문제를 해결하려고 탁자를 놓고 마주 앉은 양측 사람들은 개인적으로는 서로를 신뢰하면서도 상대 집단에 대한 고정관념은 바꾸지 않았다.

이상적인 세상에서라면 집단 속의 개별 구성원을 많이 알면 그 집단도 인간적으로 바라보겠지만 현실에서는 그렇지 않다. 우리가 어떤 사람을 보다 더 잘 알 때 우리는 그 개인을 그가 속한 집단의 나머지 사람들과 별개의 존재로 바라본다.[30] 고정관념을 부정하는 집단 구성원들을 만날 때 우리가 맨 먼저 드러내는 본능은 그들을 하나의 사례로 바라보고 자기가 가지고 있던 고정관념을 다시 생각하는 게 아니다. 기존의 고정관념은 조금도 훼손하지 않고 그대로 간직한 채 그들을 그저 그 집단의 예외적인 존재로 바라본다. 이렇게 해서 나의 시도는 또다시 물거품이 되고 말았다.

가설 3: 습관의 야수들

내가 제일 좋아하는 텔레비전 광고는 남성과 여성이 키스하는 클로즈업 화면에서 시작된다. 카메라가 서서히 뒤로 물러나면 남성은 오하이오주립대학교 미식축구팀 버크아이즈(Buckeyes) 운동복 상의를 입고 있고, 여성은 미시간대학교 미식축구팀 울버린스(Wolverines) 티셔츠를 입고 있다. 그 모습 위에 다음 자막이 나타난다.

"스포츠가 없다면 이 장면이 역겹지 않을 것이다."[31]

평생 울버린스 팬인 나는 버크아이즈 팬들에게 야유를 퍼붓는 게 당연하다고 알고 자랐다. 나의 삼촌은 지하실을 미시간대학교 굿즈로 가득 채웠으며, 토요일이면 새벽 3시에 일어나서 밴의 문짝을 미시간대학교 로고로 장식했으며, 이 밴을 몰고 경기장으로 달려갔다. 나는 대학원 과정을 미시간대학교에서 밟았고 대학 때 친하게 지내던 친구는 오하이오주립대학교에서 의과대학을 다녔는데, 그때 나는 늘 전화로 그 친구에게 미시간대학교가 얼마나 좋은지 모른다며 설교를 했다. 문자 메시지로는 그의 지능이 형편없이 낮다고 잘난 척하곤 했다. 그때의 나로서는 그게 너무도 자연스러웠다.

나는 오래전에 우연히 홀로코스트 생존자들과 함께 활동하던 70대 여성 활동가를 알게 되었다. 그런데 예외적일 정도로 친절한 이분이 작년 여름에 무슨 이야기 끝에 자기가 오하이오주립대학교에 입학했었다고 말했다. 그 말을 듣는 순간 나도 모르게 "헐!"이라고 말해버렸다. 그러고는 곧바로 나 자신에게 침을 뱉었다. 그분이 50

년 전에 어느 학교에 다녔는지가 나와 무슨 상관이란 말인가? 도대체 나란 인간은 어떻게 이런 식으로 반응하도록 프로그램되었을까? 그때 문득, 어떤 사람이 어떤 팀을 증오한다는 것 자체가 이상하게 여겨졌다.

고대 그리스에서 플루타르코스(Plutarchos)는 테세우스(Theseus)가 크레타섬에서 아테네까지 타고 왔던 목선에 대해서 썼다. 아테네 사람들은 그 배를 보존하려고 했다. 그런데 그렇게 하려면 세월이 흐르면서 낡고 썩은 판자를 새로운 판자로 갈아 끼워야 했다. 그렇게 계속 갈아 끼우다 보니, 결국 원래 그 배에 있던 모든 판자를 갈아 끼우게 되었다. 겉으로만 보자면 테세우스가 타고 귀환했던 바로 그 배이지만, 판자 하나씩 따로 뜯어보면 테세우스가 탔던 그 배가 아니다. 그런데도 여전히 같은 배라고 할 수 있을까? 이 어려운 질문을 나중에 철학자들이 다시 한 번 꼬았다. 만일 원래 배에서 떼어낸 판자들을 모두 모아서 원래 모양으로 다시 만든다면, 이 배는 원래 배와 똑같은 배일까? 과연 이 배를 테세우스의 배라고 할 수 있을까?

테세우스의 배는 스포츠 구단과 공통점이 많다. 당신이 보스턴 출신이라면 1920년에 스타 선수였던 베이브 루스(Babe Ruth)를 데려간 일로, 혹은 1978년에 월드시리즈의 희망을 짓밟은 일로 양키스를 증오할 것이다. 비록 현재의 팀이 똑같은 이름을 달고 있긴 하지만 이 팀을 구성하는 세부 요소들은 예전의 팀과 전혀 다르다. 그때 활약하던 선수들은 이미 오래전에 가고 없다. 구단주나 직원들, 코치진도 마찬가지다. 경기장도 여러 차례 보수되고 바뀌었다. 아닌 게 아니라 배우이자 코미디언 제리 사인펠드(Jerry Seinfeld)도 이렇게 말했다.

"당신은 사실 유니폼을 응원하는 것뿐이야. 팬들은 선수에게 환호성을 보내며 좋아서 어쩔 줄 모르지. 그런데 이 선수가 다른 팀으로 가면 야유를 퍼붓는단 말이야. 유니폼만 바꿔 입었을 뿐 자기들이 좋아하던 바로 그 사람인데 이제는 증오하잖아. 우우우! 유니폼이 달라졌어! 우우우!"[32]

나는 그것을 일종의 제의라고 생각한다. 재미있지만 임의적인 제의, 그저 습관적으로 행하는 어떤 의식(세리모니) 말이다.[33] 우리는 그 의식에 자기가 젊고 인상적이던 때, 혹은 낯선 도시에 처음 와서 소속감을 찾으려 하던 때를 각인한다. 물론 팀에 대한 충성심이 우리가 살아가는 인생에서 중요한 때가 있다. 그 충성심 덕분에 우리는 술집에서 하이파이브를 하기도 하고 우승 축하 퍼레이드 때는 길거리에서 낯선 사람들과 스스럼없이 어깨를 걸고 좋아하기도 한다. 그것은 우리에게 연대감을 안겨준다. 그러나 가만히 생각해보면 상대편 팀을 응원하는 사람들을 증오하는 것은 그야말로 출생이라는 우연한 사건에서 빚어진 결과물일 뿐이다. 보스턴에서 태어나서 양키스를 증오하는 사람이 만일 보스턴이 아니라 뉴욕에서 태어났더라도 양키스를 증오할까?

세 번째 접근법을 위해서 팀과 나는 레드삭스의 팬들과 양키스의 열성팬들을 모집했다. 열성팬임을 확인하기 위해서 우리는 선수 사진을 보여주며 이름을 물었고 자기 팀이 마지막으로 월드시리즈 우승컵을 들어 올린 해가 언제인지 물었다. 그다음에 우리는 그들의 마

레드삭스 팬이 본 양키스 팬의 좋은 점	양키스 팬이 본 레드삭스 팬의 좋은 점

음을 열기 위해 몇 가지 조치를 취했다. 우선 그들이 자신의 믿음이 얼마나 복잡한지 깨달을 수 있도록 상대 팀의 팬에 대해서 긍정적인 점과 부정적인 점을 각각 세 개씩 적으라고 했다. 부정적인 것들은 앞에서 이미 보았고, 긍정적인 것들은 다음과 같다. 사실 그들은 상대 팀의 팬에게서 긍정적인 요소를 잘도 찾아냈다.

그런 다음에 우리는 실험 참가자들 가운데 절반을 추려서 자기가 가지고 있는 상대 팀에 대한 적대감이 과연 근거가 있는지 다시 생각하는 단계를 다음과 같이 추가로 거치게 했다.

— 양키스 팬과 레드삭스 팬이 어떻게 해서 얼마나 근거가 있는/없는 이유로 서로를 싫어하게 되었는지 생각해보고 그에 대해 글을 써보아라. 예를 들어 만일 당신이 상대 팀 팬의 가정에서 태어났더라도 여전히 지금처럼 당신 팀을 좋아하고 응원할 것인가?

상대 팀의 팬을 향한 적개심이 어느 정도인지 측정하기 위해서 우리는 실험 참가자들에게 상대 팀의 경기장에서 판매되는 핫소스가 얼마나 매워야 할지 결정할 기회를 제공했다. 실험 참가자들에게는 소비자 제품 연구조사자들이 야구 경기장에서 팔리는 핫소스의 맛 검사를 실시한다고 알리고 실험을 진행했다. 무작위로 선정된 다음에 자신이 가진 고정관념이 전혀 근거 없음을 곰곰이 되짚어본 실험 참가자들은 경쟁 팀 경기장에서 팔 제품으로 상대적으로 덜 매운 핫소스를 선택했다. 우리는 또한 그들에게 상대 팀 팬들이 시간제한이 걸려 있는 산수 문제를(우리는 이 실험에서 실험 참가자가 문제를 많이 풀면 그만큼 보상을 더 많이 받도록 규칙을 설계했다) 잘 풀지 못하게 만드는 기회도 제공했는데, 자신이 가진 고정관념이 전혀 근거 없음을 곰곰이 되짚어본 실험 참가자들은 상대 팀 팬들에게 낼 문제로 상대적으로 쉬운 문제를 골랐다.

이 사람들은 단지 팬 한 사람에게만 더 인간적으로 공감한 게 아니라 상대 팀 전체를 바라보는 견해를 바꾸었다. 상대방의 실수를 자기의 성공으로, 상대방을 향한 비판을 자기를 향한 칭찬으로 바라보는 경향이 줄어들었다. 그리고 평소 같으면 상상도 할 수 없는 방식으로 상대 팀을 지지하는 경향은 늘어났다. 예를 들면 상대 팀의 티셔츠를 입는다거나 경기 때 상대 팀 더그아웃이 있는 쪽에 앉는다거나 올스타를 선발할 때 상대 팀 선수에게 투표한다거나, 심지어 자신의 소셜미디어에 그 팀을 등록하기까지 한 것이다. 몇몇 팬들에게 이런 행동은 종교적 규범을 깨는 것이나 다름없었다. 그러나 그들이 한 말을 놓고 보면, 그들이 자신의 생각을 다시 한 번 더 생각해보았음이 분명하게 드러난다.

— 자기가 어떤 스포츠 팀을 응원하느냐 하는 것만을 근거로 해서 누군가를 미워하는 것은 바보 짓이라고 생각한다. 그런 생각을 하고 나자 내가 싫어하는 팀의 팬들에게 내가 느끼는 감정을 다시 한 번 더 생각해보고 싶어졌다.

내가 어떤 팀을 사랑하는데, 바로 이 이유만으로 누군가가 나를 미워한다면 이건 아무래도 부당하게 느껴진다. 이것이야말로 편견이 아닐까 싶다. 그 사람들은 나에 대한 단 한 가지 사실만으로 나를 판단하고, 바로 그 이유로 나를 미워하기 때문이다. 그런 생각을 하고 나자 어쩐지 나도 레드삭스 팬들을 바라보고 소통하는 방식을 바꿔야 하지 않을까 싶다.

어떤 사람이 어떤 팀을 응원한다는 사실이 그 사람이 어떤 사람인지 온전하게 일러주지는 않는다. 설령 그 사람이 틀렸다 하더라도 말이다.

마침내 우리는 몇 걸음 앞으로 나아갔다. 다음 단계로 우리가 해야할 일은 팬들의 견해가 바뀌는 이 변화의 배후에서 작동하는 핵심 요소들이 무엇인지 알아보는 것이었다. 중요한 것은 (상대편의 긍정적인 특성이 아니라) 상대편을 향한 자신의 근거 없는 적대감을 내려놓고 다

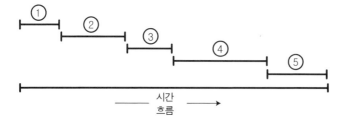

① 어떤 경험을 한다: 모호크족 아이가 내 자전거를 훔쳤다.

② 고정관념을 형성한다: 모호크족 아이들은 모두 도둑이다.

③ 새로운 경험을 한다: 모호크족 아이가 나에게 친절을 베풀었다.

④ 고정관념을 의심한다: 어쩌면 모호크족 아이라고 해서 모두 나쁘지만은 않은 게 아닐까?

⑤ 고정관념 일반을 의심한다: 어떤 아이를 겉모습만으로 판단할 수는 없다.

시 생각하는 것이었다. 실험 참가자들은 상대편을 좋아하게 될 이런 저런 이유를 찾아냈든 아니든 관계없이, 자신의 경쟁심이 얼마나 유치한지 되돌아보고 나자 한결 낮은 수준의 적대감만 드러냈다. 실험 참가자들은 말도 안 되는 이유로 다른 사람들이 자기를 좋아하지 않을 때의 기분이 어떤지 알았을 때 이런 갈등이 현실에서 실질적인 영향을 준다는 사실, 그리고 상대 팀 팬들을 향한 증오가 그저 재미있지만은 않다는 사실을 한층 선명하게 깨달았다.

평행우주로 들어가기

심리실험실 바깥이라는 환경에서는 고정관념을 해소하거나 편견을 줄이는 일이 하루아침에 이루어지는 경우는 드물다. 비록 사람들이 처음부터 바짝 긴장하지 않는다고 하더라도 자신의 견해나 태도가 도전받을 때는 재빠르게 방어 태세를 취한다. 이 사람을 논리적으로 설득하려면 잘못된 고정관념을 가지고 있다고 일러주는 것 말고도 다른 것이 더 필요하다. 여기에서 핵심적인 단계는 반사실적 사고(counterfactual thinking, 사후가정 사고: 어떤 사건을 경험한 후에, 일어날 수도 있었지만 결국 일어나지 않았던 가상의 대안적 사건을 생각하는 것 – 옮긴이)를 하게 만드는 것이다. 즉 그 사람이 만일 대안이 되는 다른 상황에 놓인다면 어떤 견해를 가질지 생각해보게 돕는 것이다.

심리학에서 반사실적 사고라고 하면 자기를 둘러싼 환경이 어떤 식으로 다르게 펼쳐질 수 있을지 상상하는 것을 포함한다.[34] 자신이 전혀 다른 고정관념을 얼마나 쉽게 가질 수 있을지 깨달을 때 우리는 자신이 현재 가지고 있는 견해나 태도를 한층 더 쉽게 수정·보완(업데이트)할 수 있다. (이것은 고정관념이 현실에 전혀 기반하지 않는다는 말이 아니다. 여러 집단을 놓고 비교할 때 많은 고정관념이 어떤 집단의 평균과 일치하지만, 그렇다고 해서 이것은 그 고정관념들이 그 집단에 속한 각 개인을 이해하는 데 유용하다는 뜻이 아님을 심리학자들이 확인했다.[35] 다른 집단과 접촉하는 일이 드물었던 수천 년 전에는 자신과 다른 여러 집단이 제각기 가지고 있는 이런저런 경향에 대한 믿음이 아마도 자기 종족을 보호하는 데 도움이 되었을 것이다. 그러나 집단과 집단 사이의 상호작용이 일상적으로 일어나는 오늘날에는 어떤 집단에 대한 이런저런 가정이 더는 예전처럼 쓸모 있지 않다. 각 개인에 대한 어떤 것을 배우는 것이 훨씬 더 쓸모 있다. 이런 사실을 확인했던 심리학자들은 우리가 가진 고정관념은 우리가 다른 집단과 갈등 관계에 있을 때, 그리고 우리가 가진 이데올로기와 전혀 다른 이데올로기를 판단할 때 한층 더 끈질기게 작용하고, 점점 더 부정확해짐을 입증했다.[36] 고정관념이 편견으로 굳어질 때가 바로 자기 견해를 다시 한 번 더 생각할 때라는 뜻이다.) 반사실적 사고를 활성화하려면 사람들에게 다음과 같은 질문을 할 수 있다. 만일 당신이 흑인, 히스패닉, 아시아인, 혹은 아메리칸인디언으로 태어났다면 당신의 고정관념은 어떻게 달라져 있을까? 만일 당신이 도시(농촌)에서, 혹은 멀리 있는 다른 나라에서 태어났다면 당신은 지금 어떤 견해를 가지고 있을까? 만일 당신이 1970년대를 살고 있다면 당신은 어떤 믿음을 강력하게 붙잡고 있을까?

토론 챔피언들과 협상 전문가들로부터 상대방에게 질문하는 것만으로도 상대방이 자기가 내린 결론을 다시 생각하도록 촉진한다는 사실은 이미 앞에서 확인했다. 그런데 방금 예로 들었던 이런 유형의 반사실적 질문들은 상대방으로 하여금 자기가 애초에 가지고 있던 믿음을 깊이 탐구하고 다른 여러 집단에 대한 태도를 다시 생각하게 만든다는 점이 다르다.

만일 자신이 전혀 다른 환경에 놓여 있었더라면 지금과 전혀 다른 믿음을 가지고 있을 것이라고 성찰할 때 사람들은 겸손해진다. 이 사람들은 아마도 자기가 과거에 가지고 있었던 확신들 가운데 몇몇은 지나치게 단순화된 것이라고 결론 내리고는 부정적인 몇몇 관점을 의심하기 시작할 것이다. 이렇게 의심할 때 그들은 여태껏 고정관념을 가지고 바라보았던 집단들에 대해 마음을 열고 호기심 가득한 눈으로 접근할 것이며, 마침내 전혀 예상하지 못했던 공통점을 그 집단에서 찾아낼 것이다.

최근에 우연하게도 나에게 반사실적 사고를 장려할 기회가 주어졌다. 어떤 스타트업 창업자로부터 다른 사람들의 개성 및 자기 자신의 개성을 보다 잘 이해하는 방법과 관련된 통찰을 나누는 전체 회의 자리에 참석해달라는 초청을 받은 것이다. 인터넷 대화를 하는 동안에 그녀는 자신이 점성술에 빠져 있으며 직원 가운데도 그런 사람들이 많다고 했다. 그래서 나는, 그들이 자기가 우연히 태어난 달을 토대로 한 부정확한 고정관념에 사로잡혀 있음을 본인 스스로 깨닫게 하는 데 내가 도움이 되지 않을까 하고 생각했다. 그날 그 창업자와 나누었던 대화를 간략하게 정리하면 이렇다.

— **나** 점성술이 개인의 개성에 영향을 준다는 증거가 없다는 건 본인도 잘 아시잖아요, 그렇죠?

창업자 염소자리 사람들이 그런 식으로 말하죠….

나 저는 사자자리가 그런 걸로 알고 있는데…. 어떤 증거가 나오면 당신이 마음을 바꿀지 저는 그게 정말 궁금하네요.

창업자 남편도 연애할 때는 그런 노력을 했는데 지금은 포기했나 봐요. 아무튼 점성술에 대한 내 믿음을 바꿀 수 있는 건 아무것도 없어요.

나 그렇다면 당신은 과학자처럼 생각하지 않는다는 뜻이고, 그럼 그건 당신에게 종교잖아요.

창업자 예, 어쩌면, 조금은 그렇죠.

나 그렇다면 당신이 미국이 아니라 중국에서 태어났다면 어땠을까요? 중국에서 처녀자리 사람들은 채용이나 이성을 사귈 때 차별을 당했다는 증거가 있습니다.[37] 가여운 처녀자리 사람들은 성격이 고약해서 함께 일하기 어렵다는 고정관념의 피해자가 되었죠. (심리학자들이 실제로 최근에 이 문제를 놓고 연구를 해서 별자리가 고정관념과 차별의 뿌리가 되고 있음을 확인했다. 처녀자리는 중국어로 '처녀'로 번역되는데, 이것이 노처녀는 비판적이고 세균공포증에 사로잡혀 있으며 까탈스럽고 변덕스럽다는 편견을 불러일으킨다.)

창업자 서구에서도 그래요. 전갈자리 사람들이 그런 차별을 받고 있거든요.

그 창업자는 처음에는 내 주장에 저항했지만, 만일 자기가 중국에서 살았다면 다른 고정관념을 가졌을 수도 있겠다고 생각한 뒤에는 내 주장에 동의하는 한편, 자기도 비슷한 일을 본 적이 있다고 했다. 자신이 세상에 태어난 그 우연한 날에 해의 위치와 달의 위치 때문에 집단 전체가 부당한 대우를 받더라는 것이었다.

별자리를 근거로 한 차별이 부당함을 깨달은 뒤에 그 창업자는 내 연구 활동을 직접 돕겠다고 했다. 대화가 진행됨에 따라 나는 개인의 성격을 다루는 과학을 주제로 다음에 한 차례 더 토론을 하자고 제안했고, 그 회사 직원의 4분의 1 이상이 심리 실험에 참가하겠다고 약속했다. 나중에 그들 가운데 한 명은 "그 대화에서 얻은 가장 큰 교훈은 무지하지 않으려면 알고 있던 것들을 '놓아버리는 것'이 중요하다는 사실이다"라고 썼다. 자신이 가지고 있는 고정관념이 얼마나 근거 없는지 깨달은 이들은 지금 자신의 견해를 다시 생각하는 데 누구보다도 마음을 활짝 열고 있다.

심리학자들은 우리가 가진 믿음 가운데 많은 것이 문화적 공리(cultural truism)임을 확인한다.[38] 즉 널리 공유되긴 하지만 의심받은 적이 거의 없는 진리라는 말이다. 이런 것들을 좀 더 자세히 들여다보면 근거가 너무도 빈약함을 금방 확인할 수 있다. 고정관념은 섬세하게 건조된 선박에서 볼 수 있는 것과 같은 구조적인 통일성이 없다. 오히려 젠가(Jenga) 게임의 탑과 비슷하다. 받침대 역할을 해주는 중요한 블록 몇 개가 빠졌을 때 불안하게 흔들거리는 탑 말이다. 이 탑을 쓰러뜨리려면 그저 손가락을 톡 한 번 튕기기만 하면 된다. 나는 사람들이 위기를 딛고 일어나서 한층 더 튼튼한 기초 위에 새로운 믿음을 차곡차곡 쌓아나가면 좋겠다.

이런 접근법이 사람들이 살아가는 한층 더 큰 영역으로도 확장되어 적용될 수 있을까? 나는 이것이 이스라엘과 팔레스타인 사이의 분쟁을 해결하거나 인종차별을 완전히 없애버릴 것이라고는 조금도 믿지 않는다. 그러나 이 접근법이 단순히 자신의 고정관념을 다시 생각하는 것보다 더 근본적인 어떤 것을 향해 나아가는 단계라고는 확실히 생각한다. 집단 전체에 대해서 어떤 의견을 가지는 것이 일리 있다는 심층적인 믿음을 우리는 얼마든지 의심할 수 있다.

누구든 하던 일을 잠깐 멈추고 생각해보면 특정 집단과 관련된 고정관념을 개인에게까지 적용하는 것이 터무니없음을 금방 알아차린다. 연구 결과에 따르면 집단과 집단 사이에는 우리가 인식하는 것보다 공통점이 더 많다.[39] 그리고 집단 내에 존재하는 다양성은 집단 사이의 다양성보다 훨씬 더 많다.

때로 고정관념을 벗어던진다는 것은 자기가 증오하는 집단에 속하는 많은 구성원이 사실은 증오의 대상이 될 만한 사람이 전혀 아님을 깨닫는다는 뜻이다. 그리고 이런 깨달음은 그 구성원을 본인이 직접 만날 때 한층 잘 일어난다. 사회과학자들은 지금까지 50년이 넘는 세월 동안 집단과 집단 사이의 접촉이 가져다주는 효과를 시험해왔다. 총 실험 참가자가 25만 명이나 되는 500건이 넘는 논문을 대상으로 한 메타분석 결과를 보면, 전체 가운데 94퍼센트에 해당하는 경우에서 다른 집단에 속하는 사람들과 어떤 식으로든 접촉해서 소통할 때 그들이 가지고 있던 편견이 줄어들었다.[40] 비록 집단과 집단 사이의 소통이 만병통치약은 아니지만, 그래도 94퍼센트라는 수치는 어마어마하게 크다. 사람들이 자신의 고정관념 탑에서 불안정한 젠가 블록을 잘 뽑아내도록 도움받을 수 있는 가장 효과적인 방법은 고정관념의 대상인 사람들을 직접 만나서 대화를 나누는 것이다. 흑인 연주자 대릴 데이비스가 선택해서 성공한 방법이 바로 이것이다.

흑인 연주자가 백인 우월주의자들에게 맞서는 방법

어느 날 대릴은 KKK단의 주요 간부를 옆자리에 태우고 운전을 하고 있었다. 그 간부의 공식적인 직함은 '고위 키클롭스(Exalted Cyclops)'였다. 그는 흑인에 대해서 가지고 있던 고정관념, 즉 흑인은 뇌가 작아서 지적이지 못하고 유전적으로 폭력적인 성향을 띤다는 등의 이유를 들어서 흑인이 열등한 인종이라고 했다. 대릴은 자기는 흑인이지만 단 한 번도 누구를 총으로 쏘지 않았고 자동차를 훔치지도 않았다고 했다. 그러자 키클롭스는 범죄 유전자가 바깥으로 발현되지 않았을 뿐 틀림없이 몸 안에 잠복해 있을 것이라고 말했다.

대릴은 어떻게든 키클롭스의 콧대를 꺾어놓겠다고 마음먹었다. 그래서 흑인 연쇄살인범 세 사람의 이름을 대보라고 했다. 키클롭스가 한 명의 이름도 대지 못한 채 우물쭈물하자, 대릴은 유명한 백인 연쇄살인범의 이름을 줄줄이 늘어놓은 뒤 "당신도 연쇄살인범임에 틀림없다"고 말했다. 키클롭스는 자기는 그 누구도 죽인 적이 없다며 펄쩍 뛰었다. 그러자 대릴은 조금 전에 키클롭스가 펼쳤던 논리를 그대로 재현했다. 연쇄살인범 유전자가 바깥으로 발현되지 않았을 뿐 틀림없이 몸 안에 잠복해 있을 것이라고.

"뭐야, 무슨 말도 안 되는 소리…. 내 말은 그게 아니라…."

키클롭스는 허둥지둥하며 제대로 반박하지 못했다. 이때 대릴이 다시 말을 이었다.

"말도 안 되는 소리라…. 맞아요. 내가 당신에게 연쇄살인범 유전자 어쩌고저쩌고 한 건 말도 안 되는 소리가 맞죠. 아까 당신이 나에게 범죄 유전자 어쩌고저쩌고 한 것만큼이나 말입니다."

키클롭스는 할 말이 없었다. 여러 달이 지나고 두 사람이 다시 만났을 때, 키클롭스는 대릴에게 그때까지 줄곧 대릴과 나누었던 대화를 곰곰이 생각해봤다고 했다. 그러니까 대릴이 의심의 씨앗을 키클롭스에 뿌려두어서 그가 자신의 믿음을 의심하고 다시 생각하도록 만들었던 셈이다. 나중에 이 키클롭스는 KKK단에서 탈퇴했으며 자신이 착용했던 '고위 키클롭스'의 모자와 옷을 대릴에게 기념품으로 선물했다.

대릴은 분명 비범하다. 편견에 맞서서 1인 전쟁을 벌이는 능력이라는 점에서도 그렇지만, 기꺼이 그 전쟁을 시작하겠다는 성향이라는 면에서도 그렇다. 일반적으로 볼 때 다시 생각하기가 더 많이 필요한 사람은 권력이나 지위가 높은 사람이다. 왜냐하면 이런 사람은 자기 관점을 우선적으로 여기는 경향을 가지고 있으며[41] 그 관점은 의심받은 적이 한 번도 없었을 가능성이 높기 때문이다.[42] 대부분의 경우에 하찮은 존재로 멸시받고 핍박받는 사람들은 그런 상황을 바꾸어놓으려고 이미 많은 노력을 기울이며 싸웠다.

대릴은 어린 시절부터 인종차별의 표적이 되었던 터라 백인을 향해 불같이 뜨거운 적개심을 가진다고 해도 전혀 이상할 게 없었다. 그러나 그는 열린 마음으로 백인 우월주의자에게 기꺼이 다가갈 마음의 준비가 되어 있었으며, 그들에게 그들의 태도와 견해를 다시 생각할 기회를 제공했다. 백인 우월주의자와 맞서 싸우면서까지 굳이 위험을 자초하지 않아도 되었지만 대릴은 기꺼이 그렇게 했다. 이상적으로만 보자면 KKK단의 다른 동료를 설득하는 일은 대릴과 대화를 나누었던 그 키클롭스가 맡아서 하는 게 맞다. 실제로 그랬는지, 혹은 그러지 않았는지 알 수는 없지만 KKK단에서 탈퇴한 다른 사람 몇몇이 앞으로 나섰다. 이들은 억압받는 사람들의 권리를 위해서, 그리고 부당한 억압을 낳은 구조를 개혁하기 위해서 대릴과 함께, 혹은 혼자서 따로 목소리를 높였다.

제도를 바꾸려고 할 때 대화가 가진 힘을 절대로 간과하지 말라고 대릴은 주장한다. 어떤 사람이 가지고 있는 고정관념이나 편견이 꼴보기 싫어서 그 사람과 아예 상종하지 않는다면, 이것은 그 사람의 마음을 여는 것을 포기하는 셈이다. 대릴은 이렇게 말했다.

"우리는 우주 시대에 살고 있습니다. 그러나 여전히 많은 사람은 석기 시대의 마음으로 생각합니다. 우리가 하는 생각은 현재 우리가 누리는 기술을 따라잡아야 합니다."

대릴은, KKK단이나 그 밖의 신나치주의 집단에 있던 백인 우월주의자들이 그들의 믿음을 다시 생각하게 만들고, 결국 그 집단에서 탈퇴하도록 자신이 도운 사람이 200명이 넘는다고 추산한다. 그들 가운데 많은 사람이 자기 가족이나 친구를 교육하고 설득했다. 대릴은 이 사람들이 마음을 바꾸도록 직접적으로 설득하려 하지 않았음을 강조한다.

"나는 단 한 사람도 개종시키지 못했습니다. 나는 그저 그들에게 자기 인생의 방향에 대해서 생각할거리를 주었을 뿐이에요. 그들이 그것에 대해 생각했고, 그러다가 '나에게는 더 나은 길이 필요하고, 이 길이 바로 내가 가야 할 길이다'라는 결론에 다다랐던 것이죠."

대릴은 설교나 비판이라는 방법으로 이 일을 하지 않았다. 많은 사람은 그가 백인 우월주의자와 대화를 시작할 때 그의 사려 깊음에 깜짝 놀란다. 그리고 대릴을 한 사람의 개인으로 바라보기 시작하고 보다 많은 시간을 그와 함께 보낼 때 그들은, 예를 들어 음악 같은 주제에 함께 관심을 기울이면서, 자신과 대릴 사이의 공통점을 찾아서 공통의 정체성을 확인했다. 대릴은 오랜 시간에 걸쳐, 그들이 순전히 자기의 것이라고 할 수 없는 여러 이유로(흑인을 증오하는 관행이 여러 세대를 거슬러 올라가는 집안 전통일 수도 있고, 흑인이 자기 일자리를 빼앗아간다는 말을 누구에게서 들었을 수도 있다) 증오 집단에 가입했다는 사실을 스스로 깨닫도록 돕는다. 그들은 자신이 다른 집단에 대해서 알고 있는 내용이 얼마나 보잘것없는지, 그리고 그 고정관념이 얼마나 천박한지 깨달으면서 그것에 대해 다시 생각하기 시작한다.

KKK단의 어떤 최고위 간부는 대릴을 알고 난 뒤에 KKK단에서 탈퇴했다. 그는 거기에서 멈추지 않고 자신이 속해 있던 KKK단 지부를 아예 철폐해버렸다. 그리고 여러 해가 지난 뒤에는 대릴에게 자기 딸의 대부가 되어달라고 부탁했다.

7장

백신을 속삭이는 사람과 부드러운 태도의 심문자

올바른 경청이 상대방을 변화시킨다

□ □ □

자기가 듣고 싶어 하지 않는 것을 듣고 싶어 하는 사람은 드물다.

딕 카벳(Dick Cavett) 추정

캐나다의 마리-엘런 에티엔-루소(Marie-Hélène Étienne-Rousseau)는 산기가 보이자 눈물을 쏟았다.[1] 2018년 9월이었다. 출산예정일은 12월이었지만 석 달이나 일렀다. 자정 직전에 아기가 태어났다. 아기의 이름은 토비였다. 토비의 몸무게는 채 2킬로그램도 되지 않았다. 아기가 얼마나 작았던지 마리-엘런의 손 안에 머리가 쏙 들어갈 정도였다. 그녀는 아기가 죽을지도 모른다는 공포에 휩싸였다. 아기는 산모의 품에 불과 몇 초 동안만 안겨 있다가 곧바로 신생아 집중치료실로 옮겨졌다. 아기가 제대로 숨을 쉬려면 산소마스크를 써야 했다. 게다가 얼마 지나지 않아서 내출혈이 확인되어 수술까지 받아야 했다.

아기가 건강한 몸으로 집에 돌아가려면 몇 달이나 더 병원 신세를 져야 했다.

토비가 여전히 병원에 입원해 있을 때 마리-엘런은 마트에서 아기 기저귀를 고르다가 자신이 거주하는 퀘벡에 홍역이 번진다는 헤드라인 뉴스를 보았다. 그녀는 아기에게 홍역 백신을 접종하지 않았다. 사실 백신이 문제가 아니었다. 아기는 금방이라도 부서질 것처럼 여렸기 때문이다. 사실 그녀는 다른 세 아이에게도 백신을 맞히지 않았다. 아이에게 백신을 맞히지 않는 것은 그녀가 사는 동네에서는 상식이었다. 그녀의 친구나 이웃은 백신이 위험하다는 것을 당연하게 여겼으며 백신의 부작용과 관련된 끔찍한 이야기를 듣는 족족 다른 사람들에게 알렸다. 그러나 퀘벡에서는 10년 동안에 이미 두 차례나 홍역이 심각하게 돌았고, 이것은 부인할 수 없는 진실이었다.

오늘날 선진국에서 홍역 발생은 적어도 반세기를 기준으로 볼 때 상승세이며 사망률은 1,000명 가운데 한 명꼴이다. 한편 개발도상국에서는 사망률이 100명 가운데 한 명꼴에 가깝다. 전문가들의 추정에 따르면, 2016년부터 2018년 사이에 홍역 사망자는 전 세계적으로 58퍼센트 늘어났으며 총 사망자는 10만 명이 넘었다.[2] 그러나 이런 사망은 백신으로 얼마든지 예방할 수 있었으며, 지난 20년 동안 백신은 약 2,000만 명의 목숨을 구했다. 역학 전문가들은 홍역 백신을 두 차례 접종해서 최소면역률을 95퍼센트 이상 끌어올리는 것을 추천하지만, 전 세계에서 85퍼센트만 1차 접종을 하며 2차 접종률은 67퍼센트밖에 되지 않는다. 백신을 거부하는 사람들이 내세우는 이유는 단순하다. 백신을 믿을 수 없다는 것이다.

정부 관리들은 이 문제를 해결하려고 노력해왔으며, 백신을 거부하는 사람에게는 최대 1,000달러의 벌금과 6개월의 징역형을 선고할 수 있다는 경고까지 했다. 많은 학교가 백신을 맞지 않은 어린이에게는 문을 닫아걸었다. 심지어 어떤 카운티에서는 공공장소에 출입하지 못하도록 했다. 하지만 이런 조치들도 백신 거부 문제를 해결하지 못했다. 그러자 정부 관리들은 설교 모드로 돌아섰다.[3] 사람들이 백신과 관련해서 근거 없는 공포에 사로잡혀 있었으므로 제대로 된 진실을 알려야 했다.

그러나 이런 시도의 결과는 대개 실망스러웠다.[4] 독일에서 두 차례에 걸쳐 실험이 진행되었는데, 사람들에게 백신의 안전성에 대한 연구조사 결과를 소개했지만 오히려 역풍만 불었다. 사람들이 백신을 한층 더 위험하게 바라보았던 것이다.[5] 미국에서도 상황은 비슷했다. 홍역의 위험을 설명하는 글을 읽거나 홍역으로 고통받는 어린이의 사진을 보거나, 혹은 홍역으로 거의 죽을 뻔했던 아기 이야기를 들어도 미국인들은 홍역에 대해 높은 관심을 보이지 않았다.[6] 홍역 백신을 우려하던 사람들은 홍역 백신으로 자폐증이 유발된다는 소문이 전혀 근거 없는 가짜뉴스라는 정보를 접하고도 백신 접종에 오히려 관심을 덜 가졌다. 논리적인 주장이나 데이터를 기반으로 한 설명은 백신이 안전하지 않다는 확신을 조금도 바꾸어놓지 못했다.

이것은 설득 과정에서 공통적으로 나타나는 현상이다. 어떤 사람의 믿음을 근본적으로 흔들어놓지 못할 경우에는 오히려 그 사람의 믿음이 한층 견고해질 뿐이다.[7] 백신이 바이러스에 대한 신체적 면역체계를 강화하듯이 저항의 행동은 심리적 면역체계를 강화한다.[8] 어떤 견해를 반박하는 행위는 미래에 있을 영향력 시도에 저항하는 항체를 형성한다.[9] 이렇게 해서 사람들은 자신의 견해를 점점 더 확신하는 한편, 대안이 될 수 있는 다른 여러 견해에 대한 호기심은 싹둑 끊어버린다. 더 이상 반박이 그들을 놀라게 하거나 쩔쩔매게 하지 않는다. 이미 재반박의 논리를 가지고 있기 때문이다.

마리-엘런은 이런 과정을 거쳐왔다. 성장한 아이들을 데리고 의사를 찾아갈 때마다 그녀는 의사가 으레 하는 말을 들었다. 의사는 백신의 효능을 설명했고 백신 접종을 거부할 때 어떤 위험이 뒤따를지 경고했다. 그녀가 궁금해하던 그녀만의 특수한 질문에는 대답하지 않은 채, 그저 포괄적이고 일반적인 메시지만 전달했다. 그러다 보니 마리-엘런의 입장에서는 의사를 만나는 일 자체가 죄를 짓고 혼나는 일처럼 여겨졌다. 자신이 공격받는다고 느낀 것이다.

"의사는 마치 내가 아이들이 아프길 바라기라도 하는 것처럼, 마치 내가 나쁜 엄마이기라도 한 것처럼 저를 공격했어요."

토비가 다섯 달 동안의 입원 치료를 끝내고 마침내 퇴원할 때가 되었다. 그러나 아기는 여전히 극도로 연약한 상태였다. 간호사들은 그때가 아기에게 백신을 접종할 마지막 기회임을 알았기에 '백신을 속삭이는 사람'을 불렀다. 그는 그 지역의 동네 의사였는데, 백신 접종을 거부하는 젊은 부모가 그 문제를 다시 한 번 생각하도록 유도하는 근본적인 접근법을 가지고 있었다. 그는 부모에게 백신 접종을 권유할

때 전도사나 검사, 혹은 정치인의 방식으로 접근하지 않았다. 그는 과학자의 태도와 방식으로 부모를 만나서 대화를 나누었다.

면담을 통한 동기부여

1980년대 초에 임상심리학자 빌 밀러(Bill Miller)는 중독증을 가진 사람들을 대하는 자기 분야 사람들의 태도 때문에 고민이 많았다.[10] 당시에는 치료사나 상담사가 약물 남용 환자들을 대할 때 환자들을 오로지 부정만 하면서 살아가는 병적인 거짓말쟁이라고 밀어붙이는 것이 통상적인 모습이었다. 하지만 이런 접근법은 밀러가 알코올중독 문제를 안고 있던 사람들을 치료하면서 겪는 문제와 맞아떨어지지 않았다. 이들에게 전도사의 설교나 검사의 비판은 언제나 부메랑이 되어서 돌아왔던 것이다. 이와 관련해서 밀러는 나와 개인적으로 만난 자리에서 이렇게 말했다.

"술을 지나치게 많이 마시는 사람들은 대개 그런 사실을 잘 알고 있습니다. 이들에게는 술을 너무 많이 마시지 말라고 설득해봐야 오히려 반발심만 커집니다. 그러니 변화의 가능성은 그만큼 더 멀어질 뿐이죠."

그래서 밀러는 환자를 공격하거나 깎아내리는 대신 이런저런 질문을 하고 환자의 말에 귀를 기울였다. 그리고 자신의 접근법을 논문으로 발표했는데, 이 논문을 중독자 치료센터에서 일하던 젊은 간호수련생 스티븐 롤닉(Stephen Rollnick)이 읽었다. 몇 년이 흐른 뒤에 두 사람은 우연히 호주에서 만났고, 자신들이 탐구하는 내용이 단순히 새로운 치료법이라는 차원을 넘어서는 훨씬 더 큰 영역임을 깨달았다. 그것은 사람들이 스스로 바뀔 수 있도록 돕는 전혀 다른 접근법이었던 것이다.

이렇게 해서 두 사람은 동기강화 면담(motivational interviewing)의 핵심 원리를 함께 개발했다. 이 방식의 중심적인 전제는, 본인이 아닌 다른 사람이 나서서 어떤 사람이 바뀌도록 동기를 부여하는 방식으로는 성공 확률이 희박하므로 본인 스스로 동기를 부여해서 바뀔 수 있도록 도와야 한다는 것이다.[11]

예를 들어서 당신이 호그와트 마법학교의 학생이고 삼촌이 볼드모트의 팬이라서 걱정을 한다고 치자. 이럴 때 동기강화 면담은 다음과 같이 진행된다.

— **당신** 저는 '이름을 불러서는 안 되는 그분'에 대해서 삼촌이 어떤 감정을 가지고 있는지 좀 더 알고 싶어요.

삼촌 그래, 그분은 살아 있는 마법사 가운데 가장 강력한 분이지. 그리고 그분의 추종자들은 나에게 멋진 작위를 주기로 약속했어.

당신 흥미롭네요. 그런데 혹시 그분에 대해서 마음에 들지 않는 부분은 없나요?

삼촌 음…. 사실 나는 사람들을 마구 죽이는 건 썩 좋아하지 않는 편이야.

당신 그렇죠. 완벽한 사람은 아무도 없으니까요.

삼촌 그렇지. 사람을 죽이는 건 정말 나쁜 거야.

당신 그렇게 말씀하시는 걸 보니까 삼촌은 볼드모트에 대해서 약간은 의심하시는 것 같은데, 그분을 완전히 내치지 못하는 이유가 뭐예요?

삼촌 그분이 나를 죽이겠다고 할지 몰라서…. 그게 두려워.

당신 충분히 그런 마음이 들 수 있겠네요. 사실은 저도 그런 두려움을 느끼거든요. 그런데 제가 궁금한 건, 삼촌은 그런 위험을 기꺼이 감수할 수 있을 정도로 정말 중요한 원칙을 갖고 있지 않나요?

동기강화 면담은 겸손함과 호기심을 동시에 드러내는 태도에서부터 시작한다. 우리는 무엇이 어떤 사람으로 하여금 스스로 변화하도록 동기를 부여하는지 모르지만, 그것을 알아내고 싶은 마음만은 간절하다. 목표는 그에게 무엇을 하라고 말하는 것이 아니다. 과도한 확신 사이클에서 벗어나서 새로운 가능성을 바라보도록 돕는 것이 목표이다. 우리의 역할은 거울을 그의 앞에 두어서 그가 스스로 자기 모습을 보다 선명하게 바라보게 하고 자신의 믿음과 행동을 꼼꼼히 살펴보도록 힘을 불어넣는 것이다. 이렇게 할 때 다시 생각하기 사이클이 활성화될 수 있고, 이 사이클 속에서 그는 자기의 의견과 생각에 보다 과학적으로 접근한다. 이럴 때 그는 자신이 아는 지식을 한층 겸손하게 받아들이며, 자신이 가진 확신을 의심하고, 또한 대안이 될 수 있는 다른 의견이나 생각에 호기심을 갖는다.

동기강화 면담 과정에는 다음 세 가지 핵심 기법이 포함된다.

- 개방형(주관식) 질문을 한다.
- 반영적 경청(reflective listening, 상대방이 하는 말에 귀를 기울이면서도, 상대방의 생각과 느낌을 재구성하여 상대방에게 전달하고 확인하는 것 – 옮긴이)을 한다.
- 그의 소망과 변화 역량을 확인한다.

마리-엘런이 토비를 데리고 집으로 돌아갈 준비를 마쳤을 때, 간호사들이 호출한 '백신을 속삭이는 사람'은 신생아 전문의 아르노 가뇌르(Arnaud Gagneur)였다. 그는 동기강화 면담 기법을 백신 관련 상담에 적용해서 부모를 설득하는 데 달인이었다.[12] 아르노는 마리-엘런과 마주앉았을 때 그녀가 아이들에게 백신 접종을 하지 않았다는 사실로 그녀를 판단하려 들지 않았으며 마음을 바꾸라고 윽박지르지도 않았다. 아르노는 마치 과학자 같았다. 기자 에릭 부드먼(Eric Boodman)이 두 사람의 만남을 묘사한 표현에 따르면 그는 "소크라테스이긴 하지만 한결 부드러운 소크라테스"였다.

아르노는 마리-엘런에게, 만일 토비가 홍역에 걸리면 무슨 일이 일어날지 몰라서 두렵긴 하지만 엄마의 결정을 받아들이며, 다만 상황을 조금 더 자세하게 알고 싶다고 말했다. 한 시간 넘게 이어진 면담에서 그는 백신 접종을 거부하게 된 과정과 관련된 개방형 질문을 했다. 그리고 그녀가 하는 말에 귀를 기울이면서 백신의 안정성과 관련된 온갖 혼란스러운 정보가 세상에 넘쳐난다는 사실을 인정했다. 그리고 면담이 끝나갈 무렵에는 아기에게 백신을 맞히든 맞히지 않든 본인이 자유롭게 선택하면 된다는 말과 함께 자신은 그녀의 능력과 진심을 믿는다고 했다.

마리-엘런은 결국 아기에게 백신을 맞히고 퇴원했다. 그녀는 자기가 마음을 바꾼 결정적인 전환점은 아르노가 "아이들이 건강하기를 바라는 마음은 다른 모든 사람과 같은데, 내가 백신을 맞히든 맞히지 않든 내 결정을 존중한다고 말했을 때"였다고 회상했다. 그러면서 이렇게 말했다.

"바로 그 말이 저에게는 이 세상에 있는 모든 황금만큼이나 가치 있는 것이었어요."

마리-엘런은 토비에게만 백신 접종을 한 게 아니었다. 공중보건 간호사를 집으로 불러 다른 세 아이에게도 백신을 접종했다. 심지어 그녀는 아르노에게 자기 동서에게도 잘 말해서 조카들도 백신을 맞게 해달라고 부탁했다. 그러면서 아이에게 백신을 접종하기로 한 자신의 결정은 자신이 속한 백신 접종 거부 커뮤니티에서 보자면 "폭탄을 터트리는 것만큼" 엄청난 사건이라고 했다.

마리-엘런뿐만 아니라 다른 많은 부모가 아르노와 마주 앉아서 그런 대화를 나누었다. '백신을 속삭이는 사람'은 잘못된 믿음을 가진 사람들이 그 믿음을 바꾸도록 도움을 줄 뿐만 아니라 행동까지 바꾸도록 도움을 준다. 아르노의 첫 번째 논문에서, 산부인과 병동에 있던 출산 직후의 산모 가운데 72퍼센트는 아기에게 백신을 접종할 것이라고 말했지만, 백신 상담자와 동기강화 면담을 거친 뒤에는 이 비율이 87퍼센트로 늘어났다.[13] 아르노의 그다음 실험에서는 산모가 동기강화 면담 과정을 거칠 경우에 이 산모의 아기가 2년 뒤에 모든 백신을 맞을 가능성이 9퍼센트 증가했다.[14] 이 수치를 보고 혹시 효과가 미미하다고 생각하는가? 그렇다면 이 결과가 산부인과 병동에서 단 한 차례의 대화만으로 바뀐 것임을 기억해야 한다. 바로 이 단 한 차례의 대화만으로도 24개월 뒤에 그 산모가 할 행동을 바꾸어놓기에 충분했다. 얼마 뒤에 보건부는 아르노의 동기강화 면담 프로그램에 수백만 달러를 투자했다. 이 프로그램에는 퀘벡에 있는 모든 병원의 산부인과 병동에 '백신을 속삭이는 사람'들을 파견하는 계획이 포함되어 있었다.

현재 동기강화 면담은 전 세계에서 수만 명의 상담사를 통해 이루어지고 있다. 미국과 유럽의 많은 나라에서는 공인 상담사들이 있으며, 이 상담과 관련된 기술을 익힐 수 있는 강좌들이 개설된 나라도 세계에 널리 퍼져 있다. 예를 들어 아르헨티나, 말레이시아, 남아프리카공화국 등이 그렇다. 동기강화 면담은 1,000건이 넘는 대조실험에서 사용되었으며, 이와 관련된 참고문헌 목록만 하더라도 무려

67쪽이나 된다. 보건 전문가들은 이것을 활용해서 흡연,[15] 약물 남용 및 알코올중독,[16] 도박, 안전하지 않은 섹스 등의 문제뿐만 아니라 식습관과 운동습관,[17] 식이장애,[18] 체중 감소[19] 등의 문제를 해결하도록 사람들에게 도움을 주었다. 또 프로 스포츠 분야에서 코치진이 선수들에게 투지를 심어줄 때,[20] 교사가 학생들에게 밤에 숙면을 취하도록 '넛지'를 동원해 넌지시 일러줄 때,[21] 기업 컨설턴트가 조직의 변화에 조직 내 팀들이 적절하게 대응하도록 대비시킬 때,[22] 잠비아에서 공중보건 활동가가 사람들에게 물을 소독해서 마시도록 설득할 때,[23] 그리고 환경운동가가 기후변화와 관련해서 사람들이 어떤 특정한 행동을 하도록 유도할 때도[24] 동기강화 면담이 활용되었다. 이와 비슷한 기법이 편견에 사로잡혀 있던 유권자들의 마음을 열었으며,[25] 갈등 조정자들이 자녀 양육권을 놓고 다투는 이혼 부부가 원만하게 합의하도록 도움을 주고자 할 때도 동기강화 면담 방식은 기존의 표준적인 방식에 비해서 성공률이 두 배나 되었다.[26]

전체적으로 볼 때 동기강화 면담이 통계적으로나 임상적으로 행동 변화에 의미 있는 효과를 가져온다는 사실은 논문 네 개 가운데 세 개꼴에서 확인되며, 이 방식을 활용하는 심리학자들과 의사들의 성공률은 다섯 건 가운데 네 건 수준이다. 행동과학 분야에서 이처럼 많은 증거를 확보한 실천적인 이론은 많지 않다.[27]

동기강화 면담은 전문 분야에 국한되지 않고 일상적인 의사결정 및 상호작용에도 활용된다. 한번은 친구가 전화를 해서 전남편과 다시 합치는 게 좋을지 어떨지 모르겠다면서 도움말을 청했다. 사실 나는 그렇게 되면 좋겠다고 생각하긴 했지만, 그녀에게 이래라저래라 말할 입장은 아니라고 생각했다. 그래서 나는 내 의견을 따로 제시하지 않고, 본인이 혼자서 재결합의 장단점을 충분히 생각한 다음에 자기가 상대방에게 원하는 것과 그것들이 얼마나 일치하는지, 혹은 일치하지 않는지 나에게 말해달라고 했다. 그러자 그녀는 예전의 관계에 다시 불을 붙이는 문제를 놓고 자기 자신과 이런저런 대화를 나누었다. 그런데 이 대화가 마치 마법처럼 작용했다. 왜냐하면 나는 그녀를 설득하려는 노력을 전혀 하지 않았으며, 심지어 그 어떤 도움말도 주지 않았음에도 그녀가 스스로를 바꾸었기 때문이다. (내가 생각하기에는 자기 자신과 대화를 나누고 설득해서 자신이 변화하도록 만드는 놀라운 마법을 인류는 이미 수천 년 전부터 잘 알았던 것 같다. 기도를 하거나 주문을 외울 때 쓰는 '아브라카다브라(abracadabra)'라는 단어가 '내가 말한 대로 될지어다'라는 뜻을 담은 히브리어 구절에서 나온 것임을 나는 최근에야 알았다.)

사람들이 남에게서 들은 도움말을 무시하는 이유는 그 도움말에 동의하지 않기 때문만은 아니다.[28] 이런 상황에서 때로 사람들은 자신이 내리는 결정을 누군가가 통제한다는 압박감에 저항하고, 이 저항의 결과로 도움말을 받아들이지 않는다. 동기강화 면담은 면담자의 자유를 보호하기 위해서 그에게 어떤 지시를 하거나 어떤 방안을 추천하는 대신에 "여기에 나에게 도움이 되었던 몇 가지 선택안이 놓여 있다. 이 가운데 어떤 것 하나가 당신에게도 도움이 되지 않을까?"라고 묻는다.

공포 분위기 조성	사랑을 주지 않기	상대방이 아니라 나 자신을 위한 것이라고 자기 자신에게 말하기	그것이 마치 내가 낸 아이디어처럼 보이게 만들기
욕하기	모욕 주기	지지를 보내지 않기	강의하기
조작하기	내가 말해야 하는 것에 귀 기울이지 않기	내 감정 묵살하기	내 아이디어 묵살하기
나 자신을 하찮게 만들기	존경심을 보내지 않기	수동공격성* 드러내기	수치심 주기

* 불만 대상에게 은근히 반항하는 행동 양식 – 옮긴이

우리는 상대방에게 질문하는 행동이 상대방이 수행하는 자기 설득에 어떻게 도움이 되는지 살펴보았다. 동기강화 면담은 여기에서 한 걸음 더 나아가서 다른 사람이 자아를 발견하도록 유도한다. 앞에서 우리는 대릴 데이비스가 KKK단 회원들에게 자기를 알지도 못하면서 어떻게 자기를 미워하게 되었는지 물었을 때, 이 말을 들은 상대방이 자아를 발견하는 과정을 보았다. 지금부터 나는 바로 이 기법을 한층 깊이 파고들어서 당신에게 보여주려고 한다. 다른 사람들이 다시 한 번 생각하도록 설득하려고 노력할 때 우리가 가장 먼저 드러내는 본능적인 반응은 보통 말을 하기 시작하는 것이다. 그러나 상대방

이 마음을 열도록 도움을 주는 가장 효과적인 방법은 상대방에게 말을 하는 것이 아니라 상대방의 말을 듣는 것이다.

상담실이 아닌 일상 속에서

오래전에 바이오 기술을 전문으로 하는 어떤 스타트업이 전화로 도움을 요청했다. 이 회사의 CEO 제프는 과학 교육을 받은 과학자였다. 그는 어떤 의사결정을 내리든 그전에 그 결정을 내리는 데 필요한 모든 데이터를 확보해야 한다고 생각했고, 또 그렇게 했다. 그런데 그는 CEO 자리에 앉은 지 1년 반이나 지났는데도 여전히 회사가 나아갈 계획과 전망을 내놓지 못하고 있었다. 그 바람에 회사는 침몰 직전 상황까지 몰렸다. 컨설턴트 세 사람이 회사가 나아갈 방향을 무엇이든 제시하라고 설득했지만, 그는 오히려 그 컨설턴트들과의 계약을 파기해버렸다. 그러자 그 회사의 인적자본 책임자는 모든 것을 포기하기 전에 마지막 시도로 강단의 교수를 찾아서 나에게 전화를 한 것이다. 동기강화 면담을 하기에는 최적의 시점이었다. 제프는 바꾸기를 주저하는 것처럼 보였고, 그 이유는 나도 알 수 없었다. 제프를 만났을 때 나는 그의 동기가 바뀌도록 과연 내가 도움을 줄 수 있을지 먼저 알아보기로 했다. 우리 두 사람이 나눈 대화 가운데서 결정적인 순간을 추리면 다음과 같다.

—— **나** 컨설턴트 세 사람이 잘리고 그 뒤를 이은 사람이 저라고 하니, 저

로서는 솔직히 흥미롭습니다. 그 사람들이 뭘 어떻게 해서 일을 망쳤는지 들어보고 싶네요.

제프 첫 번째 컨설턴트는 나에게 질문은 하지 않고 대답을 내놓았습니다. 그건 거만한 행동이죠. 시간을 두고서 문제를 파악하지도 않고 어떻게 대뜸 문제를 풀 수 있겠습니까? 그다음 두 사람은 좀 나았습니다. 나에게서 무언가를 배우려고 했으니까요. 그렇지만 이 사람들도 내가 내 일을 어떻게 해야 한다는 식으로만 말하더군요.

나 그렇다면 혼자서 문제를 해결하지 어째서 또다시 외부자의 도움을 받으려고 합니까?

제프 리더십과 관련해서 참신한 아이디어를 찾고 있거든요.

나 리더십을 말해주는 건 제가 할 일이 아닙니다. 리더십이라고 하셨는데, 리더십이 무엇이라고 생각하시나요?

제프 체계적인 의사결정을 하고 충분히 잘 생각한 전략을 확보하는 것입니다.

나 그렇다면 그렇게 하는 지도자들 가운데 당신이 존경하는 지도자가 있습니까?

제프 네, 에이브러햄 링컨, 마틴 루서 킹, 스티브 잡스….

바로 그 부분이 전환점이었다. 동기강화 면담에서 현상 유지 발언(sustain talk)과 변화 발언(change talk)은 뚜렷하게 다르다.[29] 현상 유지 발언은 현재의 상태를 계속 유지하는 것을 언급하는 반면에, 변화 발언은 어떤 변화와 조정에 대한 욕망, 능력, 필요성, 결단 등을 언급한다. 어떤 변화를 놓고 고민할 때 많은 사람이 양면적인 모습을 보인다. 변화를 시도해야 할 몇 가지 이유가 있지만, 또 다른 한편으로는 현재 상태를 유지해야 할 이유도 몇 가지 있다. 밀러와 롤닉은 변화 발언에 대해 질문하고 경청하며 변화해야 하는 이유와 방법에 대해서 몇 가지 질문을 하라고 주장한다.

예를 들어서 담배를 끊고 싶다고 말하는 친구가 있을 때 당신은 다음과 같은 방식으로 대화를 진행하면 된다. 우선 친구에게 금연을 고민하는 이유가 무엇이냐고 묻는다. 만일 그 친구가 의사의 권유였다고 말하면 본인의 마음은 어떤지, 즉 본인의 동기부여 상태가 어떤지 다시 물어본다. '과연 이 친구는 금연에 대해서 어떤 생각을 하고 있을까?'를 들어보는 것이다. 그 친구가 담배를 끊어야 할 이유를 말하면, 당신은 금연의 첫걸음으로 무엇을 생각하고 있는지 묻는다. 이와 관련해서 임상심리학자 테레사 모이어스(Theresa Moyers)는 다음과 같이 말한다.

"변화 발언은 황금실과 같은 절호의 기회이다. 당신은 그저 그 실의 끝을 잡고서 술술 잡아당겨 감기만 하면 된다."[30]

아닌 게 아니라, 나는 바로 그런 식으로 제프와 대화를 나누었다.

— **나** 방금 말한 그 지도자들의 모습에서 당신이 가장 높이 평가하는 덕목은 무엇인가요?

제프 이 사람들은 모두 선명한 전망을 가지고 있었습니다. 그 전망으로 직원들이 놀라운 성취를 달성할 수 있도록 고무시켰죠.

나 흥미롭군요. 만일 스티브 잡스가 지금 당신 자리에 있다면 그는 지금 당장 무엇을 할까요?

제프 아마도 리더십 팀이 어떤 대담한 발상을 놓고 뜨겁게 활활 타오르도록 하겠죠. 그리고 그 대담한 발상이 얼마든지 가능하게 보이도록 어떤 현실왜곡장을 만들어서 직원들을 고무시켰을 겁니다. 아마 나도 그렇게 해야 하지 않을까 싶습니다.

몇 주 뒤에 제프 회사의 임원들은 회사가 아닌 조용한 곳에 모여 이사회를 열었다. 그리고 이 자리에서 제프는 처음으로 자신의 사업 계획을 구체적으로 밝히는 연설을 했다. 이 소식을 듣고 나는 무척 뿌듯했다. 내 내면의 논리 깡패를 억누르고 제프로 하여금 혼자서 동기강화의 경로를 찾아내도록 유도한 나 자신이 자랑스러웠다.

하지만 아쉽게도 그 회사의 이사회는 회사 문을 닫기로 결정했다. 제프의 연설이 이사들로부터 전혀 호응을 얻지 못한 것이다. 그는 냅킨에 휘갈겨 쓴 메모를 훔쳐보면서 더듬거렸고, 결국 회사가 나아갈 방향에 대해서 사람들의 마음을 흔들고 열정을 일깨우는 데 실패했다. 한 가지 핵심적인 단계를 내가 빼먹었기 때문이다. 변화를 효과적으로 실행할 방법을 생각하도록 제프를 유도하는 단계 말이다.

동기강화 면담의 네 번째 기법은 흔히 대화의 끝과 전환점 마련을 위한 기법으로 활용되는 것인데, 바로 요약이다. 요약은 상대방이 변화해야만 하는 이유라고 당신이 이해한 내용을 상대방에게 설명하고, 빠뜨렸거나 오해한 내용이 있는지 확인하며, 상대방이 가지고 있는 계획이나 염두에 두고 있는 다음 단계에 대해서 물어보기 위한 것이다.

당신이 지켜야 할 분명한 위치는 상대방을 앞에서 이끌거나 상대방 뒤에서 따라가는 역할이 아니라 안내자 역할이다. 밀러와 롤닉은 이것을 외국여행을 가서 가이드를 채용하는 것에 비유했다. 우리는 가이드가 우리에게 이래라저래라 지시하길 원하지 않는다. 그렇다고 가이드가 우리 뒤를 졸졸 따라다니길 원하지도 않는다. 나는 제프와 면담할 때 그가 자기 전망을 다른 사람들과 공유하기로 마음먹었다는 사실에 너무 흥분한 나머지 그 전망이 무엇인지, 그리고 그 전망을 어떻게 제시할 것인지에 대해서는 따로 더 질문하지 않았다. 자기 계획을 밝힐 연설을 할 것인지, 한다면 언제 할 것인지만 놓고 대화를 나누었지 그 계획과 관련된 구체적인 사항들에 대해서는 대화를 나누지 않았던 것이다.

만일 그때로 시간을 되돌릴 수 있다면 나는 제프에게 자신의 메시지를 어떻게 전달할 것인지, 자신의 팀이 그 메시지를 어떻게 받아들일 것인지 물어볼 것이다. 좋은 안내자는 사람들이 자신의 믿음이나 행동을 바꾸도록 도움을 주는 데서 그치지 않는다. 그들이 자신의 목표를 달성하기 전까지는 안내자의 임무를 끝내지 않는다.

동기강화 면담이 가져오는 멋진 효과 가운데 하나는 쌍방향 소통의 개방성을 한층 높여준다는 점이다. 상대방의 말에 귀를 기울일 때 발생하는 이점은 상대방이 우리를 향한 자신의 태도를 다시 생각하게 한다는 데 그치지 않는다. 그와 동시에 상대방에 대해서 우리가 가지고 있는 견해를 우리가 의심하도록 이끌어주는 정보를 얻을 수 있다. 우리가 동기강화 면담을 진지하게 진행한다면 우리는 '다시 생각하는 사람'이 될 수 있다.

동기강화 면담이 컨설턴트, 의사, 치료사, 교사, 감독 등에게 얼마나 효과가 있을지 파악하기란 어렵지 않다. 사람들이 우리에게 도움을 청할 때, 혹은 도움을 제공하는 것이 우리가 하는 일임을 인정할 때 우리는 그들의 신뢰를 받는 위치에 서게 된다. 그러나 이런 상황에서 우리 모두는 우리에게 도움을 청하는 사람들을 우리가 선호하는 방향으로 몰고 가고 싶다는 유혹에 부딪친다. 흔히 부모나 멘토는 자기 아이나 멘티에게 가장 바람직한 것이 무엇인지 누구보다도 잘 안다고 믿는다. 영업사원과 투자금 조성자, 기업가는 상대방으로부터 "오케이!"라는 대답을 얻는 데 특히 깊은 관심을 가진다.

동기강화 면담의 개척자인 밀러와 롤닉은 상대방을 조종하는 차원에서 이 기법을 사용해서는 안 된다고 오래전부터 경고했다. 사람들은 상대방이 자기에게 어떤 영향력을 행사하려 한다는 사실을 깨닫는 순간 정교한 방어기제를 작동하기 시작하는데, 심리학자들은 이런 사실을 이미 확인했다.[31] 누군가가 자기를 설득하려고 애를 쓴다고 느끼는 순간, 그 행동이 비록 선의에서 출발한 것이더라도 전혀 다른 의미로 받아들인다. 직설적인 질문은 정치적인 전술로 비치며, 귀를 기울이며 경청하면서 한마디씩 거드는 말은 어떻게든 용의자의 허점을 잡아서 코를 꿰려는 검사의 책략으로 비치고, 변화를 감당할 능력이 있다는 식의 칭찬도 개종을 시도하는 전도사의 설교로밖에

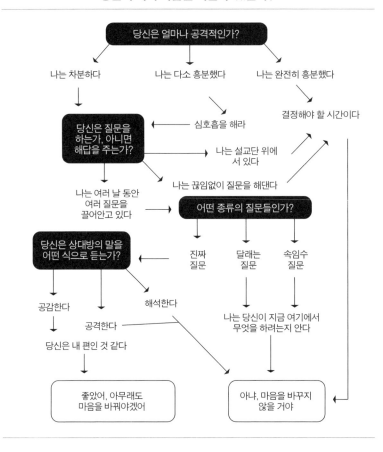

들리지 않는다.

　동기강화 면담에 임할 때는 상대방이 자신의 목표를 달성할 수 있도록 돕겠다는 진정한 바람을 가지고 있어야 한다. 제프와 나 두 사람 모두 제프의 회사가 성공하기를 바랐다. 마리-엘런과 아르노 두 사람 모두 토비가 건강하기를 바랐다. 만일 동기강화 면담을 진행하는 상담사인 당신의 목표가 제대로 정리되어 있지 않다면, 다른 사람들이 그들 자신의 마음을 바꾸는 데 과연 당신이 도움을 줄 수 있을까? 없다!

영향력을 행사하는 경청의 기술

베티 비곰베(Betty Bigombe)는 정글을 뚫고 13킬로미터 정도를 걸었지만 사람의 흔적은 어디에도 보이지 않았다.[32] 그녀는 걷는 데는 자신이 있었다. 우간다 북부에서 성장했으며 등하굣길에 날마다 6킬로미터씩 걷곤 했으니까 말이다. 그녀는 삼촌이 여덟 명의 부인을 거느리고 살던 농가 주택에서 하루에 한 끼만 먹으면서 연명했다. 그러나 그녀는 그 모든 역경을 이기고 일어서서 이제는 우간다 국회의원이 되었으며, 동료 의원들 가운데 그 누구도 용기를 내서 도전할 수 없었던 일을 수행하고 있었다. 내전을 일으킨 군부와 평화협상을 시도하는 일이었다.

조지프 코니(Joseph Kony)는 신의 저항군(LRA, Lord's Resistance Army: 애초에는 빈곤과 차별 철폐를 목적으로 1987년에 창설되었다 - 옮긴이)을 이끄는 지도자였다.[33] 그와 그의 반군들은 수십만 명을 살해하고 3만 명이 넘는 어린이를 유괴했으며, 200만 명이 넘는 우간다인을 해외로 떠도는 난민으로 만들었다. 1990년대 초에 베티는 내전의 폭력을 종식할 특사로 자기를 임명해달라고 우간다 대통령을 설득했고, 마침내 특사 자격을 얻었다.

베티는 여러 달째 노력을 기울인 끝에 마침내 반군과 접촉했다. 그런데 반군은 상대방 협상자가 여성임을 알고는 모욕감을 느꼈다. 그러나 베티는 끈질기게 매달리며 코니를 직접 만나게 해달라고 요청했고, 마침내 승낙을 받았다. 얼마 뒤에 코니는 그녀를 '어머니'라고 칭했으며, 심지어 평화협상을 위해 정글에서 나오겠다는 데까지 합의했다. 비록 그 평화의 노력은 성공하지 못했지만, 코니가 마음을 열고 대화에 나서도록 한 것만 해도 엄청난 성과였다. (베티가 우간다 대통령에게 평화회담을 위한 기본적인 방침을 설정해달라고 요구했지만 대통령은 이 요구를 거절했을 뿐만 아니라 공개적으로 코니를 위협함으로써 평화회담은 깨졌고, 코니는 아티아크 마을을 공격해서 수백 명을 학살함으로써 앙갚음을 했다. 일이 이렇게 진행되자 베티는 절망한 끝에 세계은행(World Bank)으로 일자리를 옮겼다. 그리고 10년 뒤에 그녀는 다시 반군과의 평화협상을 시작했다. 그녀는 우간다로 돌아와서 책임중재인 자격으로 사비를 들여 일을 진행했다. 정부 예산을 받지 않고 사비를 들인 이유는 정부의 통제를 받지 않고 독립적으로 일을 진행하기 위해서였다. 협상은 성공의 코앞까지 다가섰지만 코니가 마지막 순간에 돌아서버렸다. 현재 코니가 이끄는 반군은 처음 규모로 축소되어버렸으며, 이제 더는 중요한 위협 요소가 아니다.) 폭력을 종식하겠다는 용감한 노력을 기울인 공로로 베티는 '우간다의 올해의 여성'으로 선정되었다. 최근에 나는 그녀를 만나서 코니와 그가 이끄는 반군을 어떻게 설득했는지 물었다. 베티는 설득하는 것도 아니고 듣기 좋은 말로 구슬리는 것도 아니며 그저 듣는 것이 관건이었다고 설명했다.

잘 듣는 것, 즉 경청은 단지 말을 적게 하는 것만을 뜻하지 않는다.

그 이상이다. 그것은 질문 및 답변과 관련된 일련의 기술이다. 이것은 상대방의 상태를 판단하거나 자신의 의견이 옳음을 증명하려고 노력하는 것이 아니라 상대방이 관심을 가지는 대상에 더 많은 관심을 기울이는 것에서부터 시작한다. 기자 케이트 머피(Kate Murphy)가 썼듯이 "문제를 해결해주겠다거나 구해주겠다거나 충고하겠다거나 설득하겠다거나 바로잡아주겠다거나 하는 따위의 어떤 의도가 담겨 있지 않은 질문들, 즉 진정으로 호기심에서 우러나오는 질문을 하는 것이다. 그리고 … 상대방이 자신의 여러 생각을 선명하게, 또 쉽게 표현하도록" 도움을 주는 것이다. 비록 처음에는 어렵고 서툴지만 얼마든지 나아질 수 있다.[34] (퀘이커 교도의 영성 프로그램에는 바로 이런 목적에 부합하는 '명료화위원회(cleaness committee)'가 설정되어 있는데, 이 위원회는 사람들이 자기의 생각을 명료하게 만들고 고민거리를 해결하는 데 도움이 될 질문들을 제기한다.)

누군가를 변하게 만드는 일은 어려운 작업일 수 있다. 어떤 사람이 아무리 선의를 가지고 접근하더라도 그는 설교를 하는 전도사 모드나 구형을 하는 검사 모드, 혹은 가두연설을 하는 정치인 모드로 쉽게 들어갈 수 있다. 사람은 누구나 (밀러와 롤닉이 문제를 바로잡고 해답을 제공하고 싶어 하는 욕망을 일컬어서 했던 표현을 빌자면) '교정반사(righting reflex)'에 취약하다. 숙련된 동기강화 면담자는 교정반사에 저항한다. 사람들은 뼈가 부러지면 의사가 이 문제를 바로잡아주길 바라지만, 정신이나 생각과 관련된 문제에 관해서는 해법을 바라기보다 공감을 바란다.

바로 이런 일을 베티가 우간다에서 하려고 했다. 그녀는 국내 실향민이 임시로 거주하는 캠프를 방문하려고 시골 곳곳을 돌아다니기 시작했다. 그리고 그 실향민들 가운데 몇몇의 친척이 코니 휘하의 반군임을 알고는 그가 어디에 있는지 백방으로 수소문했다. 비록 그녀는 동기강화 면담 관련 훈련을 받지 못했지만 이런 철학이 중요함을 직관적으로 알고 있었다. 그래서 실향민 캠프를 방문할 때마다 자신은 강의를 하거나 설교를 하러 온 게 아니라 그들이 하는 말에 귀를 기울이러 왔다고 말했다.

그녀가 보인 호기심과 확신에 찬 겸손함에 사람들은 깜짝 놀랐고 마음을 열었다. 평화를 중재하겠다고 왔던 다른 사람들은 싸움을 중지하라고 지시만 내렸다. 그들은 갈등을 해소하기 위한 계획이라면서 일방적으로 설교를 하는 한편, 끝나버린 기존의 노력을 비판하기 바빴다. 하지만 직업 정치인인 베티는 그들에게 이래라저래라 하지 않았다. 그저 몇 시간이고 모닥불 앞에 앉아서 그들이 하는 말에 귀를 기울이고 메모를 하며 가끔 질문을 했다. 그러면서 이렇게 말했다.

"저에게 욕을 하고 싶으면 마음껏 하셔도 됩니다. 저더러 돌아가라고 하면 그렇게 하겠습니다."

베티는 자기가 평화를 얼마나 간절하게 바라는지 보여주기 위해 식량이 부족하고 위생시설조차 제대로 갖추어지지 않은 그 캠프에서 실향민들과 함께 숙식을 해결했다. 또한 실향민들이 불만을 토로하고 적절한 개선책을 제안하게 했다. 그러자 그들은 외부인이 자기들에게 의견을 밝힐 기회를 주는 게 드문 일이기도 하거니와 무척 참신하다고 말했다. 그녀는 그들이 스스로 해법을 마련하도록 힘을 북돋았고, 그 덕분에 그들은 주인의식을 가졌다. 나중에 그들은 베티를 '어머니'라는 뜻이자 애정이 듬뿍 담긴 호칭인 '메구(Megu)'라고 불렀다. 이런 존경의 표현은 특히 놀라운 일이었다. 베티는 캠프의 실향민들이 압제자로밖에 보지 않는 정부를 대표하는 인물이었기 때문이다. 그리고 얼마 지나지 않아서 그들은 그녀에게 코니의 게릴라 군대의 협력자와 지휘관을 소개하기 시작했다. "심지어 악마조차도 경청을 고마워한다"고 했던 베티의 말이 실감나는 상황이었다.

상대방에게 공감하고, 개인적인 판단을 앞세우지 않으며, 상대방이 하는 말을 경청하는 태도는 상대방을 불안과 방어적인 태도에서 해방한다.[35] 이럴 때 상대방은 자기 앞에 있는 사람과의 갈등을 피하고 싶다는 압박감을 덜 느꼈으며, 그 덕분에 자신의 태도나 견해를 보다 깊이 탐구해서 미묘한 차이들을 깨달았다. 그리고 이런 내용을 한층 공개적으로 공유했다. 경청에 따른 이런 이득은 개인 대 개인의 소통에만 한정되지 않고 집단 대 집단 사이의 소통에도 나타난다. 정부 조직, 기술 기업, 학교 등을 대상으로 한 여러 실험에서 둥글게 둘러앉아서 대화를 나눈 뒤에(이 자리에서는 발언권을 상징하는 막대기를 든 사람만이 발언하고 나머지 사람들은 그 사람의 말에 귀를 기울였다) 사람들의 태도는 한층 더 복잡해지고 한층 덜 극단으로 치닫는 것으로 나타났다.[36] 평소에 서로를 이해하기 어려운 사람들 사이에서는 이런 대화 방식이 유용한 기술이라고 심리학자들은 추천한다. 이런 설정은 대화에 참여하는 사람들에게 "우리는 당신이 하는 말에 귀를 기울인다.

우리는 당신이 무슨 생각을 하는지 궁금하다. 우리는 당신 말을 경청한 다음에야 비로소 우리 생각을 말할 것이다"라는 마음가짐을 갖게한다.[37]

자신의 의사를 전달하고자 하는 사람은 자기가 똑똑해 보이려고애를 쓴다. 그러나 훌륭한 경청자는 상대방이 스스로 똑똑하다고 느끼도록 만드는 데 더 관심을 기울인다. 이들은 상대방이 겸손함과 호기심과 의심을 가지고서 자신의 의견에 접근하도록 돕는다. 사람들은 자기 의견을 큰 소리로 발표할 기회가 생길 때 흔히 새로운 발상을 떠올린다. 작가 E. M. 포스터(E. M. Forster)도 "내가 무슨 말을 하고있는지 내가 보기 전에는 내가 무슨 생각을 하는지 내가 어떻게 알겠는가?"라고 표현했다.[38]

이런 깨달음 덕분에 포스터는 특이할 정도로 경청에 몰두하게 되었다. 그래서 어떤 전기작가는 이렇게 쓰기도 했다.

"그와 대화를 나누면 거꾸로 뒤집힌 카리스마(inverse charisma)에사로잡히고 만다. 그가 얼마나 집중해서 귀를 기울이는지 그 어느 때보다도 정직하고 예리하고 최선을 다하지 않으면 안 될 것 같은 그런감정에 사로잡힌다는 뜻이다."[39]

뒤집힌 카리스마. 위대한 경청자가 가지고 있었던 자석과 같은 성격을 정말 멋지게 표현한 말이다. 다른 사람이 말할 때 이런 식으로귀를 기울이는 경우가 얼마나 드문지 생각해보라. 직원들로부터 최악의 경청자로 평가받는 경영자들 가운데 94퍼센트는 자기가 훌륭한경청자, 혹은 매우 훌륭한 경청자라고 생각한다.[40] 더닝과 크루거도 여기에 대해서 한마디 하고 싶은 말이 있지 않을까? 어떤 여론조사에서 응답 여성의 3분의 1은 자신의 반려동물이 자신의 배우자보다 자기 말에 귀를 더 잘 기울인다고 대답했다.[41] 고양이를 키우고 싶은 사람이 우리 아이들만이 아니었다. 환자가 자기 증상이 어떤지 묘사하는 데는 아무리 길어야 29초밖에 걸리지 않음에도 불구하고,[42] 이 짧은 시간을 못 참고 환자의 말을 자르는 의사가 대부분이다.[43] 그러나 캐나다 퀘벡에서 마리-엘런은 그런 것과는 전혀 다른 경험을 했다.

마리-엘런은 백신 때문에 아이가 자폐증에 걸리지 않을까, 또는 여러 개의 백신을 동시에 맞을 때 부작용이 생기지 않을까 걱정했다. 그때 아르노는 다른 의사나 간호사처럼 온갖 과학적인 사실로 폭격을 퍼붓지 않았다. 아르노는 어디에서 무슨 말을 듣고, 혹은 읽고 그렇게 걱정하느냐고 물었다. 그녀는 많은 부모가 그렇듯이 인터넷에서 백신 관련 글을 읽긴 했지만 정확한 출처는 기억나지 않는다고 했다. 그러자 아르노는 서로 다른 온갖 주장이 난무하는 드넓은 정보의 바다에서 백신 접종이 과연 안전한지 어떤지 분명하게 이해하기 어렵다는 사실에 동의했다.

그리고 마침내 그는 마리-엘런이 가진 믿음이 어떤 것인지 온전하게 파악한 다음에, 의사라는 직업적 전문성을 바탕으로 백신에 대한 자기 나름의 정보를 얘기해줘도 괜찮을지 물었다. 이런 일련의 과정을 아르노는 나에게 이렇게 설명했다.

"나는 대화를 시작했어요. 대화의 목적은 신뢰 관계를 형성하는 것이었습니다. 상대방의 허락을 받지도 않은 상태에서 어떤 정보를 마구

던지면 상대방은 그 말을 한 귀로 듣고 다른 귀로 흘려버립니다."

이렇게 해서 아르노는, 홍역 백신은 살아 있긴 하지만 힘이 약한 바이러스라서 증상이 미미하며 이 백신이 자폐증이나 그 밖의 다른 여러 질병을 유발한다는 증거는 어디에도 없다고 설명해서 마리-엘런이 사로잡혀 있던 공포와 오해를 말끔하게 걷어냈다. 그는 강의를 한 게 아니라 대화를 했다. 마리-엘런이 던진 여러 질문은 아르노가 제시하는 증거로 나아가는 길을 열었다. 즉 그녀의 질문들이 백신에 대한 그녀의 지식을 새로 구축한 것이었다. 그리고 거기까지 가는 과정의 모든 단계에서 아르노는 그녀가 압박감을 느끼지 않도록 했다. 심지어 과학을 이야기한 뒤에도 그는 그녀에게 다시 한 번 잘 생각해보라는 말로 결론을 맺었다. 그녀가 자유로운 자기 판단으로 최종 결정을 내리게 한 것이다.

2020년이었다. 최악의 눈폭풍이 몰아치는 악천후를 뚫고 한 부부가 한 시간 반이나 차를 몰아서 아르노를 찾아왔다. 이 부부는 네 아이 모두에게 백신 접종을 하지 않았다. 그러나 45분 동안 면담을 한 끝에 부부는 네 아이에게 백신 접종을 하기로 결심했다. 이 부부는 마리-엘런과 한동네에 살았는데, 마리-엘런이 다른 아이들에게도 백신을 맞히는 것을 보고는 호기심이 생겼고, 그래서 더 많은 정보를 알고 싶어 아르노를 찾아갔던 것이다.

경청의 힘은 자신의 태도와 의견을 성찰할 여유를 사람들에게 제공하는 데 국한되지 않는다. 경청은 상대방에 대한 존경심과 애정의 표현이다. 아르노는 마리-엘런이 품고 있던 걱정을 묵살하지 않고 일부러 시간을 내서 이해하려고 노력했는데, 이런 모습은 그가 마리-엘런 모자의 건강을 진심으로 걱정함을 온몸으로 보여주는 것이었다. 베티가 실향민 캠프에서 실향민과 숙식을 함께하면서 그들에게 고충을 토로하게 하고 그들의 말에 귀를 기울인 모습은 그들의 말이 그녀에게 무척 중요함을 온몸으로 보여주는 것이었다. 상대방의 말에 귀를 기울이는 것은 자기가 가진 가장 소중하고 귀한 선물인 관심을 상대방에게 베푸는 것이나 다름없다. 당신이 상대방과 상대방의 목적을 소중하게 여긴다는 모습을 보이고 나면, 이제 거꾸로 그 사람이 당신의 말에 귀를 기울일 것이다.

만일 우리가 방금 낳은 아기에게 백신 접종을 하도록 산모를 설득할 수 있다면, 혹은 반군 지도자가 평화협상에 나서도록 설득할 수 있다면 결과가 수단을 합리화할 수 있다는 결론이 쉽게 나올 것이다. 그러나 이때 동원되는 수단은 우리가 각자 가진 개성의 척도임을 명심해야 한다. 우리가 누군가의 마음을 바꾸는 데 성공했다고 치자. 이때 우리는 우리가 거둔 성공을 자랑스럽게 여겨야 할지 어떨지만 따져서는 안 된다. 성공을 이끌어낸 방법도 자랑스럽게 여겨야 할지 어떨지 반드시 따져봐야 한다.

THINK
AGAIN

3부

집단 차원의
다시 생각하기

평생 학습 공동체 만들기

8장

|

격앙된 대화

평행선을 달리는 토론을 하나로 녹이다

□   □   □

갈등이 지지부진하게 이어질 때는 복잡성이 돌파구를 열어준다.[1]

아만다 리플리(Amanda Ripley)

당신은 낙태에 대해서 이를 악물 수밖에 없는 격앙된 주장을 하고 싶은가? 이민 정책이나 사형선고, 혹은 기후변화에 대해서는 어떤가? 만일 당신이 그 문제를 해결할 수 있다고 생각한다면 뉴욕에 있는 컬럼비아대학교 교정의 어떤 벽돌 건물 2층으로 찾아가면 된다. 바로 이곳에 '어려운 대화 연구소(Difficult Conversations Lab)'가 있다.[2]

만일 당신이 충분히 용감해서 그 연구소를 찾아간다면 당신은 논란이 많은 어떤 주제에 대해서 당신과 첨예하게 의견이 갈리는 낯선 사람과 한 팀이 될 것이다. 그리고 두 사람은 20분이라는 제한된 시간 안에, 예컨대 낙태라는 쟁점을 놓고 대화를 해서 그 문제에 대해

두 사람이 합의하는 내용을 공동성명서 형식으로 정리하고 서명할 것이다. 만일 그렇게 할 수 있다면(이건 결코 쉬운 일이 아니다) 당신과 당신의 짝이 합의해서 마련한 그 성명서는 공개된 광장에 게시된다.

이 연구소를 운영하는 심리학자 피터 콜먼(Peter T. Coleman)은 특정 쟁점에 대해서 정반대의 의견을 가지고 있는 사람들이 마주 앉아서 토론하게 하는 일을 20년 동안 해왔다. 그가 설정하고 있는 과제는 성공적으로 이루어진 대화를 역설계(reverse-engineer)한 다음에 대화의 성공 요인을 여러 가지로 실험하는 일이다.

피터는 당신과 당신의 짝이 낙태 관련 대화를 시작하기에 앞서서 올바른 마음가짐을 가지도록 두 사람에게 논란의 여지가 많은 주제인 총기 규제를 다룬 새로운 언론 기사 하나를 제시한다. 그런데 이때 당신과 당신의 짝이 알지 못하는 사실이 있는데, 전혀 다른 버전의 총기 규제 관련 기사들이 존재하며, 두 사람이 읽은 기사는 낙태에 대해서 두 사람이 장차 같은 의견으로 모아질지 어떨지에 대해서 강력한 영향을 주게 될 기사라는 사실이다.

만일 그 총기 규제 기사가 양쪽 입장을 균형 있게 다룬다면 당신과 당신의 짝은 낙태 문제에서 어떤 합의에 도달할 가능성이 상당이 높아진다. 피터가 했던 여러 실험 가운데, 찬성과 반대라는 양측 입장을 모두 읽은 실험 참가자 팀의 44퍼센트가 낙태 문제에 대해 합의점을 찾아 성명서 초안을 작성하고 서명을 했다. 이 수치는 매우 높은 수준이다.

피터는 더 나아가서 매우 인상적인 결과를 확인해주는 실험을 진행했다. 그는 그 기사의 다른 버전을 읽을 팀을 무작위로 선정했는데, 이 경우에는 100퍼센트가 낙태 문제에 대한 공동성명서를 작성하고 서명했다.

그 기사 버전은 동일한 정보를 다루면서도 그 정보를 다른 방식으로 제시했다. 총기 규제 문제를 두 진영 사이의 이분법적 대립의 문제로 다루지 않고, 조금씩 다른 관점들이 수없이 많은 복잡한 문제로 다루었다.[3]

20세기에서 21세기로 바뀌던 무렵에 사람들은 인터넷에 큰 기대를 걸었다. 인터넷 덕분에 다양한 관점을 접할 수 있을 것이라는 기대였다. 그러나 인터넷이 수십억 가지의 참신한 목소리와 관점으로 대화에 끼어들면서 인터넷은 잘못된 정보와 허위 정보의 무기로도 사용되었다. 2016년 미국 대통령 선거 시점에 정치적인 양극화가 한층 극단으로 치닫고 눈에 띄게 두드러졌는데, 내가 보기에는 그 문제에 대한 해법은 분명하다. 뉴스 피드에서 필터버블을 제거하고 각자의 관계망에서 반향실 효과(비슷한 성향을 가진 사람들끼리만 소통할 때 그 사람의 신념과 믿음이 증폭·강화하는 현상 – 옮긴이)를 제거하는 것이다. 만일 우리가 사람들에게 어떤 쟁점의 또 다른 측면을 보여줄 수만 있다면 그들은 마음을 열고 한층 많은 정보를 받아들일 것이다. 피터의 연구는 바로 그 가설을 입증하고자 했다.

복잡한 쟁점들이 관련되어 있을 경우에는 반대편 진영의 여러 의견을 바라보는 것만으로는 충분하지 않음을 우리는 잘 알고 있다. 소셜미디어 플랫폼들 덕분에 우리는 우리와 반대되는 의견들을 볼 수 있게 되었지만, 그렇다고 해서 그 의견들이 우리의 의견을 바꾸지는 못한다. 나와 다른 의견이 존재함을 아는 것만으로는 전도사가 올바른 도덕성에 발을 디디고 있는지, 검사가 사건의 올바른 증거에 입각하고 있는지, 혹은 정치인이 올바른 역사 흐름을 타고 있는지 적극적으로 의심하며 파고들지 못한다. 반대편 진영의 의견에 귀를 기울이는 것만으로는 자기 진영의 의견을 다시 생각하게 할 동기부여의 충분조건이 되지 못한다. 오히려 총기 규제를 찬성·반대하는 자신의 의견이 더 강화될 뿐이다. 두 개의 극단을 제시하는 것은 해결책이 아니다. 이것 역시 양극화라는 문제의 한 부분일 뿐이다.

심리학자들은 이런 현상에 이분법 편향(binary bias)이라는 이름을 붙였다. 이것은 복잡한 연속체를 두 개의 범주로 단순화함으로써 선명성과 종결성을 구하려는 인간의 기본적인 성향이다.[4] 유머 작가인 로버트 벤츨리(Robert Benchley)의 표현을 빌자면, 사람은 두 부류가 있다. 하나는 세상을 두 종류의 인간으로 나누는 사람들이고, 다른 하나는 그렇게 하지 않는 사람들이다.[5]

이런 성향을 바로잡을 해독제는 대상을 복잡하게 만드는 것, 즉 주어진 쟁점을 바라보는 다양한 관점을 모두 보여주는 것이다. 뜨거운 쟁점을 놓고 선명하게 다른 두 개의 의견으로 갈려서 토론할 때 무언가 발전이 이루어진다고 우리는 믿는다. 그러나 실제로는 다양한 관점에서 비롯된 많은 의견을 놓고 어떤 쟁점을 바라볼 때 사람들은 다시 생각하기를 더 많이 하는 경향이 있다. 영국 시인 월트 휘트먼(Walt Whitman)의 표현을 빌려서 말하면, 사람들에게 그들이 여러 개의 생

각을 가지고 있음을 깨닫게 하려면 여러 개의 의견이 필요하다.[6]

약간의 복잡성으로도 과도한 확신 사이클을 깨고 다시 생각하기 사이클을 만들 수 있다. 복잡성은 자기 지식에 대해 겸손하게 만들고, 자기 의견을 의심하게 만들며, 자기에게 부족한 정보에 호기심을 가지게 만든다. 피터는 위의 실험에서 총기 규제라는 쟁점을 단지 두 개의 의견이 아닌 서로 연결된 온갖 딜레마의 덩어리로 제시함으로써 사람들에게 복잡성을 안겨주도록 설정했다. 기자 아만다 리플리가 묘사하듯이 총기 규제 기사는 "변호사의 모두진술로 읽히기보다는 인류학자의 현장 메모로 읽혔다."[7]

그 현장 메모들 덕분에 낙태 문제에 대해서 생명 존중과 개인 선택의 자유를 각각 주장하는 두 사람이 20분 만에 서로 동의하는 내용을 정리해서 공동성명서를 작성할 수 있었다.

그 기사는 두 사람이 낙태에 대해서 가지고 있던 생각을 다시 생각하도록 마음을 열었을 뿐만 아니라, 차별 철폐 조치나 사형제도처럼 논란이 많이 다른 쟁점에 대해서도 자신의 생각을 다시 생각하게 만들었다. (미디어의 머리기사들이 총기 규제에 대한 미국인의 의견이 첨예하게 갈린다고 말하는 순간 많은 복잡성을 놓쳐버린다. 물론 공격 무기를 금지하는 의견과 이런 무기 구매를 지지하는 것을 놓고 공화당원과 민주당원 사이에는 47퍼센트포인트에서 50퍼센트포인트의 격차가 벌어지긴 한다. 그러나 여론조사 결과를 보면 두 당 사이의 합의에는 범죄경력 증명(공화당원의 83퍼센트가 지지하고 민주당원의 96퍼센트가 지지한다)과 정신건강검사(공화당원의 81퍼센트가 지지하고 민주당원의 94퍼센트가 지지한다)가 전제됨을 알 수 있다.)⁸ 사람들이 그 기사의 이분법 버전을 읽을 경우, 그들은 상대방이 하는 주장에 관심을 가지기보다는 자기 주장을 방어하는 데 주력했다. 반면에 그 기사의 복잡한 버전을 읽을 경우에는 상대방 주장과 자기 주장 사이의 공통점을 언급하는 비율이 자기 주장을 언급하는 비율의 두 배였다. 즉 자기 주장은 상대적으로 적게 말하고 질문을 상대적으로 많이 했다. 그리고 이런 대화 끝에 두 사람은 한층 정교하고 수준 높은 성명서를 함께 작성했으며, 양쪽 모두 만족감은 더 높았다.

나는 이 책에서 정치를 어떻게 다루면 좋을지 몰라서 오랜 시간 고민을 거듭했다. 그러나 나에게는 만병통치약이 없었다. 전혀 다른 두 개의 의견 사이에 가로놓인 깊은 계곡 위로 다리 하나를 뚝딱 만들어낼 능력이 나에게는 없었다. 사실 나는 정당을 전혀 믿지 않는다. 조직심리학자로서 나는, 정치인의 정책 방침을 놓고 고민하기보다는 개별 후보자의 리더십 역량에 더 큰 비중을 두고 싶다. 한편 한 사람의 시민으로서는 각각의 쟁점에 대해 하나의 독립적인 의견을 가지는 것이야말로 시민의 당연한 의무라고 믿는다. 그러다가 결국 나는, 논란에 휘말리지 않을 최고의 길은 시민 자격을 가진 우리 모두에게 영향을 주는 순간들을, 즉 직접 만나거나 인터넷으로 나누는 뜨거운 대화들을 탐구하는 것이라는 결론을 내렸다.

단순화 충동에 저항하는 것은 한층 많은 주장을 접하는 길로 이어지는 첫걸음이다. 양극단으로 대립하는 쟁점들과 관련된 내용을 소통하는 방식 차원에서 보자면, 단순화에 저항하는 행위에는 상당히 중요한 뜻이 담겨 있다. 전통적인 방식의 미디어에서는 기자들이 단순화 충동에 저항함으로써 사람들이 마음을 열고 불편한 진실을 정면으로 바라보게 한다. 트위터나 페이스북 같은 소셜미디어에서는 사람들이 한층 더 생산적인 다툼을 벌일 수 있다. 가족 모임에서도 단순화 충동에 저항할 때 자기가 정말 싫어하는 삼촌과는 다른 눈으로 세상을 바라볼 수 있으며, 또한 겉으로 보기에 아무런 해가 없는 대화가 감정적인 폭발로 이어지는 것을 막아주기도 한다. 모든 사람의 일상에 영향을 미치는 이런저런 정책들을 토론할 때에는 한결 낫고 실용적인 해법에 보다 빠르게 다다를 수 있다. 바로 이것이 여기에서 다룰 내용이다. 다시 생각하기를 삶의 제각기 다른 영역에 적용할 때 우리는 인생의 모든 단계에서 꾸준하게 배움을 이어갈 수 있다.

Non Sequitur © 2016 Wiley Ink, Inc. Dist.
by ANDREWS MCMEEL SYNDICATION. Reprinted with permission. All rights reserved.

불편한 진실 몇 가지

2006년에 앨 고어(Al Gore)는 기후변화를 다룬 블록버스터 다큐멘터리 영화 〈불편한 진실(An Inconvenient Truth)〉에 출연했다. 이 영화는 아카데미 다큐멘터리 부문에서 상을 받았으며, 사회적으로도 큰 반향을 불러일으켜서 많은 기업에 녹색 성장 동기를 부여했다. 또한 많은 나라가 지구를 보호하기 위해 관련 법률을 제정하고 기념비적인 협약에 참여하도록 만들었다. 이런 유형의 극적인 전진의 동력을 마련하려면 설교와 비판과 정치적인 행동을 하나로 묶어내야 한다는 것을 역사가 우리에게 가르친다.

그러나 2018년까지 미국인 가운데 겨우 59퍼센트만이 기후변화를 중대한 위협으로 바라보았으며, 16퍼센트는 기후변화가 전혀 위협이 되지 않는다고 보았다.[9] 서유럽과 동남아시아의 많은 나라에서는 전체 인구 가운데 한층 높은 비율이 기후변화가 심각한 문제라는 증거에 마음을 열었다. 과거 10년 동안 미국에서는 기후변화에 대한 믿음이 거의 바뀌지 않았다.[10]

기후변화라는 이 골치 아픈 쟁점은 대화 속에 복잡성을 몰아넣을 방법을 탐구하기에 안성맞춤인 소재이다. 근본적으로 복잡성은 흔히 간과되는 미묘한 의미 차이에 관심을 갖게 만든다. 복잡성을 규명하는 작업은 명도가 조금씩 달라지는 다양한 회색 음영을 찾아내고 강조하는 것에서부터 시작한다.

소망 편향의 근본적인 교훈은 사람들의 각자 믿음이 그 사람의 동기부여에 의해 형성된다는 점이다. 즉 우리가 믿는 것은 우리가 믿고 싶은 것에 따라서 달라진다.[11] 감정적인 차원에서 볼 때 어떤 사람이든 간에 지구의 모든 생명체가 위험해진다는 사실을 받아들이기란 꺼림칙하다. 그러나 미국인이 기후변화의 진실을 미심쩍어하는 데는 또 다른 이유가 있다. 정치적인 차원에서 볼 때 기후변화는 미국에서 자유주의 진영이 제기해온 상징적인 쟁점이다. 몇몇 보수 집단에서는 기후변화가 실제로 존재하는 현상임을 인정하기만 해도 소속 집단 밖으로 쫓겨날 정도이다. 아닌 게 아니라, 교육을 많이 받은 민주당 지지자일수록 기후변화를 걱정하는 비율이 높아지는 반면, 교육을 많이 받은 공화당 지지자일수록 그 비율이 줄어든다는 증거도 있다.[12] 경제적인 차원에서 보면, 미국은 세계의 다른 어떤 나라보다도 기후변화에 기민하게 대응할 것임을 우리는 여전히 확신하는 동시에 지금 우리가 번영을 성취하는 여러 방식을 버리고 싶지 않아서 미적거리고 있다. 이런 뿌리 깊은 믿음이 바뀌기란 정말 어렵다.

나는 심리학자로서 다른 요인을 파고들고 싶다. 우리가 통제할 수 있는 것은 하나뿐이다. 기후변화에 대해서 소통하는 방식이다. 다른 사람을 설득하는 데는 열정과 확신을 가지고 설교하는 것이 필요하다고 많은 사람이 믿는다. 고어를 가장 분명한 사례로 들 수 있다. 2000년 대통령 선거에서 고어는 근소한 차이로 조지 W. 부시(George W. Bush)에게 졌는데, 이때 패배 요인 가운데 하나는 그의 열정 부족이었다. 사람들은 그를 건조하다고 했다. 지루하다고 했고 로봇 같다고 했다. 그런데 그로부터 여러 해가 지난 뒤의 시점으로 가보자. 그가 출연한 영화 〈불편한 진실〉은 사람들의 눈을 사로잡았으며, 그의 플랫폼 기술(연단에서 청중에게 비언어적 메시지를 전달하는 기술-옮긴이)들은 엄청나게 바뀌어 있었다. 2016년에 나는 그의 테드 강연을 보았는데, 그의 말은 선명했고, 목소리는 격정으로 떨렸으며, 열정은 문자 그대로 땀방울이 되어서 뚝뚝 떨어지고 있었다. 만일 어떤 로봇이 그의 뇌를 조종하고 있었다면 그 로봇이 전기회로 합선으로 고장 나서 고어라는 사람이 본인의 의지대로 행동했던 게 분명하다. 그는 이렇게 사자후를 토해냈다.

"우리에게는 행동할 의지가 있습니다만, 어떤 사람들은 이것을 여전히 의심합니다. 그러나 저는 분명히 말합니다. 행동할 의지 그 자체가 바로 재생가능한 자원이라고 말입니다."[13]

청중은 자리에서 벌떡 일어나서 환호했고, 나중에 사람들은 그를 테드의 엘비스 프레슬리(Elvis Presley)라고 불렀다.[14] 사람들 사이로 파고들지 못했던 요인이 그의 의사소통(커뮤니케이션) 스타일이 아니라면 도대체 무엇이었을까?

테드 강연에서 고어는 청중을 상대로 설교를 했다. 청중의 성향은 매우 진보적이었다. 하지만 정치적인 성향이 다양한 사람들이 청중석을 채우고 있을 때 그는 청중으로부터 그토록 뜨거운 반응을 이끌어내지 못했다. 〈불편한 진실〉에서 고어는 '진실'을 '이른바 회의주의자들'이 만들어낸 여러 주장과 대비시켰다. 2010년의 한 논평 기사에서 그는 과학자들을 "기후변화를 부정하는 사람들(climate denier)"과 대비시켰다.[15]

이런 식으로 고어는 이분법 편향을 드러냈다. 이분법 편향은 세상을 두 개의 진영으로, 즉 어떤 사실을 믿는 사람들과 믿지 않는 사람들로 나뉘어 있다고 가정한다. 진실은 하나이기 때문에 두 진영 가운데서 한쪽은 맞고 한쪽은 틀릴 수밖에 없다. 고어가 그런 태도를 취했다고 해서 그를 비난하는 게 아니다. 그는 엄밀한 데이터 및 과학계에서 동의하는 사실을 제시했을 뿐이다. 그는 재기의 길을 걸어가던 정치인이었기 때문에 그가 어떤 쟁점의 양면을 모두 바라보는 것은 너무도 당연했다. 그러나 유일하게 가능한 선택권이 흑과 백 둘 가운데 하나일 때는 '우리' 대 '저들'이라는 대립구도로 빠져들어서 과학보다는 진영 논리를 따르는 것은 인간 심리의 자연스러운 현상이다. 경계선에 있는 사람들이 두 진영 가운데 하나를 선택하라고 강요받을 때 발생하는 감정적 · 정치적 · 경제적 압박은 그 문제를 묵살하는 쪽으로 작동한다.

이분법 편향을 극복하기에 좋은 출발점은 주어진 스펙트럼의 전체적인 조망을 인식하는 것이다. 기후변화와 관련된 여러 여론조사 결과를 보면 이 문제와 관련해서 최소 여섯 가지 관점이 존재한다는 것을 알 수 있다.[16] 기후변화를 믿는 사람들은 미국인의 절반을 넘는데, 이 가운데서도 어떤 사람들은 그저 근심 어린 표정을 짓고 말지만 어떤 사람들은 화들짝 놀라서 펄쩍펄쩍 뛴다. 또한 기후변화를 믿지 않는 사람들도 신중하게 판단을 유보한 사람들, 아예 관심이 없는 사람들, 정말 그럴까 하고 의심하는 사람들, 그리고 완전히 묵살하는 사람들 등으로 나뉜다.

그런데 회의적인 사람들과 부정하는 사람들을 구분하는 것은 특히 중요하다. 회의주의자는 건강한 과학적 태도를 가지고 있다. 이들은 자신이 보거나 듣거나 읽는 모든 것을 믿지 않으며, 비판적인 질문을 하면서 새로운 정보를 습득해서 자신의 생각을 계속해서 수정·보완(업데이트)한다. 이에 비해 부정하는 사람들은 묵살이라는 진영에 있으면서 전도사나 검사, 혹은 정치인 모드에 사로잡혀 있다. 이들은 자기 진영의 바깥에서 들어오는 것은 아무것도 믿지 않는다. 이들은 자기가 이미 결정해놓은 결론을 지지하기 위해 사실을 무시하거나 왜곡한다. 회의주의탐구위원회(Committee for Skeptical Inquiry)가 미디어에 보낸 호소문에서 말했듯이, 회의주의는 "과학적 방법론의 본질적인 특성"인 반면에 부정은 "아무런 객관적인 고려 없이 어떤 것을 연역적으로 거부하는 태도"이다. (기후학자들은 한 걸음 더 나아가 기후변화를 부정하는 사람들 안에는 적어도 다음 여섯 개 범주가 존재한다고 말한다.[17] ① 이산화탄소는 증가하지 않는다. ② 설령 이산화탄소가 증가하더라도 지구온난화 현상은 일어나지 않는다. ③ 설령 지구온난화 현상이 일어난다고 하더라도 그것은 자연적인 여러 이유 때문이다. ④ 설령 인류가 지구온난화 현상을 유발한다고 하더라도 그 영향은 미미하다. ⑤ 설령 인류의 지구온난화 현상 유발이 미미하지 않다고 하더라도, 유익하면 유익하지 해롭지 않다. ⑥ 지구온난화 현상이 정말 심각해지기 전에 우리는 그 문제에 적응하거나 그 문제를 해결할 것이다. 실험 결과에 따르면 과학을 부정하는 사람들에게 공개적인 플랫폼을 제공하는 것이 오히려 위험한 것으로 드러났다. 그들에게 잘못된 믿음을 퍼뜨릴 공간을 제

- 2019년 11월. 18세 이상 미국인 (표본수=1,303)
    - 출처: Climate Change Communication · Center for Climate Change Communication

공하는 셈이기 때문이다. 그러나 그들의 주장이나 기법을 반박하는 것은 도움이 될 수 있다.)

민음 스펙트럼의 이런 복잡성은 기후변화를 다루는 보도에서 자주 무시되고 누락된다. 기후변화를 묵살하는 미국인이 10퍼센트밖에 되지 않음에도 불구하고, 이 소수 집단이 미디어의 조명을 가장 많이 받는다. 2000년부터 2016년 사이에 보도된 수십만 건의 기후변화 기사를 분석한 어떤 연구를 보면, 지구변화에 반대하는 의견이 불균형적으로 많이 다루어졌음을 알 수 있다. 이 의견이 해당 분야를 전공한 과학자들보다 49퍼센트나 더 많이 다루어졌던 것이다.[18] 그 결과 사람들은 기후변화를 부정하는 사람들의 비율을 지나치게 높게 평가하게 되었고, 그 바람에 환경보호 정책을 지지하겠다는 마음을 가진 사람들이 더욱 망설이게 되었다.[19] 전체 스펙트럼 가운데서 중간 지대가 눈에 띄지 않을 때 행동에 나서고자 하는 다수의 의지는 실종되고 만다. 다른 사람들이 가만히 있는데 굳이 나 혼자서 중뿔나게 나

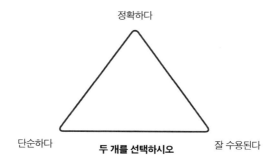

설 이유가 있나? 얼마나 많은 사람이 기후변화를 걱정하는지 알 때 사람들은 그 문제에 어떤 식으로든 행동할 준비를 하게 된다.

우리는 정보를 소비하는 사람으로서 보다 미묘한 차이가 있는 어떤 관점을 수용하는 행동 속에서 어떤 역할을 수행한다. 어떤 것을 읽거나 듣거나 바라볼 때 우리는 신뢰성을 드러내는 하나의 신호로 복잡성을 인식하는 법을 배울 수 있다. 어떤 쟁점의 한두 가지 측면만이 아니라 많은 측면을 제시하는 저작물이나 정보를 우선시할 수 있다. 내용을 단순하게 축약한 머리기사를 대할 때 우리는 양극단 사이에 어떤 관점들이 빠져 있는지 질문함으로써 이분법을 수용하려는 심리적 경향과 맞서 싸울 수 있다.

이런 방법은 우리가 정보를 생산하거나 나눌 때도 적용된다. 새로운 어떤 연구조사에 따르면, 기사를 쓰는 기자들이 기후변화나 이민처럼 복잡한 쟁점들과 관련된 사실을 둘러싼 불확실성을 인정할 때 기사는 독자의 신뢰를 훼손하지 않는다.[20] 또한 여러 실험에 따르면,

전문가들이 의심스러움을 표명할 때 설득력은 한층 더 높아진다.[21] 아는 것이 많다고 소문난 누군가가 불확실성을 인정할 때, 이 사실에 사람들은 놀라고, 그래서 그 쟁점에 한층 많은 관심을 기울인다.

물론 미묘한 차이는 입소문을 쉽게 탈 것 같지 않다는 잠재적인 문제가 있을 수 있다. 관심이 지속되는 시간도 짧다. 기억하기 쉬운 제목으로 사람들의 눈을 그저 잠시 붙잡아둘 뿐이다. 인상적인 짧은 문구를 만들 때는 확실히 복잡성이 불리하다. 그러나 복잡성은 장차 엄청나게 커질 대화의 씨앗을 뿌린다. 그리고 몇몇 기자는 단어 몇 개로 그것을 표현하는 명석한 방법을 알고 있다.

여러 해 전이었다. 커피와 관련된 가설의 인지 결과를 연구한 논문을 여러 미디어가 기사로 다루었다.[22] 그런데 똑같은 데이터를 기반으로 만들어진 기사 제목이었는데도 어떤 기사들은 커피가 가져다주는 편익을 칭찬했고, 어떤 기사들은 커피 때문에 지불해야 할 비용을 경고했다.

– 커피가 뇌에 좋다는 보다 많은 정보가 있다	〈Forbes〉
– 논문에 따르면 커피는 사소한 인지 손상을 막아준다	〈BUSTLE〉
– 논문은 말한다. 커피 음용량이 늘어나면 뇌에 해롭다	〈CBS Atlanta〉
– 한 잔 더 마시는 커피가 당신의 뇌에 해로운 이유	〈INDIA TODAY〉

실제로 어떤 논문이 따져보았더니 하루에 커피 한두 잔을 마시는 나이 많은 성인은 커피를 전혀 마시지 않거나 가끔 마시는 사람, 그리고 많이 마시는 사람보다 인지 손상 위험이 낮았다.[23] 그런데 이들이

하루 커피 소비량을 한 잔 이상 늘리면, 평소대로 마시던 사람이나 하루에 한 잔 이하로 마시는 사람에 비해서 위험성은 더 높아진다. 한쪽으로 편향된 내용의 기사 제목 각각은 일곱 개에서 열 개 정도의 단어로 커피 음용의 효과를 독자에게 잘못 전달한다. 그런데 한층 더 정확한 다음 기사 제목은 열 개 정도의 단어만으로도 복잡성을 즉각적으로 일러준다.[24]

> — 어제의 커피 과학, 커피는 뇌에 유익하다. 오늘은? 조금만 더 생각해보고…
> 〈The Washington Post〉

기후변화를 다루는 기사에서 만일 이런 식으로 복잡성의 가능성을 최소한으로 일러준다면 어떻게 될까? 과학자들은 기후변화가 인간 때문에 발생했다는 사실에 전적으로 동의한다.[25] 그러나 이 과학자들은 구체적인 여러 효과 및 잠재적인 여러 해결책에 대해서는 다양한 견해를 가진다.[26] 기후변화와 관련된 상황을 개선하는 길이 다양하게 많다는 것을 인정하면서도 그 상황을 크게 떠들어대는 일은 얼마든지 가능하다. (기자나 환경운동 활동가가 기후변화의 결과를 논의할 때도 흔히 복잡성은 멀리 밀려나버리기 일쑤다. 암울한 메시지는 불타는 지구를 두려워하는 사람들이 인터넷 플랫폼에 몰려들어서 이 플랫폼을 뜨겁게 달구게 만들 수 있다. 그러나 24개국을 대상으로 진행했던 연구조사 결과, 사람들은 자신의 행동이 가져다주는 총체적인 이득(예를 들어 경제적·과학적 발전 및 보다 더 도덕적이고 보다 더 많은 보살핌이 이루어지는 공동체 형성)을 바라볼 때 상대적으로 더 많이 행동과 지지에 나서는 동기를 부여받는다.[27] 기후변화에 대해 놀라움에서부터 의심스러움에 이르는 스펙트럼상에 위치한 사람들은 구체적으로 특정할 수 있는 이득이 발생한다고 믿으면 한층 더 주도적으로 행동에 나선다. 그리고 기자들이 열정이나 정의 같은 고정관념적인 자유주의 가치에 호소하는 게 아니라, 자연의 순수성을 보존한다거나[28] 애국적인 행동의 일환으로 지구를 보호한다거나[29] 하는 한층 보수적인 가치와 함께 자유 수호처럼 보수주의와 자유주의에 모두 걸치는 가치를 강조함으로써 사람들이 기후변화를 막기 위한 행동에 보다 더 많이 나서도록 촉진할 수 있다.)

심리학자들은 사람들이 어떤 문제가 있을 때 그 문제의 해결책이 마음에 들지 않으면 문제의 존재 자체를 무시하거나 부정하려 한다는 사실을 확인했다.[30] 자유주의자들은 총기규제법 때문에 가장이 자신의 가족을 보호하기 어렵게 된다는 주장을 담은 글을 읽을 때 침입자의 폭력이라는 쟁점을 한층 더 묵살하는 태도를 보였다. 한편 보수주의자들은 탄소 배출을 줄이자는 제안보다 녹색 기술 정책과 관련된 제안에 한층 더 많이 호응했다.

해결책을 둘러싼 논의에서 극단적인 해결책이 아니라 온갖 다양한 층위의 해결책을 제시하는 것은 기후변화가 왜 문제인가 하는 차원에서 기후문제에 어떻게 대처할 것인가 하는 차원으로 관심의 초점을 돌리는 데 도움이 된다. 이미 우리는 앞에서 자기가 실제로 아는 것보다 훨씬 더 많이 안다고 믿는 '설명 깊이의 착각'에 대한 증거를 확인했다. 거기에서도 확인했듯이 '방법'을 묻는 것이 양극화 경향을 줄여서 구체적인 행동과 관련된 한층 더 건설적인 대화가 오갈 수 있게 해준다. 다음은 기사 제목이 해결책의 복잡성을 암시하는 사례이다.[31]

> 나는 환경운동에 종사한다.
> 나는 당신이 재활용을 하든가 말든가 신경 쓰지 않는다.
> 나무 1조 그루를 심으면 기후변화가 멈출까?
> 과학자들은 매우 복잡한 문제라고 말한다.

몇 가지 경고성 일러두기와 만약의 경우

복잡성을 제대로 전달하고 싶으면 과학자들의 의사소통 방식을 면밀하게 살펴야 한다. 한 가지 핵심적인 단계는 몇 가지 경고성 일러두기(caveat)를 포함하는 것이다. 어떤 단일 논문이나, 심지어 일련의 연구 논문이 단언적인 결론을 내리는 경우는 드물다. 연구자들은 일반적으로 자신이 쓴 논문에 해당 연구의 한계를 자세하게 명시한다. 우리 과학자들은 이런 것들을 결점으로 보지 않고 언젠가 미래에 나타날 발견을 내다보는 작은 창문이라고 본다. 그러나 연구자들이라고 하더라도 자신이 발견한 내용을 일반인에게 공유할 때는 가끔 그 한계를 대충 얼버무리고 넘어가기도 한다.

최근의 연구에 따르면 이런 것들은 실수이다. 심리학자들은 일련의 실험을 통해서 과학적 사실에 대한 뉴스 보도에 경고성 일러두기가 포함되어 있을 때, 이 일러두기가 독자의 관심을 사로잡으며 독자의 마음을 열 수 있음을 확인했다.[32] 나쁜 식단이 노화를 촉진한다고 주장하는 논문을 예로 들어보자. 이 논문이 노화에 영향을 줄 수 있는 변수들을 제시하면서 과학자들이 강력한 인과적 결론을 내리길 망설인다고 언급하면 독자는 그 이야기에 깊이 빠져들며, 자신이 가지고 있던 기존의 믿음에 한층 유연해진다. 심지어 그 분야에 보다 더 많은 연구가 필요하다고 연구자들이 믿는다는 사실을 명기하는 것만으로도 독자의 마음을 여는 데 도움이 된다.

또한 '만약의 경우(contingency)'를 강조하는 것으로도 복잡성을 전달할 수 있다. 모든 선험적인 발견들은 언제, 그리고 어디에서 결과들이 복제되거나 무효화되거나, 혹은 뒤집어질 것인지에 대해 여태껏 답변되지 않은 질문들을 제기한다. 만약의 경우는 어떤 효과가 바뀔 수도 있는 모든 장소 및 개체군이다.

다양성을 놓고 보자. 비록 기사 제목이 '다양성은 좋은 것이다'라고 하더라도 이 사실을 입증하는 증거는 온갖 만약의 경우로 가득 차 있다. 비록 배경 및 생각의 다양성이 어떤 집단으로 하여금 보다 폭넓게 생각하고 보다 깊이 정보를 처리하도록 도움을 줄 가능성이 있지만,[33] 그 가능성은 몇몇 '만약의 경우', 즉 만약의 상황에서만 실현되고 다른 상황에서는 실현되지 않는다.[34] 새로운 연구 결과에 따르면, 사람들은 자신이 받는 메시지에 미묘한 차이가 한층 많이 포함되어 있을 때, 그리고 한층 더 정확할 때 다양성과 포괄성(inclusion)을 드높이는 경향이 있다. 즉 "다양성은 좋은 것이지만 쉽지는 않다."[35]

(미묘한 차이를 전달하려고 할 때조차도 때로 그 메시지는 번역 과정에서 소실된다. 최근에 나는 동료 몇 명과 함께 〈온라인 다양성 훈련의 혼합 효과(The Mixed Effects of Online Diversity Training)〉라는 논문을 발표했다.[36] 나는 우리 연구가 다양성 연구의 복잡성을 밝혀내는 일을 매우 선명하게 잘 해냈다고 생각했다. 그러나 얼마 지나지 않아서 다양한 논평들이 줄을 이었는데, 어떤 논평들은 다양성 훈련의 가치를 지지하는 증거라고 우호적으로 평가했지만, 비슷한 숫자의 다른 논평들은 다양성 훈련은 시간 낭비임을 입증하는 증거라고 비판적으로 평가했다. 확증 편향과 소망 편향이 모두 작동한 셈이다.) 복잡성을 인정할 때 강연자나 글쓴이는 확신을 덜 가지게 된다. 그런데 이것이 오히려 신뢰성을 강화해서 사람들의 관심을 더 강하게 붙잡아 둔다. 즉 이럴 때 사람들은 오히려 한층 강한 호기심을 가지고 몰입한다.

사회과학 분야에서 연구자들은 자신이 기존에 가지고 있던 서사(믿음)에 딱 들어맞는 정보만 골라서 선택하지 않고, 그 서사를 다시 생각해서 수정·보완해야 할지 어떨지 반드시 묻고 확인해야 한다고 훈련을 받는다. 자신의 믿음 체계에 깔끔하게 들어맞지 않는 증거를 발견할 때는 어떤 식으로든 이 정보를 다른 사람들과 공유하는 게 옳다. (몇몇 실험 결과를 보면, 역설과 반박을 회피하지 않고 포용할 때 창의적인 발상과 해법이 생성된다. 그러나 다른 실험들에서는 역설과 반박을 포용할 때 사람들이 잘못된 믿음을 고집하고 잘못된 행동을 하는 경향이 높아진다고 지적한다. 이 역설은 잠시 묵혀두기로 하자.)[37] 그러나 후회스럽게도 과거에 내가 일반인을 대상으로 썼던 글 가운데 몇몇에서 나는 증거가 불완전하다거나 몇몇 증거가 서로 모순인 부분을 충분히 강조하지 않았다. 때로는 일부러 피하기도 했다. 독자를 혼란스럽게 만들고 싶지 않다는 이유에서였다. 그런데 연구 결과를 보면, 많은 글쓴이가 내가 빠졌던 것과 똑같은 함정에 빠져서 "정확한 기록보다는 오로지 서사의 일관성을 유지하는 것에만" 사로잡혀 있음을 알 수 있다.[38]

이것과 관련된 멋진 사례가 정서지능을 둘러싼 의견 대립이다.[39] 이 의견 대립 스펙트럼의 한쪽 극단에는 정서지능 및 감성지수(EQ)라는 개념을 일반화한 대니얼 골먼(Daniel Goleman)이 있다. 그는 정서지능은 인지능력(지능지수)보다 성과에 더 중요하게 작동하며, 리더십 직무에서 성공을 거둘지 여부를 "거의 90퍼센트" 가깝게 결정한다고 설교한다. 그리고 다른 극단에는 조던 피터슨(Jordan Peterson)이 있는데 그는 "EQ 따위는 없다"면서 정서지능을 "사기나 다름없는 개념이며, 그저 시류에 편승하는 유행에 지나지 않는 것이고, 기업의 장삿속일 뿐이다"라며 깎아내렸다.

그런데 이 두 사람 모두 심리학 박사이지만 두 사람 모두 정확한 기록을 만들어내는 데는 특히 관심이 없어 보인다. 만일 피터슨이 거의 200개나 되는 직업군을 아우르는 논문의 메타분석[40]을 읽어보기만 했더라도, 그는 자기가 주장하는 내용과 다르게 정서지능이 실제로 의미 있고 중요한 개념임을 깨달았을 것이다. IQ와 개성을 상수로 설정한 실험에서 EQ 검사의 결과는 실험 참가자의 성과를 예측하는 훌륭한 지표였다. 만일 골먼이 이 데이터를 무시하지만 않았어도, 여러 직무에 걸쳐서 사람들의 성과를 예측하고자 할 때 IQ가 EQ보다 두 배 이상 중요하다는 사실을(EQ는 전체 성과 가운데서 3~8퍼센트밖에 설명하지 못한다) 알 수 있었을 것이다.

나는 두 사람 모두 핵심을 놓쳤다고 생각한다. 정서지능이 의미 있느냐 없느냐를 놓고 따지지 말고, 언제 그것이 중요한지 설명하는 만약의 경우에 초점을 맞추어야 한다. 정서지능이 감정을 다루는 직무에서는 도움이 되지만 감정이 그다지 중요하지 않은 직무에서는 크게 도움이 되지 않고 심지어 해로울 수도 있다.[41] 예를 들어서 부동산 중개인이나 고객서비스 담당자, 혹은 상담사가 있다고 치자. 이 경우에 감정을 포착하고 이해하며 관리하는 데 능숙하다면 고객 응대에 큰 도움이 될 수 있다. 그렇지만 기계를 다루는 엔지니어나 회계 숫자를 파고드는 회계사라면 정서지능이 아무리 높아도 업무에 도움이 되지 않으며, 심지어 그것 때문에 오히려 정신을 딴 데 팔릴 수 있다. 그런 사람에게 나는 이렇게 말해주고 싶다. "당신은 내 자동차를 고쳐주거나 나의 소득신고를 대행해주기만 하면 됩니다. 굳이 내 감정에는 관심을 가지지 않아도 됩니다."

일반적으로 잘못 알려진 사실을 바로잡겠다는 마음으로 나는 링크트인(LinkedIn)에 정서지능이 과대평가되었음을 주장하는 짧은 게시물 하나를 올렸다. 나로서는 복잡성에 관한 나 자신의 지침을 지키려고 최선을 다했다.

— **미묘한 차이** 이것은 정서지능이 쓸모없다는 뜻이 아니다.

경고성 일러두기 보다 나은 정서지능 검사가 설계됨에 따라서 우리가 알고 있는 지식은 변할 수 있다.

만약의 경우 현재 우리가 확인할 수 있는 최고의 증거는 정서지능이 만병통치약이 아니라고 말한다. 이런 사실을 있는 그대로 인정하기로 하자. 즉 정서지능은 정서적인 정보가 풍부하거나 필수적인 상황에서 유용할 수 있는 일련의 기술이라고.

이 게시물에 수많은 댓글이 달렸고, 복잡한 그 메시지에 많은 사람이 열정적으로 반응한다는 사실에 나는 놀랐고 또 기뻤다.[42] 어떤 사람들은 이거 아니면 저거라는 것은 없으며, 데이터가 있을 때 자신이 철석같이 믿는 믿음들도 돌다리를 두드리는 마음으로 다시 살펴보는데 도움을 받을 수 있다고 했다. 반면에 또 어떤 사람들은 직설적으로 적개심을 드러냈다. 그들은 이미 확인된 증거는 쳐다보지도 않은채 정서지능이 성공의 필수 요건이라고 주장했다. 그들은 마치 정서지능을 숭배하는 조직의 광신도 같았다.

나는 가끔 아이디어 숭배 집단들을 만난다. 이들은 예컨대 지나칠 정도로 단순화된 지적인 '생명의 물'을 만들어내고는 이것을 널리 퍼뜨릴 추종자들을 모집하는 그런 집단이다. 이들은 자기가 애용하는 개념이 얼마나 좋은지 설교하는 한편, 미묘한 차이나 복잡성을 요구하는 사람이 나타나면 무자비하게 비판한다. 건강 분야에서 아이디어 숭배 집단들은 디톡스 다이어트에 사용되는 약제가 엉터리 약으로 오래전에 밝혀졌음에도 불구하고 디톡스 다이어트를 옹호하려고 안간힘을 쓴다. 교육 분야에서도 학습 방식과 관련된 아이디어 숭배 집단이 있는데, 이들은 청각적인 교구나 시각적인 교구, 혹은 운동 교구 등을 동원해서 학생 개인별 맞춤형으로 교습을 제시해야 한다고 주장한다. 학생들이 듣기나 읽기, 혹은 직접 해보기를 즐기기는 하지만 그렇게 하더라도 학습이 더 잘 이루어지는 건 아니라는 증거가 수십 년 동안 쌓여왔음에도 불구하고,[43] 몇몇 교사들은 여전히 그런 식으로 가르쳐야 한다는 생각을 조금도 버리지 않는다.[44] 심리학 분야에서도 이런 일이 일어난다. 한번은 나도 모르게 무심코 아이디어 숭배 집단에 속한 사람들이 분노할 일을 한 적이 있다. 스트레스를 예방하고 마음챙김을 증진하는 방법으로 명상이 유일한 게 아니라는 증거를,[45] 신뢰성과 타당성을 따질 때 마이어스-브릭스 성격유형검사(Myers-Briggs personality tool)가 놓이는 위치는 점성술과 심장 모니

xkcd.com

터링 장치 사이의 어느 지점이라는 증거를,[46] 또 자기 믿음에 철저할수록 오히려 성공과 멀어질 수 있다는 증거를[47] 사람들에게 공유한 것이다. 만일 당신이 ◇◇◇는 항상 옳다고 말하거나 ○○○는 항상 틀렸다고 말한다면 당신은 아이디어 숭배 집단의 조직원 자격이 충분하다. 복잡성을 중요시하며 늘 생각하는 태도는 그 어떤 행동도 언제나 효과적이지 않으며, 모든 처방은 의도하지 않았던 결과를 낳는다는 사실을 늘 상기하게 만든다.

존 롤스(John Rawls)의 도덕 철학에서 무지의 장막(veil of ignorance)은 핵심 개념이다. 롤스는 무지의 장막을 뒤집어쓴 채로, 즉 자기가 해당 사회에서 차지하는 위치를 완벽하게 망각한 채로 그 사회에 함께할 것인지 어떤지를 두고서 그 사회의 정의를 판단하라고 우리에게 요구한다.[48](롤스는 완벽하게 공정한 사람들이 모여 합리적으로 토론한다면 정의의 원칙에 맞는 사회적인 합의를 도출할 수 있다고 생각했으며, 완벽하게 공정해지려면 무지의 상태가 되어야 한다고 믿었다 – 옮긴이). 롤스가 말하는 무지의 장막을 내 나름대로 해석하면, 결론이 무엇이 될지 알지 못한 채로 어떤 연구에 동원된 방법론들을 근거로 그 연구의 결과를 받아들이라는 말이다.

복합적인 감정

어떤 논의에서 의견이 양극단으로 치달을 때 양쪽 모두에 줄 수 있는 도움말은 상대방의 관점을 수용하라는 것이다. 이론적으로만 보자면 상대방 입장이 되어볼 때 비로소 상대방과 발을 맞추어서 걸을 수 있다. 그러나 실제 현실에서는 말처럼 그렇게 단순하지 않다.

한 쌍의 실험에서 실험 참가자들에게 무작위로 자기와 정치적인 입장이 다른 사람들의 의도와 이해관계를 생각하게 했다. 그러나 이들은 건강보험과 보편기본소득(사회 구성원 모두에게 일괄적으로 일정한 금액을 소득으로 제공하는 것, 혹은 그 소득 – 옮긴이)에 대한 자신의 태도와 의견을 다시 생각하는 경향이 덜 수용적이었다.[49] 25회의 실험에서 상대방의 관점을 상상함으로써 한층 정확한 통찰력을 이끌어내려 했지만, 이 시도는 실패했다. 어떤 경우에는 단지 실패로 끝나는 데서 그치지 않고, 실험 참가자들이 원래 가지고 있던 정확하지 않은 판단에 더 강한 확신을 가졌다.[50] 상대방의 관점을 수용하는 방식은 일관되게 실패하는데, 사람은 기본적으로 상대방의 마음을 읽는 데 서툴기 짝이 없기 때문이다. 상대방의 마음을 정확하게 읽지 못하고 그저 추측만 할 뿐이다.

우리가 누군가를 이해하지 못할 때 그 사람의 관점을 머릿속으로 상상하는 것만으로는 절대로 유레카의 순간을 맞이할 수 없다. 여론조사 결과를 보면 민주당 지지자들은 인종차별주의와 성차별주의가 만연해 있음을 잘 아는 공화당 지지자들의 숫자를 과소평가하고, 공화당 지지자들은 미국인임을 자랑스러워하고 국경 개방에 반대하는 민주당 지지자들의 숫자를 과소평가한다.[51] 우리가 적으로 생각하는 사람들과 우리 사이의 거리가 멀어지면 멀어질수록, 우리가 그들의 동기를 지나치게 단순하게 여길 가능성과 그들을 실제 모습과는 동떨어지게 설명할 가능성은 그만큼 커진다. 우리에게 도움이 되는 것은 상대방의 관점으로 관점을 바꾸는 게 아니라 상대방의 관점이 무엇인지 찾는 것이다. 즉 실제로 그 사람과 대화해서 그들이 가지고 있는 의견 속의 미묘한 차이들을 찾아내야 한다. 바로 이것이 훌륭한 과학자가 실천하는 방식이다. 과학자는 최소한의 단서들만을 토대로 상대방에 대한 결론을 두루뭉술하게 그리는 게 아니라 대화를 통해 자신이 설정한 가설들을 검증한다.

오랜 세월 동안 나는 대화가 양극단으로 치닫지 않게 하는 최상의 방법은 대화에서 감정을 배제하는 것이라고 믿었다. 대화와 토론에서 자기 감정을 배제할 수만 있다면 다시 생각하기에 한층 자유롭게 마음이 열리리라 생각한 것이다. 그런데 내 생각을 복잡하게 만드는 증거를 접했다.

어떤 사회적인 쟁점을 놓고 누군가와 의견이 첨예하게 갈릴 때도, 상대방이 그 쟁점에 깊은 관심을 가지고 있음을 아는 순간 우리는 그 사람을 한층 더 신뢰하게 된다는 사실은 이미 밝혀졌다.[52] 상대방을 여전히 싫어할 순 있어도 어떤 원칙을 지키고자 하는 상대방의 열정을 보고 우리는 그 사람의 진실한 마음을 알아본다. 우리는 그 사람의 믿음은 거부하지만, 그 믿음 뒤에 서 있는 그를 점점 더 존중하게 된다.

대화를 시작하는 시점에서 그렇게 존중하는 마음을 분명하게 표현하는 것이 도움이 될 수 있다. 이념적으로 정반대 편에 서 있는 상대방에게 "자신의 원칙을 꿋꿋하게 지키는 당신 같은 사람들을 나는 매우

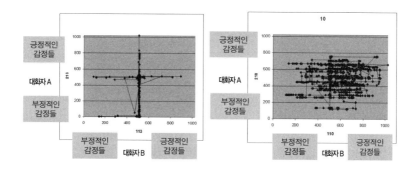

존경합니다"라고 말함으로써 상대방을 인정하고 토론을 시작하면 상대방을 꺾어야 할 적으로 바라보는 경향이 줄어들며, 결국 상대방을 한층 더 관대하게 대한다는 사실은 실험을 통해서 이미 확인되었다.[53]

피터 콜먼은 '어려운 대화 연구소'에서 실험을 진행한 다음에 이 실험에 참가한 사람들을 다시 불러 실험 과정에서 그들이 나누었던 대화 기록 영상을 보여주었다. 이 과정을 통해 그가 알고 싶었던 것은 사람들이 자기가 했던 말을 다시 들을 때 매 순간 어떤 감정에 사로잡히는가 하는 것이었다. 그는 이런 관찰을 500건 넘게 진행했고, 마침내 어떤 사실을 하나 발견했다. 비생산적인 대화에서는 긍정적인 감정과 부정적인 감정 모두 제한적으로만 드러난다는 사실이었다. 그들은 한두 개의 지배적인 감정만 드러내는 정서적인 단순성에 사로잡혔다.[54] 이런 사실은 위 도표에서 잘 드러난다.

오른쪽 도표에서 보듯이 생산적인 대화에서는 감정이 훨씬 더 다양하게 펼쳐진다. 이 대화에 참가하는 사람들은 감정적으로 한층 복잡하다는 뜻이다. 어떤 시점에서는 상대방의 관점에 화를 낼 수도 있지만, 곧 자기가 모르는 사실을 배우겠다는 호기심에 사로잡힌다. 그

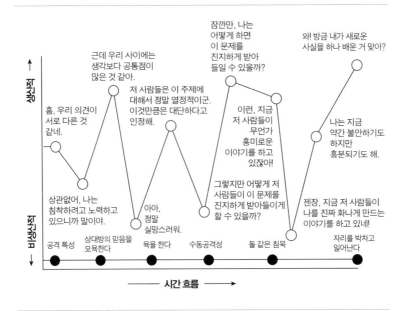

생산적인 대화 vs. 비생산적인 대화

근데 우리 사이에는 생각보다 공통점이 많은 것 같아.

흠, 우리 의견이 서로 다른 것 같네.

저 사람들은 이 주제에 대해서 정말 열정적이군. 이것만큼은 대단하다고 인정해.

잠깐만, 나는 어떻게 하면 이 문제를 진지하게 받아들일 수 있을까?

와! 방금 내가 새로운 사실을 하나 배운 거 맞아?

이런, 지금 저 사람들이 무언가 흥미로운 이야기를 하고 있잖아!

나는 지금 약간 불안하기도 하지만 흥분되기도 해.

상관없어, 나는 침착하려고 노력하고 있으니까 말이야.

아아, 정말 실망스러워.

그렇지만 어떻게 저 사람들이 이 문제를 진지하게 받아들이게 할 수 있을까?

젠장, 지금 저 사람들이 나를 진짜 화나게 만드는 이야기를 하고 있네!

공격 특성   상대방의 믿음을 모욕한다   욕을 한다   수동공격성   돌 같은 침묵   자리를 박차고 일어난다

시간 흐름

생산적 / 비생산적

리고 두 사람은 자신이 가졌던 생각이 틀렸을지도 모른다는 사실에 불안해할 수도 있고, 그러다가 새로운 생각을 따져본다는 사실에 흥분하기도 한다. 때로는 예상치도 않게 자신이 틀렸다는 사실을 깨닫는 기쁨을 맛보기도 한다.

사람들은 생산적인 대화에서 자기 감정을, 원고로 치자면 초고쯤으로 여긴다. 감정은 그림을 그리는 과정처럼 계속 달라지면서 완성된다. 처음 스케치만으로 만족할 만한 그림이 완성되는 경우는 드물다. 우리가 어떤 관점을 가질 때 우리는 자신이 느끼는 감정을 새롭게 수정해간다. 때로는 심지어 원점에서 다시 시작하기도 한다.

다시 생각하기를 방해하는 것은 감정 표현이 아니라 감정이 한정

된 범위로 제한되는 것이다. 그렇다면 상호이해와 다시 생각하기의 가능성을 높이기 위해 우리의 뜨거운 대화에 어떻게 하면 한층 다양한 감정을 불어넣을 수 있을까?

우리가 쟁점뿐만이 아니라 감정에 의해서도 이분법 편향의 희생자가 될 수 있음을 명심해야 한다. 찬반양론이 뜨거운 쟁점에 대한 믿음의 스펙트럼이 양극단의 두 가지 주장보다 훨씬 복잡한 것과 마찬가지로, 흔히 우리의 감정은 우리가 인식하는 것보다 훨씬 더 복합적으로 복잡하다. (젊은 영국계 미국인은 늙은 영국계 미국인이나 아시아계 미국인보다, 예를 들면 행복한 감정과 슬픈 감정을 동시에 느끼는 복합적인 감정을 거부하는 경향이 더 높다는 사실이 밝혀졌다. 이런 차이는 이중성과 역설을 수용할 때 편안함을 느끼는 정도가 다르다는 데서 비롯되는 것 같다. 언어에 대한 풍부한 소양을 갖추고 양면적인 감정을 포착한다면 도움이 될 것이라고 나는 생각한다. 예를 들어 일본어에 '사랑의 예감(恋の予感)'과 같은 표현이 있다. 처음에는 사랑이 아니지만 시간이 흐르면서 상대방을 점차 사랑하게 될 수도 있는 감정을 가리키는 표현이다.[55] 또 이누이트어 '익트수아르포크(iktsuarpok)'는 누군가가 자기 집을 찾아오지 않을까 하는 기대 반 불안 반의 감정을 표현한다.[56] 그루지아어 '셰모메드자모(shemomedjamo)'는 배가 불러서 더는 먹을 수 없을 것 같은데 음식이 너무 맛있어서 그만 먹을 수 없을 때의 감정을 표현한다. 그런데 내가 정말 좋아하는 단어는 독일어 '쿠머스페크(kummerspeck)'인데 슬퍼하는 마음 때문에 너무 많이 먹어서 찌는 살이라는 뜻이다.[57] 직역하면 '슬픔의 베이컨'이라는 뜻이다. 뜨거운 논쟁이 진행되는 대화에서

이 표현이 도움이 될 수 있다고 본다. 예를 들어 다음과 같이 말이다. "내가 당신을 모욕하려고 그랬던 건 아니다. 나는 지금 그저 슬픔의 베이컨을 마구 집어먹고 있을 뿐이다.") 만일 당신이 총기 안전을 보장하는 최상의 경로와 관련해서 당신이 가진 생각이 틀렸을 수도 있다는 증거를 접한다면, 당신은 새로 알게 된 그 사실에 속이 상하는 동시에 흥미를 느낄 수 있다. 만일 당신이 당신과 생각이 다른 사람에게 언짢은 감정을 느낀다면, 당신은 그 사람과의 과거 대화에 분노하는 동시에 그 사람과의 미래 관계에 희망을 품을 수 있다. 만일 어떤 사람이 당신에게 당신의 행동들이 당신의 인종차별 반대 발언과 동떨어진다고 말할 때, 당신은 방어적인 심리("왜 그래? 난 좋은 사람이야!")와 자책하는 심리("행동을 좀 더 잘했어야 했는데….")를 동시에 경험할 수 있다.

2020년 봄에 크리스천 쿠퍼(Christian Cooper)라는 흑인이 센트럴파크에서 새를 구경하고 있었는데 백인 여성이 개를 데리고 그 곁을 지나갔다. 남성은 여성에게 개에게 목줄을 채우라고 정중하게 말했다. 아닌 게 아니라 가까운 곳에 있던 표지판에도 개에게는 목줄을 채우라고 씌어 있었다. 그러나 여성은 남성의 말을 무시했다. 그러자 남성은 별다른 말을 하지 않고 휴대전화로 여성을 촬영하기 시작했다. 그러자 여성은 경찰을 부르겠다면서 "아프리카계 미국인이 내 목숨을 위협한다고 경찰에게 말하겠다"고 했다. 그리고 여성은 실제로 911에 전화를 걸어 그렇게 말했다.

남성이 촬영한 동영상이 퍼지자 소셜미디어에 표출된 감정적인 반응은 도덕적인 분노에서부터 단순한 분노까지 다양했다. 과거에 백인 여성이 무고한 흑인 남성을 범죄자로 지목했던 일들, 그래서 자주 파괴적인 결과를 초래했던 일들은 헤아릴 수도 없이 많았는데, 센트 럴파크에서 일어난 그 작은 사건이 그 고통스러운 역사를 상기시켰 다. 여성이 개에게 목줄을 채우지 않은 일은, 그리고 그녀가 가지고 있었던 편견은 끔찍한 것이었다.

여성은 나중에 다음과 같이 공개적으로 사과했다.

"나는 인종차별주의자가 아니다. 나는 어떤 식으로든 그 사람에게 해를 끼칠 생각이 없었다. 그때 나는 겁에 질렸던 것 같다."

그녀의 이 단순한 설명은 그녀가 보여주었던 행동을 촉발했던 복 합적인 감정을 간과하고 있다. 그녀는 잠시 멈춰 서서 자기가 왜 그 토록 겁에 질렸는지, 흑인에 대해 어떤 생각들을 가지고 있었기에 짧 고도 정중한 그 대화에서 자신이 위협을 받는다고 느꼈는지 생각할 수 있었고, 또 그렇게 했어야 했다. 경찰에게 거짓말을 해도 된다고 느낀 이유가 무엇인지, 도대체 어떤 역학이 작동해서 그런 거짓말은 얼마든지 허용된다고 느꼈는지 잠시 멈춰 서서 생각할 수 있지 않았 을까?

간단하게 부정해버리는 그녀의 태도는 인종차별이 우리의 의도만 이 아니라 우리의 행동까지 좌우한다는 복잡한 현실적 실체를 간과 한다. 역사가 이브람 켄디(Ibram X. Kendi)가 썼듯이 "인종차별에 찬 성하는 사람과 여기에 반대하는 사람이라는 규정은 고정된 정체성이 아니다. 우리는 어떤 순간에는 인종차별주의자이지만 돌아서서는 금 방 인종차별주의에 반대할 수 있다."[58] 의견이 첨예하게 갈리는 쟁점과 마찬가지로 인간 역시 이분법이 적용되지 않는다.

크리스천은 여성의 사과를 받아들일지 묻는 질문에 명확한 판단을 내리길 거부하면서 미묘한 의미의 차이가 담긴 평가를 내놓았다.[59]

─ 그 여성의 사과는 진심이라고 생각합니다. 그러나 그 사과를 하면서도 그 여성은 자신이 인종차별주의자일지도 모른다는 사실을, 또 자기가 했던 바로 그 행동이 인종차별적이었다는 사실을 알고 있을지 어떨지는 나도 모르겠습니다. (…)

물론 인정합니다. 스트레스 상황이었고, 갑작스러운 상황이었고, 또 잘못된 판단을 하고 만 그런 상황이었죠. 그렇지만 그 여성은 그렇게 하고 말았습니다. (…)

그 여성이 인종차별주의자일까요? 그건 나도 모르겠습니다. 이 질문에 정확하게 답할 수 있는 사람은 그 여성뿐입니다. 앞으로 어떻게 행동할 것인지, 그리고 그 상황을 돌이켜서 찬찬히 살펴보기 위해서 어떤 선택을 할 것인지 그 여성 말고 누가 알겠습니까.

크리스천은 여러 가지 뒤섞인 복합적인 감정 및 그 여성을 판단해야 하는 방법에 대한 불확실성을 표현함으로써 그 상황을 기꺼이 다시 생각하겠다는 신호를 보내면서 다른 사람들 역시 자기가 한 대응을 다시 생각하도록 유도했다. 아마도 당신 역시 이 내용을 읽으면서 복합적인 감정을 경험했을 것이다.

어려운 대화 속에 복잡성을 주입하는 것이 피해자가 감당해야 할 책임이나 몫이 되어서는 안 된다. 다시 생각하기는 가해자에게서부터 시작되어야 한다. 만일 그 여성이 자기 믿음과 행동을 다시 평가하는 의무를 다했더라면 그 여성이 실제로 했던 행동에 조금이라도 공감했을 다른 사람의 모범이 되었을 것이다. 그녀는 자신의 행동을 되돌릴 수는 없었다. 그러나 제도적인 차원의 인종차별주의를 낳고 영속시키는 복잡한 역학을 깨달음으로써 정의로 나아갈 여러 가능한 단계와 관련된 보다 깊은 논의를 이끌어낼 수는 있었을 것이다.

뜨거운 쟁점을 둘러싸고 벌어지는 대화는 절실하게 미묘한 차이가 필요하다. 우리가 전도사나 검사, 혹은 정치인처럼 행동할 때 현실의 복잡성은 불편한 진실로 비칠 수 있다. 그러나 과학자처럼 생각하고 행동할 때는 현실의 복잡성이 사람들의 기운을 북돋는 상쾌한 진실이 될 수 있다. 이 말은, 과학자처럼 생각하고 행동하는 사람에게는 이해와 발전을 위한 새로운 기회가 얼마든지 널려 있다는 뜻이다.

9장

|

교과서 다시 쓰기
자신의 지식을 의심하게 가르치다

□ □ □

만약 10년 전에 누군가 에린 매카시(Erin McCarthy)에게 "너는 나중에 교사가 될 거야"라고 말했다면 그녀는 코웃음을 쳤을 것이다. 에린이 대학교를 졸업할 무렵에 가장 하기 싫어했던 일이 누군가를 가르치는 것이었다. 그녀는 역사에 푹 빠져 있었고 사회학 과목들에는 관심이 없었다. 그녀는 사람들의 관심을 받지 못하고 잊힌 사물들이나 사건들에 생명의 숨결을 불어넣을 방법을 찾아서 박물관을 첫 직장으로 선택했다. 그러나 얼마 뒤에는 교사들이 사용할 참고자료 매뉴얼을 작성하고 견학 온 학생들을 상대로 쌍방향 소통 프로그램을 진행하게 되었다. 그러다가 현장 학습에서는 쉽게 볼 수 있는 열정이 놀랍게도 교실 학습에서는 찾아볼 수 없다는 걸 알았다. 그래서 이 분야에서 자신이 무언가를 해야겠다고 결심했다.

에린은 지난 8년 동안 밀워키 지역에서 사회학을 가르쳐왔다. 에린이 설정했던 자기 과제는 학생들이 과거에 호기심을 갖게 하는 것뿐만 아니라, 학생들이 현재 가지고 있는 지식을 수정·보완하도록 동기를 부여하는 것이었다. 이런 노력을 인정받아서 에린은 2020년에 '위스콘신 올해의 교사상'을 받았다.[2]

그러던 어느 날, 8학년(우리나라로 치면 중학교 2학년에 해당된다-옮긴이) 학생 한 명이 읽기 숙제로 내준 역사 교재 내용이 정확하지 않다고 불평했다. 사실 교사들에게는 이런 종류의 비판이나 투덜거림이 무서운 악몽이 될 수도 있다. 시대 변화를 담아내지 못한 구닥다리 교재를 사용한다는 것은 교사가 자신이 쓰는 교재를 정확하게 모른다는 증거일 뿐 아니라, 교사보다 학생이 먼저 교과서의 오류를 알아차리는 것도 교사로서는 난감한 일이기 때문이다.

그러나 에린은 일부러 그런 읽기 과제를 냈다. 그녀는 오래된 역사책을 수집하는데, 우리가 이야기하는 역사가 시간의 흐름에 따라서 어떻게 변하는지 살피는 게 커다란 즐거움이었기 때문이다. 그래서 에린은 1940년에 발간된 교과서의 한 부분을 학생들에게 읽기 숙제로 내겠다고 마음먹었다. 몇몇 학생은 그 교과서 내용을 액면 그대로 받아들였다. 아이들은 여러 해 동안 교육을 받으면서 교과서가 말하는 것을 진실이라고 믿었기 때문이다. 그러나 몇몇 학생은 교과서가 잘못된 내용투성이임을 알고 충격을 받았다. 교과서는 불변의 진실로만 채워져 있는 줄 알았는데 그게 아님을 깨달은 것이다. 이 교훈 덕분에 학생들은 과학자처럼 생각하기 시작했으며 자신들이 배우는 내용을 의심하기 시작했다. 누구의 이야기가 새로 포함되어 있을까? 누구의 이야기가 삭제되었을까? 만일 교과서가 한두 개의 관점만 싣는다면 거기에 포함되지 않고 빠질 관점에는 어떤 것들이 있을까?

지식도 얼마든지 진화할 수 있음을 학생들이 알게 한 다음에 에린은 지식이 언제나 진화한다는 것을 학생들에게 보여주었다. 미국 역사에서 서부 개척, 혹은 서부로의 팽창을 다룬 독립적인 단원을 만들기 위해 에린은 오늘날 중학생으로 살아간다는 것이 어떤 것인지 알 수 있는 자기만의 교과 교재를 만들었다. 여기에 나오는 주인공들은 모두 여성이었고 인칭대명사도 모두 여성으로만 썼다. 에린이 그 교재를 소개한 첫해에 한 학생이 손을 들고는 내용 중에 남성은 왜 없느냐고 지적했다. 그러자 에린은 "그래도 남성 한 명은 주인공으로 들어가 있어. 나머지 남성들은 여성들 주변에 있기는 하지만 중요한 일은 하지 않았으니까 언급하지 않은 거야"라고 대답했다. 그것은 그 학생에게 깨달음의 순간이었다. 질문을 했던 학생은 집단 전체가 수백 년 동안 소외당하는 것이 어떤 것인지 문득 깨달았다.

에린이 학생들에게 낸 숙제 가운데서 가장 내 마음에 드는 것은 학년 말에 마지막으로 내는 숙제이다. 탐구를 기반으로 하는 학습을 열정적으로 주창하던 에린은 자신이 맡고 있던 8학년 학생들이 저마다 마음껏 자기 주도 연구를 하게 했는데, 이 연구 과제는 학생 각자가 무엇인가를 의심하고 조사하고 탐문하고 해석하는 일련의 과정으로 진행되었다. 학생들의 활발한 학습 참여는 모둠 수업에서 가장 밝게 빛난다. 이 수업에서는 모둠별로 교과서에서 한 장(章)을 선택한다. 이때 모둠별 학생들은 자기들이 가장 관심 있는 역사 시간대에서 기존 교과서가 제대로 설명하지 않았다고 판단되는 역사 주제를 선택한 다음에 그 주제를 다시 서술한다. 즉 교과서를 다시 쓴다는 말이다.

한 모둠이 시민권 장(章)을 선택했다. 이 학생들은 기존 교과서가 '워싱턴 행진'을 충실하게 다루지 못했다고 본 것이다. 이 행진은 1940년대 초, 결행 마지막 순간에 취소되었다가 그로부터 20년 뒤에 마틴 루서 킹(Martin Luther King)의 역사적인 행진에 영감을 주었다. 또 다른 모둠은 제2차 세계대전 장을 골라, 히스패닉계 병사들 및 일본계 이민자 2세대로 구성된 보병연대가 미 육군 소속으로 전투에 나섰다는 내용을 보충했다.

"엄청나고도 갑작스러운 깨달음의 순간이죠."

에린이 나에게 한 말이다.

직업 교사가 아니더라도 당신은 분명 누군가를 가르치는 역할을 하고 있을 것이다. 부모로서, 멘토로서, 친구로서, 혹은 동료로서 말이다. 사실 우리는 누군가가 다시 생각하도록 도우려고 할 때마다 일종의 교육 활동을 하는 셈이다. 강의실에서나 이사회 회의실에서, 혹은 사무실이나 식탁에서 이런 일을 할 수 있는데, 장소가 어디가 되었든 우리가 가르치는 내용과 방법에서 다시 생각하기를 중심적인 것으로 설정하는 방법으로는 여러 가지가 있다.

학생들에게 지식과 자신감을 심어주는 것은 말할 필요도 없이 중요하다. 그러므로 교사는 학생들이 자기 자신과 다른 사람에 대해서 가지는 생각을 의심하도록 충분히 장려해야 한다. 그러나 많은 교사가 그렇게 하지 않는다. 이런 교사들의 사고방식을 바꾸어놓으려면 무엇이 필요한지 알아보기 위해 나는 몇 명의 비범한 교육자를 살펴보았다. 학생들에게 지적인 겸손함을 불어넣고, 의심하고 탐구하는 마음을 퍼뜨리며, 호기심을 개발함으로써 다시 생각하기 사이클을 강화했던 그런 교육자들 말이다. 나는 또한 내 강의실을 일종의 심리 실험실로 삼아서 내가 가지고 있던 몇 가지 생각도 시험해보았다.

학습, 방해받다

어린 시절 내가 받았던 교육을 돌아볼 때 가장 실망스러운 점은 과학 분야에서 단 한 번도 큰 감동이나 깨우침을 온전하게 경험하지 못했다는 사실이다. 예컨대 우주에 대해 호기심을 가져야겠다는 생각을 하기 오래전부터 유치원 교사들은 이미 우주의 수수께끼들을 하나씩 설명해주기 시작했다. 그런 아쉬움 때문에 나는, 우리가 사는 곳이 정지해 있는 평평한 땅덩어리가 아니라 빠른 속도로 빙글빙글 돌아가는 둥근 구체임을 10대 시절에 처음 알았다면 그 느낌이 어땠을까 하는 생각을 가끔 한다.

그랬다면 나는 아마도 깜짝 놀라서 아무 말도 하지 못했을 것이다. 그리고 그 새로운 사실에 대한 불신감은 금방 호기심으로 이어졌을 테고, 발견의 경외심과 내가 틀렸음을 확인하는 기쁨으로 이어졌을 것이다. 그런 경험이 나에게 확신에 찬 겸손함이라는 교훈이 되지 않았을까 하는 생각도 해본다. 내가 두 발을 디디고 선 바로 그것에 대해서 내가 그토록 잘못 생각하고 있었다면, 지금 내가 진실이라고 믿고 사람들이 진실이라고 말하는 얼마나 많은 것들이 실제로는 진실이 아니라 거짓일까? 아닌 게 아니라 이전 세대 사람들이 잘못 알고 있었던 것들은 많다. 그러나 다른 사람의 잘못된 믿음에 대해 배운다는 것과 자신이 믿던 것을 스스로 믿지 않도록 하는 방법을 배운다는 것 사이에는 커다란 차이가 있다. 산타클로스와 이의 요정(tooth fairy, 밤에 어린아이의 침대맡에 빠진 이를 놓아두면 이것을 가져가고 그 대신에 동전을 놓아둔다는 상상 속의 존재 – 옮긴이)이라는 존재에 대해서 언제까지고 아이들을 속일 수는 없다. 진실이 밝혀질 시점을 조금 늦출 수는 있겠지만 몇몇 아이는 자기가 예전부터 알고 있던 것들에 단단히 사로잡힐 수 있다. 그렇게 해서 과도한 확신 사이클에 사로잡혀버린다. 과

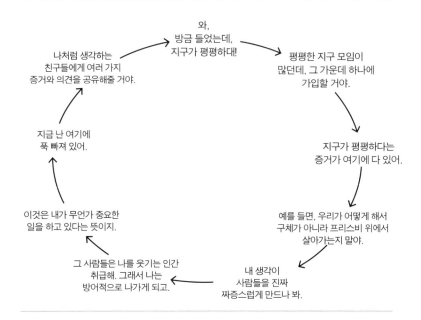

도한 확신 사이클에서는 잘못된 지식에 대한 자부심이 확신의 연료가 되고, 확증 편향과 소망 편향이 잘못된 지식에 정당성을 부여한다. 그러면 우리가 사는 곳은 지구가 평평하다고 믿는 사람들의 나라가될 것이다.

잘못된 과학적 믿음을 초등학교에서 바로잡지 않으면 나중에는 고치기가 한층 어렵다. 이 사실은 이미 증거로 확인되었다. 이 사실을 확인했던 심리학자 데보라 켈레멘(Deborah Kelemen)은 다음과 같이 썼다.

"직관과는 다른 과학적인 발상을 배우는 것은 제2외국어를 유창하게 말할 정도로 배우는 것과 비슷하다. 어릴 때 배우면 쉽지만 나이를 먹으면 점점 더 어려워진다. 또한 단편적으로만, 그리고 가끔씩 배워서는 결코 온전하게 배울 수 없다."[3]

자신이 알던 것을 버리는 행위를 자주 할 것. 바로 이것이 아이들에게 정말로 필요한 것이다. 인과관계의 작동 방식에 관한 것일수록 특히 더 그렇다.

학생들에게 정답이 하나밖에 없는 질문은 하지 말자는 운동이 역사 교육 현장에서 점점 더 활발해지고 있다.[4] 스탠퍼드대학교에서 개발한 어떤 교과목에서는 고등학생에게 1898년의 스페인-미국전쟁의 진짜 원인이 무엇인지, 뉴딜정책이 정말 성공했는지, 몽고메리 버스 보이콧(1955년 12월부터 이듬해 11월까지 미국 앨라배마주 몽고메리에서 흑백 분리주의의 철폐를 요구하며 흑인들이 보이콧을 벌인 사건 – 옮긴이)이 인권운동 역사에서 분수령이 되었던 이유가 무엇인지 등을 비판적으로 살펴보도록 권장한다.[5] 몇몇 교사는 심지어 학생들에게 자기와 의견이 다른 사람을 직접 만나서 인터뷰해보라고도 한다.[6] 이때 인터뷰의 초점은 옳고 그름을 따지기보다 자기와 다른 의견을 깊이 생각하면서 상대방과 생산적으로 토론하는 기술을 연마하는 데 있다.

이것은 모든 해석을 타당한 것으로 수용한다는 뜻이 아니다. 에린은 홀로코스트 생존자의 아들이 자기 학급을 방문했을 때, 학생들에게 홀로코스트라는 역사적 사실의 존재 자체를 부정하는 사람도 있다고 말하고, 이런 잘못된 주장이 내세우는 증거를 꼼꼼하게 살펴본 다음에 그 주장을 거부하라고 가르쳤다. 이것은 아이들을 팩트체크하는 사람처럼 생각하도록 가르치자는 보다 폭넓은 운동의 일환이다. 이 운동의 지침에는 다음 사항들이 포함되어 있다. ① "정보를 단순히 소비하지 않고 철저하게 파고들 것." ② "높은 지위나 인기를 신뢰성의 근거로 삼지 말 것." ③ "정보의 발신자가 정보의 최초 원천이 아닌 경우가 많음을 염두에 둘 것."[7]

이런 원칙은 학교 교실에서만이 아니라 일상에서도 소중하다. 예컨대 우리 집에서는 가족이 함께 식사하는 자리에서 가끔 신화 깨기 토론을 한다. 아내와 나는 우리가 학교에서 명왕성이 행성이라고(이것은 이제 더는 사실이 아니다) 배웠고 크리스토퍼 콜럼버스(Christopher Columbus)가 아메리카를 발견했다고 배웠다고(이것은 단 한 번도 사실인 적이 없다) 얘기하고, 아이들은 우리에게 이집트의 투트왕(투탕카멘으로 알려져 있다 – 옮긴이)이 마차 사고로 죽지 않았다고 가르쳐주고[8] 나무늘보가 방귀를 뀔 때는 엉덩이가 아니라 입에서 가스가 나온다는 사실을 신이 나서 설명했다.[9]

다시 생각하기에는 규칙적인 습관이 필요하다. 그러나 불행하게도 전통적인 교육 방식에서는 학생들이 이런 습관을 들이는 것을 늘 허용하지는 않는다.

아연실색 효과

물리학 수업 12주째에 실험이 진행되었다. 실험 참가자는 일류 강사에게서 정적평형(靜的平衡)과 유동체에 대해서 배운다. 이 교육은 두 개의 과정으로 구성되어 있는데, 첫 번째 과정은 정역학(靜力學,

statics)을 다루며 강의 방식으로 진행되고, 두 번째 과정은 유동체를 다루며 능동학습(자발적 학습) 방식으로 진행된다. 그리고 또 다른 실험 참가자 집단은 그 강사만큼이나 유명한 다른 강사로부터 그 두 개의 과정을 정반대로 배운다. 즉 정역학을 자발적 학습 방식으로 진행하고 유동체에 대해서는 강의를 듣는다.

두 경우 모두 내용이나 나누어주는 강의 자료는 동일하다. 유일한 차이는 지식 전달 방식이다. 강의 방식에서는 강사가 슬라이드를 보여주고 설명하고 증명하고 예제를 푼다. 그러면 강의를 듣는 사람들은 강의 자료에 메모를 한다. 반면 자발적 학습 방식에서는 강사가 직접 예제를 풀지 않고, 학생들이 소집단으로 나뉘어서 스스로 문제를 만들어서 풀게 한다. 이때 강사는 소집단을 찾아다니며 이런저런 질문을 하고 팁을 주기도 하면서 학생들이 해법을 찾아내게 한다. 그리고 마지막으로 실험 참가자는 설문조사지에 응답한다.

이 실험에서 학습 주제는 중요하지 않다. 학습 방법론이 피학습자의 경험을 결정한다. 나는 능동학습이 이길 것이라고 기대했지만 그게 아니었다. 결과 데이터를 보면 실험 참가자들은 강의 방식으로 진행되는 교육을 더 많이 즐겼다.[10] 당신도 강의 방식으로 교육을 진행하는 강사를 더 유능하다고 평가할 것이다. 그리고 아마도 당신은 모든 물리학 강좌가 이런 식으로 진행되길 바란다고 말할 가능성이 높다.

그런데 생각해보면, 역동적인 강의의 매력은 놀라운 게 아니다. 여러 세대에 걸쳐서 사람들은 마야 안젤루(Maya Angelou) 같은 시인들, 존 F. 케네디(John F. Kennedy)나 로널드 레이건(Ronald Reagan) 같은 정치인들, 마틴 루서 킹 같은 설교자들, 그리고 리처드 파인먼 같은 교사들의 화려하고 매끄러운 수사를 찬양해왔다. 지금 우리는 사람들의 마음을 사로잡는 화법의 황금시대에 살고 있는데, 위대한 웅변가들은 유례가 없을 정도로 멀리까지 미치는 온갖 플랫폼에 몸을 담고 교육 활동을 한다. 예전에는 창의적인 사람들이 소규모 집단 안에서만 자기 방법론을 사람들에게 공유했지만, 지금은 이들이 유튜브나 인스타그램에서 몰고 다니는 구독자 수가 웬만한 나라의 인구수와 맞먹을 정도이다. 예전에는 목사가 교회에서 기껏해야 수백 명을 상대로 설교했지만, 지금은 거대 교회에서 인터넷을 이용해 수십만 명을 상대로 설교한다. 교수도 마찬가지이다. 예전에는 한 명씩 일일이 면담할 정도로 많지 않은 학생을 대상으로 강의했지만, 지금은 온라인 강좌를 통해 수백만 명에게 강의를 할 수 있다.

이런 강의가 즐거운 동시에 유익한 정보를 전달함은 분명하다. 그러나 문제는 과연 이것이 이상적인 교습 방식인가 하는 점이다. 물리학 강좌 실험에서 교육이 끝난 학생들을 대상으로 정역학과 유동체에 대해서 얼마나 많은 학습이 이루어졌는지 측정하는 시험을 치렀다. 학생들은 강의 방식을 상대적으로 더 많이 즐기긴 했지만 학습한 양은 강의 방식보다 능동학습 방식이 더 많았다. 능동학습 방식이 정신적인 노력을 더 많이 요구했고, 그랬기에 재미는 덜했지만 학습 대상을 보다 깊이 이해한 것이다.

오랜 세월 동안 나는 즐겁게 학습하면 그렇지 않을 때보다 더 많은 내용을 배운다고 믿었다. 그러나 위의 실험 결과는 내가 틀렸음을 입증했고 그렇게 나를 설득했다. 그때, 어린 시절에 내가 좋아하던 물리 교사가 머리에 떠올랐다. 우리가 교실에서 탁구를 쳐도 허허 웃으며 내버려둬서 우리 사이에서 인기가 좋긴 했지만 마찰계수 측정을 잘 하지 못한 교사였다.

능동학습은 물리학 바깥에서도 영향력을 행사한다. 어떤 메타분석 논문은 능동학습이 학생의 성취도에 미치는 영향을 알아보기 위해 과학, 기술, 공학, 수학, 즉 STEM(과학·기술·공학·수학) 학과의 학부생 총 4만 6,000명 이상이 실험에 참가한 총 225개 논문을 분석했다.[11] 능동학습 방법론에는 조별 문제 해결과 작업계획표 작성, 그리고 조별 지도 등이 포함되어 있었다. 전통적인 강의 방식의 강좌를 들은 학생은 능동학습 방식의 강좌를 들은 학생에 비해서 평균 약 0.5등급 낮은 점수를 받았다. 이 결과를 두고 연구자들은, 강의 방식의 강좌에서 낙제한 학생들이 능동학습 방식으로 강좌를 들었다면 350만 달러 넘는 등록금을 절약했을 것이라고 추정했다.

지루한 강의가 효과적이지 않은 이유를 알아내기란 어렵지 않다. 그러나 수강생의 눈과 귀를 사로잡는 강의라 하더라도 다소 덜 분명하고 더 걱정스러운 이유 때문에 얼마든지 효과가 떨어질 수 있다. 강의라는 방식은 수강생(혹은 청중)과의 대화나 이들의 반대 의견 제시를 원천적으로 차단한다. 즉 강의는 수강생을 능동적으로 생각하는 사람으로 만들기보다 수동적으로 정보를 받아들이는 사람으로 만든다. 위에서 언급한 메타분석에서 강의 방식은 잘못 알려져 있는 개념이 잘못되었음을 밝히는 것이 강의 내용일 때, 즉 학생들로 하여금 다시 생각하도록 유도해야 할 때 특히 효과가 떨어졌다. 그리고 여러 실험 결과를 보면, 말하는 사람이 어떤 사람들을 향해서 격려하는 메시지를 전달할 때 이 말을 듣는 사람들은 내용 자체에 주의를 덜 기울이며 그 내용을 쉽게 잊어버린다. 기억을 잘 해야겠다고 다짐하면서도 말이다.

사회과학자들은 이런 현상을 경외효과(awestruck effect)라고 부르지만,[12] 아연실색효과(dumbstruck effect)라고 부르는 게 더 정확하지 않을까 싶다.[13] '단상 위의 성인'은 흔히 새로운 생각을 사람들에게 설교하지만, 사람들 스스로 생각하는 방법을 가르쳐주는 경우는 드물다. 사려 깊은 강연자는 정확하지 않은 주장을 낱낱이 파헤쳐서 지적하고, 그런 주장 대신 어떤 것을 생각해야 할지 우리에게 알려줄지는 몰라도, 다시 생각하기를 밀고 나가는 방법을 반드시 일러주지는 않는다. 카리스마 넘치는 정치인은 우리를 어떤 정치적 주문의 포로가 되도록 사로잡는다. 그래서 우리는 그들의 어루만짐을 받기 위해, 혹은 그들 '종족'(배타적인 이념 집단이라는 뜻이다-옮긴이)과 손을 잡기 위해 그들의 뒤를 따른다. 어떤 주장이든 우리는 그 주장의 내용에 설득되어야지, 그 주장을 감싸고 있는 반짝이 포장에 사로잡혀서는 안 된다.

분명히 말하지만, 모든 교육에서 강의 방식을 걷어치우자는 말이 아니다. 나는 테드 강연 보는 걸 정말 좋아하며, 이 강의를 하는 게 얼마나 신나는 일인지도 잘 안다. 교사가 되면 어떨까 하는 내 호기심의 불꽃을 당긴 것도 멋진 강연을 들을 때였다. 또한 나는 강의실에서도 여전히 강의를 한다. 내가 문제라고 여기는 점은 중등교육 및 고등교육 과정에서 강의가 여전히 가장 중요한 교습 방식으로 자리 잡고 있다는 사실이다. 이 내용을 주제로 조만간 강의할 생각이니 기대하시라!

북아메리카에 있는 여러 대학교에서 STEM 과목 교수의 절반 이상이 교육 시간의 적어도 80퍼센트 이상을 강의 방식으로 진행하고, 25퍼센트 조금 넘는 교수가 쌍방향 소통을 하고 있으며, 20퍼센트에 못 미치는 교수가 능동학습이 포함된 학생 중심적인 교육 방법론을 사용한다.[14] 고등학교에서는 교사 절반이 교습의 전부, 혹은 거의 대부분을 강의 방식에 의존한다.[15] (중학교에서 교사가 능동학습 방식보다 강의 방식에 더 많은 시간을 들일 때, 학생들이 수학 및 과학 과목에서 보다 더 높은 점수를 받는다는 증거가 나와 있다.[16] 나이 어린 학생들에게는 강의 방식이 더 효과적이기 때문인지, 아니면 능동학습이 비효과적으로

"지금부터는 질문으로 위장한 보다 짧은 연설을 허용하겠습니다."

Steve Macone/The New Yorker Collection/The Cartoon Bank: © Condé Nast

진행되었기 때문인지는 현재 여전히 알 수 없는 상태로 남아 있다.) 강의가 언제나 최고의 학습 수단은 아니며, 강의만으로는 학생을 평생 학습자로 만들지 못한다. 만일 어떤 학생이 학교에서 교육받는 여러 해동안 오로지 정보를 주입받기만 하고 자기에게 주입되는 정보를 의심할 기회를 단 한 번도 가지지 못한다면 어떻게 될까? 이 학생은 분명 인생에 꼭 필요한 다시 생각하기의 여러 도구를 개발하지 못한 채사회에 첫발을 디딜 것이다.

반복의 믿을 수 없는 가벼움

대학생 시절에 놓쳐버려서 아쉬운 강좌가 딱 하나 있다. 철학자 로버트 노직(Robert Nozick) 교수의 강좌였다. 그가 했던 발상들 가운데 하나는 영화 〈매트릭스(The Matrix)〉 덕분에 유명해졌는데, 노직은 1970년대에 흥미로운 사고실험 하나를 했다. 사람들이 과연 현실에서의 삶을 지워버리는 대신에 무한한 즐거움을 주는 '경험 기계(The Matrix)'를 선택할 것인지 알아보는 실험이었다. (노직은 대부분의 사람은 그 기계를 발로 차버릴 것이라고 예측했다.[17] 사람들은 단지 경험하는 것이 아니라 어떤 것을 실행하고 어떻게 존재하는지를 소중하게 여기기 때문이며, 자기 경험을 인간이 상상할 수 있거나 시뮬레이션할 수 있는 것에만 제한하고 싶어 하지 않기 때문이라는 게 그 근거였다. 그런데 노직 이후의 철학자들은 만일 우리가 그 기계를 거부한다면 그런 이유 때문이 아니라, 익히 아는 현실에서 굳이 벗어나고 싶지 않다는 현상 유지

편향(status quo bias) 심리 때문이라고 주장했다. 이 가능성을 알아보기 위해서 그들은 전제를 바꾸고 실험을 진행했다. "어느 날 잠에서 깬 뒤에 문득 지금까지 살았던 모든 인생이 오래전에 선택했던 경험 기계의 결과임을 알았을 때, 당신은 그 경험 기계의 플러그를 뽑아버리겠는가, 아니면 계속 그 삶을 살아가겠는가?"라고 물은 것이다. 이 시나리오를 설정한 실험에서 응답자의 46퍼센트가 경험 기계가 제공한 삶을 계속 살아가겠다고 응답했다. 만일 경험 기계의 삶을 끊어버리면 모나코에서 억만장자 예술가라는 '실제 삶'을 살아갈 수 있다고 말했음에도 불구하고, 46퍼센트의 절반은 여전히 경험 기계의 삶을 살겠다고 했다. 많은 사람은 낯선 실제 세계보다 낯익은 가상 세계를 버리지 못하는 것 같다. 그게 아니면 미술이니 부자니 모나코니 하는 것들을 싫어하기 때문일지도 모르고…) 노직은 강의실에서 자기만의 경험 기계 버전을 만들어냈다. 해마다 줄기차게 새로운 수강생들을 가르치며 사는 것이 그에게는 자기만의 경험 기계 버전이다. "나는 나의 그 강좌를 통해서 생각을 이어가는 중이다"라고 그는 말했다.[18]

노직은 진실에 대한 강의를 했고, 그다음에는 철학과 신경과학을 강의했으며, 세 번째는 소크라테스와 부처, 그리고 예수에 대해 강의했고, 네 번째는 생각에 대해서 생각하는 것을 주제로 강의했고, 다섯 번째는 러시아 혁명을 다룬 강좌에서 학생들을 가르쳤다. 그는 40년 동안 강의하면서 딱 한 수업만 두 번 가르쳤다. 멋진 인생을 다루는 강좌였다. 그의 설명은 이랬다. "완벽하게 광택이 나고 잘 만들어진 번드르르한 의견을 학생들에게 제시한다고 해서 철학에서 자기만의 독창적인 작업을 한다거나 그 작업의 결과를 바라보는 것이 어떤 느낌인지 학생들에게 알려줄 수는 없다."[19] 나는 노직의 강의를 듣고 싶었지만 들을 수 없었다. 노직이 암으로 사망했기 때문이다.

노직의 접근법에서 내가 정말 고무적이라고 본 것은, 학생들이 그에게서 가르침을 받는 것에 그 자신이 만족하지 않았다는 점이다. 그는 학생들이 자기와 함께 배우기를 원했다. 새로운 주제를 놓고 씨름할 때마다 그는 그 주제와 관련된 기존의 자기 견해를 다시 생각할 기회를 학생들 덕분에 누릴 수 있었다. 노직은 가르침의, 또한 배움의 낯익은 방법론을 새롭게 수정·보완하는 작업에 관한 한 멋진 롤모델이었다. 누군가를 가르치기 시작할 무렵에 나는 그가 지켰던 원리들을 적용하고 싶었다. 나는 한 학기 동안 설익은 내 생각만 학생들에게 일방적으로 던지고 싶지 않았고, 그래서 노직을 벤치마킹했다. 즉 해마다 강의 내용의 20퍼센트를 버리고 새로운 내용을 채워 넣기로 한 것이다. 이렇게 해서 만일 내가 해마다 새로운 생각을 한다면 나와 학생들 모두가 다시 생각하기를 시작할 수 있는 것이다.

그러나 나머지 80퍼센트 때문에 내가 잘못하고 있음을 깨달았다. 나는 2학년과 3학년 학생들에게 한 학기에 걸쳐서 조직행동론을 가르치고 있었다. 나는 학생들에게 증거를 제시할 때 학생들이 그 증거를 다시 생각할 여유를 주지 않았다. 이것이 나의 문제였다. 이 문제를 놓고 여러 해 동안 씨름한 끝에 마침내 나는, 다시 생각하기를 가르칠 수 있는 새로운 과제를 만들 수도 있겠다는 생각이 어렴풋이 떠올랐다. 나는 학생들을 조별로 나눈 다음에 각자 자기만의 미니 팟캐

스트나 미니 테드 강연을 기록하게 했다. 그들에게 주어진 과제는 인기 있는 관행에 의문을 제기하거나 그동안 옳다고 여겨왔던 것들에 반하는 발상을 주장하거나, 혹은 그 강좌를 듣는 학생들이 모두 동의하고 있던 어떤 원칙에 문제를 제기하는 것이었다.

학생들이 이 작업을 시작할 때 나는 놀라운 패턴 하나를 발견했다. 이 작업을 가장 힘들어 하던 학생들은 연속으로 A 학점을 받은 완벽주의자들이었던 것이다. 완벽주의자들은 비록 다른 학생들에 비해 성적을 더 잘 받을 가능성이 높긴 하지만,[20] 실제로 현장에서 업무를 수행할 때는 다른 동료들에 비해 더 높은 성과를 내지는 않는다.[21] 이런 사실은 증거로도 확인되었는데, 폭넓은 산업 분야를 놓고 볼 때 성적은 업무 성과를 예측할 수 있는 강력한 지표가 되지 않는다.[22]

학교에서 좋은 성적을 받으려면 옛날 방식의 생각하기에 통달해야 한다. 그러나 영향력 있는 경력을 쌓는 데는 새로운 방식의 생각하기가 필요하다.[23] 눈부신 업적을 쌓은 건축가들을 대상으로 한 어떤 고전적인 연구에서 가장 창의적인 건축가 집단은 학교에 다닐 때 평점 평균 B를 받았다.[24] 이에 비해서 줄곧 A 학점만 받았던 학생들은 틀리지 말아야 한다는 생각에 너무 사로잡힌 나머지 기존의 원칙을 다시 생각하는 위험을 무릅쓰지 않는 경향을 보였다. 이와 비슷한 패턴은 학교를 수석으로 졸업한 사람들을 대상으로 한 연구에서도 나타났다. 이와 관련해서 교육학자 카렌 아놀드(Karen Arnold)는 다음과 같이 설명했다.

"졸업생 대표가 나중에 선지자가 될 가능성은 많지 않다. 이들은 기존 체제를 뒤흔들기보다 거기에 안주하는 경향이 있기 때문이다."[25]

바로 이런 모습을 나는 연속으로 A 학점을 받은 학생들에게서 보았다. 그들은 자신이 혹시라도 틀릴지 모른다는 생각에 전전긍긍했다. 나는 이 학생들에게 위험을 무릅쓸 강력한 동기를 불어넣으려고 최종 점수의 20퍼센트를 그 과제로 평가하겠다고 했다. 게임의 규칙을 바꾼 셈이었다. 이제 학생들은 생각의 반복이 아니라 다시 생각하기를 해야만 보상받을 수 있게 되었다. 나는 이 보상 체계가 효과가 있을지 확신하지 못했다. 그러나 연속 A 학점을 받은 세 학생이 속한 조의 결과를 보고 확신했다. 그들은 테드 강연과 관련된 몇 가지 문제를 미니 테드 강연에 담았는데, 짧은 주의집중 기간을 강화하는 위험 및 깊은 통찰보다는 피상적인 번드르르함을 우선시하는 위험을 지적한 내용이었다. 그들의 발표가 너무도 사려 깊고 재미있어서 그 미니 테드 동영상을 전체 학생에게 보여주었는데, 그들이 진지한 표정으로 다음과 같이 말하는 것을 보면서 우리는 깔깔거리며 웃었다.

"만일 여러분이 흠잡을 데 없이 매끈하게 말을 잘하는, 해답을 추종하는 현재의 경향을 과감하게 거스르겠다는 용기를 가졌다면 지금 당장 이 동영상을 끄는 게 옳습니다. 그리고 우리처럼 실질적이고 현실적인 조사를 해야 합니다."

나는 그때부터 이 동영상을 해당 강좌의 모범적인 표본으로 삼았다. 그다음 해에 나는 이 강좌의 내용과 포맷을 한 번 더 다시 생각하고 싶었다. 통상적인 세 시간 연속 강의에서 나는 20분에서 30분만 강의 방식으로 진행했고, 나머지는 학생들이 능동학습을 하도록 했다. 학생들이 시뮬레이션 속에서 의사결정을 하고, 역할을 나누어서 협상을 한 다음에는 학생과 교수가 함께 보고-토론-논박-문제 해결이라는 과정을 거쳤다. 그런데 그 강좌를 마치 공식적인 계약처럼 다룬 것이 내 실수였다. 9월에 강좌를 마쳤을 때, 그 강좌는 마치 돌에 새기듯이 확정적인 것처럼 되어버렸다. 나는 그것을 바꿀 때가 되었다고, 즉 학생들이 그 강좌의 구조 자체를 다시 생각하도록 할 때가 되었다고 판단했다.

다음 학기 강좌에서 나는 세 시간짜리 하루 강의를 그 어떤 계획도 없이 일부러 완전히 비워두었다. 그리고 학기가 중간쯤 진행되었을 때 학생들이 조별로 나뉘어서 그 하루를 어떻게 보내는 게 좋을지 멋진 아이디어를 짜고 발표하게 했다.

가장 인기가 좋았던 것은 로런 매캔(Lauren McCann)의 아이디어였다. 로런은 다시 생각하기가 유용한 기술임을 깨닫는 데 도움이 될 만한 창의적인 단계 하나를 제시했다. 사실 그 기술은 학생들이 이미 학교에서 사용하던 것이었다. 그녀는 자신의 급우들에게 1학년 때의 자기 자신에게 편지를 보내서 그때 알았으면 좋았을 것이 무엇인지 쓰도록 했다. 학생들은 신입생이던 과거의 자신에게, 불확실성이 가장 적다는 이유만으로 가장 먼저 선택한 전공과목만 고집할 게 아니라 다른 전공과목에 마음을 열어두라는 조언과 격려의 말을 적었다. 학점에 얽매이지 말고 인간관계를 소중하게 여기라고도 했고, 높은 연봉과 많은 특권이 보장되는 직업에 너무 일찍 목을 매지 말고 다른 분야도 두루 알아보라고도 했다.

로런은 수십 명의 학생들에게서 이 편지를 수집한 뒤 '펜실베이니아 신입생 여러분에게(Dear Penn Freshmen)'라는 웹사이트를 개설했다.[26] 놀랍게도 이 웹사이트는 문을 연 지 만 하루 만에 1만 명이 넘는 방문객이 쇄도했다. 또한 다른 여섯 개 대학교가 이와 비슷한 웹사이트를 열어 전공과목 선택을 비롯해서 인간관계 및 직업과 관련된 선택에 대해 학생들이 다시 생각할 수 있도록 도왔다.

이런 실천은 학교라는 범위를 넘어서 외부로까지 확장될 수 있다. 인생에서 어떤 전환점에 다가서든 간에(첫 직장을 선택할 때, 재혼할 때, 혹은 셋째 아이를 가질 때 등) 우리는 잠시 멈춰 서서 다른 사람들에게 이렇게 물어볼 수 있다. "당신이 그 경험을 하기 전에 진작 알았으면 좋았겠다 싶은 게 무엇인가요?" 누구든 어떤 경험을 하고 나서 그 경험을 뒤로 두고 나면, 진작에 다시 생각했어야 했지만 그렇게 하지 못한 것

"글을 쓰는 것은 의사소통이다. 불을 밝히는 것이다. 발견이다. 다시 쓰는 것이다."

들을 아직 그것을 경험하지 않은 다른 사람에게 알려줄 수 있다.

최고의 학습법은 남을 가르치는 것이라고들 한다.[27] 비워두었던 하루 강의 시간을 어떻게 채울지 학생들에게 설계해보라고 했을 때, 비로소 나는 학생들이 서로에게 (또 나에게) 얼마나 많은 것을 가르쳐야 했을지 (또 앞으로 가르쳐야 할지) 온전하게 이해했다. 그들은 자기가 배운 내용뿐만 아니라 자기가 배울 수 있었던 대상까지도 다시 생각하고 있었던 것이다.

그리고 다음 해, 이 강좌에서 학생들이 가장 좋아했던 아이디어가 이 강좌의 다시 생각하기를 한 걸음 더 나아가게 했다. 자기가 정말 좋아하는 것을 다른 학생들에게 가르치는 '열정 강연(passion talks)'의 날을 준비하는 것이었다. 우리는 그 강의를 통해 비트박스 연주법을 배웠고, 자연에 딱 맞게 어울리면서도 알레르기로부터 한결 안전한 건물을 설계하는 법을 배웠다. 그 이후로 학생들이 서로의 열정을 나누는 것이 그 강좌 내용의 한 부분으로 자리 잡았다. 모든 학생이 자신을 다른 학생들에게 소개하는 방식으로 열정 강연을 했다. 그리고 해마다 학생들은, 이 열정 강연이 강의실에 높은 수준의 호기심을 불어넣었고, 그 덕분에 동료 학생들이 뿜어내는 통찰을 열정적으로 빨아들일 마음의 준비를 갖추게 되었다고 말한다.

조잡하기만 한 초안

교육 분야에서 개척자적인 사람들 몇 명에게 그들이 여태까지 만나본 사람들 가운데서 최고의 교사가 누구인지 물었을 때, 그들이 한목소리로 지명한 사람이 있었다. 론 버거(Ron Berger)였다. 론이 어떤 사람이냐 하면, 만일 누군가 론을 저녁 식사 자리에 초대한다면 그는 식탁 앞에 놓인 의자들 가운데 하나가 조금 삐거덕거리는 걸 알아차리고는 주인에게 연장이 있는지 물어본 뒤, 바로 그 자리에서 그 의자를 고쳐주는 그런 사람이다.

론은 교사 경력 대부분을 맨체스터의 시골 공립 초등학교에서 보냈다. 그를 돌봐주는 간호사나 배관공, 그 지역의 소방관들 모두 그가 예전에 가르친 제자들이었다. 주말이나 여름방학에는 목수로 일한 그는, 학생들에게 탁월한 윤리를 가르치는 일에 평생을 바쳤다.[28] 그의 경험에서 보자면, 어떤 기술을 습득해서 통달한다는 것은 자신이 가진 생각을 끊임없이 수정하는 과정이다. '실제로 직접 해보는 손재주'라는 발상은 그가 가지고 있었던 교습 철학의 토대였다.

론은 자신이 가르치는 학생들에게 발견의 기쁨을 경험하게 해주고 싶었다. 그래서 처음부터 완성된 형태의 지식을 학생들에게 주입하지 않았다. 그는 학년 초에 학생들에게 '고심해야 할 과제들(grapples)', 즉 단계적으로 차근차근 해결해야 할 문제들을 제시했다. 이 접근법은 '스스로 생각하고, 다른 사람과 짝을 짓고, 생각을 공유하는(think-pair-share)' 방식이었다. 즉 처음에는 아이 혼자서 따로 시작하고, 자기의 생각을 소집단에서 함께 수정·보완한 뒤에, 이렇게 해서 정리된 생각을 전체 학생들 앞에서 발표해 문제의 해결책을 함께 마련했다. 예를 들어서 론은 기존의 동물 분류 체계를 미리 알려주지 않고 아이들이 먼저 분류 체계를 만들어보게 했다. 어떤 아이들은 동물이 육지에서 걸어 다니는지, 물에서 헤엄치는지, 혹은 하늘을 날아다니는지에 따라서 동물을 분류했고, 어떤 아이들은 색깔이나 크기, 혹은 먹이를 기준으로 동물을 분류했다. 학생들은 이런 학습 과정을 통해 과학자들은 여러 가지 선택권을 놓고 선택할 수 있으며, 그들이 설정한 틀은 어떤 점에서는 유용하지만 어떤 점에서는 주관적이고 임의적이라는 사실을 배웠다.

아이들은 복잡한 문제에 맞닥뜨리면 혼란스러워한다. 이럴 때 교사는 아이들을 최대한 빨리 그 혼란스러움에서 구출해서, 혹시라도 아이들이 어찌할 바를 모르고 쩔쩔매거나 자기가 무능하다고 느끼지 않도록 도와주고 싶어 한다. 그러나 열려 있는 마음의 여러 특징 가운데 하나는 호기심과 흥미로 혼란에 대응하는 것이라고 심리학자들은 확인했다.[29] 한 학생은 이것을 "나에게는 혼란의 시간이 필요합니다"라고 웅변적으로 표현했다.[30] 혼란스러움은 새롭게 탐구할 영역이 있다는 단서, 혹은 풀어야 할 참신한 수수께끼가 있다는 하나의 단서가 될 수 있다.[31]

론은 혼란스러움을 애초부터 지워버리는 수업에는 만족하지 않았다. 그는 학생들이 혼란스러움을 끌어안길 바랐다. 그가 가졌던 전망은 DIY(Do It Yourself) 공예 작업에서처럼 학생들이 자기 학습의 주인이 되는 것이었다. 그는 과학자처럼 생각하도록 학생들을 격려하는 것에서부터 시작했다. 어떤 문제를 포착하고 가설을 세우고 가설을 검증할 자기만의 실험을 설계하게 한 것이다. 그랬기에 6학년 학생들은 동네 주택에서 라돈 가스(우라늄이 자연 붕괴할 때 발생하는 방사성 가스 - 옮긴이)가 발생하는지 검사하려고 동네를 직접 돌아다녔다. 3학년 학생들은 양서류 동물의 서식지 지도를 직접 만들었고, 1학년 학생들은 달팽이를 기르면서 140가지가 넘는 먹이 가운데서 달팽이가 좋아하는 먹이가 무엇인지 조사했다. 또한 뜨거운 곳을 좋아하는지 차가운 곳을 좋아하는지, 밝은 곳을 좋아하는지 어두운 곳을 좋아하는지, 축축한 곳을 좋아하는지 마른 곳을 좋아하는지도 조사했다.

론은 건축 시간과 공학 시간에는 학생들이 각자 원하는 집의 청사진을 만들게 했다. 그가 학생들에게 적어도 네 개의 서로 다른 초안을 만들라고 했을 때, 다른 교사들은 나이가 어린 학생일수록 그 과제가 어려워 금방 싫증을 낼 것이라고 경고했다. 하지만 그는 이런 경고에 동의하지 않았다. 이런 교육안을 유치원생과 1학년 학생을 대상으로 한 미술 시간에 이미 검증했기 때문이다. 그는 학생들에게 그저 집을 그려보라고만 말하지 않고 이렇게 일렀다.

"자, 지금부터 우리는 어떤 집을 그릴 건데 서로 다른 네 개의 버전으로 그려볼 거야."

어떤 아이들은 거기에서 그치지 않았다. 많은 아이가 초안을 여덟 개, 혹은 열 개씩 그렸다. 급우들은 친구들의 이런 노력에 응원을 보냈다. 당시를 회상하면서 론은 나에게 이렇게 말했다.

"뛰어나다는 건 다시 생각하기, 다시 작업하기, 그리고 반짝반짝 광내기를 뜻합니다. 아이들이 처음으로 돌아가서 그림을 그릴 때, 그들은 조롱이 아니라 박수를 받는다고 느껴야 합니다. … 얼마 지나지 않아서 아이들은, 내가 두 개 이상의 버전을 그리지 못하게 하자 불평하기 시작했죠."

론은 자기 학생들이 다른 아이들의 인풋을 토대로 자신의 생각을 수정하도록 가르치고 싶었다. 그래서 그는 한 학급 전체를 하나의 도전 네트워크(challenge network)로 만들었다. 매주 (때로는 매일) 학급 전체가 모여서 과제 비평(critique session)을 수행했다. 한 가지 방식은 갤러리 비평이었다. 론은 모든 학생의 작업 결과를 교실에 전시하고, 학생들이 둘러보게 한 다음에 어떤 것이 뛰어난지, 그 이유가 무엇인지 토론하게 했다. 이 방식은 미술 과제나 과학 과제뿐만 아니라, 쓰기 과제에서는 문장 하나, 혹은 단락 하나를 놓고 시행되기도 했다. 또 다른 방식은 심화 비평이었다. 이때는 개인이나 소집단이 제출한 단 하나의 과제물만 놓고 집중적으로 평가했다. 과제를 제출한 개인이나 소집단은 이 과제물이 무엇을 목표로 삼았는지, 도움이 필요한 부분이 어디인지 설명했으며, 론은 어떤 부분을 어떻게 하면 과제를 보다 더 발전시킬 수 있을지에 초점을 맞추어서 아이들의 토론을 유도했다.

그는 아이들이 해당 과제에 전문적이고 친절하게 접근하도록 유도했다. 즉 과제물을 낸 사람이 아니라 과제물 그 자체를 비평하라고 일렀던 것이다. 그는 아이들에게 객관적인 평가가 아니라 각자의 주관적인 견해를 서로 나누는 것이므로 반드시 "이건 좋지 않아"라고 말하지 말고 "나는 이러저러하게 생각해"라고 말해야 한다고, 즉 전도사나 검사처럼 행동해서는 안 된다고 일렀다. 또한 그는 아이들이 겸손함과 호기심을 드러내도록 유도했다. 예를 들면 무언가를 제안할 때 "나는 그렇게 한 이유를 꼭 듣고 싶어"라거나 "이러저러한 점은 생각해봤어?"라는 형식으로 질문하게 했다.

하지만 학급 아이들은 과제물을 단지 비평만 하지 않았다. 아이들은 탁월함이 어떤 것인지 날마다 토론했다. 새로운 과제가 나올 때마다 아이들은 스스로 정한 기준을 조금씩 높여나갔다. 자기가 제출한 과제물을 다시 생각하면서 자신이 설정한 기준을 끊임없이 다시 생각하는 방법을 배운 것이다. 론은 아이들이 기준을 점점 높여가도록 돕기 위해 정기적으로 외부 전문가들을 교실로 초빙했다. 지역에 거주하는 건축가나 과학자가 직접 아이들은 과제물을 평가했으며, 아이들은 그들이 가진 원칙과 그들이 사용하는 용어를 자신들의 토론에 녹여 넣었다. 이런 과정을 거쳤으므로 이 아이들은 중학교와 고등

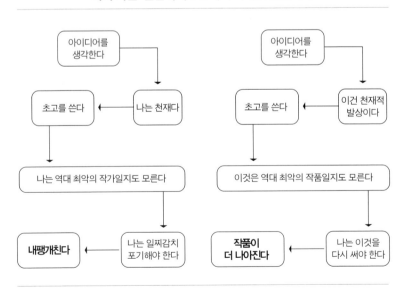

자기 자신 판단하기 vs. 자기 과제물 판단하기

학교에 진학한 뒤에도 론의 학급을 찾아가서 자기가 한 작업에 대해 비평을 요청했고, 이것은 전혀 이상한 일이 아니었다.

론을 만나서 이야기를 나누고 나자 나도 초등학교 때 그에게서 배웠으면 얼마나 좋았을까 하는 생각이 들었다. 나에게 예외적일 정도로 훌륭한 교사가 없었기 때문이 아니었다. 론이 조성했던 학급 분위기를, 모든 학생이 자기 자신 및 다른 아이들의 생각을 의심하는 데 몰두하는 그런 분위기를 단 한 번도 경험하지 못했기 때문이다.

론은 지금 강연하고 글을 쓰고 하버드대학교에서 교사들을 위한 강좌를 진행하는 한편, 여러 학교를 상대로 컨설팅 작업을 하면서 지낸다. 그는 학교 현장에서 교습이 어떻게 진행되는지 리이매지닝(reimagining, 재상상·재해석)하는 기관 엘에듀케이션(EL Education)의 선임연구관이다. 론과 그의 동료들은 150개 학교와 직접 연계해 작업하고 있으며 수백만 명의 학생이 공부하게 될 교과목을 개발한다.

엘에듀케이션과 연계된 아이다호의 한 학교에 다니는 학생 오스틴은 과학적으로 정확한 나비 그림을 그리라는 과제를 받았다.[32] 다음은 오스틴이 과제를 받고 나서 그린 첫 번째 그림이다.

첫 번째 그림

오스틴의 급우들은 비평단을 조직했다. 이 비평단은 오스틴에게 날개 형태를 바꾸는 것과 관련된 두 차례의 제안을 했고, 오스틴은 두 번째와 세 번째 그림을 그렸다. 비평단은 다시 두 날개가 똑같지 않으며 다시 둥글어졌다고 지적했다. 오스틴은 실망하지 않고 네 번째 그림을 그렸고, 다음번 비평 자리에서 비평단은 날개에 문양을 그려 넣으면 어떨까 제안했다.

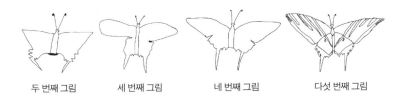

두 번째 그림　　　　세 번째 그림　　　　네 번째 그림　　　　다섯 번째 그림

오스틴은 마지막 그림에 색깔을 넣었다. 론이 오스틴의 완성된 나비 그림을 전체 학급 아이들에게 보여주자 아이들은 오스틴이 거둔 놀라운 성취와 발전에 감탄했다.

마지막 그림

나 역시 감탄했다. 왜냐하면 오스틴은 겨우 1학년밖에 되지 않은 어린 학생이었기 때문이다.

여덟 살밖에 되지 않는 아이가 이런 변화와 발전 과정을 거치는 것을 보고 나는 아이들이 다시 생각하기와 새롭게 고치기를 얼마나 편안하게 받아들이는지 다시 한 번 생각했다. 그때 이후로 나는 우리 아이들에게도 그림을 그릴 때는 여러 차례에 걸쳐서 초안을 잡도록 권하고 있다. 아이들은 자기가 그린 조잡한 초안을 벽에 걸어두고 무척 좋아했는데, 마지막 네 번째 그림은 그것보다 훨씬 더 자랑스러워했다.

론의 지도를 받으며 나비를 그리는 법을 배운다거나 에린의 지도를 받으며 교과서를 새로 쓰는 경험을 한 사람은 많지 않을 것이다. 그러나 우리 모두에게는 이들처럼 누군가를 더 잘 가르칠 기회는 있다. 누구를 가르치든 우리는 각자의 삶 속에서 겸손함을 더 많이 보이고 호기심을 더 많이 드러내면서 아이들을 발견의 기쁨으로, 무엇보다 전염성이 강한 발견의 기쁨으로 인도할 수 있다.

좋은 교사는 새로운 생각으로 인도하지만 위대한 교사는 새롭게 생각하는 방식으로 인도한다고 나는 믿는다. 어떤 교사의 지식을 어떤 학생이 수집하면 이 학생은 그날의 과제를 해결하는 데 도움을 받을 수 있겠지만, 어떤 교사의 생각하는 방식을 이해하면 인생의 과제를 헤쳐나가는 데 도움을 받을 수 있다. 궁극적으로 보자면 교육은 머리에 이런저런 정보를 쌓는 게 다가 아니다. 그 이상이다. 교육은 자기가 그린 그림이나 쓴 글을 계속 수정하면서 만들어나가는 습관이자 학습을 계속 이어나가기 위해 우리가 쌓아 올리는 기술이다.

10장

그것은 우리가 늘
해오던 방식이 아니다

직장에 학습 문화를 구축하다

□ □ □

만약 사람이 없다면 지구는 엔지니어의 천국이 될 것이다.

커트 보니것(Kurt Vonnegut)[1]

스쿠버 다이빙에 푹 빠져 있던 루카 파르미타노(Luca Parmitano)에게 익사의 위험은 낯설지 않았다. 하지만 우주 공간에서 그런 위험에 맞닥뜨리게 될 것이라고는 생각도 하지 않았다.

루카는 국제우주정거장으로 가는 긴 여행을 마친 역대 최연소 우주비행사가 되었다. 2013년 7월, 서른여섯 살이던 이탈리아인 우주비행사 루카는 생애 최초의 우주유영을 마쳤다. 여섯 시간에 걸쳐서 실험을 진행했고, 장비를 옮겼으며, 전원 케이블과 데이터 케이블을 설치했다. 그리고 일주일 뒤에 루카와 또 다른 우주비행사 크리스 캐시디(Chris Cassidy)는 지난번에 하던 일을 마저 하고 보수 작업도 하려고 두 번째 우주유영에 나섰다. 두 사람이 에어록(airlock, 항공기나 잠수함 등의 기밀실 – 옮긴이)에서 나갈 준비를 막 마쳤을 때 약 400킬로미터 아래로 지구가 보였다.

그리고 두 사람은 우주에서 44분을 보냈다. 그런데 그 순간에 루카는 이상하게도 목 뒤가 축축해진다고 느꼈다. 어디에서 물이 새는지 정확하게 알 수 없었다. 하지만 그건 작은 문제가 아니었다. 마이크나 이어폰 장치에 쇼트가 일어나서 통신이 끊어질 수도 있었다. 루카는 휴스턴에 있는 통제실로 이 문제를 보고했다. 크리스는 땀을 흘리는 게 아니냐고 물었다. 루카는 이렇게 대답했다.

"땀을 흘리긴 흘리지. 그렇지만 물의 양이 많아. 그리고 이 물은 다른 데로 흘러가지 않아. 그냥 내 스누피캡에 고인단 말이야. 그냥 참고로 알아두라고 하는 말이야."

루카는 그렇게만 말하고 하던 일을 했다.

우주유영 작업 책임자 카리나 에버슬리(Karina Eversley)는 무언가 잘못되었음을 알았다. '이건 정상이 아니야!' 그렇게 생각한 카리나는 루카에게 발생한 문제의 원인을 밝혀낼 팀을 꾸렸다. 액체의 양이 점점 늘어나고 있는가? 루카는 늘어나는지 어떤지 알 수 없었다. 그게 물이라고 확신하는가? 루카는 혀를 내밀어서 헬멧 안에서 찰랑거리는 액체를 맛보았다. 금속성의 맛이 느껴졌다.

통제실에서는 우주유영 작업을 중단하라고 지시했다. 루카와 크리스는 따로 떨어져서 각자의 안전줄(우주복과 우주선을 연결하는 줄 – 옮긴이)을 잡고 에어록으로 향해야 했다. 그런데 루카가 안테나를 잡으려고 몸을 뒤집는 순간, 시야가 뿌옇게 변했고 코로 숨을 쉴 수 없었다. 물방울들이 그의 눈을 덮고 콧구멍을 막았던 것이다. 헬멧 안에서는 물이 계속 불어났고, 만일 수면이 입까지 닿으면 그는 익사할 수도 있었다. 그의 유일한 희망은 최대한 빨리 에어록으로 돌아가는 것이었다. 해가 지고 있었으므로 온통 어둠이었다. 오로지 작은 헤드라이트 하나만이 그가 가야 할 길을 비춰주었다. 그런데 그때 통신이 끊어져버렸다. 자신의 목소리는 물론이고 다른 누구의 목소리도 들리지 않았다.

루카는 오로지 기억에 의존해서, 그리고 안전줄의 팽팽함 정도를 가늠해서 가까스로 에어록의 외부 해치로 돌아왔다. 하지만 절체절명의 위험은 여전했다. 헬멧을 벗기 전에 크리스가 해치의 문을 닫아서 기압을 맞출 때까지 기다려야 했던 것이다. 긴박한 침묵 속에서 몇 분의 시간이 흐르는 동안, 루카가 과연 살아남을 수 있을지 어떨지는 분명하지 않았다. 마침내 그가 헬멧을 벗었을 때 헬멧에는 약 1.5리터나 되는 물이 들어 있었다. 하지만 다행히 그는 살아남았다. 이 사건은 여러 달이 지난 뒤에 "나사 역사상 가장 기묘한 우주복 불량 사건"으로 불렸다.[2]

그 뒤로 기술적인 보완이 빠르게 이어졌다. 우주복 기술자들이 물이 새는 위치를 추적해서 보완했고, 스노클처럼 생긴 호흡관을 우주복에 추가하고, 헬멧 안으로 스며든 물을 빨아들이는 패드를 덧댔다. 그러나 가장 큰 실수는 기술의 문제가 아니었다. 그건 바로 사람의 문제였다.

일주일 전에 루카가 첫 번째 우주유영을 마치고 돌아왔을 때, 그는 자기 헬멧에 물방울이 몇 개 맺힌 것을 보았다. 그와 크리스는 이 물방울이 우주복에 장착된 식수통에서 새어 나온 것이라고 생각했고, 휴스턴의 통제센터 사람들도 두 사람의 판단에 동의했다. 안전을 위해서라면 식수통을 교체해야 했다. 그러나 그 사실을 확인하는 것만으로 상황은 끝나버렸다.

우주정거장의 기관장 크리스 한센(Chris Hansen)은 루카의 우주복에 어떤 문제가 있었는지 조사에 나섰다. 그는 나와의 개인적인 인터뷰 자리에서 "헬멧에 소량의 물이 발생한 것을 아무렇지도 않은 것으로 치부하고 넘어갔던 것이죠"라고 말했다. 우주정거장에 머물던 사람들은 "식수통에서 물이 샌다는 인식, 이 인식을 깊이 파고들지 않은 채로, 내릴 수 있었던 그럴듯한 설명을 곧이곧대로 받아들이게 만든 것"이 문제였다고 말했다.

루카가 경험한 이 무서운 공포는 NASA가 다시 생각하기에 실패함으로써 끔찍한 재앙을 부른 최초의 사건이 아니었다. 1986년에 우주왕복선 챌린저호는 오링(O-ring)이라는 둥근 형태의 고무 패킹이 낮은 온도에서 딱딱하게 굳어서 제대로 기능하지 못할 수도 있다는 위험을 그저 피상적으로만 분석한 결과, 발사 직후에 폭발했다. 오링 불량은 발사를 중단할 수 있는 조건이었음에도 불구하고 NASA는 그 부품이 지난 여러 차례의 비행에서 아무런 문제도 발생시키지 않았다는 사실에만 초점을 맞추었다. 하지만 발사 당일의 날씨가 이례적으로 추워지면서 로켓 추진체의 연결 부위를 감싸고 있던 오링이 제

역할을 하지 못했고, 그 바람에 뜨거운 가스가 새어나와 연료 탱크를 태우는 바람에 일곱 명의 우주비행사는 목숨을 잃었다.

2003년에 우주왕복선 콜롬비아호도 비슷한 환경에서 폭발했다. 콜롬비아호가 이륙한 직후에 지상에 있던 팀은 기체에서 거품이 형성되어서 떨어지는 현상을 포착했다. 그러나 관계자 대부분은 이것을 중요한 문제가 아니라고 여겼다. 과거에도 이와 비슷한 일이 몇 번 있었지만 사고로 이어지지 않았기 때문이다. 그들은 그 가정 자체를 다시 생각하는 데 실패한 채로, 그저 다음 차례의 비행을 위해서 왕복 비행에 소요되는 시간을 줄이려면 우주왕복선을 어떻게 수리해야 할지에 대해서만 토론했다. 그러나 거품이 새는 현상은 치명적인 문제였다. 이 거품이 날개의 앞쪽 끝부분에 손상을 일으켰고, 이 손상으로 대기권 재진입 때 뜨거운 가스가 우주선 날개로 스며들었으며, 결국 다시 일곱 명의 우주비행사가 목숨을 잃었다.

다시 생각하기는 단지 개인의 기술이 아니다. 이것은 집단의 역량이며 조직 문화에 따라서 크게 좌우된다. NASA는 오랜 세월 동안 성과주의 조직 문화의 표본이었다. NASA에서는 그 어떤 가치보다 실행의 우수성이 높은 가치로 꼽혔다. 비록 NASA가 놀라운 업적을 쌓긴 했지만, 곧 과도한 확신 사이클의 희생자 신세가 되고 말았다. 사람들은 자신이 표준으로 삼는 운영 절차에 자부심을 가지고, 자신이 늘 해오던 과정에 확신을 가지며, 자신이 내린 결정이 결과를 통해서 타당성을 인정받았다고 우쭐하는 순간, 다시 생각하기의 기회를 놓쳐버리고 만다.

다시 생각하기는 학습을 중시하는 문화(learning culture)에서 보다 더 쉽게 나타나는데, 이 문화에서는 성공이 핵심적인 가치이며 다시 생각하기 사이클이 당연한 과정이기 때문이다. 이 학습 문화에서는 사람들이 자기가 무언가를 알지 못한다는 것을 아는 것, 기존의 관행을 의심하는 것, 새로운 시도에 대해 호기심을 갖는 것이 표준이다. 학습 문화에서는 조직이 보다 더 많이 혁신하며[3] 실수가 보다 더 적게 나타난다는 사실이 이미 확인되었다.[4] 나는 NASA와 게이츠재단에서 변화의 중요성을 공부하고 조언한 뒤에 학습 문화는 심리적 안정성 및 책임성이 특정한 조합을 이룰 때 활짝 꽃을 피운다는 사실을 배웠다.

나는 실수한다, 고로 나는 배운다

여러 해 전에 엔지니어였다가 경영학 교수로 변신한 에이미 에드먼슨(Amy Edmondson)은 의료 실수 예방 분야에 관심이 생겼다. 그녀는 병원 한 곳을 찾아가서 직원들이 각자 자기가 속한 팀에서 심리적 안정성을 얼마나 느끼는지 조사했다. '당신은 처벌의 두려움 없이 모험을 감수하는가?'가 핵심적인 설문이었다. 그다음에 그녀는 잘못된 처방약이 치명적인 결과를 초래한 사례들을 추적하면서 각 팀이 저지르는 의료 실수의 숫자 관련 데이터를 모았다. 그런데 결과를 확인하고는 깜짝 놀랐다. 심리적 안정성이 높은 팀일수록 실수의 비율이 높았던 것이다.

그 결과만으로 보자면 심리적 안정성이 무사안일주의를 낳을 수 있다는 뜻이었다.[5] 어떤 팀 안에서 신뢰의 뿌리가 깊을 때 사람들은 자기 동료가 하는 일을 의심하지 않거나 자기가 하는 일을 이중 점검할 필요성을 덜 느낄지도 모른다.

그러나 에드먼슨은 곧 그 데이터에 중대한 결함이 있음을 알아차렸다. 각 팀에서 발생한 실수는 팀원들이 스스로 보고한 실수였는데, 그녀는 실수의 횟수와 관련된 오염되지 않은 데이터를 확보하기 위해 비밀 관찰자를 각 팀 안으로 잠입시켰다. 이렇게 해서 얻은 자료를 분석하자 놀라운 결과가 드러났다. 심리적으로 안정감을 느끼는 팀이 다른 팀들보다 더 많은 실수를 보고했지만, 실제로 저지른 실수는 다른 팀들보다 적었던 것이다. 그들은 자기 실수를 자유롭게 인정함으로써 자신이 저지른 실수의 원인이 무엇인지 배우고 이것을 제거함으로써 보다 더 나은 방향으로 발전할 수 있었다. 이에 비해서 심리적으로 불안정한 팀에서는 실수를 저지른 사람이 처벌을 피하려고 자신의 실수를 숨겼다. 그 바람에 잘못된 결과가 나와도 근본적인 원인을 찾아내기 어려웠고, 따라서 예방할 수 있었던 실수를 사전에 막지 못했다. 그들은 동일한 실수를 계속 반복했다.

그때 이후로 심리적 안정성에 대한 연구가 왕성하게 일어났다. 구글에서 분위기가 좋으면서도 높은 성과를 내는 팀들이 그렇게 될 수 있었던 요인이 무엇인지 파악하려는 연구가 진행된 적이 있었다. 나도 이 연구 작업에 함께했는데, 가장 중요한 차별적 요인은 팀 구성원이 누구인가도 아니었고, 심지어 팀 구성원 각자가 수행하는 작업

이 얼마나 중요한가도 아니었다. 가장 중요한 요인은 바로 심리적 안정성이었다.[6]

지난 여러 해 동안 심리적 안정성은 많은 기업에서 유행어였다. 기업의 지도자는 심리적 안정성의 중요성을 이해할 수는 있어도 이것이 정확하게 무엇인지, 이것을 어떻게 만들어내는지 잘 모르는 경우가 많았다. 심리적 안정성은 목표 기준을 늦춘다거나 직원들이 편안한 마음을 가지도록 한다거나 그들을 친절하고 상냥하게 대한다거나, 혹은 아무런 조건 없이 칭찬한다거나 하는 문제가 아니다.[7] 심리적 안정성은 존중과 신뢰와 오픈마인드의 분위기를 강화하는 것으로, 이런 분위기가 조성되어야 비로소 사람들은 질책받을지도 모른다는 두려움 없이 어떤 제안이나 우려를 자유롭게 제시할 수 있다. 이것이 바로 학습을 중시하는 문화의 토대이다.[8]

성과를 우선시하는 문화에서는 결과를 강조하는데, 그 바람에 심리적 안정성이 쉽게 훼손된다. 실수하고 실패했다는 이유로 처벌받는 사람을 볼 때 사람들은 자기도 그렇게 처벌받을까 두려워서, 자기가 유능한 존재임을 입증하려고, 자기 경력을 보호하려고 전전긍긍하게 된다. 그러다 보면 스스로를 옭아매는 행동을 하게 된다.[9] 그래서 의심하고 우려하는 목소리를 내지 않고 입을 다물어버린다. 때로는 이것이 권력 거리(조직에서 상사와 부하 직원 사이의 정서적 거리 – 옮긴이) 때문에 나타난다. 솔직히 말해 어떤 직원이 회사에서 가장 높은 사람에게 함부로 이의를 제기하면서 쓴소리를 하겠는가? 자신이 속한 조직의 권위에 자신을 순응시켜야 한다는 압박감은 현실적으로

심리적으로 안정된 사람	심리적으로 안정되지 않은 사람
실수를 학습 기회로 여긴다.	실수를 경력에 대한 위협으로 여긴다.
기꺼이 위험을 감수하고 실패한다.	복지부동 무사안일주의를 고집한다.
회의 자리에서 속마음을 이야기한다.	자신의 생각을 누구에게도 말하지 않는다.
힘든 일을 공개하고 공유한다.	있는 힘껏 혼자 분투한다.
동료와 상사를 신뢰한다.	동료와 상사를 두려워한다.
스스로 위험을 찾아 나선다.	위험이 나에게 찾아온다.

존재하며, 여기에 저항하고 여기에서 벗어나려는 사람은 대가를 톡톡히 치러야 할지도 모를 모험을 감수해야 한다. 성과주의 문화에서 사람들은, 모든 해답을 다 알고 있는 것처럼 보이는 전문가들 앞에서 스스로를 검열한다. 자기 전문성에 자신이 없을 때는 특히 더 그렇다.

심리적 안정성의 부족은 NASA의 고질적인 문제였다. 챌린저호 발사 직전에 몇몇 엔지니어가 발사를 연기해야 한다고 붉은 깃발을 흔들며 나섰지만, 이들은 결국 상급자에게 가로막혀서 입을 다물어야 했다.[10] 다른 사람들도 이런 모습을 보며 역시 입을 다물었다. 콜롬비아호 사고 때도 그랬다. 이 우주왕복선이 발사된 직후에 지상통제실의 엔지니어 한 사람이 날개에 발생한 손상의 정확한 부위와 충격 정도를 확인해야 하니 해상도 높은 사진을 달라고 요청했지만, 관리자들은 이런 문제 제기와 경고를 묵살해버렸다.[11] 콜롬비아호가 발사된 뒤에 이 우주선의 상태를 평가하는 결정적으로 중요한 회의에서 그 엔지니어는 결국 아무 말도 하지 않았다.

그런데 콜롬비아호가 발사되기 약 한 달 전에 엘런 오초아(Ellen Ochoa)가 우주비행사 운영 부서의 부책임자가 되었다. 1993년에 최초의 라틴계 우주비행사가 되는 기록을 세웠던 그녀였지만, 관리자 역할로 지원했던 최초의 비행인 콜롬비아호가 비극으로 끝나버리고 만 것이다. 그녀는 이 비극을 우주정거장에 있는 비행사들에게 전하고 숨진 비행사들의 가족을 위로한 뒤에 이런 사고가 두 번 다시 일어나지 않도록 해야 한다고 결심했다. 그리고 그렇게 하려면 자기가 어떻게 해야 할지 찾아보기로 했다.[12]

엘런은 NASA에서 성과주의 문화가 심리적 안정성을 해친다는 사실을 깨달았다. 다음은 그녀가 나와의 개인적인 인터뷰 자리에서 했던 말이다.

"사람들은 공학 분야에서 자기가 대단히 탁월한 존재라고 우쭐댑니다. 이들은 자기 전문성이 의심받는 것을 두려워하고, 만일 그런 일이 생기기라도 하면 당황하죠. 남들에게 자기가 바보처럼 보이는 것이나 사람들이 자신을 대수롭지 않게 여기는 것에 매우 신경을 써요. 질문하는 것, 혹은 무슨 헛소리를 하느냐는 말을 듣는 것을 두려워하기 때문입니다."

엘런은 이런 문제와 맞서 싸워서 학습을 중요하게 여기는 문화를 도입하기 위해 주머니에 작은 메모 카드를 들고 다니기 시작했다. 이 카드에는 모든 발사 때마다, 그리고 운영상의 중요한 결정을 내릴 때마다 자기 자신에게 물어볼 온갖 질문이 적혀 있었다. 예를 들면 이런 것들이었다.

- 무엇 때문에 그런 가설을 설정하였나? 너는 왜 그것이 옳다고 생각하는가? 만일 그 가설이 틀렸으면 어떤 일이 일어날까?
- 너의 분석에서 불확실성은 무엇인가?
- 나는 네가 추천하는 방안에 어떤 유리한 점이 있는지 잘 안다. 그렇지만 불리한 점은 무엇인가?

그리고 10년 뒤, 다시 생각하기에 대한 똑같은 교훈이 우주복의 영역에서 다시 학습되어야 했다. 휴스턴의 통제실 요원들이 루카의 헬멧 안에 물방울이 맺힌다는 사실을 처음 알았을 때, 그들은 두 개의 잘못된 가설을 설정했다. 식수통이 원인이라는 가설과 물방울 맺힘 효과가 그다지 중요하지 않다는 가설이었다. 그들은 루카가 목숨을 잃을 뻔했던 두 번째 우주유영 때에야 비로소 자신들이 설정한 그 두 개의 가설이 잘못되었을지도 모른다고 의심하기 시작했다.

엔지니어 크리스는 우주유영 관리책임자가 되자 엘런이 한 것과 비슷한 질문을 제기하는 것을 표준으로 삼았다. 개인적인 인터뷰 자리에서 크리스는 나에게 이렇게 말했다.

"누구든 그 상황에서 물었어야 할 질문은 딱 하나입니다. '식수통이 샌다는 사실을 당신은 어떻게 아는가?' 그런데 이 질문에 대한 대답은 아마도 '누군가가 나에게 그렇게 말했거든요'였을 것이고, 이 대답에 곧바로 적신호가 작동했을 것입니다. 이상 유무를 확인하는 데는 기껏 10분밖에 걸리지 않았겠지만, 그렇게 질문한 사람이 아무도 없었던 겁니다. 콜롬비아호에서도 마찬가지였습니다. (NASA와 협력 관계에 있던) 보잉사에서는 이렇게 말했습니다. '이 거품… 예전에도 똑같이 그랬던 것 같은데요.' 만일 누군가가 그걸 어떻게 아느냐고 물었다면, 아무도 그 질문에 대답할 수 없었을 겁니다."[13]

당신은 그 사실을 어떻게 아는가? 이것은 우리가 자주 해야 하는 질문이다. 자기 자신에게, 그리고 다른 사람에게. 이 질문의 힘은 이 질문이 요구하는 솔직함에 있다. 이 질문은 개인적인 판단을 피하고자 하는 것이다. 사람을 방어적으로 몰아세우지 않는, 의심과 호기심의 솔직한 표현이다. 엘런은 이 질문을 하는 걸 두려워하지 않았지만, 사실 그녀는 공학 분야의 박사 학위를 가진 우주비행사로서 고위 간부의 역할까지 잘 수행했기에 그럴 수 있었다. 너무도 많은 곳에서, 너무도 많은 사람들에게 이 질문은 쉽지 않게 느껴진다. 심리적 안정성을 만들어내는 일은 말처럼 그렇게 쉽지 않다. 그래서 나는 각 분야의 지도자가 어떻게 하면 자기 조직에 심리적 안정성을 구축할 수 있을지 그 방법을 찾아 나섰다.

게이츠재단의 심리적 안정성

내가 게이츠재단(Gates Foundation)에 처음 방문했을 때, 사람들은 연례전략보고서에 대해서 귓속말을 하고 있었다. 재단 전체의 프로그램팀들이 공동의장인 빌 게이츠(Bill Gates)와 멀린다 게이츠(Melinda Gates) 및 CEO를 만나서 프로그램 실행 관련 경과보고서들을 전달하고 피드백을 받는 자리였다. 비록 게이츠재단은 질병 근절에서부터 교육의 질 향상 분야에서 세계 최고의 전문가들을 채용하고 있었지만, 이 전문가들은 때때로 빌이 가진 지식에 압도되곤 했다. 그의 지식이 불가능할 정도로 폭이 넓고 깊었기 때문이다. 그런 빌이 만일 내가 하는 작업에서 치명적인 흠결을 찾아낸다면 어떻게 될까? 내 경력은 그 자리에서 끝장나고 말까?

여러 해 전에 게이츠재단의 지도자들이 심리적 안정성을 구축하는 일을 도와줄 수 있겠느냐고 나에게 제안했다. 그들은, 빈틈없는 분석을 제시해야 한다는 압박 때문에 직원들이 위험을 무릅쓰지 않으려하고 행여나 무사안일주의에 빠지지 않을까 걱정했다. 직원들은 세계에서 가장 성가신 문제들 중에서 상당한 진척을 이룰 수도 있는 대담한 실험을 감행하기보다는 유효성이 증명된 것들로만 점진적인 개선을 안전하게 추구하는 전략을 고집하곤 했다.

심리적 안정성을 생성하는 문제와 관련해서 이미 나와 있던 증거로만 보자면 몇 가지 출발점이 눈에 보였다. 나는 조직 전체의 문화를 바꾸는 일이 결코 만만한 일이 아니며 팀 하나의 문화를 바꾸는 것이 현실적으로 실현가능하다는 것을 알고 있었다. 문화를 바꾸는 일은 우리가 증진하고자 하는 가치들을 선정하고, 이런 가치를 구현하는 사람들을 찾아내서 칭찬하며, 변화를 이끌어내는 일에 매진하는 직원들 사이에 협력 관계를 구축하는 것에서부터 시작된다.

심리적 안정성을 구축하고자 하는 관리자들에게 제시하는 표준적인 도움말은 개방성과 포괄성을 기본적인 가치로 설정하라는 것이다. 사람들에게 어떻게 하면 좀 더 나아질 수 있을지 의견을 구하면 그들이 위험을 무릅써도 안전하다고 느끼기 때문이다. 그렇게 추천하는 도움말이 제대로 통할지 검증하기 위해서 나는 박사 과정 학생이던 콘스탄티노스 코티파리스(Constantinos Coutifaris)와 함께 실험을 하나 진행했다. 우리는 여러 개 회사를 무작위로 골라 관리자 여러 명을 선정한 다음에 자기가 관리하는 팀의 구성원들에게 건설적인 비판을 해달라고 요구하라고 했다. 그렇게 했더니 일주일 동안 각 팀의 심리적 안정성이 높아졌다는 보고가 있었다. 그러나 이런 상황은 우리 예상대로 오래 지속되지 않았다. 부하 직원들에게 피드백을 요구했던 몇몇 관리자는 그들이 해준 말을 반기지 않았으며 방어적인 자세를 취했다. 또 다른 관리자들은 부하 직원들의 피드백 내용이 쓸모없다고 생각하거나 도저히 실행할 수 없다고 느꼈고, 이런 상황 때문에 그 관리자들은 계속해서 피드백을 구하려 들지 않았으며, 부하 직원들 역시 굳이 계속해서 피드백을 주려 하지 않았다.

우리는 또 다른 관리자 집단에는 다른 방식을 취했다. 이 경우 첫 주에는 즉각적인 효과가 나타나지 않았지만 1년 뒤에는 심리적 안정성 수준이 상당히 높아졌다.[14] 우리는 무작위로 선정한 이 관리자들에게 부하 직원들의 피드백을 구하라고 하지 않고 피드백을 받았던 과거의 경험 및 미래의 발전 목표를 부하 직원들과 공유하라고 했다. 그리고 건설적인 비판이 팀의 발전으로 이어졌던 때를 직원들에게 이야기해주고, 현재 직원들이 활동을 개선하기 위해서 노력하고 있는 영역으로는 어떤 것이 있는지 찾아보라고 조언했다.

관리자들은 자신의 부족한 점을 솔직하게 인정함으로써 피드백을 받아들일 수 있음을 증명했고, 어떤 피드백에도 마음을 활짝 열어놓겠다고 공개적으로 입장을 밝혔다. 이런 식으로 이 관리자들은 누구나 실수할 수 있음을 당연한 것으로 만들어서 부하 직원들 스스로가 자신들이 느끼는 고충을 한층 편안한 마음으로 털어놓을 수 있게 했다. 그러자 직원들은 유익한 피드백을 주기 시작했다. 자기 상사가 성장시키고자 하는 부분이 어디인지 잘 알기 때문이었다. 그러자 관리자들도 자기 방문을 활짝 열어두게 되었다. 그 결과 '아무거나 물어봐도 되는 커피 한잔 시간'이라는 프로그램이 마련되었고, 관리자의 건설적인 비판 요청에 따라 일주일에 한 번씩 관리자와 직원의 일대일 만남이라는 프로그램이, 한 달에 한 번씩 전체 직원이 모여서 각자의 목표와 성취를 공유하는 프로그램이 마련되었다.

어떤 조직의 단위 안에 심리적 안정성을 만드는 일은 이것만 따로 독립적으로 진행하거나, 혹은 '해야 할 일 목록'을 놓고 하나씩 점검하는 식으로는 진행할 수 없다. 우리 실험에 참가한 관리자들 가운데 많은 사람이, 여러 사람과 둘러앉은 자리에서 자신의 약점을 이야기하는 일이 처음에는 어색하고 불안하더라고 말했다. 부하 직원 가운데서도 개인의 약점을 공개적으로 이야기하는 그런 분위기에 깜짝 놀라서 어떻게 대응할지 몰라 하기도 했다고 한다. 몇몇 부하 직원은 회의적인 반응을 보이기도 했다. 관리자가 그런 모습을 보이는 것은 자신이 듣고 싶은 말, 자신이 멋있게 돋보이도록 해줄 말만 골라 듣고 싶어서 그런 것 아니냐고 생각한 것이다. 그러나 시간이 지나면서 모든 것이 달라졌다. 관리자들이 계속해서 겸손함과 호기심을 드러내자 직원들도 마음을 열었다.

나는 게이츠재단에서 한 걸음 더 나아가고 싶었다. 관리자가 과거에 자기가 비판받았던 방식에 대해서 부하 직원들에게 마음을 열어놓는 데 그치지 않고, 만일 관리자가 부족했던 자기 경험을 전체 조직에 공유하면 어떤 일이 일어날지 살펴보기로 한 것이다. 그리고 그렇게 할 수 있는 인상적인 방법이 머리에 떠올랐다.

게이츠재단 일을 맡기 여러 해 전에 와튼스쿨의 MBA 학생들은 연례 코미디 프로그램에 사용할 동영상을 하나 만들기로 했다. 〈지미 키멀 라이브!(Jimmy Kimmel Live!)〉(지미 키멀이 진행하는 ABC 방송국의 텔레비전 심야 토크 프로그램 – 옮긴이)의 심야 코너인 '못된 트윗(Mean Tweets)'에서 영감을 얻은 발상이었는데, '못된 트윗'은 유명인이 출연해서 자기와 관련된 '못된 트윗'을 직접 읽고 여기에 대해서 자기 생각을 밝히는 코너이다. 이 코너를 패러디한 MBA 학생들의 동영상은 '못된 리뷰'였는데, 교수가 직접 출연에서 학생들의 강의 평가 내용 가운데서 자기를 신랄하게 비판하는 내용을 읽는 형식이었다.[15] 여기에 출연했던 한 교수는 "이 강의는 내가 지금까지 살면서 들었던 강좌 가운데 최악이었다"라는 내용을 읽고 참담한 표정을 지은 다음에 "상당히 맞는 말이네요" 하고 말했다. 어떤 교수는 "이 교수는 쌍○이다. 그렇지만 멋진 쌍○이다"라는 트윗을 읽은 다음에 씩 웃으면서 "트윗

(tweet)이 스윗하네요(sweet)"라고 덧붙였다. 나를 겨냥한 트윗은 "당신을 생각하면 머펫(muppet, 팔과 손가락으로 조작하는 인형 – 옮긴이)이 생각나네요"였다. 이 못된 트윗을 올린 사람은 어떤 젊은 교수였다. "이교수는 자기가 대중문화를 훤하게 꿰고 있는 것처럼 행동하지만, 사실은 아리아나 그란데(Ariana Grande)가 MS 워드에서 사용되는 폰트 가운데 하나라고 속으로 생각한다."

나는 매번 가을마다 이 동영상을 학생들에게 보여주었는데, 그러다 보면 학생들이 마음을 활짝 열곤 했다. 학생들은 내가 강의라는 내 일은 진지하게 받아들이지만 나 자신이라는 개인에 대해서는 그다지 진지하지 않음을 알고 나자, 내가 보다 나은 강의를 하기를 바라면서 스스럼없이 비판하고 제안하는 것 같았다.

나는 이 동영상을 멀린다 게이츠에게 보내면서 게이츠재단이라는 조직 내부에 심리적 안정성을 구축하는 데 도움이 되기 위해서 이와 비슷한 것을 생각하고 있느냐고 물었다. 멀린다는 그렇다고 대답했다. 멀린다는 스스로 난처한 상황을 자초하는 그 자리에 자기뿐만 아니라 간부진이 모두 참여하도록 추진하겠다고 했으며, 자기가 제일 먼저 비판의 화살을 맞겠다고 했다. 멀린다의 팀은 직원들에게 설문 조사를 해서 온갖 비판들을 수집한 다음에 이것을 노트 카드에 출력한 다음 멀린다가 카메라 앞에서 직원들의 비판에 실시간으로 반응하게 했다. 멀린다는 한 직원의 불만을 읽었다.

"그녀는 메리 퍼킹 포핀스(Mary Fucking Poppins) 같다."(메리 포핀스는 소설과 뮤지컬의 등장인물로 훌륭한 보모의 대명사처럼 쓰인다 – 옮긴이).

멀린다가 누군가로부터 욕을 얻어먹는, 그리고 거기에 반응하는 생생한 모습을 볼 수 있는 최초의 장면이었는데, 그녀는 직원의 불만을 읽은 뒤에, 자기의 완벽주의적인 모습을 한층 두드러져 보이게 만드는 자신의 일 처리 방식에 대해 설명했다.

멀린다의 이런 모습이 직원들에게 미친 충격을 검증하기 위해서 우리는 직원을 무작위로 선정해서 세 집단으로 나누었다. 첫 번째 집단에는 거친 발언에 반응하는 그녀의 모습을 담은 동영상을 보여주었다. 두 번째 집단에는 멀린다가 한층 일반적인 용어를 구사해서 자신이 만들고자 하는 문화를 이야기하는 동영상을 보여주었다. 그리고 마지막은 통제집단이었다. 첫 번째 집단은 강력한 학습 지향을, 즉 자신의 단점을 인식하고 이것을 극복하기 위해 노력해야겠다는 마음가짐을 갖추게 되었다. 권력 거리도 어느 정도 사라져서 직원들은 멀린다 및 그 밖의 고위 간부들에게 기꺼이 손을 내밀어서 비판과 찬사를 아낌없이 주겠다는 강한 마음을 보였다. 어떤 직원은 이렇게 말했다.

— 그 동영상에서 멀린다는 내가 볼 수 있으리라고는 상상도 하지 못했던 행동을 했다. 가식을 완전히 벗어던진 것이다. 그녀가 "내가 이런저런 회의에 많이 참석하지만, 사실 그 자리에서는 내가 전혀 모르는 얘기들을 하고 있었다"라고 말하는 것을 보고 그런 생각이 들었다. 내가 이 말을 꼭 해야겠다고 생각한 것은 그녀의 정직한 모습에 충격을 받았고, 또 그랬기에 진심으로 고맙다는 생각이 들었기 때문

이다. 나중에 그녀는 웃고, 그야말로 배꼽이 빠지게 웃고, 그다음 그 거친 논평에 대답할 때 한 번 더 가식을 벗어던졌다. 이런 그녀의 모습에서 나는 멀린다 게이츠라는 사람을 있는 그대로 볼 수 있었다. 그러니 사실 나는 멀린다에 대해서 훨씬 더 많은 것을 본 셈이다.

자신이 완성 단계에 도달한 게 아니라 완성을 향해 여전히 진행 중임을 인정하려면 확신에 찬 겸손함이 필요하다. 이것은 사람들이 자기 자신을 증명하기보다는 자기 자신을 개선하는 데 더 많이 신경을 쓴다는 사실을 보여준다. (자신의 역량을 미처 확립하기 전 단계에서 자신의 부족한 모습을 다른 사람에게 드러내는 행위는 위험할 수 있다.[16] 일자리를 찾는 변호사와 교사를 대상으로 한 여러 연구에서 상위 10퍼센트 이상 수준으로 평가받을 때는 자기 자신을 당당하게 드러낼 경우 일자리를 구하게 될 가능성이 그만큼 더 높아지지만, 상위 10퍼센트 미만으로 평가받을 때는 그런 당당함이 오히려 역풍을 맞을 수 있다는 사실이 확인되었다. 실제로 하위 50퍼센트 미만으로 평가받는 변호사와 하위 25퍼센트 미만으로 평가받는 교사는 실제로 자기 자신을 솔직하게 드러낼 때 취업 가능성이 줄어들었다. 자기 자신의 역량을 입증하지 못한 사람이 자기의 약점을 인정할 때 결국 자기가 상대적으로 낮게 인정받는다는 사실은 실험을 통해서 확인되었다.[17] 역량을 갖추지 못했을 뿐만 아니라 불안정하게 보이기까지 하기 때문이다.) 만일 이런 마음가짐이 조직 구석구석까지 확산되기만 한다면, 사람들은 다른 누구의 눈치도 보지 않고 속마음을 얘기할 수 있는 자유와 용기를 갖게 될 것이다.

그러나 마음가짐만으로는 문화를 바꿔놓기에 충분하지 않다. 비록 심리적 안정성이 권위에 도전하는 행위에 따르는 두려움을 없애주지만, 그렇게 된다고 해서 우리가 반드시 권위에 도전하지는 않는다. 학습을 중시하는 문화를 구축하기 위해서는 특별한 유형의 책임성을 만들어야 한다. 이 책임성이 자기 일터에서 이루어지는 최상의 실천에 대해서 다시 한 번 생각하도록 유도한다.

최고의 모범적인 실천에 도사리는 최악의 함정

성과를 우선시하는 문화에서 사람들은 흔히 최고의 모범사례에 애착을 갖는다. 그런데 문제는 어떤 일 처리 방식을 최선이라고 선포하고 나면 시간이 지나면서 그것이 딱딱하게 굳어져버린다는 점이다. 바로 이것이 우리가 빠질 수 있는 위험한 함정이다. 우리는 모범적 실천의 장점을 설교할 뿐 그것의 단점에는 의문을 품지 않는다. 그 실천의 어떤 지점에 흠이 있으며 어떤 지점에 개선의 여지가 있는지 더는 궁금해하지 않는다는 뜻이다. 조직에서의 학습은 지속적으로 이어지는 활동이어야 하지만, 최고의 실천 사례는 이미 더는 고칠 데가 없을 정도로 완벽하다는 뜻을 내포한다. 그러나 한층 더 나은 실천 방안을 찾을 때 비로소 우리는 한 걸음 더 앞으로 나아갈 수 있다.

NASA에서는 훈련 시뮬레이션이나 의미 있는 작전 활동을 한 뒤에는 반드시 보고 절차가 진행되도록 규정하고 있지만, 때로는 보다 더 나은 실천을 찾아 나서는 과정을 방해하는 것이 있다. 그것은 바로 결과에 책임지게 만드는 성과주의 문화이다. 발사가 한 차례씩 연기될 때마다 NASA에는 따가운 비판과 예산 삭감이라는 위협이 쏟아진다. 반대로 우주선을 궤도에 성공적으로 올려놓을 때마다 격려와 찬사가 쏟아진다. 이 과정에서 자칫 나중에 있을 발사를 위험하게 만들 수도 있는 잘못이 간과되고 만다. 예를 들면 이런 식이다.

"실패한 건 그들의 역량이 부족하기 때문이 아니야. 어쨌거나 그 사람들은 최고의 로켓 과학자들이니까 말이야."

그래서 엘런도 이렇게 말했다.

"사람의 목숨이 오가는 중대한 일을 다룰 때는 이미 안전하다고 확인된 절차를 따르게 됩니다. 시간에 쫓기는 상황에서는 이것이 최고의 접근법일 수 있죠. 그러나 만일 이 방식이 사후에 철저한 평가를 차단한다면 이 방식은 잘못된 것입니다."

결과에 초점을 맞추는 것이 단기적인 성과에 유리할 수는 있어도 장기적인 학습에는 장애물로 작용할 수 있다.[18] 아니나 다를까, 사회 과학자들은 사람들이 결과의 성공과 실패에만 책임을 질 때 잘못될 수밖에 없는 경로를 계속해서 걸어갈 가능성이 높음을 확인했다. 오로지 결과만 보고 칭찬하거나 보상하는 행동은 위험할 수밖에 없다. 부족하고 변변찮은 전략을 지나치게 확신하게 만들어서 사람들로 하여금 여태까지 해오던 방식을 답습하도록 동기를 부여하기 때문이다. 사람들은 엄청나게 중대한 것들이 달린 의사결정이 끔찍하게 잘못된 선택이었음이 판명되고 나서야 비로소 가던 걸음을 멈추고 여태까지의 관행을 다시 살펴본다.

어떤 결정이 성공할지 어떨지 판단할 때는 우주왕복선이 폭발할 때까지, 혹은 우주비행사가 익사 직전의 순간을 맞이할 때까지 기다려서는 안 된다. 결과에 대한 책임성(outcome accountability)과 함께 사람들이 의사결정을 할 때 여러 가지 선택권을 얼마나 주의 깊게 살피는지 평가함으로써 과정에 대한 책임성(process accountability)이라는 개념을 만들어낼 수 있다. 잘못된 의사결정 과정은 얄팍한 생각을 토대로 한다. 좋은 의사결정 과정은 깊이 생각하기 및 다시 생각하기를 토대로 하기 때문에 사람들은 저마다 다른 의견을 만들어내고 또한 이 의견을 표현하게 된다. 연구 결과에 따르면, 사람들은 자기가 내리는 의사결정 뒤에서 작동하는 과정들을 실시간으로 보고해야 하는 절차를 거칠 때 한층 비판적으로 생각하며 여러 가지 가능성을 더 철저하게 처리한다.

절차에 대한 책임성이라는 말은 심리적 안정성과 정반대의 뜻으로 들릴 수도 있지만 실제로 이 둘은 독립적으로 작동한다. 에이미 에드먼슨은 심리적 안정성이 책임성 없는 상태로 존재할 때 사람들은 자기의 안전지대(comfort zone, 심리적으로 안전함을 느끼는 영역 – 옮긴이) 안에 머무는 경향이 있으며, 책임성은 있지만 심리적 안정성이 없을 때는 사람들이 불안지대(anxiety zone)에서 침묵을 지키는 경향이 있음을 확인했다. 이 둘을 결합하면 학습지대(learning zone)를 만들어낼 수 있다.[19] 사람들은 학습지대에서는 실험을 자유롭게 할 수 있다고 느끼며, 다른 사람이 어떤 실험을 했을 때 그 실험을 더 좋게 만들기 위해 그 시험에 구멍을 뚫는다. 이런 사람들이 모여서 특별한 관계망인 도전 네트워크(challenge network)가 형성된다.

과정에 대한 책임성을 향한 가장 효과적인 단계 가운데 하나를 아마존에서 볼 수 있는데(적어도 내가 본 바로는 그렇다), 이 기업에서는 중요한 의사결정이 단순한 파워포인트 프레젠테이션을 토대로 이루어지지 않는다. 직원들은 여섯 쪽짜리 메모를 전달받는데, 이 메모는 문제를 제기하고, 지금껏 인정되었던 제각기 다른 접근법을 소개하고, 제시되는 해결책이 고객에게 어떻게 제공되는지 설명한다. 회의가 시작되면 집단사고를 방지하기 위해서 전 직원이 그 메모를 각자 따로 읽는다. 물론 이런 방식이 모든 상황에 적용할 수 있는 실용적인 접근법은 아니다. 하지만 매우 중요하고 되돌릴 수 없는 선택을 할 때는 다른 어떤 방법보다 적절하다. 이렇게 해서 내려진 의사결정의

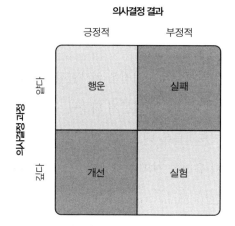

의사결정 결과

	긍정적	부정적
높음	행운	실패
낮음	개선	실험

(세로축: 의사결정 과정)

결과가 알려지기 오래전부터 그 메모에 담긴 제안자의 생각에 녹아 있는 창의성과 엄정함을, 그리고 뒤이어 진행되는 회의 자리에서 이루어지는 토론의 철저함을 토대로 그 과정의 가치를 평가할 수 있다.

학습을 중시하는 문화에서 사람들은 점수 매기는 일을 중단하지 않는다. 사람들은 점수판을 확장해서 결과뿐만 아니라 절차까지도 고려한다.

그런데 설령 어떤 의사결정 결과가 긍정적이더라도 성공의 요건을 갖추었기 때문에 그런 결과가 나온 것은 아니다. 만일 그 의사결정 과정의 깊이가 얕았는데도 결과가 좋았다면 운이 좋았다고밖에 볼 수 없다. 그러나 만약 그 과정의 깊이가 깊었다면 그 결과를 개선 노력의 결과라고 볼 수 있다. 즉 더 나은 실천 방안을 발견했다는 뜻이다. 그런데 만일 부정적이라면 어떨까? 그 의사결정 과정의 깊이가 얕았던 경우에만 실패라고 할 수 있다. 결과가 부정적이긴 하지만 그 의사결정 과정이 철저했다고 평가한다면 똑똑한 실험을 한 것이 된다.

이런 실험을 진행할 이상적인 시점은 의사결정이 상대적으로 중대하지 않고 의사결정의 선택을 얼마든지 되돌릴 수 있을 때이다. 너무도 많은 조직에서 지도자들은 테스트를 하거나 새로운 어떤 것에 투자를 하지도 않은 채 유리한 결과를 보장해줄 장치를 찾는다. 이것은 요하네스 구텐베르크(Johannes Gutenberg)에게 서양 최초로 발명한 금속활자에 만족해하는 고객을 충분히 확보해오면 그 새로운 인쇄술에 돈을 대겠다고 하는 것이나 마찬가지다. 또한 후천성면역결핍증을 치료해줄 신약을 연구하는 사람들에게 신약 효과가 입증되고 나면 임상시험에 자금을 투자하겠다고 말하는 것이나 다름없다.

그러므로 증거를 요구하는 것은 발전을 가로막는 적이다. 아마존 같은 기업들이 '의견은 다르지만 대범하게 실행한다(disagree and commit)'는 원칙을 채택하는 이유도 바로 여기에 있다. 제프 베이조스(Jeff Bezos)가 언젠가 주주들에게 보낸 연례보고서에서 이 발상에 대해 표현했듯이, 실험은 설득력 있는 결과를 내놓으라고 요구하는 대신에 사람들에게 내기를 걸라고 요구하는 것에서부터 시작된다. "자, 이 점에 관해서 우리의 의견이 다르다는 건 저도 압니다. 그렇지만 저와 함께 이 사업에 돈을 걸어보지 않겠습니까?"[20] 학습을 중시하는 문화에서의 목표는 이런 종류의 실험을 환영하는 것, 즉 다시 생각하기가 일상적인 습관이 될 정도로 익숙하게 만드는 것이다.

과정에 대한 책임성은 단지 보상과 처벌의 문제만은 아니다. 누가 결정 권한을 가지고 있느냐 하는 문제이기도 하다. 캘리포니아에 있는 여러 은행을 대상으로 한 어떤 연구 결과가 이를 증명한다. 은행에서는 채무를 이행하지 않은 고객들에게 고위 임원들이 추가 대출을 계속해서 승인하는 일이 자주 일어났다.[21] 최초의 대출을 승인한 담당자가 이들이었기 때문에 그 최초 대출을 합리화하려는 동기가 작용한 것이다. 그런데 흥미롭게도, 임원 이직률이 높을 때 불량 대출을 포착해서 청산하는 건수도 늘어난다. 어떤 대출 건을 놓고 볼 때 자신이 최초 대출을 승인한 사람이 아니라면 해당 고객에 대한 이전 신용평가를 아무래도 다시 생각하기 때문이다. '저 고객이 과거에 열아홉 번이나 채무불이행을 기록했다면, 아무래도 이번에는 대출 승인을 까다롭게 따져봐야겠지…'라고 생각하는 것이다. 최초의 의사결정권자를 나중에 이루어지는 의사결정의 평가자들과 분리시킬 때 다시 생각하기가 더 많이 나타난다.

NASA는 여러 해 동안 이런 분리를 해내는 데 실패를 거듭하고 있었다. 여기에 대해서 엘런은 이렇게 말했다.

"계속 그래왔지만, 비용과 일정을 책임지는 바로 그 관리자들이 기술적인 차원의 요구를 보류할 권한도 갖고 있었습니다. 그러니 발사 당일에 남이 아닌 자기 자신을 설득해서 기존의 결정을 옹호하는 선택을 하기가 너무 쉬운 거죠."

콜롬비아호 참사를 계기로 NASA에 강력한 학습 문화를 정착시켜야 할 필요성이 한층 강하게 대두되었다. 다음번에 진행된 우주왕복

실패 이유의 스펙트럼

exploratory testing
탐색적 검증
지식을 확장하고 어떤 가능성을 조사하려고 수행한 실험이 원치 않는 결과로 이어진다.

uncertainty
불확실성
미래에 일어날 사건을 선명하게 전망하지 못할 때 사람들은 그럴듯해 보이지만 원치 않는 결과를 낳게 될 행동을 한다.

task challenge
과제 도전
언제나 척척 해결되지 않을 만큼 어려운 과제를 한 개인이 떠맡는다.

lack of ability
역량 부족
한 개인이 어떤 업무를 수행하는 데 필요한 기술이나 조건, 혹은 훈련 경험이 없다.

deviance
일탈
한 개인이 미리 정해져 있는 과정이나 관행을 깨겠다는 선택을 한다.

← 칭찬받아 마땅함 ／ 비난받아 마땅함 →

hypothesis testing
가설 검증
어떤 발상이나 설계가 성공할 것임을 입증하려고 실행한 실험이 실패한다.

process complexity
과정의 복잡성
여러 요소가 하나로 합쳐진 어떤 과정이 특이한 상호작용에 맞닥뜨리는 상황에서 통하지 않고 무너진다.

process inadequacy
과정의 불충분함
유능한 개인이, 미리 준비되긴 했지만 문제가 있거나 불완전한 과정에 끝까지 집착한다.

inattention
부주의함
한 개인이 주의를 기울이지 못한 바람에 정상적인 경로에서 벗어난다.

© Hayley Lewis, Sketchnote summary of A Spectrum of Reasons for Failure. Illustration drawn May 2020. London, United Kingdom. Copyright © 2020 by HALO Psychology Limited.

선 비행 때도 외부 엔진탱크에 있는 센서와 관련된 문제가 발생했다. 이 문제는 그 뒤로도 1년 반 동안 여러 차례 반복해서 나타났지만 식별할 수 있는 문제를 일으키지는 않았다. 그러다가 2006년 휴스턴에서 카운트다운을 해야 하는 바로 그날에 해당 발사를 관리하는 팀에서 발사를 강행할 것인지, 아니면 연기할 것인지를 놓고 투표를 했다. 반대표를 던진 사람은 딱 한 명 엘런 오초아였다.

과거의 성과주의 문화에서였더라면 엘런은 반대표를 던지기 두려웠을 것이다. 이 점에 대해서 그녀는 이렇게 설명했다.

"학습을 중시하는 문화가 막 형성되는 시점에서는 자기 목소리를 마음껏 내도 된다는 분위기가 아직 형성되어 있지 않습니다. 하지만 자기 목소리를 내는 건 우리의 임무입니다. NASA에 몸을 담고 있다는 것은 단지 혁신을 늘려나가고 직원을 채용하는 차원의 문제만은 아닙니다. 사람들의 안전에 직접적으로 영향을 주는 일이기도 합니다. 왜냐하면 사람들이 편안한 마음으로 자기 목소리를 내기 위해서는 자신이 정당한 평가와 존중을 받는다고 느껴야 하니까요."

과거에는 발사가 안전하지 않음을 입증하는 것이 그녀의 책임이 아니었다. 그러나 이제는 발사가 안전함을 입증하는 것이 그 팀의 책임이 되었다. 이것은 보다 더 많은 겸손함을 가지고 자신의 전문성을 바라봐야 하고, 보다 더 많은 의심을 가지고 자신이 내리는 의사결정을 바라봐야 하며, 해당 문제의 원인 및 잠재적인 결과에 대해서 보다 더 많은 호기심을 가지고 자신의 분석을 바라봐야 한다는 뜻이었다.

그 투표에서 반대표를 던진 뒤에 엘런은 플로리다에 있는 NASA 본부의 고위인사로부터 전화를 받았다. 그는 다수의 의견을 다시 생각해야 한다는 것에 놀라움이 가득한 관심을 표현하면서 "당신의 생각을 이해하고 싶다"고 말했다. 이들은 발사를 연기해야 한다고 계속 주장했다. 다음은 당시를 회상하는 엘런의 말이다.

"어떤 사람들은 예정된 날짜에 우주선을 쏘아 올리지 않았다는 사실을 무척 불편하게 여겼습니다. 하지만 어떤 식으로든 나를 질책하거나 내 마음을 상하게 하지도 않았어요. 나에게 개인적으로 나쁜 감정을 품지 않았던 거죠."

다음 날 모든 센서가 다시 정상적으로 작동했지만, NASA는 센서의 간헐적인 오작동을 이유로 세 건의 발사 일정을 몇 달씩 연기시켰다. 바로 그 시점에 우주왕복선 프로젝트의 책임자가 팀을 소집해서 근본적인 원인을 파악하기 전에는 발사를 하지 말라고 지시했다. 그리고 마침내 모든 센서가 정상적으로 작동한다는 사실을 확인했다. 알고 보니 극저온 환경 때문에 센서와 컴퓨터 사이의 연결이 제대로 이루어지지 않았던 것이다.

엘런은 존슨우주센터(Johnson Space Center, 휴스턴에 있으며 미국의 모든 유인우주선 프로젝트를 총괄하는 본부로서 NASA에서 운영한다 – 옮긴이)의 부책임자가 되었고, 나중에는 책임자가 되었다. 그리고 그 뒤로 NASA는 우주선 계획을 최종적으로 중단할 때까지 열아홉 차례 연속으로 우주왕복선 프로젝트를 성공적으로 수행했다. 2018년에 엘런이 은퇴할 때 NASA의 고위 간부 한 명이 그녀에게 다가와서 그녀가 2006년에 발사에 던졌던 반대표가 자신에게 어떤 영향을 미쳤는지 이야기했다.

"12년 동안 당신에게 한마디도 하지 않았지만, 사실은 당신이 던진 그 반대표 덕분에 나는 우주선 발사라는 문제에 내가 어떻게 접근하는지, 그리고 또 내가 과연 올바르게 잘하고 있는지 다시 생각하게 되었습니다."

현재에 있으면서 과거 시점의 실험을 진행할 수는 없다. 현재 시점에서는 그저 과거에 반대했으면 어떻게 되었을까 하고 상상만 할 뿐이다. 예컨대 만일 NASA가 오링이 제대로 작동하지 않을 위험에 대해서, 그리고 우주선 기체에 거품이 형성되는 현상에 대해서 너무 늦지 않은 시점에 다시 생각했더라면 열네 명의 귀중한 목숨을 잃지 않아도 되지 않았을까 하고 의문을 품을 수 있다. 또한 그런 사건들이 어째서 우주복과 관련된 문제들을 다시 평가할 때 조금 더 주의를 기울이게 만들지 못했을까 하고 의문을 품을 수 있다. 학습을 중요시하는 문화에서는 사람들이 이런 의문점들을 놓고 시달릴 일이 조금은 줄어든다. 살아가는 동안에 후회할 일이 그만큼 줄어든다는 뜻이다.

THINK
AGAIN

4부 ▶ 결론

11장

|

터널시야 탈출하기

최상이라 생각했던 직업 경력 및
인생의 여러 계획을 다시 살피다

□ □ □

도착하고 채 두 시간도 지나지 않아서 어떤 불안감이 형성되었다. 나는 일자리를 갖
는 게 도움이 되리라 생각했다. 알고 보니 지옥에는 내 친척이 많이 있었고, 나는 연
줄을 동원했다. 그리고 지옥에 온 사람들의 이를 뽑는 악마의 조수가 되었다. 사실
그건 제대로 된 일자리가 아니라 견습생 비슷한 일자리였다. 그러나 나는 열심히 했
다. 사실 처음에는 조금 재미있기도 했다. 그러나 얼마쯤 지나자 이런 생각이 들기
시작했다. '이게 내가 일부러 지옥을 찾아온 이유일까? 온갖 종류의 펜치들을 악마
에게 건네주는 바로 이 일이?'[1]   잭 핸디(Jack Handey)

"너는 어른이 되면 무엇이 되고 싶니?" 내가 어릴 때 많이 들었던 질
문이다. 내가 가장 싫어하던 질문이기도 하다. 나는 어른들과 대화하
는 게 끔찍하게 싫었다. 어른들은 언제나 그 질문을 했기 때문이다.
그리고 내가 어떤 대답을 하더라도 그것을 마땅찮게 여겼다. 슈퍼히
어로가 되고 싶다고 했을 때는 (기분 나쁘게도!) 껄껄거리며 웃었다. 슈
퍼히어로 다음으로 세웠던 목표는 NBA 선수가 되는 것이었다. 그러
나 나는 우리 집 마당에 있는 농구 골대에 수없이 많은 시간 동안 슛
을 쏘며 연습했지만 중학교 농구부에 들어가지 못했다. 그것도 3년
연속으로 퇴짜를 맞았다. 목표를 너무 높게 잡은 게 분명했다.

고등학생 시절에는 스프링보드 다이빙에 푹 빠져서 다이빙 코치가 되고 싶다고 마음을 정했다. 어른들은 나의 이 계획에 콧방귀를 뀌었다. 목표를 너무 낮게 잡았다는 것이었다. 대학교 1학년 첫 학기 때는 심리학을 전공하기로 결심했지만, 그곳으로 이어지는 몇 개의 문이 내 앞에서 닫혀버렸다. 나는 심리치료사가 되고 싶지도 않고(심리치료 환자는 더 말할 것도 없다) 정신과 의사도 되고 싶지 않음을(의학 공부를 하기에는 비위가 너무 약했다) 깨달았던 것이다. 나에게는 여전히 목표가 없었고 장래 희망과 계획을 분명히 세운 친구들이 부럽기만 했다.

나의 사촌동생 라이언은 유치원 시절부터 자신이 어떤 어른이 되고 싶은지 정확하게 알았다. 그에게 의사가 된다는 것은 개인적으로 아메리칸드림을 실현하는 의미만이 아니었다. 그것은 온 가족의 소망이었다. 우리의 증조부모는 러시아에서 미국으로 이주했고, 할머니는 비서로 일했고 할아버지는 공장에서 노동자로 일했다. 두 사람이 열심히 일해도 다섯 아이를 키우기 버거웠기에 할아버지는 부업을 시작했다. 우유 배달일이었다. 할아버지는 아이들이 열 살이 되기도 전에 우유 트럭 운전하는 법을 가르쳤고, 아이들은 새벽 4시에 시작하는 우유 배달을 학교 가기 전에, 그리고 할아버지가 직장에 출근하기 전에 끝냈다. 자식들 가운데 그 누구도 의과대학에 가지 않았을 때, 혹은 우유 배달일을 하지 않았을 때 할아버지와 할머니의 소망은 손자 세대에서라도 그랜트 집안에서 의학 박사가 나오는 것을 평생의 소원으로 삼았다.

나이순으로 처음 일곱 명의 손주 가운데서는 의사가 없었다. 나는 여덟 번째였는데, 등록금을 벌기 위해 최대한 많은 선택권을 확보하려고 학교에 다니면서 여러 가지 일을 했다. 두 분은 내가 심리학 박사 학위를 따자 무척 자랑스러워했다. 그러나 여전히 손주들 가운데서 진짜 '닥터'가 있으면 좋겠다는 희망을 버리지 않았다. 아홉 번째 손자이자 나보다 네 살 아래인 라이언은 의사라는 운명의 길을 가도록 일찌감치 정해져 있었다.

라이언은 모든 요구 사항을 충족했다. 조숙했던 그는 강력한 노동 윤리를 가지고 있었다. 그리고 신경외과 의사가 되겠다는 목표를 세웠다. 그는 도움이 필요한 사람들에게 도움을 주는 일에 열정을 품었으며, 어떤 장애물이 가로막더라도 이겨낼 준비가 되어 있었다.

라이언은 진학할 대학교를 여기저기 살필 무렵에 나를 찾아왔다. 무엇을 전공할지 이야기를 나누다가 그는 일찌감치 정해두었던 경로에 약간의 의문을 드러내면서 경제학을 전공하면 어떨까 하고 물었다. 라이언의 이런 특성을 표현하는 심리학 용어가 있는데, 그것은 경박함(blirtatiousness)이다. 이 용어는 실제로 있는 연구 개념으로 '불쑥 내뱉기(blurting)'와 '희롱하기(flirting)'를 합쳐서 만든 신조어이다.[2] 이런 특성을 가진 사람은 다른 사람을 만날 때 조급한 모습과 야단스러울 정도로 과장된 반응을 보이는 경향이 있다. 이들은 전형적으로 외향성과 충동성 점수가 높으며 부끄러움과 신경질 점수는 낮다. 라이언은 자기 자신을 채찍질해서 오랜 시간 공부에 몰두할 수 있었지만, 그러다가 결국 지쳐버렸다. 그는 보다 활동적이며 여러 사람과 어울릴 수 있는 어떤 것에 이끌려서 의학을 전공하면서도 짬을 내서 경제학을 복수전공하면 어떨까 하는 생각에 사로잡혀 있었다. 그러나 결국 의예과에 진학하면서는 그 생각을 버렸다. 그래, 가던 길을 계속 가야지….

라이언은 의예과 과정을 잘 다녔으며 학부생이면서도 다른 학부생을 지도하는 강의 조교가 되었다. 그러던 어느 날이었다. 시험을 앞둔 학생들을 위한 시험 대비 정리 시간(review session)에 학생들을 지도하려고 강의실에 들어간 라이언은 스트레스에 찌든 학생들을 보았다. 그는 강의를 진행하지 않고 학생들에게 자리에서 일어나 춤을 추라고 했다. 그리고 나중에 아이비리그 의과대학 입학 허가를 받았을 때는 나를 찾아와서 아무래도 의과대학과 MBA를 결합한 과정을 밟는 게 좋지 않겠느냐고 물었다. 경영학에 대한 관심을 여전히 놓지 않고 있었던 것이다. 그러나 그는 자신의 관심 분야를 여러 개로 쪼개는 것이 두려웠다. 그래, 가던 길을 계속 가야지….

의과대학 마지막 학년이 되었을 때 라이언은 신경외과 레지던트에 지원했다. 다른 사람의 뇌를 얇게 썰어낼 수 있으려면 고도로 집중된 뇌가 필요하다. 그런데 그는 그런 일에 자기가 잘 맞을지, 혹은 그 일이 자기가 인생을 즐길 여유를 조금이라도 남겨줄지 확신이 없었다. 의료 관련 회사를 창업해야 하지 않을까 하는 생각도 했다. 그러나 예일대학교 병원에서 레지던트 합격 통보를 받고 나자 그 자리를 선택했다. 그래, 가던 길을 계속 가야지….

레지던트로 일하는 시간은 너무도 힘들었다. 늘 극도로 집중해야 했던 터라 마침내 라이언은 나가떨어졌다. 자기가 그날 당장 죽는다고 하더라도 병원 직원 그 누구도 관심을 기울이지 않을 것이라고, 아니 심지어 자기가 죽었다는 사실을 알아차리지도 못할 것이라고 느꼈다. 그는 죽어가는 환자를 시시때때로 바라보면서 아픔을 느꼈고 혹독하게 몰아대는 담당 의사들의 비위를 맞추면서 지독한 두통에 시달렸다. 게다가 언제까지 그렇게 살아야 할지 몰랐다. 그야말로 출구가 보이지 않았다. 비록 의사가 되는 것이 어린 시절의 꿈이었고 할아버지 할머니의 꿈이긴 했지만, 그가 하는 일은 그 일 이외의 다른 일을 할 시간적인 여유를 조금도 허락하지 않았다. 극심한 피로와 스트레스 때문에 그는 그 일을 그만두어야 하지 않을까 하는 의문에 시달렸다.

그러나 라이언은 도중에 포기할 수는 없다고 결론을 내렸다. 진로를 바꾸기에는 이미 너무 멀리 와버렸던 것이다. 그래서 결국 그는 7년 동안의 신경외과 레지던트 과정을 마쳤다. 그런데 자격증을 신청하려고 제출한 서류에 문제가 생겼다. 이력서 왼쪽에 날짜를 적어야 하는데 오른쪽에 적었다는 이유로 병원 행정 부서에서 접수를 거부한 것이다. 라이언은 이런 형식적인 일 처리 체계를 도저히 참을 수 없었다. 그래서 날짜 위치를 옮기지 않겠다고 했다. 물론 정해진 원칙에 어긋나는 일이었다. 하지만 어쨌거나 그는 관료들을 상대로 그 싸움에서 이겼고, 복잡하기 짝이 없는 최소침습척추수술(MISS) 분야에서 펠로십을 8년 차에 거침으로써 또 하나의 영예로운 성취를 이루었다.

지금 라이언은 누구나 아는 큰 병원에서 신경외과 의사로 일한다. 30대 중반인 그는 의과대학을 졸업한 지 10년도 더 되었지만 아직도 학자금 대출을 다 갚지 못했다. 비록 도움이 필요한 사람들에게 도움을 주고 환자를 치료하는 일을 즐기고는 있지만, 거기까지 가는 데 들었던 긴 시간과 요식적인 절차가 그의 열정을 갉아먹어버렸다. 그래서 그는 지나간 시간을 되돌릴 수만 있다면 다른 진로를 선택하겠다고까지 말한다. 라이언에게 자기가 내린 진로 결정을 다시 생각하도록 설득하려면 무엇이 필요했을지, 그리고 라이언이 자기 직업에서 진정으로 바라는 것이 무엇인지 나는 종종 생각해본다.

사람은 누구나 자기가 어떤 사람이 되고 싶은지, 자기 삶을 어떻게 살고 싶은지 나름대로 생각한다. 직업적인 경력에 국한되지 않는 문제이다. 어릴 때부터 우리는 자신이 어디에서 살 것인지, 어떤 학교에

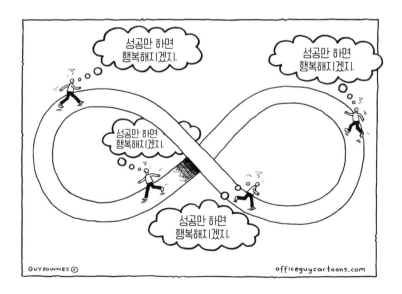

다닐 것인지, 어떤 사람과 결혼할 것인지, 아이는 몇이나 낳을 것인지 등을 생각한다. 이런 생각과 관련된 이미지들은 우리를 자극해서 한층 대담한 목표를 설정하게 하고,[3] 그 목표를 달성하기 위한 경로로 우리를 인도한다.[4] 그런데 이런 계획들은 우리에게 터널시야(tunnel vision, 터널 안에서 밝은 빛이 비추는 출구 외에 다른 것들은 눈에 들어오지 않는 현상-옮긴이)를 안겨주어서,[5] 그 계획 이외의 다른 대안을 선택할 가능성을 우리 눈에 보이지 않게 만들 수 있다. 시간이 흐르고 환경이 바뀌면서 자신이 원하는 것, 그리고 심지어 자신이 되고 싶은 사람조차도 달라질 수 있음을 우리는 알지 못한다. 인생 GPS를 단 하나의 목표에만 고정할 때 잘못된 목적지로 향하는 올바른 길을 향해 달려갈 수 있다.

정체성을 잃어버리다

어떤 계획을 전심전력을 다해서 밀어붙이지만 일이 기대한 대로 풀리지 않을 때 사람들이 가장 먼저 보이는 반응은 대개 그 계획을 다시 생각하는 것이 아니다. 오히려 한층 더 많은 노력과 자원을 쏟아붓는다. 이런 양상을 심리학에서는 몰입상승(escalation of commitment)이라고 부른다.[6] 연구 결과에 따르면, 기업가들은 실패를 거듭하는 잘못된 전략을 포기하지 못한 채 그 전략을 계속 고집하고,[7] NBA의 구단 운영자 및 코치진은 새로운 선수와 계약하는 데 계속 투자하면서 실패한 드래프트 선수에게 더 많은 출전 시간을 보장해주며,[8] 정치인들은 애초에 싸울 필요도 없는 전쟁을 일으켜서 장병을 전선에 계속 투입한다.[9] 이렇게 되는 데는 매몰비용이 하나의 요인으로 작용하긴 하지만, 가장 중요한 이유는 경제적인 차원이라기보다는 심리적인 차원인 것 같다. 몰입상승이 일어나는 이유는 우리가 자아를 진정시키고,[10] 자신이 생각하는 이미지를 보호하며, 과거에 자신이 내린 결정이 옳았음을 인정받는 방편으로 자신이 이전에 가지고 있었던 믿음을 끊임없이 자기합리화하기 때문이다.[11]

몰입상승은 피할 수 있었던 실패를 피하지 못하는 가장 중요한 요인이다. 그런데 역설적이게도, 가장 추앙받는 성공의 추진력 가운데 하나로 꼽히는 투지가 몰입상승을 부채질할 수 있다. 투지는 열정과 인내가 합쳐진 것인데,[12] 연구 결과는 투지가 장기적인 목표를 달성하도록 동기를 부여하는 중요한 역할을 수행한다는 것을 보여준다. 그러나 다시 생각하기에서는 투지가 부정적으로 작용한다. 실험 결과에 따르면, 투지가 넘치는 사람은 요행수를 노리는 경향이 높으며[13] 실패할 게 뻔히 보이는 일을 한사코 밀어붙이는 경향이 있다.[14] 또한 연구자들은 투지가 넘치는 산악인일수록 무슨 일이 일어나든 정상을 밟아야만 한다는 마음을 먹기 때문에 산에서 사망할 가능성이 높다고 주장했다.[15] 영웅적인 고집과 어리석은 똥고집을 가르는 멋진 말이 있는데, 최고의 투지는 바로 이를 악물고 돌아서는 것이다.

라이언은 16년이라는 세월 동안 의학 공부를 향한 몰입을 상승시켰다. 만일 그가 조금이라도 덜 완강했더라면 조금이라도 일찍 진로를 바꾸었을 것이다. 일찌감치 그는 심리학자들이 정체성 유실 (identity foreclosure)이라고 부르는 현상의 피해자가 되었다.[16] 폭넓은 조사를 충분히 하지 않은 채 특정한 자아의식에만 안주한 나머지, 대안이 될 수 있는 다른 자아에는 마음을 닫아버린 것이다.[17]

진로 선택에서의 정체성 유실은 어른들이 아이들에게 "너는 어른이 되면 무엇이 되고 싶니?"라고 물을 때 대개 시작된다. 그 질문을 놓고 곰곰이 생각하다 보면 일과 자아에 대한 고정관념이 강화될 수 있다. 미셸 오바마(Michelle Obama)도 이렇게 말했다.

"내가 생각하기에 그것은 어른이 아이에게 하는 정말 쓸모없는 질문이다. 그렇게 묻는 당신은 다 컸을 때 뭐가 되고 싶은데? 이런 질문은 성장이 유한한 것처럼 말한다. 마치 미래의 어떤 시점에 도달하면 누구나 중요한 사람이 되고, 그리고 그걸로 모든 게 끝인 것처럼 여긴다는 뜻이다."[18] (나는 그 질문에 또 다른 반대의견을 가지고 있다. 그 질문은 아이들이 일을 자기 정체성 가운데 주된 요소라고 생각하도록 유도하기 때문에 좋지 않다. 나중에 커서 무엇이 되고 싶냐는 질문을 받을 때 아이들이 할 수 있는 대답, 사회적으로 수용되는 유일한 대답은 직업을 말하는 것이다. 어른들은 아이들이 우주비행사 같은 위대한 사람, 소방관 같은 영웅적인 사람, 혹은 영화 제작자처럼 영감이 넘치는 사람이 되는 것을 시적으로 표현하길 기다린다. 그러므로 좋은 아버지, 혹은 좋은 어머니가 되겠다는 말은 말할 것도 없지만 그저 직업의 안정성을 바란다거나 인정 많고 호기심 넘치는 사람이 되고 싶다는 말을 할 여지는 전혀 없다. 내가 비록 생활의 방편으로 일을 연구하는 사람이긴 하지만 일이 우리를 규정해서는 안 된다고 생각한다.)

어떤 아이들은 꿈이 너무 작다. 이 아이들은 가족이 걸어간 길을 그대로 따라가는 것 외에는 다른 어떤 길도 생각하지 않는다. 그러나 이와 정반대의 아이들도 주변에서 쉽게 볼 수 있다. 이 아이들은 꿈을 너무 크게 꾸어서 현실성이 전혀 없는 까마득한 전망에 집착한다. 때로 우리는 자기가 소명받은 직업이라고 생각하는 일에 성실하게 종사할 재능이 부족해서[19] 그 일을 하지 못한다.[20] 또 어떤 때는 아무리 뜨거운 열정을 바치더라도 대가를 보장받을 가망이 거의 없을 때도 있다. 코미디언 크리스 록(Chris Rock)이 이런 말을 했다.

"자기가 원하는 대로 무엇이든 될 수 있을까요? 아이들에게 진실을 이야기해주세요. 자기가 잘하는 것에서 잘할 수 있다고. 그것도 누가 채용이나 해줘야 가능하다고 말이죠."[21]

설령 아이들이 현실적이라고 판명된 어떤 직업 경로에 흥분한다고 하더라도 안심하긴 이르다. 그 아이들이 꿈의 직업이라고 생각한 것이 언제든 악몽이 될 수 있기 때문이다. 직업은 자기가 주장하고 싶은 자신의 어떤 정체성이 아니라 실제로 취해야 할 어떤 행동이라는 사실을 아이들은 더 많이 배워야 한다. 아이들이 일을 자신의 정체성이 아니라 자신의 실천으로 바라볼 때, 비로소 다른 여러 가능성에 대한 탐구를 향해 마음을 연다.

아이들은 흔히 어린 나이에 과학에 매료되지만 초등학교 과정을 거치면서 과학에 흥미를 잃고 자신은 과학자가 될 자질이 부족하다며 자신감을 잃어버리는 경향이 있다. 최근에 이루어진 여러 연구에

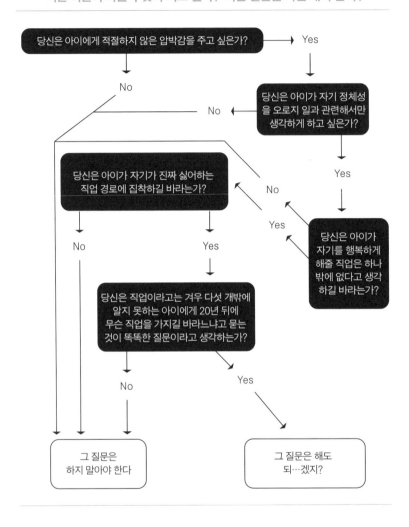

따르면, 이런 아이들에게 과학을 다른 방식으로 안내함으로써 이 아이들이 어릴 때 가졌던 열정을 그대로 유지하게 할 수 있다.[22] 2학년이나 3학년 아이는 '과학자가 되는 것'이 아니라 '과학하는 것'을 배울 때 과학을 한층 더 열중해서 추구한다. 과학을 직업으로 하는 사

람이 되는 것이 도저히 이룰 수 없는 능력 밖의 일일 수도 있지만 실험을 하는 행동은 우리 모두가 얼마든지 시도할 수 있다. 과학이 정체성 차원이 아니라 행동 차원으로 제시되면 심지어 유치원생조차 과학에 더 많은 관심을 드러낸다.[23]

최근에 우리 집에서 있었던 일인데, 저녁을 먹는 자리에서 우리 아이들이 식탁에 함께한 사람들 모두에게 어릴 때 꿈이 무엇이었는지 물었다. 나는 평균적인 사람은 평생 열 개가 넘는 직업을 가지므로 한 가지만 선택할 필요가 없다고 말했다.[24] 많은 걸 할 수 있으므로 굳이 한 가지 직업만 가지지 않아도 된다고 말이다. 식탁에 둘러앉은 사람들이 차례대로 자기가 정말 하고 싶은 일을 말하기 시작했다. 레고 블록 조립, 우주 연구, 창의적인 글쓰기, 건축, 인테리어 디자인, 체조 가르치기, 사진 촬영, 축구팀 감독, 몸짱 유튜버 등 많은 이야기가 쏟아져 나왔다.

직업을 선택하는 것은 소울메이트를 찾는 것과 다르다. 자신의 이상적인 직업이 아직 세상에 없을 수도 있다. 과거의 산업은 변하고 있으며 새로운 산업은 과거 어느 때보다도 빠르게 생겨나고 있다. 구글이나 우버, 인스타그램이 생긴 것도 따지고 보면 얼마 되지 않는다. 당신의 미래 자아는 현재에 존재하지 않으며, 당신의 관심사는 나중에 바뀔 수 있다.

진로 선택의 일정 점검

우리는 모든 종류의 인생 계획이 얼마든지 가능하다는 사실을 애초부터 배제한다. 무엇을 하기로 정하고 나면 그 일이 자기 정체성의 한 부분이 되어버려 거기에서 빠져나오기가, 다시 말하면 '몰입'의 수준을 낮추기가 어려워진다. 읽기를 좋아해서 영문학을 전공하기로 한 사람은 알고 보니 자기가 쓰는 건 좋아하지 않는다는 사실을 뒤늦게 발견한다. 팬데믹이 한창일 때 대학교에 입학하기로 결정한 사람은 나중에 입학을 한 해 늦추었으면 좋았을 것이라는 결론을 내린다. 그래, 가던 길을 계속 가야지…. 아이를 원하지 않기에 사귀던 사람과 헤어진 사람은 여러 해 뒤에는 아이를 갖는 게 옳았음을 깨닫는다.

정체성 유실은 우리의 진화를 가로막을 수 있다. 아마추어 연주자들을 대상으로 한 어떤 연구에서, 음악을 직업적인 소명으로 생각한 사람들은 신뢰받는 조언자가 해주는 직업 관련 조언을 무시하는 경향이 그 뒤 7년 동안에 더 높았다. 그들은 자기 마음의 소리에만 귀를 기울이고 멘토의 말은 듣지 않았다.[25] 어떤 점에서 보자면 정체성 유실은 정체성 위기와는 정반대이다. 자신이 어떤 사람이 되고 싶은지 불확실하다는 사실을 받아들이는 대신에 보상 신념(compensatory conviction)을 만들어내고는 자신이 정한 직업 경로 속으로 머리부터 곤두박질쳐 들어간다.[26] 스무 살에 자신의 경력 계획에 가장 확신을 가졌던 학생이 서른 살에 가장 크게 후회한다는 사실을 나는 경험적으로 알고 있다. 마땅히 해야 하는 다시 생각하기를 충분히 하지 않았기 때문이다. (같은 영국이라도 잉글랜드와 웨일스의 대학생들은 스코틀랜드의 대학생들보다 직업 경로를 더 많이 바꾼다고 한다.[27] 이런 현상은 문화 효과 때문이 아니라 타이밍 효과 때문이다. 잉글랜드와 웨일스에서는 학생들이 고등학교 때부터 전공을 정해야 하는데, 그러다 보니 대학 생활을 하면서 진로의 대안을 탐색하는 선택권이 제한될 수밖에 없다. 그러나 스코틀랜드에서는 대학교 3학년 때까지 전공을 정하지 않아도 되고, 그래서 학생들은 자기 진로 계획에 대해 다시 생각하고 새로운 관심거리를 개발할 기회를 더 많이 누리고, 고등학교에서 다루지 않는 과목을 전공과목으로 더 많이 선택한다. 수학 전공자가 잉글랜드나 웨일스에 있는 대학교보다 스코틀랜드에 있는 대학교에 더 많은 이유도 여기에 있다.)

이렇게 되고 마는 것은 때로 그 학생들이 마치 정치인처럼 생각하기 때문이다. 정치인이 유권자로부터 지지를 받고 싶듯이, 그렇게 부모나 동료들로부터 지지받고 싶은 마음이 너무 앞섰기 때문에 그런 일이 일어난다. 학생들은 직업 선택에 뒤따르는 지위에 미혹된 나머지 그 어떤 성취를 이룬다 하더라도, 혹은 그 어떤 조직의 일원이 된다 하더라도 즐거움이 아니라 스트레스를 주는 일이라면 잘못된 선택일 수밖에 없음을 미처 깨닫지 못한다. 또 다른 경우에는 그 학생들이 전도사 모드에 빠져서 직업을 성스러운 대의로만 바라보기 때문이다. 때로는 검사 모드에 빠져서 직업을 선택하기도 하는데, 이 경우에는 일반 기업에 취직하는 동료들을 자본주의에 영혼을 판다고 비판하면서 자신은 세상을 구하겠다는 희망을 품고 비영리조직에 몸을 던진다.

슬프게도 학생들은 평생에 걸쳐서 전념할 그 직업에 대해서, 그리고 계속 진화하는 자기 자아에 대해서 아는 것이 없는 경우가 많다. 그래서 결국 과도한 확신 사이클의 함정에 빠져서는 직업 정체성을 추구하는 자기 모습에 자부심을 가지면서 자기의 확신을 지지하고 인정하는 사람들만 자기 주변에 둘러 세운다. 하지만 이것이 잘못된 선택이었음을 깨달을 때는 이미 다시 생각하기에는 너무 늦었다. 그 시점에서 새로운 길을 찾기에는 연봉, 지위, 전문성, 시간 등 너무 많은 것을 포기해야 할 것 같기 때문이다. 분명히 말해두지만, 지나간 2년 동안에 이룬 것을 잃어버리는 것이 다음 20년을 낭비하는 것보다 더 낫다고 나는 생각한다. 지나고 나서야 깨닫는 사실이지만 정체성 유실은 일회용 반창고이다. 정체성 위기를 보이지 않게 덮어주긴 하지만 그 위기를 치료하지는 못하기 때문이다.

내가 학생들에게 해주는 조언은 보건의료 분야의 여러 직업에서 단서를 찾으라는 것이다. 즉 특별하게 문제가 될 만한 증상이 없음에도 정기적으로 건강검진을 하듯이 경력과 관련된 일정 또한 반드시 점검해야 한다는 말이다. 그래서 나는 학생들에게 1년에 두 번, 몇 가지 핵심적인 질문을 할 날짜를 미리 달력에 표시해두라고 말한다. 당신은 지금 추구하는 진로 방향을 언제 정했으며 그때 이후로 당신은 어떻게 변했는가? 자신이 하고자 하는 역할이나 직장에 대해서 얼마나 많은 것을 새롭게 알았는가? 혹시 지금이 그 판단을 수정해야 할 시점은 아닌가? 진로 결정과 관련된 이런 점검 사항에 하나씩 대답을 하는 것은 다시 생각하기 사이클을 주기적으로 가동하기 위한 하나

월요일	화요일	수요일	목요일	금요일

⬤ 이메일을 보내고, 전화에 응답하고,
회의에 참석하고, 일을 한다.

◌ 애초에 왜 이 직업을 택했을까 하는
의문을 놓고 존재론적인 위기를 느낀다.

의 방법이 된다. 이렇게 할 때 학생들은 미래를 예측하는 자신의 능력을 겸손하게 바라보고, 자기가 세운 계획에 의심을 품어보며, 새로운 가능성을 발견하거나 이전에 폐기했던 가능성을 다시 고려하기에 충분한 호기심을 유지하는 데 도움을 받을 수 있다.

마리사 샌델(Marissa Shandell)이라는 학생이 있었다. 이 학생은 누구나 탐내는 일류 컨설팅 회사에 취직했다. 그리고 계층 사다리를 높이 올라가겠다는 계획을 세웠으며, 실제로 빠르게 승진을 거듭했다. 그러나 어느 순간엔가 자신이 다람쥐 챗바퀴 돌듯이 살아가고 있음을 깨달았다. 그러자 그녀와 그녀의 남편은 이를 악물고 투지를 불태우며 그 상황을 참는 대신에 여섯 달에 한 번씩 경력을 점검하는 대화를 나누었다. 이 대화에서 두 사람은 단지 자기 회사의 성장 궤적만 이야기하지 않고 자신들의 직업 성장 궤적도 이야기했다. 그리고 예정보다 훨씬 빠르게 어소시에이트 파트너로 승진한 마리사는 자신이 학습 정체기(learning plateau)에, 아울러 생활방식 정체기에 다다랐음을 깨닫고는 경영학 박사 과정을 밟기로 결정했다. (애초에 나는 학생들이 터널시야에 빠지지 않도록 하려고 진로 점검을 추천했다. 그런데 이것이 다시 생각하기 스펙트럼의 정반대 지점의 맨 끝에 있는 학생들, 즉 지나치게 많이 생각하는 사람들에게도 유용할 수 있음을 깨달았다. 이들은 자신이 일에 만족감을 느끼지 못할 때 다시 생각하게 해주는 계기가 1년에 두 번씩 있다는 사실을 아는 것만으로도 날마다 직장을 때려치우고 싶은 유혹에 저항하는 데 도움이 된다고 말한다.)

현재의 직업 경로를 버리겠다는 결정은 새로운 직업 경로를 찾기보다 쉽다. 이 과제를 해결하는 틀로 내가 애용하는 것이 있는데, 이것은 경영학 교수 허미니아 이바라(Herminia Ibarra)에게서 배운 것이다. 그녀는 사람들이 직업을 선택하거나 바꿀 때 과학자처럼 생각하는 것이 도움이 된다는 사실을 발견했다.[28] 첫 번째 단계는 자기 안에 있을 수 있는 여러 자아를 즐겁게 해주는 것이다.[29] 즉 자기가 속한 분야 안에 있는 사람이든 바깥에 있는 사람이든 자기가 존경하는 사람들이 누구인지 파악하고, 그 사람들이 실제로 하루하루를 어떤 일을 하며 보내는지 관찰하는 것이다. 두 번째 단계는 그 경로가 현재 자신의 관심사나 기술이나 가치관과 얼마나 일치할 수 있는지 몇 가지 가설을 설정하는 것이다. 세 번째 단계는 여러 가지 실험을 통해서 제각기 다른 정체성을 검증하는 것이다. 관련 정보를 알기 위해 사람들을 만나서 물어본다거나 직접 체험해본다거나 맛보기로 그 분야의 어떤 프로젝트를 진행해본다거나 하는 방식으로 말이다. 이때의 목표는 특정한 계획을 최종적으로 확인하는 것이 아니라 자기 자아의 여러 가능성을 확장하는 것이다. 이럴 때 다시 생각하기에 대한 당신의 마음은 활짝 열린다.

이런 점검은 직업만이 아니라 일상을 살아가면서 세우는 모든 영역의 계획에도 적용된다. 여러 해 전에 있었던 일인데, 한 제자가 내게 연애와 관련된 도움말을 청했다(주의사항: 나는 그런 유형의 심리학자가 아니다). 그는 한 여성과 1년 남짓하게 사귀고 있으며, 이 관계가 자신이 경험한 것 가운데 가장 큰 충족감을 준다고 했다. 그렇지만 과연 자기와 그 여성이 올바른 짝이 될 수 있을지 여전히 의문이라고 했다. 직업적으로 야망을 가지고 있거나 세상을 조금 더 낫게 만드는 데 열정을 품은 사람이 자기의 이상적인 결혼 상대자라고 늘 생각해왔는데, 거기에 비하면 현재의 여자친구는 야망도 없고 열정적이지도 않다는 것이었다.

그에게는 바로 그 순간이 점검하기에 이상적인 시점이었다. 나는 그에게 자신이 말했던 이상적인 결혼 상대자의 조건을 몇 살 때 처음 생각했는지, 그리고 그 이후로 그 조건이 얼마나 많이 바뀌었는지 물었다. 그러자 그는 이상형의 조건은 10대 때부터 생각하고 있었으며, 그 후 그 조건을 한 번도 다시 생각한 적이 없다고 했다. 이렇게 대화를 나누는 동안에 그는, 둘이서 함께 행복하기만 하다면 배우자로서의 조건으로 생각했던 야망이나 열정은 예전만큼 중요한 조건이 아니라는 걸 깨닫기 시작했다. 그리고 마침내 그는 자신이 성공을 갈망하며 사회에 봉사하는 여성에게 이끌렸던 것은 자기가 그런 사람이 되고 싶었기 때문임을 이해하게 되었다.

2년 반 뒤에 그는 나에게 자신이 생각해왔던 배우자의 이상형을 바꾸었다고 소식을 전해왔다.

— 저는 여자친구에게 솔직하게, 너는 내가 늘 상상해왔던 이상적인 배우자와 다르다고 얘기했습니다. 그런데 놀라운 건 여자친구도 저에게 똑같은 말을 하더군요! 저도 여자친구가 늘 상상하던 이상형이 아니었던 거죠. 여자친구는 좀 더 창의적이고 좀 더 사교적인 사람을 기대했다고 하더군요. 우리는 이런 점을 받아들이고 함께 잘 해보기로 했습니다. 오래전에 가졌던 생각을 홀홀 털어버리고 여자친구를 온전하게 받아들이기로 했습니다. 우리 두 사람의 관계가 우리에게 가져다줄 수 있는 모든 것을 받아들일 수 있어서 저는 지금 얼마나 기쁜지 모릅니다.

그리고 코로나19 팬데믹이 시작되기 직전에 그는 여자친구에게 청혼했다.

원만한 인간관계라 하더라도 정기적으로 다시 생각해야 한다. 사려 깊다는 것은 예컨대, 일상적인 습관과 같은 단순한 것조차도 다시 생각한다는 뜻이다. 많이도 아니고 조금씩 늘 늦는 습관, 컨퍼런스 때

입었던 지저분한 셔츠를 계속 입는 습관, 반대 방향으로 돌아누워도 되는데 굳이 배우자를 향해 누워서 코를 고는 습관 등을 다시 생각해야 한다. 힘이 되어준다는 것은 인생에서 맞닥뜨리는 한층 커다란 변화에, 예를 들면 배우자가 중요하게 여기는 것을 지지하기 위해 다른 나라, 혹은 전혀 다른 문화권으로 이사를 간다거나 직장을 바꾸는 것과 같은 일에 마음을 열고 기꺼이 받아들인다는 뜻이다. 방금 예로 들었던 내 제자의 경우에 그것은 자기 배우자가 어떤 사람이면 좋겠다고 생각했던 기준을 다시 생각하면서도 자신의 여자친구가 보여줄 수 있는 또 다른 모습에도 마음을 열어둔다는 뜻이었다. 그 여성은 결국 직장을 바꾸어서 자기 일도 열심히 하면서 교육 불평등에 맞서 싸우는 개인적인 차원의 대의에도 열정을 태웠다. 이상적인 배우자상에 대한 기존의 발상을 언제든 기꺼이 수정·보완하겠다는 마음을 가지고 있을 때 우리에게는 보다 더 나은 방향으로 진화할 자유가 생기며 우리가 맺는 인간관계는 한층 더 풍성하게 성장한다.

배우자든 부모든, 혹은 멘토든 간에 이들과 함께 1년에 한두 번씩은 잠시 멈춰서서 자신이 생각하는 열망이 어떻게 바뀌었는지 성찰해라. 충분히 그럴 만한 가치가 있는 행동이다. 미래에는 전혀 적절하지 않은 과거의 자기 삶의 이미지들을 파악할 때, 우리는 우리가 세운 여러 계획을 비로소 다시 생각할 수 있게 된다. 이럴 때 우리는 행복을 향해 곧게 뻗은 길에 들어설 수 있다. 행복을 찾겠다는 일념에 너무 집착하지만 않는다면 말이다.

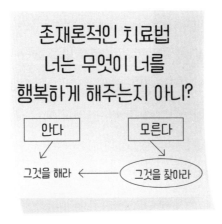

행복을 좇는 것은 행복을 쫓는 것이다

인생 계획에서 행복보다 우선순위가 앞서는 것은 별로 없다. 부탄왕
국에는 국민총행복(Gross National Happiness) 지수가 있다. 미국에서
도 행복을 추구할 권리는 너무도 소중한 가치라서 미국의 독립선언
문에도 남에게 양도할 수 없는 세 가지 권리 가운데 하나로 규정되어
있다. 그러나 주의해야 한다. 조심하지 않으면 행복 추구가 오히려 불
행의 씨앗이 되기 때문이다.

심리학자들은 행복의 가치를 높이 평가하는 사람일수록 일상에서
그만큼 덜 행복해진다는 사실을 발견했는데, 평소에 늘 행복에 마음
을 쓰는 사람 및 행복이 왜 중요한지 생각하도록 무작위로 설정된 사
람을 대상으로 한 실험에서 이런 사실을 확인했다.[30] 심지어 행복을
매우 중요하게 여기는 태도가 우울증을 유발하는 위험 요인이라는
증거도 있다.[31] 왜 그럴까?

첫 번째 가능성은 행복을 열심히 찾을 때는 인생을 평가하느라 너무 바쁜 나머지 행복을 실제로 경험하지 못할 수 있기 때문이다. 사람들은 흔히 자기에게 다가온 기쁨의 순간을 온전하게 즐기지 않고 자기 삶이 왜 그보다 더 기쁘지 않은지 고민한다.[32] 두 번째 가능성은 절정의 행복을 찾느라 너무 많은 시간을 쓴 나머지, 행복은 긍정적인 감정의 강렬함보다는 그런 감정을 느끼는 빈도에 따라서 좌우된다는 사실을 간과하는 것이다.[33] 세 번째 가능성은 행복을 '사냥'하러 나설 때 목적을 희생하면서까지 즐거움을 지나치게 많이 강조하기 때문이다. 이 이론은, 행복보다 의미가 더 건강하다는 사실을 암시하는 데이터, 그리고 일 속에서 목적을 추구하는 사람이 기쁨을 추구하는 사람에 비해서 더 많이 성공한다는, 그리고 자기 일을 그만둘 가능성이 상대적으로 적다는 사실을 암시하는 데이터와 일맥상통한다.[34] 기쁨을 즐기는 일은 시간이 흐르면 시들해지지만 의미는 오래 지속되는 경향이 있다.[35] 그리고 네 번째 가능성은 개개인의 상태로서의 행복이라는 서구인의 개념으로는 사람들이 외로움을 느낄 수밖에 없기 때문이다. 그런데 집단성을 강조하는 아시아 문화권에서는 이런 패턴이 역전된다. 즉 행복 추구는 한층 높은 수준의 복지를 뜻한다. 개개인의 독립적인 활동보다는 여럿이 함께 어울리는 것에 우선순위를 두기 때문이다.[36]

지난가을에 한 학생이 도움말을 청하러 내 연구실로 찾아왔다. 우리는 여러 시간 동안 대화를 나누었는데, 이 학생은 자기가 와튼스쿨을 선택하긴 했지만, 이것은 최고의 학교에 들어간다는 사실에만 초점을 맞추고 자기에게 가장 잘 맞는 학교를 찾는다는 점에는 거의 초점을 맞추지 않은 결과라고 했다. 그러면서 자기는 보다 더 마음 편하고 공동체 의식이 넘치는 학교를 선택했어야 하는데 그러지 못해서 후회된다고 했다. 이제 자기가 어떤 가치를 더 소중하게 여기는지 분명하게 알게 되었으므로 학교생활을 한층 행복하게 할 수 있는 다른 학교로 옮기고 싶다고도 했다.

그런데 몇 주 뒤에 이 학생은 내 강의를 듣다가 학교를 옮기겠다는 계획을 다시 생각하게 되었다고 말했다. 그때 우리가 토의한 것은 행복에 대한 연구조사도 아니었고, 가치관 설문조사도 아니었으며, 의사결정 활동도 아니었다. 그 강의 시간에 그가 보았던 건 〈새터데이 나이트 라이브(Saturday Night Live)〉의 어떤 코믹한 동영상이었다.

그 동영상에는 애덤 샌들러(Adam Sandler)가 여행 가이드로 등장한다. 그는 자기 회사의 이탈리아 여행 상품을 선전하는 광고에서 고객이 때로는 자신의 가이드 활동이 실망스럽다면서 평점을 낮게 매긴다고 말한다. 그러면서 그는 휴가 여행이 고객에게 해줄 수 있는 것과 없는 것이 무엇인지 상기시킨다.

—— 여행이 여러분에게 해줄 수 있는 것은 많습니다. 긴장을 풀게 도와주고 어쩐지 이상해 보이는 다람쥐를 구경하게 도와주죠. 그렇지만 여러분이 겪을 수도 있는 심각한 문제는 해결해드리지 못합니다. 예를 들면 집단적인 환경에서 어떻게 행동해야 하는가 하는 따위의 문제 말입니다.

우리는 여러분이 하이킹을 하도록 모실 수 있습니다만, 여러분을 하이킹을 좋아하는 사람으로 만들 수는 없습니다.

이걸 기억하셔야 합니다. 여러분이 어느 곳으로 무엇을 하며 여행을 하든 여러분은 원래의 여러분일 뿐입니다. 여러분이 지금 슬픈 감정에 사로잡혀 있다고 칩시다. 그런데 비행기를 타고 이탈리아로 갑니다. 그러면 여러분이 바뀝니까? 아닙니다. 이탈리아에 있는 여러분은 여행을 떠나기 전과 똑같이 슬픈 사람입니다. 아무리 새로운 곳에 가더라도 말입니다.[37]

사람들은 행복을 추구할 때 흔히 자신의 주변 환경을 바꾸는 것부터 시작한다. 한결 따뜻한 기후에서, 혹은 한결 우정이 넘치는 기숙사에서 축복을 찾기를 기대한다. 그러나 이런 선택이 가져다주는 기쁨은 늘 일시적일 뿐이다.[38] 주거 조건이나 수강 일정을 조정하는 방식으로 주변 환경을 바꾼 학생들은 금방 예전의 행복 기준선으로 돌아가

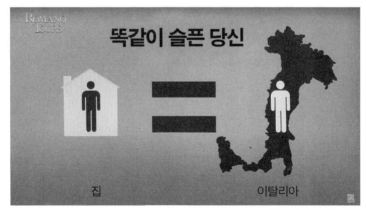

ⓒ Saturday Night Live/NBC

고 만다는 사실은 일련의 연구를 통해서 확인되었다. 작가 어니스트 헤밍웨이(Ernest Hemingway)가 썼듯이 "자기가 있는 장소를 다른 곳으로 옮긴다고 해서 자기 자신에게서 벗어날 수 없다."[39] 한편 동호회에 가입하거나 공부 습관을 바꾼다거나, 혹은 새로운 프로젝트를 시작하는 방식으로 행동을 바꾼 학생들은 행복감이 높아지고 이런 현상이 오래 지속되는 경험을 했다.[40] 행복은 흔히 자기가 있는 장소보다도 자기가 하는 일에 더 많이 좌우된다. 우리에게 의미와 소속감을 가져다주는 것은 우리 주변의 환경이 아니라 우리가 하는 행동이다.

학교를 옮기려고 했던 그 학생은 그렇게 하지 않기로 마음먹었다. 어느 학교로 갈지 다시 생각하는 대신에 시간을 보내는 자신의 방식을 다시 생각하기로 했다. 이 학생은 학교 전체의 문화를 바꿀 수야 없겠지만 새로운 하부문화는 얼마든지 만들 수 있었다. 그래서 급우들과 일주일에 한 번씩 커피를 마시면서 잡담을 나누는 모임을 시작했으며, 일주일에 한 번씩 가치관과 관심사가 같은 친구들을 초대해서 모임을 가졌다. 몇 달 뒤에 이 학생은 친한 친구가 여러 명 생겼으며, 다른 학교로 옮기지 않기로 한 선택이 정말 좋았다고 기뻐했다. 그런데 긍정적인 효과는 거기에서 멈추지 않았다. 이 학생이 시작한 차 모임은 평소에 위화감에 사로잡혀 있던 학생들을 반갑게 맞이하는 하나의 전통으로 자리를 잡았다. 이렇게 해서 그들은 새로운 공동체로 자리를 옮기지 않고 그 자리에 머물면서 새로운 공동체를 만들었다.[41] 행복에 초점을 맞춘 게 아니라 공동체를 향한 기여와 개인 사이의 연결성을 찾아 나선 것이다.

인생과 자유, 그리고 의미 추구

분명히 말하지만, 다른 대안을 전혀 가지고 있지 않는 한, 그 누구에게도 어떤 역할이나 인간관계나 장소에 그대로 머물러 있으라고 말할 생각은 없다. 그리고 직업이나 경력과 관련해서는 자신이 가장 행복할 수 있는 일자리를 찾기보다는 무언가를 배울 수 있고 사회에 가장 많이 기여할 수 있으리라 기대하는 일자리를 추구하는 편이 더 낫지 않을까 싶다.

열정은 대개 발견된다기보다 개발되는 것임을 심리학자들은 확인했다.[42] 기업가를 대상으로 한 어떤 연구에서 자기 회사에 열정을 많이 쏟는 사람일수록 사업에 대한 열정은 그만큼 매주 상승했다. 열정이 커질수록 일을 밀어붙이는 추진력과 일을 다루는 솜씨가 좋아졌다.[43] 흥미가 언제나 노력과 기술로 이어지지는 않는다. 때로 흥미는 노력과 기술의 결과물로 나타난다. 학습 및 문제 해결에 투자함으로써 열정을 개발할 수 있다. 또한 이럴 때 우리는 그 일을 수행하는 데 필요한 기술을 쌓을 수 있고 굳이 찾을 가치가 있는 삶을 이어갈 수 있다.

사람은 나이가 들수록 점점 더 의미를 찾는 일에 초점을 맞춘다. 그리고 더불어 다른 사람에게 이득을 주는 행동을 통해 그 의미를 더 많이 찾으려고 한다.[44] 의미 있는 일인지 아닌지 검증할 때 내가 애용하는 방법은 '만일 이 일자리가 존재하지 않는다면 사람들은 얼마나 많이 불편할까?'라고 질문하는 것이다. 이런 질문이 눈에 크게 들어오기 시작하는 시점은 중년에 가까워질 무렵이다. 거의 이 시점에 일과 생활 모두에서 우리는 남에게 줄 것을 한결 많이 가지고 있다고 (또한 잃어버릴 것을 한결 적게 가지고 있다고) 느끼며, 특히 자신의 지식과 기술을 다음 세대로 넘겨주고 싶은 마음이 간절해진다.[45]

내가 가르치는 학생들이 자기 경력과 관련된 자부심의 변천에 대해서 이야기할 때 그 흐름은 대개 다음과 같다.

국면 1: 나는 중요하지 않다.
국면 2: 나는 중요하다.
국면 3: 나는 중요한 어떤 것을 사람들에게 나눠주고 싶다.

세 번째 국면에 일찍 도달할수록 그들이 경험하는 충격과 행복은 한층 더 커짐을 나는 깨달았다. 나는 세 번째 국면에서 행복을 목표라고 생각하기보다는 기술에 통달하고 의미를 찾는 과정에서 나타나는 부산물로 바라보게 되었다. 이와 관련해서 철학자 존 스튜어트 밀 (John Stuart Mill)은 다음과 같이 썼다.

"자신의 행복이 아닌 다른 것에, 즉 다른 사람의 행복, 인류의 발전, 그리고 심지어 어떤 예술이나 이상의 추구에 마음을 붙들어 매는 사람들만이 행복하다. 그것도 이런 것들을 이상적인 목적이 아니라 하나의 수단으로서 바라볼 때만 그렇다. 그러니까 행복은 행복이 아닌 다른 무언가를 목표로 삼아 추구하는 과정에서 저절로 찾아온다는 뜻이다."[46]

직업 및 경력과 인간관계, 그리고 공동체는 과학자들이 열린 체계 (open systems)라고 부르는 것들의 사례이다.[47] 열린 체계는 적어도 두 개의 핵심 원리로 지배됨을 우리는 잘 안다.[48] 하나의 목적지에 다다르는 경로는 언제나 여러 개 있을 수밖에 없다는 등결과성(equifinality) 과 출발점이 같아도 종착점은 여러 개 있을 수 있다는 다중결과성 (multifinality)이 바로 그 두 개의 원리이다. 그러므로 우리는 특정한 경로나, 심지어 특정한 목적지를 고집하지 않도록 조심해야 한다. 성공에는 단 한 가지의 정의만 있는 것도 아니고, 성공에 이르는 경로도 단 한 가지만 있는 게 아니다.

사촌동생 라이언은 마침내 자신의 경력에 대해 다시 생각하게 되었다. 신경외과 레지던트로 살아가던 5년 차에 자기만의 방식으로 진로를 점검하고는 기업가로 나서겠다고 마음먹은 것이다. 그는 노마드헬스(Nomad Health)라는 빠르게 성장하는 벤처 신생기업을 공동으로 창업했는데, 이 기업은 임상의사와 의료용품을 연결하는 틈새시장을 만들어냈다. 그는 또한 의료장비 신생기업 여러 곳에 자문 역할을 했고, 의료장비 특허출원을 했으며, 지금은 여러 개의 신생기업을 동시에 운영하면서 일반 시민의 보건 환경을 개선하는 일을 하고 있다. 라이언은 과거를 돌아보면서 신경외과 의사라는 정체성에 너무 붙들려서 그 직업에 지나치게 몰입되어버렸던 일을 지금도 아쉬워한다.

일과 생활에서 우리가 할 수 있는 최선은, 자신이 배우고 싶은 것이나 앞으로 1~2년에 걸쳐서 사회에 기여하고 싶은 것에 대한 계획을 세운 다음에, 그 1~2년 뒤에 무슨 일이 닥쳐오든 그 일에 마음을 활짝 열어놓는 것이다. 작가 에드거 로런스 닥터로(Edgar Lawrence Doctorow)의 비유를 빌려서 말하자면, 인생의 계획을 세우는 것은 "밤에 안개가 자욱하게 낀 도로를 운전하는 것과 비슷하다. 전조등 불빛에 비치는 사물만 눈에 보일 뿐 그 뒤에 무엇이 있는지 알지 못한다. 그러나 우리는 인생이라는 여행을 처음부터 끝까지 이런 식으로 해야 할 수도 있다."[49]

*　　*　　*

기존에 세웠던 계획을 다시 생각한다고 해서 기존에 설정했던 전체 경로를 모두 뒤집어버릴 필요는 없다. 어떤 사람들은 자신이 속한 업종에 완벽하게 만족하지만 거기에서 자기가 맡은 역할을 탐탁지 않게 여긴다. 또 어떤 사람들은 위험 회피를 너무 철저하게 하는 나머지, 일자리나 배우자 때문에 지리적으로 이동하는 것을 극도로 꺼리기도 한다. 그동안 걸어왔던 길을 버리고 새로운 길을 찾아 떠나는 사치를 부릴 여유가 있는 사람은 많지 않다. 예컨대 경제적인 이유로 현재의 일자리를 박차고 나올 수 없는 사람이나 대가족의 일원으로 사는 것을 정서적으로 매우 소중하게 여기는 사람이라면 선택의 영역이 좁아질 수밖에 없다. 자기 삶에서 중대한 변화를 꾀할 기회나 성향의 유무를 떠나서, 자신의 일상에 새로운 의미를 불어넣는 아주 작은 조정은 누구나 얼마든지 할 수 있다.

동료 심리학자 에이미 브제스니예프스키(Amy Wrzesniewski)와 제인 더턴(Jane Dutton)은 모든 업종에서 자신이 하는 일을 자신에게 더욱 의미 있는 일로 재구성하는 사람들이 있음을 확인했다. 이런 사람들은 (자신의 가치관과 관심거리 및 기술 역량에 더 잘 맞게 자신에게 주어진 업무를 스스로 바꾸는 활동인) 잡크래프팅(job crafting)을 통해 자기 역할을 다시 생각한다.[50] 에이미와 제인이 잡크래프팅을 연구한 장소 가운데 하나는 미시간대학교 병원 안에 있었다.

누구라도 이 병원의 특정 층을 방문하면 캔디스 워커(Candice Walker)가 얼마나 고마운지 모르겠다고 말하는 암환자들을 쉽게 만날 수 있다.[51] 캔디스가 하는 일은 환자의 허약한 면역체계를 보호하는 것뿐만 아니라 금방이라도 부서질 것처럼 깨지기 쉬운 환자의 감정을 돌보는 일이었다. 그녀는 암 환자를 치료하는 화학요법센터를 '희망의 집'이라고 불렀다.

캔디스는 사랑하는 가족을 고통스러운 항암 치료 과정 속으로 들여보내는 사람들을 맨 처음 위로해주는 역할을 할 때가 많다. 그녀는 베이글과 커피를 들고 나타나 자기가 먹을 우유를 고양이가 다 먹어치웠다는 이야기를 해주거나 어쩌다 보니 갈색 양말과 파란색 양말을 짝짝이로 신고 있는 우스꽝스러운 모습으로 환자들을 깔깔 웃게 만들곤 했다. 어느 날 그녀는 엘리베이터 바닥에 쓰러져서 고통스러워하는 환자를 발견했다. 근처에 있던 다른 직원들은 무얼 어떻게 해야 할지 몰라서 쩔쩔맸는데, 이때 캔디스가 곧바로 달려가 환자를 휠체어에 태워 응급실로 데려갔다. 나중에 그 환자는 캔디스를 '나의 은인'이라고 불렀다.

캔디스는 의사도 아니었고 간호사도 아니었다. 사회복지사도 아니었다. 그녀는 가디언(guardian, 보호자)이었고, 그녀에게 맡겨진 공식적인 직무는 암센터를 깨끗하게 유지하는 것이었다.

캔디스와 그녀의 동료 가디언들은 채용될 때 모두 똑같은 일을 하도록 되어 있었지만, 이들 가운데 몇몇은 자신의 역할을 다시 생각하고 다시 규정했다.[52] 장기 집중치료실에 근무하는 어떤 사람은 벽면 페인팅을 정기적으로 다시 하는 일을 맡아서 했다. 병실의 벽면 색깔을 바꾸어주면 코마 상태에 있는 환자들이 의식을 되찾는 데 작은 불씨가 되지 않을까 기대하면서 그 일을 하고 있었다. 그 일에 대해서 묻자 그는 "그 일은 내가 하는 일의 일부분이 아니라 나 자신의 일부분입니다"라고 대답했다.[53]

우리의 정체성은 열려 있는 체계이며 우리가 살아가는 삶도 마찬가지이다. 자신이 가고 싶은 곳에 대한, 혹은 자신이 되고 싶은 사람에 대한 온갖 낡은 이미지에 붙잡혀 있을 필요가 없다. 우리에게 주어진 여러 선택권을 놓고 다시 생각하기를 시작하는 가장 간단한 방법은 자신이 날마다 하는 일이 무엇인지 스스로에게 질문하는 것이다.

예전에 단호하게 결심하고 수행하던 것들을 다시 곰곰이 살펴보고, 현재 내리는 의사결정에 의심을 품으며, 호기심을 발동시켜 미래의 계획을 다시 상상하는 데는 겸손함이 필요하다. 그 과정에서 우리가 발견하는 것이 우리를 낯익은 환경과 과거의 자아라는 족쇄에서 해방시킬 수 있다. 다시 생각하기는 이렇게 우리를 해방시킨다. 이렇게 해방될 때 우리는 기존의 지식과 의견을 수정·보완하는 것을 넘어서서 그보다 훨씬 더 많은 것을 할 수 있다. 다시 생각하기는 한층 더 충만한 삶을 살아가는 데 꼭 필요한 도구이다.

'내가 믿는 것'은 궁극적인 최종 완결체가 아니라
하나의 과정일 뿐이다.[1]

엠마 골드만(Emma Goldman)

소설에서 내가 가장 좋아하는 부분은 결론이다. 내가 기억하는 한《엔더스 게임(Ender's Game)》같은 SF 소설이든《웨스팅 게임(The Westing Game)》같은 미스터리 소설이든 결론에서의 반전은 단지 이야기 전개의 하이라이트만은 아니었다. 그 반전은 그때까지 내가 읽은 모든 것을 다시 생각하게 만들었다.

그러나 생각이 소재인 책을 쓰면서 나는 단 한 번도 결론 부분을 좋아했던 적이 없다. 마지막 장(章)이 그냥 결론을 대체하게 할 수는 없을까? 솔직히 말해서 내가 지금 책을 쓰는 것이지 독후감을 쓰는 건 아니지 않은가? 만일 내가 따로 중요하게 할 말이 있었다면 당연히 이미 앞에서 말했을 텐데, 결론에서 무얼 또 새삼스럽게 쓴단 말인가? •

결론과 관련해서 나를 가장 성가시게 만드는 것은 종결성, 더는 수정될 수 없는 최종 결과물로서의 종결성이라는 개념이다. 만일 어떤 주제가 책 한 권으로 담을 만

내가 생각하기에는 이런 황당함을 가장 잘 포착한 사람이 유머 작가 리처드 브라우티건(Richard Brautigan)이 아닐까 싶다. "인간의 욕구를 표현할 때 나는 늘 '마요네즈(mayonnaise)'라는 단어로 끝을 맺는 책을 내고 싶었다."[2] 그는 이 문구를 어떤 책의 끝에서 두 번째 장(章)에서 썼고, 그 책을 그 단어로 끝냈다. 그런데 그는 그 단어를 'mayonaise'로 일부러 틀리게 적었다. 독자에게 책이 끝났다는 생각이 들지 않게 하려는 의도였다. 아아, 결코 충족되지 않는 인간의 욕구여!

큼 중요하다면 이 책은 종결되면서 끝나서는 안 된다. 말하자면, 종결이 아닌 열린 결말이어야 한다.

이것은 이 책이 도달하고자 하는 본질적인 과제이다. 나는 결론이 더는 수정될 수 없는 종결성으로 마무리되기를 원치 않는다. 나는 내 생각이 계속해서 진화하기를 바란다. 이 개방성을 상징적으로 표현하기 위해서 나는 에필로그 부분에 아무것도 쓰지 않고, 그것을 그냥 여백으로만 두기로 마음먹었다.

그런데 나의 도전 네트워크에 속한 주변 사람들이 한결같이 말렸다. 똑똑한 제자 둘은 에필로그가 비록 글쓴이인 나에게는 어떤 종료 지점을 표현하는 것이 될지 몰라도 독자들에게는 출발 지점이 된다는 말로 나를 설득했다. 예를 들면 그게 독자에게는 새로운 생각으로 뛰어오르는 도약대, 혹은 새로운 대화로 이어지는 다리가 될 수 있다는 것이었다. 그러면서 두 사람은 이 책이 담고 있는 정신을 기릴 한 가지 방법을 제안했다. 론 버거의 교실에서 단서를 찾아보자면서, 결론을 다시 생각해서 수정·보완하는 과정의 일부분을 있는 그대로 드러내면 좋지 않겠느냐고 했다.

그 발상이 무척 마음에 들었다. • 다시 생각하기를 다루는 책으로서는 무척 유쾌한 상징이 될 수 있을 것 같았다. 마치 시트콤 〈사인펠드〉의 커피 테이블을 다루는 커피 테이블 책처럼, 혹은 라이언 고슬링(Ryan Gosling)이 맥컬리 컬킨(Macaulay Culkin) 사진이 박힌 셔츠를 입

이 책의 원고 전체를 다 이런 식으로 할까 하는 생각을 했지만, 아무래도 독자를 불편하게 할 것 같아서 그렇게는 하지 않기로 했다. 온갖 설익은 생각들과 오류투성이의 가설들 속에서 독자가 철벅거리며 헤매게 한다면 독자의 소중한 시간을 낭비하는 것이라고 판단했기 때문이다. 독자가 아무리 해밀턴의 열렬한 팬이라고 하더라도 이 뮤지컬 대본의 초고를 좋아하지는 않을 것이다. 사실 다시 생각해서 나온 결과물을 놓고 씨름하는 것이 다시 생각하기 과정을 놓고 씨름하는 것보다 훨씬 더 흥미진진하니까 말이다.

었을 때 맥컬리 컬킨이 그 셔츠를 입은 라이언 고슬링의 사진이 박힌 셔츠를 입음으로써 라이언보다 한 차원 더 나아갈 때처럼 말이다.

결론 부분은 다시 생각하기의 몇 가지 핵심적인 순간들을 보여주기에 완벽한 지점처럼 보였다. 그러나 나는 무엇을 다루어야 할지 여전히 알지 못했다. 그래서 나는 다시 나의 도전 네트워크에 조언을 구했고, 그들은 핵심적인 주제들을 하나로 통합하고 내가 지금 다시 생각하는 것에 대한 업데이트를 제공할 방법을 한 가지 더 제안했다.

가장 먼저 머리에 떠오른 것은 사실확인(팩트체크) 과정에서의 어떤 순간이었는데, 과학자들이 티라노사우루스가 깃털에 싸여 있었다는 주장을 다시 생각하고 나섰다는 사실을 내가 깨달은 순간이었다. 당신은 깃털 달린 티라노사우루스를 그리고 있을지 모르지만(사실 내가 그랬다), 지금은 티라노사우루스의 몸이 거의 대부분 비늘로 덮여 있었다는 게 통설로 자리 잡았다. 만일 당신이 이 새로운 사실을 알고 충격을 받았다면, 재빨리 사실을 확인해보고 자신이 잘못 알고 있었음을 깨닫는 기쁨을 누리기 바란다. 그런데 사실 티라노사우루스의 몸이 깃털로 덮여 있었다고 믿은 당신에게 좋은 소식 한 가지가 있었다. 또 다른 티라노사우루스인 유타라누스는 몸을 시원하게 유지하기 위해서 몸이 깃털로 덮여 있었다.

최근에 나는 다시 생각하기가 어떻게 진행되는지를

너무 변덕스럽다. 초고를 읽고 피드백을 준 사람들은 이 지점에서 진지하면 좋겠다고 했다. 즉 적지 않은 사람이 지금은 자기와 다른 생각을 예전과는 다른 방식으로 처리한다고 말해주었다. 자기가 가진 견해와 충돌하는 정보를 접할 때 이 정보를 배척하거나 마지못해서 그저 시늉만으로 살펴보는 게 아니라, 그 정보를 새로운 어떤 것을 배울 기회로 받아들인다는 것이었다. "어쩌면 내가 그 문제를 다시 생각해야 할지도 모르겠네!"라면서 말이다.

도전 네트워크는 책에서 '재미있는 사실'을 업데이트하는 것은 지나치게 사소한 내용을 이야기하는 것이라고 지적한다.

두고 다시 생각하기를 해왔다. 수천 년 동안 사람들이 해왔던 다시 생각하기의 많은 것이 세월의 흐름 속에서 여러 집단 안에서 보이지 않게 펼쳐졌다. 인쇄기가 나오기 전에는 많은 양의 지식이 구전으로 전해졌다. 인류 역사는 일종의 길고 긴 '말 전달하기 게임'이었다. 이 게임에서 말을 전달하는 사람은 자신이 들은 말을 기억한 다음에 다른 사람에게 자신이 들은 것과는 조금씩 다르게 전달했다. 그랬기에 말을 전달받는 사람은 그 이야기가 그동안 어떤 변천 과정을 거쳐서 자기에게 전달되었는지 알 길이 없었다. 어떤 생각이 온 땅을 가로질러 퍼져나갈 때, 이 생각은 그 누구도 알지 못하는 사이에 완전히 새롭게 상상되고 조직될 수 있었다. 보다 더 많은 정보가 책과 신문에 기록되기 시작하면서 사람들은 지식과 믿음이 진화하는 제각기 다른 경로를 추적할 수 있게 되었다. 오늘날 우리는 어떤 것이 어떤 과정을 거쳐서 어떻게 바뀌어왔는지 위키피디아에서 속속들이 알 수 있지만, 이 내용을 기록하는 개인들조차도 편집 전쟁에 휘말려서 다른 사람의 지적이 옳다는 사실, 혹은 자신이 틀렸다는 사실을 인정하길 거부하는 일이 흔하게 일어난다. 이런 사실에서도 알 수 있듯이, 지식을 성문화하는 것이 우리가 그 지식을 추적하는 데 도움이 되지만, 그렇다고 해서 그 성문화 작업이 필연적으로 우리를 열린 마음으로 인도하지는 않는다.

많은 위대한 사상가는 다시 생각하기가 각각의 개인

이 아니라 각각의 세대가 수행해야 할 과제라고(심지어 과학 분야에서조차도!) 주장해왔다. 저명한 물리학자 막스 플랑크(Max Planck)가 표현했듯이 "새로운 과학적 진실은 적들을 설득한다거나 적들이 빛을 바라보게 함으로써 승리하는 게 아니라, 적들이 결국에는 죽기 때문에 승리한다."[3] 이런 관점에서 보자면 세대교체는 사람들이 자신의 의견을 바꾸는 것보다 더 빠른 속도로 진행된다.[4]

그러나 나는 이게 사실이라고 더는 믿지 않는다. 우리는 모두 다시 생각하기의 능력을 가지고 있다. 다만 이 능력을 충분히 사용하지 않을 뿐이다. 과학자처럼 그렇게 충분히 생각하지 않기 때문에 그렇다.

다시 생각하기라는 과학적 방법론은 적어도 아리스토텔레스와 고대 그리스인들까지는 거슬러 올라가서 수천만 번이나 추적될 수 있다. 그런데 과학자(scientist)라는 단어가 1834년에 처음 만들어질 정도로 상대적으로 역사가 짧다는 사실을 알고 나는 깜짝 놀랐다.[5] 가설을 만들고 실험을 설계해서 진행하고 데이터를 모으는 일련의 과정을 통해서 지식을 발견하는 일을 직업적으로 하는 사람을 가리키는 용어가 수백 년 동안 아예 존재하지도 않았던 것이다. 다시 생각하기라는 이 방법론이 모든 직종에, 그리고 모든 사회 계층에 적용된다는 사실을 사람들이 깨닫기까지는 많은 시간이 걸리지 않으면 좋겠다는 게 나의 바람이다.

이 책의 원고가 최종적으로 완성된다고 하더라도 나

는 여전히 다시 생각하기를 계속할 것이다. 나는 과학자처럼 생각해야 한다는 주장을 지금까지 줄곧 해왔지만, 마음에 걸리는 게 하나 있다. 다시 생각하기를 강조한 나머지 전도사 모드나 검사 모드나 정치인 모드가 오히려 생산적으로 작용하는 여러 상황을 지나치게 소홀하게 다루지 않았나 싶어서 꺼림칙하다. 아무튼 증거의 무게만 놓고 보자면 자기 의견을 다시 생각하는 과학자 모드의 성공률이 가장 높긴 하다. •

그러나 사람의 마음을 여는 문제와 관련해서는 이상적인 모델이 선명하지 않다. 나는 각 접근법의 가치에서 드러나는 미묘한 차이를 포착하려고 노력했다. 즉 상대방의 말에 귀를 잘 기울이는 사람이나 쟁점에 깊이 매몰되어 있지 않은 사람을 상대로 토론을 할 때 설교가 얼마나 효과적인지, 통제받지 않겠다는 마음으로 단단히 무장한 사람들을 파고들 때 검사처럼 잘못된 점을 조목조목 따지는 것이 얼마나 효과적인지, 또한 단순명쾌한 논리가 자기 정치 진영에 있는 사람들을 설득하는 데 얼마나 효과적인지 탐구했다. 그러나 이런 것들과 관련된 데이터를 모두 살펴보고 나서도 나는 여전히 내 주장을 충분할 정도로 보강했다고 확신하지 못하겠다.

이런 차에 코로나19 팬데믹이 발생했고, 이 위기 상황에서 지도자들이 어떻게 소통하는지 궁금해졌다. 지도자들은 사람들에게 현재에 대한 안정감과 미래에 대한 희망을 어떻게 심어줄까? 자기가 가진 계획을 설교하고 대

바로 이 지점에 대답이 되지 않은 커다란 질문이 있는데, 그것은 다시 생각하기를 과연 언제 끝내야 하는가 하는 질문이다. 어디에서 마침표를 찍어야 할까? 내가 생각하기에 그 대답은 사람마다 상황마다 다르지 싶다. 그러나 내가 생각하기에 사람들은 대부분 너무 극단적으로만 생각하는 경향이 있다. 내가 본 것 가운데서 가장 적절한 데이터는 3장에서 살펴보았던 최고의 예측가들 관련 데이터가 아닐까 싶다. 그들은 어떤 질문에 대한 대답을 평균 (두 번이 아니라) 네 번 업데이트했다. 이런 사실은 다시 생각하기에서 어떤 이득을 얻고자 할 때 다시 생각하기를 그다지 많이 하지 않아도 됨을, 또다시 생각하기에 따르는 불편함이 최소한임을 암시한다. 다시 생각하기를 해서 언제나 마음을 바꾸어야 할 필요는 없다. 시험지를 놓고 다시 생각하기를 하는 학생들과 마찬가지로, 설령 기존의 결정을 바꾸지 않기로 마음먹는다 하더라도 우리는 여전히 자신이 한층 사려 깊게 성찰했음을 안다.

안적인 방안들이 틀렸음을 따지는 것은 불확실성을 줄일 수 있다. 정치적인 어떤 주장을 하는 것은 공동의 목표를 위해서 토대를 다지는 작업이 될 수 있다.

나는 가장 교훈적인 사례를 어떤 뉴욕 주지사에게서 보았다. 뉴욕 주와 미국 전체가 유례없는 위기를 맞았던 사태 초기의 봄에 그는 한 연설에서 이렇게 선언했다. "어떤 방법을 선택한 다음 그것을 시도하는 것은 상식입니다. 그 방법이 실패하면 그 사실을 솔직하게 인정하고 다른 방법을 시도해야 합니다. 어쨌거나 중요한 점은 어떤 것이든 시도를 해야 한다는 사실입니다."[6]

그러자 〈뉴욕타임스〉는 이 발언의 일부만 따서 "명시되지 않은 어떤 것을 하는 것은 아무것도 하지 않는 것만 못하다"고 했다.[7] 다른 지도자들이 "정확한 것, 구체적인 것, 긍정적인 것"을 따질 때 뉴욕 주지사는 "분명하지 않은 것, 추상적인 것, 두루뭉술한 것"을 이야기했다. 뉴욕 주지사의 연설을 뭉갠 것은 언론뿐만이 아니었다. 그를 보좌하는 사람들 가운데 한 사람도 그의 발언이 정치적으로 어리석은 짓이라고 묘사했다.[8]

미래에 대해서 선명한 전망과 강력한 계획과 분명한 예측을 제시하는 확신에 찬 지도자를 보기란 어렵지 않다. 그러나 번영을 구가할 때뿐만 아니라 위기를 맞았을 때 우리에게 한층 더 필요한 지도자는 불확실성을 받아들이고, 실수를 인정하며, 다른 사람들에게서 배우고, 이런저런 계획을 다시 생각하는 지도자이다. 뉴욕 주지사가 바로 그런 지도자였으며, 그가 제안했던 접근법이 그 뒤 어떻게 진행되었는지를 두고 보면 초기에 그를 향했던 비판은 잘못된 것이었음이 분명하다.

이 일은 코로나19 팬데믹 때 일어난 일도 아니고 그 주지사도 앤드류 쿠오모(Andrew Cuomo)가 아니었다. 미국에서 실업률이 역대 가장 높았던 대공황 때의 일이며, 1932년이었고, 당시 뉴욕 주지사는 프랭클린 D. 루스벨트(Franklin D. Roosevelt)였다. 그는 대공황으로 온 나라가 비틀거릴 때 조지아에 있는 한 작은 대학교에서 졸업 연설을 하면서 "어떤 것이든 시도해보자"는 그 메시지를 던졌다. 이 연설에서 가장 기억할 만한 대목은 "이 나라는 대담하고도 끈질긴 실험을 요구합니다"인데, 그가 내세운 이 행동 원리는 그의 리더십에서 기준이 되었다. 비록 경제학자들은 지금도 여전히 당시 개혁의 어떤 부분이 미국을 역사적인 불황에서 구출했는가를 두고 논쟁을 벌이긴 하지만, 루스벨트가 정책을 만들면서 적용했던 시행착오 방법론은 미국인에게 충분히 인기가 높았고, 그 덕분에 그는 미국 역사상 유일하게 4선 대통령이 되었다.

루스벨트는 그때의 졸업 연설에서 전도사처럼 설교하지 않았고, 검사처럼 잘못된 점을 조목조목 따지지 않았으며, 정치적으로 호소하지도 않았다. 그는 과학자들에게서 볼 수 있는 바로 그 확신에 찬 겸손함을 가지고 말했다. 확신에 찬 겸손함으로 소통하는 방법에 대해서 우리가 모르는 부분은 많다. 어떤 복잡한 주제(예를 들면 팬데믹을 멈추는 방법이나 경제를 다시 활성화하는 방법 등)에 대한 지식이 부족할 때 사람들은, 자신이 오늘 모르는 부분을 인정하고 어제 했던 자신의 말을 의심하는 지도자들에게서 편안함을 느낄 수 있다. 어떤 것에 대한 정보를 한층 많이 가지고 있으며 어떤 문제가 한층 쉽다고 느껴질 때 사람들은, 불확실성을 인정하며 태도와 의견을 금방금방 바꾸는 지도자들에게 콧방귀를 뀐다.

다른 사람을 설득하려 할 때 어떤 모드가 가장 효과적일지 나는 지금도 여전히 궁금하다. 그러나 전체적으로 보자면 루스벨트가 그랬던 것처럼 자신의 생각을 다시 생각하는 사람을 보는 게 좋다. 다시 생각하기가 무척 소중함에도 사람들은 다시 생각하기를 충분히 하지 않는다. 인생에서 중요한 의미가 있는 결정을 놓고 씨름을 하든 우리 시대의 어려운 문제를 놓고 씨름을 하는 우리는 그렇게 다시 생각하기를 소홀하게 여긴다. 팬데믹이나 기후변화, 그리고 정치적 양극화 같은 복잡한 문제는 우리에게 정신적으로 유연해질 것을 요구한다. 수없이 많은 알려지지 않은, 또한 끊임없이 진화하는 온갖 위협에 맞닥뜨릴 때 겸손함과 의심, 그리고 호기심은 해법 발견에 필수적인 요소이다. 대담하고도 끈질긴 실험은 다시 생각하기를 실천하는 최상의 도구가 될 것이다.

우리는 누구나 다시 생각하기를 잘 할 수 있다. 모든 사람이 조금만이라도 더 자주 과학자의 고글을 쓰고 사물과 상황을 바라보기만 한다면, 어떤 결론에 다다르든 이 세상은 조금이라도 더 낫게 바뀔 것이다. 나는 지금 궁금하다. 당신이 내 말에 동의하는지도 궁금하고, 동의하지 않는다면 어떤 증거가 당신의 마음을 바꾸어놓을 수 있을지도 궁금하다.

다시 생각하기 기술을 닦는 데 관심 있는 독자를 위해서 내가 가장 중요하다고 여기는 실천적인 교훈 30개를 소개한다.

개인 차원의 다시 생각하기

❶ 다시 생각하기 습관을 길러라

1 과학자처럼 생각해라. 어떤 의견을 만들어나갈 때 상대방에게 설교하거나 조목조목 따져서 상대방을 비판하거나 그들을 정치적으로 대하려는 유혹에 흔들리지 마라. 자기 안에서 새롭게 형성되는 견해를 하나의 예감이나 가설로 생각하고 이것을 데이터로 검증해라. 자기가 채택한 기업 전략에 실험하듯이 접근하는 기업가처럼 언제든 마음을 바꿀 수 있는 기민함을 유지해라.

2 의견이 아니라 가치관 차원에서 자기 정체성을 규정해라. 과거에 형성했던 믿음이 마치 현재 자아의 한 부분이라도 되는 것처럼 집착하지 않는다면 과거의 믿음에 쉽게 사로잡히지 않는다. 자기 자신을 호기심, 학습, 정신적 유연함, 지식 탐구

를 소중하게 여기는 사람이라고 생각하고 또 그렇게 바라보
아라. 어떤 의견을 형성할 때 자기 마음을 바꾸어놓을 수 있
는 변수(요인)들의 목록을 만들어서 하나씩 확인해라.

3 당신의 의견과 충돌하는 정보를 찾아라. 당신 자신이 설정하
고 있는 여러 가정을 무너뜨릴 수 있는 여러 가지 생각을 붙
잡고 적극적으로 씨름함으로써 확증 편향에 맞서서 싸우고
필터버블을 깨뜨리면 반향실에서 탈출할 수 있다. 우선 쉽게
시작하는 방법은 당신을 생각하게 만드는 사람을 따라가는
것이다. 설령 그 사람이 하는 생각에 당신이 대개는 동의하
지 않더라도 말이다.

❷ 당신의 자신감을 미세 조정하라

4 어리석음의 산(Mount Stupid) 정상에서 꼼짝도 못하고 발이
묶여 있음을 인식해라. 자신감을 유능함과 혼동하지 마라.
생각을 잘 할수록 자신을 과대평가하는 위험성은 더 커지며
당신이 개선의 길을 포기할 가능성 또한 더 커진다는 사실을
더닝-크루거 효과가 잘 상기시킨다. 자신이 가진 지식에 대
한 과도한 확신을 예방하려면 당신에게 주어진 대상을 당신
이 얼마나 잘 설명하는지 성찰해라.

5 의심이 가져다주는 이득을 챙겨라. 당신이 자기 능력을 의심
하는 그때가 바로 당신이 성장할 기회가 마련된 상황임을 알
아차려라. 어떤 문제를 해결할 수단으로 지금 당신이 가지고
있는 해법을 의심하면서도 자기의 학습 능력에 대해 자신감
을 가질 수 있다. 자신이 알지 못한다는 것을 안다는 사실은

혼히 전문성 개발로 나아가는 첫걸음이다.

6 자신이 틀렸음을 깨달을 때의 기쁨을 반갑게 끌어안아라. 자신이 실수했음을 알았을 때, 이것이 새로운 어떤 것을 발견했다는 신호라고 받아들여라. 자기 자신을 비웃기를 두려워하지 마라. 자기가 옳음을 증명하는 것보다 자기를 개선하는 것에 초점을 맞추는 편이 당신에게는 더 큰 도움이 된다.

❸ 다른 사람들이 당신의 생각을 의심하게 만들어라

7 당신이 만나는 모든 사람에게서 새로운 것을 배워라. 무언가에 대해서 모든 사람이 당신보다 더 많이 알고 있다. 사람들에게 최근에 어떤 것을 다시 생각했는지 물어라. 혹은 당신이 작년에 마음먹었던 것을 다시 생각해서 마음을 바꾼 것들을 소재로 대화를 시작해라.

8 당신 주변에 단순한 지지 네트워크(support network)가 아닌 도전 네트워크(challenge network)를 구축해라. 당신을 응원하는 지원단을 두는 게 당신에게 도움이 된다. 그러나 당신을 비판하는 사람도 필요하다. 사려 깊은 생각으로 당신을 가장 잘 비판하는 사람은 누구인가? 그런 사람이 누구인지 확인했으면, 그에게 당신이 하고 있는 생각에 문제를 제기해달라고 요청해라. 당신과 다른 의견이라도 당신이 얼마든지 수용할 수 있음을 그들이 알 수 있도록, 그들의 반박을 당신이 존중하는 이유가 무엇인지, 그들이 당신에게 가장 소중한 가치를 보태주는 지점이 어디인지 말해주어라.

9 건설적인 갈등을 회피하지 마라. 의견불일치가 반드시 불쾌

하고 나쁜 것은 아니다. 인간관계에서 일어나는 갈등은 대개 생산적이지 않지만, 업무 수행 과정에 나타나는 갈등은 당사자들이 현재의 방식을 다시 생각하는 데 도움이 된다. 의견 불일치를 하나의 논쟁으로 바라보려고 노력해라. 사람들은 논쟁에 임할 때 지적인 차원에서 접근하지 개인적인 차원으로는 접근하지 않는 경향이 있다.

개인과 개인 사이의 다시 생각하기

❶ 보다 나은 질문을 해라

10 설득력 있는 경청의 기술을 연마해라. 상대방의 마음을 여는 데는 자기가 말하는 것보다 상대방의 말에 귀를 기울이는 편이 더 효과적이다. 상대방이 자신의 견해를 선명하게 정리하고 변화해야만 하는 자기만의 이유를 발견하도록 돕는 데 당신이 관심을 갖고 있다면, 이런 당신의 마음을 어떻게 보여줄 수 있을까? 쉽게 시작할 수 있는 가장 좋은 방법은 당신의 발언 대비 질문 비율을 높이는 것이다.

11 이유보다는 방법을 물어라. 사람들은 자기가 극단적인 견해를 가지게 된 이유를 묘사할 때 보통 자신의 단호함을 한껏 부풀린다. 그런데 자기 견해를 현실적인 것으로 만들 방법을 설명하려고 노력할 때 그들은 흔히 자기가 이해한 내용이 부족하다는 사실을 깨닫고 자기 의견을 약간 누그러뜨리기 시작한다.

12 "어떤 증거가 당신의 마음을 바꿀 수 있을까?"라고 물어라. 우격다짐으로 상대방을 당신에게 동의하도록 만들 수는 없다. 무엇이 상대방의 마음을 열 수 있을지 물어본 다음에 상대방의 용어로 그들을 설득할 수 있을지 살피는 것이 한층 효과적인 경우가 많다.

13 상대방에게 논점이 되고 있는 어떤 의견을 어떻게 해서 가지게 되었는지 물어라. 우리가 가지고 있는 믿음 가운데 많은 것들은 고정관념처럼 임의적인 것이다. 정밀한 데이터나 깊은 성찰 없이 그런 믿음을 가지게 되었다는 뜻이다. 상대방이 이런 믿음을 다시 평가하도록 돕고, 다른 시대나 다른 지역에서 태어났다면 그 믿음과 다른 믿음을 갖게 되지 않았을지 생각하도록 유도해라.

❷ 의견불일치에는 전쟁이 아니라 춤을 추듯이 접근해라

14 공통점을 인정해라. 논쟁은 전쟁이 아니라 춤과 같다. 동의할 수 있는 부분을 인정한다고 해서 당신이 약해지는 게 아니다. 당신의 이런 모습은 무엇이 진실인지 당신이 기꺼이 협상할 수 있는 상대임을 상대방에게 보여주는 것이며, 상대방이 당신의 의견을 진지하게 생각하도록 유도한다.

15 보다 더 적은 것이 보다 더 많은 것임을 기억해라. 만일 당신이 자기 주장을 뒷받침하는 근거를 많이 제시할수록 상대방은 방어적이 된다. 뿐만 아니라 상대방은 당신이 제시하는 근거 가운데 가장 약한 것을 붙잡고 늘어지면서 당신이 하는 주장 전체를 배척한다. 당신의 주장을 여러 개의 이유나 근

거로 희석하지 말고 가장 강력한 논점 몇 가지만 가지고 대
응해라.

16 선택의 자유를 강화해라. 때로 사람들은 해당 주장이 논리적
으로 맞지 않아서 저항하는 게 아니라 자기 행동이 상대방에
게 통제된다는 느낌을 받지 않으려고 저항한다. 자신이 무엇
을 믿을 것인지 선택하는 것은 자기 자신의 몫임을 상대방에
게 상기시킴으로써 상대방의 자율성을 존중하는 것이 도움
이 된다.

17 대화 자체에 대한 대화를 해라. 만일 대화 도중에 감정적인
발언으로 대화가 뜨겁게 달아오른다면 대화의 흐름을 과정
으로 유도하도록 노력해라. 자기 감정에 대해 논평하면서 상
대방의 감정에 대해 자신이 이해하는 내용을 검증하는 협상
전문가처럼, 때로는 자신이 느끼는 실망과 좌절을 표현하고
상대방에게 이런 감정을 공유할 수 있는지 물음으로써 대화
의 실마리를 풀어나갈 수 있다.

집단 차원의 다시 생각하기

❶ 한층 미묘한 차이가 개재된 대화를 해라

18 논쟁적인 주제를 복잡하게 만들어라. 모든 이야기에는 두 개
이상의 측면이 있다. 쟁점을 동전의 양면처럼 양극화해서 싸
우지 말고 다양한 관점에서 그 쟁점을 바라보아라. 어떤 쟁
점을 둘러싸고 펼쳐지는 스펙트럼상의 온갖 다양한 관점을

바라볼 때 사람의 마음은 한층 쉽게 열린다.

19 경고성 일러두기(caveat)와 만약의 경우(contingency)를 회피하지 마라. 서로 충돌하는 주장과 갈등을 일으키는 결과를 인정한다고 해서 관심이나 신뢰성이 희생되지는 않는다. 이것이야말로 사람들의 관심을 사로잡으면서 사람들이 호기심을 가지도록 유도하는 효과적인 방법이다.

20 당신의 감정 범위를 확대해라. 생산적인 대화를 위해서 굳이 좌절감이나, 심지어 분노를 제거할 필요는 없다. 단지 그런 감정을 보다 폭넓은 일련의 감정 속에 섞어 넣기만 하면 된다. 당신은 호기심을 드러내기 위해서, 혹은 혼란스러움과 양면감정을 받아들이기 위해서 노력할 수도 있다.

❷ 아이들에게 다시 생각하는 법을 가르쳐라

21 일주일에 한 번씩 저녁 식탁에서 신화 깨기 토론을 해라. 아이가 아직 어리면 잘못된 믿음을 깨기가 한결 쉬우며, 이것은 아이들에게 다시 생각하기 습관을 들이는 매우 좋은 방법이다. 매주 다른 주제를 선정하고(어떤 날은 공룡이 주제일 수 있고, 어떤 날은 우주가 주제일 수 있다) 그날의 주제를 선정하는 책임자는 가족이 돌아가면서 맡도록 해라.

22 아이들에게 여러 개의 초안을 만들도록 하고 사람들에게 피드백을 받도록 해라. 그림을 그리거나 이야기를 지을 때 제각기 다른 버전을 여러 개 만드는 과정을 통해 아이들은 자기 생각을 새롭게 고치는 것이 얼마나 가치 있는 일인지 자연스럽게 배운다. 다른 사람들에게서 피드백을 받는 것도 아

이들이 자기가 설정한 기준을 조금씩 넓히고 높여나가는 데 도움이 된다. 이럴 때 아이들은 혼란스러움을 끌어안는 방법을 배울 수 있다. 또한 단 한 번의 시도로 완벽함을 기대하는 버릇을 버릴 수 있다.

23 아이들에게 나중에 커서 무엇이 되고 싶은지 묻지 마라. 아이들은 아직 직업이나 경력이라는 차원에서 자기를 규정할 필요가 없다. 단 하나의 정체성은 여러 다른 대안으로 이어지는 문을 닫아버릴 수 있다. 아이들이 가질 수 있는 선택권의 가짓수를 줄이려 하지 말고 아이들 스스로 그 가능성을 넓혀가도록 도와라. 아이들은 나중에 단 한 사람만 되지 않아도 된다. 아닌 게 아니라, 얼마든지 여러 사람이 될 수 있다.

❸ 학습 조직을 만들어라

24 최고의 실천이라는 발상을 버려라. 최고의 실천이라는 발상은 이상적인 경로가 이미 마련되어 있으므로 추가로 노력할 필요가 없음을 뜻한다. 만일 사람들로 하여금 그들의 일하는 방식을 계속 다시 생각하게 만들고 싶다면 과정에 대한 책임성이라는 개념을 채택해서 지속적으로 보다 더 나은 실천을 추구하는 편이 낫다.

25 심리적 안정성을 구축해라. 학습을 중시하는 문화에서는 사람들이 처벌받을지 모른다는 두려움 없이 현재 상태에 의문을 제기하고, 현재 상태를 바꾸려는 도전을 해도 된다고 느낀다. 심리적 안정성은 흔히 역할 모델링의 겸손함을 갖춘

지도자들에게서 시작된다.

26 다시 생각하기 점수판을 활용해라. 결과만으로 의사결정을
    평가하지 말고, 그 과정에서 다른 선택지를 얼마나 철저하게
    고려했는지 추적해라. 좋은 결과를 낳은 나쁜 과정은 행운이
    고, 나쁜 결과를 낳은 좋은 과정은 똑똑한 실험이다.

❹ 자신의 미래를 다시 생각하는 것에 마음을 열어두어라

27 10년 계획은 버려라. 작년에 관심을 끌었던 것이 올해에 시
    들해지기 마련이다. 어제 혼란스럽던 것이 내일은 흥미진진
    하게 바뀔 수도 있다. 열정은 계발되는 것이지 발견되는 것
    이 아니다. 한 단계 앞의 계획만 세울 때 당신의 마음은 다시
    생각하기에 활짝 열린다.

28 당신을 둘러싼 환경뿐 아니라 당신이 한 행동을 다시 생각해
    라. 행복을 좇다가 오히려 행복을 쫓아버릴 수 있다. 환경을
    바꾸는 것이 언제나 능사는 아니다. 기쁨은 금방 시들해지
    지만 의미는 오래 지속된다. 학습에 힘을 기울이는 행동이나
    다른 사람들에게 어떤 식으로든 기여하려는 행동에서 목적
    의식이 형성되는 경우가 많다.

29 인생 점검 일정을 짜라. 성취감을 주지 못하는 경로에 고착
    되는 몰입상승에 사로잡히기 쉽다. 정기적으로 의료검진을
    받는 것처럼 1년에 한두 번씩 인생 점검을 하는 것은 충분한
    가치가 있다. 이것은 자신이 얼마나 학습하고 있는지, 자신
    의 믿음과 목표가 어떻게 진화하고 있는지, 그리고 다음 단
    계가 어떠한 다시 생각하기를 보장하고 있는지 평가하는 하

나의 방법이다.

30 시간을 들여서 다시 생각하기를 해라. 내 경우에도 달력에
적힌 일정은 대부분 일이었다. 일을 하는 것으로 나의 온 일
정이 가득 차 있었다. 그래서 나는 하루에 한 시간씩은 꼭 생
각과 학습을 하기로 목표를 정했다. 그리고 지금은 여기에서
한 걸음 더 나아가기로 마음먹었고, 일주일에 한 번씩은 다
시 생각하며 배운 것을 잊어버리는 시간을 정해두기로 했다.
나는 나의 도전 네트워크에 손을 내밀어 내가 어떤 생각이나
의견을 다시 생각하면 좋을지 물어본다. 최근에 나의 아내
앨리슨은 나에게 마요네즈의 발음을 다시 생각해보아야 한
다고 말했다.

감사의 말

고마움을 표현하는 행동은 다시 생각하기보다는 실행이 더 중요하지 않을까 싶다. 우선 문자 그대로 탁월한 출판 대리인인 리처드 파인 (Richard Pine)에게 제일 먼저 고맙다는 말을 하고 싶다. 내가 독자를 다시 생각하도록 하고, 내가 일 이외의 영역으로 시야를 넓히도록 지속적으로 힘을 불어넣었다. 그리고 내가 가지고 있던 발상의 잠재력을 믿어주고 개발해준, 역시 탁월하다고밖에 말할 수 없는 편집자 릭 콧(Rick Kot)에게도 고맙다는 말을 전한다. 늘 그랬지만 이 두 사람과 함께 일하는 것이 나에게는 꿈이었는데, 두 사람은 도전과 지지를 이상적인 비율로 섞어서 나에게 아낌없이 제공했다.

전문 팩트체커 두 사람의 꼼꼼한 작업 덕분에 이 책의 정확성이 한층 높아졌다. 폴 더빈(Paul Durbin)은 독수리의 눈으로 철두철미하게, 그리고 민첩하게 문장 하나하나를 살폈다. 앤디 영(Andy Young)은 원고의 모든 쪽을 검토하면서 수많은 인용 문헌을 확인했다.

이 책의 내용과 어조는 초고를 읽고 피드백을 해준 나의 도전 네트워크 구성원들 덕에 처음보다 훨씬 더 좋아졌다. 마리사 샌델과 카렌 놀턴은 특히 고맙게도 인간이 견딜 수 있는 인내의 한계를 넘어서면서까지 한 치의 실수도 없이 원고의 품격을 개선했다. 등장인물 선정이나 이야기의 흐름, 그리고 세련된 언어 등의 측면에서 이 책의 구석구석까지 풍성하게 만들어준 데 대해 무슨 말로 고마움을 표현해야 할지 모를 정도이다. 특히 마리사는 내가 동원한 개념에 생기를 불어넣었고, 실천적인 방안을 하나의 체계로 묶어냈으며, 카렌은 복잡성을 증폭시켰고 생각의 다양성을 확장시켰다.

아이디어 및 산문에 관한 한 누구보다 감각이 뛰어난 레브 레벨(Reb Rebele)은 초기의 몇몇 장에서 필요했던 엄격한 사랑을 아낌없이 나누어주었으며 마지막 부분에서 빠져 있는 양념을 맛깔스럽게 만들어주었다. 도표의 여왕 그레이스 루벤스타인(Grace Rubenstein)은 독자를 현명하게 안내해서 나무들 사이에서도 숲을 바라보며 또다시 생각하기를 시의적절하면서도 세월이 흘러도 변치 않는 습관으로 인식하도록 도움을 주었다. 댄 오도넬(Dan O'Donnel)은 내가 이런저런 막다른 길에 몰입상승하지 않도록 도왔으며, 이 책에서 소개한 여러 핵심적인 연구나 이야기가 생생하게 살아 숨 쉬도록 활기찬 음악을 만들어주었다.

뇌로 치면 좌뇌와 우뇌를 연결해주는 뇌량과 같은 인물 린지 밀러(Lindsay Miller)는 책 속에 나오는 대화가 생생하게 빛이 나도록, 그리고 전도사, 검사, 정치인, 과학자가 각각 우리의 정신 속으로 어떻게 성큼성큼 걸어들어오는지 한층 풍성하게 드러나도록 나를 응원하는 사람들을 이끌었다. 니콜 그라닛(Nicole Granet)은 다시 생각하기가 인생의 모든 영역에서 어떻게 적용될 수 있을지 내가 다시금 깨닫도록 나의 생각을 확장시켰다. 셰릴 샌드버그(Sheryl Sandberg)는 틀을 짜기 전에 핵심적인 발상부터 도입하자고 나를 설득하고 책의 구성과 편제를 잘하는 것이 얼마나 중요한지 강조했는데, 그녀 덕분에 책이 한층 더 단단해졌다. 콘스탄티노스 코치파리스(Constantinos Coutifaris)는 설교하고, 잘못을 지적해서 비판하고, 정치 공작을 하는 것이 언제 설득력을 가질까 하는, 내가 탐구해야 하는 핵심적인 사항들을 분명하게 정리했다. 나탈리아 빌라먼(Natalia Villarman)과 닐 스튜어트(Neal Stewart)와 윌 필즈(Will Fields)는 인종차별 철폐 분야의 전문성을 나에게 공유해주었다. 마이클 추(Michael Choo)는 내가 제대로 진행하지 못하고 있던 장(章)을 다시 힘을 얻어 진행할 수 있도록 동기를 부여해주었다. 저스틴 버그(Justin Berg)는 자신이 가진 창의적인 예측 기술을 빌려주어서 나의 가장 특이하고 유용한 통찰을 가려서 뽑고 개발하도록 도와주었으며, 또한 역두운법(연속되는 단어의 끝 글자나 음절이 동일하게 배치되는 것)의 세계를 나에게 소개해주었다. 영어 교사였던 어머니 수전 그랜트(Susan Grant)는 문법과 오탈자를 바로잡았으며 옥스퍼드 콤마(문장에서 세 개 이상의 항목을 열거할 때 마지막 항목의 'and'나 'or' 앞에 콤마를 사용하는 옥스퍼드대학 출판부의 콤마 사용 규정 – 옮긴이)를 놓고 나와 싸웠다. 죄송해요 어머니, 그건 저의 다시 생각하기 계획에 없었던 거예요.

임팩트랩(Impact Lab)은 교사가 학생에게서 얼마나 많은 것을 배우는지 새삼 일깨워주었다. 바네사 완얀데(Vanessa Wanyandeh)는 다시 생각하기를 상대적으로 더 많이 해야 하는 집단이 어떤 집단인지는 집단 사이의 힘의 불균형을 고려해야 하지 않느냐고, 또한 편견에 맞서 싸우는 것이 누구의 책임인지 먼저 따져봐야 하지 않느냐는 문제를 제기했다. 아카시 플루루(Akash Pulluru)는 대담하게도 취약한 논지를 지워버리고 좋은 토론의 원칙으로는 어떤 것들이 있는지 이야기했다. 그래엘린 만데(Graelin Mande)는 업무 갈등이 관계 갈등을 유발하는 이유 및 시점과 관련된 정보를 보강해야 한다고 했고, 재크 스위니(Zach Sweeney)는 다시 생각하기 사이클의 역할을 확장해야 한다고 열정적으로 주장했다. 조던 레이(Jordan Lei)는 최초 직감의 오류(first-instinct fallacy)를 한층 깊이 파고들어야 한다며 내 등을 떠밀었고, 셰인 골드스타인(Shane Goldstein)은 에필로그를 공백으로 두겠다는 내 생각에 반대하면서 그 부분의 수정 과정을 있는 그대로 보여줌으로써 다시 생각하기의 과정을 상징적인 동시에 실제적으로 보여주자는 말을 맨 처음 꺼냈다. 니콜라스 스트라우치(Nicholas Strauch)는 좋은 질문을 하는 방법과 관련해서 더 많은 내용을 담아야 한다고 요구했으며 개구리를 옹호했다. 또 마들린 파건(Madeline Fagen)은 믿음과 가치 사이의 구분이 보다 더 선명했으면 좋겠다고 제안했다. 웬디 리(Wendy Lee)는 '확신에 찬 겸손함'이라는 개념을 한층 깊이 파고들라고 조언했으며, 케니 호앙(Kenny Hoang)은 개인과 개인 사이의 다시 생각하기 원칙 몇 가지의 사례를 증거로 보여주어야 한다고 제안했고, 리지 유세이(Lizzie Youshaei)는 사람들이 잘못된 것에 마음이 열리는 시점 및 그 이유를 한층 자세하게 분석해야 한다고 했다.

메그 스리니바스(Meg Sreenivas)는 주제와 동떨어져서 너무 구체적인 사항들을 지적했으며, 에런 카한(Aaron Kahane)은 혼란스러운 주장들을 선명하게 정리했고, 샤힐 미트라(Shaheel Mitra)는 에드거 미첼이 했던 말을 인용하자고 했다.

잉크웰(InkWell) 및 바이킹(Viking)에 있는 최고의 팀들로부터 지원을 받은 것은 나에게 행운이다. 지금 나는 잉크웰의 알렉시스 헐리(Alexis Hurley)와 나다니엘 잭스(Nathaniel Jacks), 그리고 엘리자 로스스타인(Eliza Rothstein)의 이름을 큰 소리로 부르고 싶고, 바이킹에 있던 사람들의 호기심이 무척 그립다. 그리고 다음 분들에게도 특별하게 고마운 마음을 전하고 싶다. 책의 홍보를 맡아준 캐롤라인 콜번(Carolyn Coleburn), 휘트니 필링(Whitney Peeling), 린제이 프레벳(Lindsay Prevette), 벨 반타(Bel Banta), 창의적인 마케팅을 해준 케이트 스타크(Kate Stark), 리디아 허트(Lydia Hirt), 메리 스톤(Mary Stone), 편집 및 제작을 맡아준 트리시아 콘리(Tricia Conley), 테스 에스피노자(Tess Espinoza), 브루스 기퍼즈(Bruce Giffords), 파비아나 반 아르스델(Fabiana Van Arsdel), 아트 디렉터 제이슨 라미레즈(Jason Ramirez), 논쟁 담당 카밀 르블랑(Camille LeBlanc), 그리고 변함없는 지지를 보내준 브라이언 타트(Brian Tart), 안드레아 슐츠(Andrea Schulz), 마들린 매킨토시(Madeline McIntosh), 앨리슨 돕슨(Allison Dobson), 속도의 악마 마커스 돌(Markus Dohle), 그리고 맷 셜리(Matt Shirley)와 도표 작업을 함께해서 기뻤다. 특유의 명석함과 유머를 가진 그는 도표들이 책의 내용 및 톤과 딱 맞아떨어지도록 작업하는 과정에서 인상적인 끈기를 보여주었다.

그리고 많은 동료 심리학자와 나눈 대화가 이 책의 완성에 많은 도움이 되었다. 늘 그렇듯이 댄 핑크(Dan Pink)는 발상의 틀을 짜는 과정에서 탁월한 도움을 주었으며 인용하거나 참고할 만한 적절한 연구 저작물에 대한 팁도 듬뿍 주었다. 와튼스쿨의 동료들, 특히 레이첼 아네트(Rachel Arnett), 시걸 바르세이드, 드루 카턴(Drew Carton), 스테파니 크리리(Stephanie Creary), 안젤라 더크워스(Angela Duckworth), 케이드 매시(Cade Massey), 사미르 누르모하메드(Samir Nurmohamed), 그리고 낸시 로스바드(Nancy Rothbard)는 이 책에 소개하는 원칙 가운데 다수를 모델링했으며, 내가 말하고자 하는 내용의 많은 부분을 다시 생각하도록 나를 이끌어주었다. 나는 또한 전도사-검사-정치인이라는 개념틀을 사용할 수 있어서, 그리고 키르스테 모렐과 장-피에르 뵈곰스를 소개해준 필립 테틀록에게 무척 감사한다. 아울러 다음 분들에게도 고마운 마음을 전한다. 장-피에르의 예측을 분석해준 에바 첸(Eva Chen), 테리 머레이(Terry Murray), 필 레스코버(Phil Rescober), 브래드 버드 감독을 알게 해주어서 그의 '믿을 수 없는(인크레더블)' 리더십을 그토록 예민하게 분석해준 밥 서턴(Bob Sutton), 그리고 아울러 픽사의 문을 열어준 제이미 울프(Jamie Woolf)와 크리스 위검(Chris Wiggum), 나에게 맨굴치 사건을 소개한 칼 웨익, 내가 베티 비곰베를 만날 수 있도록 주선하고 그녀의 이야기와 관련된 배경을 일러준 섀넌 세즈윅 데이비스(Shannon Sedgwick Davis)와 라렌 풀(Laren Poole), 크리스 한센과 엘런 오초아를 만날 수 있게 주선해준 제프 애슈비와 마이크 블룸필드(Mike Bloomfield), 하리시 나타라얀과 만날 수 있게 해준 오핸 시히(Eoghan Sheehy), 그리고 교육 분야의 개척자인 론 버거를 추천해준 더글러스 아치볼드(Douglas Archibald), 그리고 그와의 우연한 대화를 가능하게 해준 노아 데브로(Noah Devereaux)와 스트라이브 챌린지(Strive Challenge)에게도 고맙다. 에릭 베스트(Eric Best)는 일찌감치 나에게 다시 생각하기가 사람들이 기대치를 높이는 데 얼마나 큰 도움이 되는지 보여주었으며, 브라이언 리틀(Brian Little), 제인 더턴, 리처드 해크먼(Richard Hackman), 그리고 수 애시퍼드(Sue Ashford)는 다시 생각하기가 조직심리학자로서 누릴 수 있는 가장 큰 기쁨 가운데 하나로 바라보는 방법을 가르쳐주었다.

부모로 살다 보면 자신의 마음을 바꿀 내면적인 역량을 누구나 가지고 있음을 날마다 깨닫는다. 팬데믹이 한창인 와중에 내가 이 책의 원고를 마쳤을 때였는데, 헨리는 상수도가 오염되었을 경우를 걱정하며 수돗물을 어디에서 구해야 할지 다시 생각하느라 애를 썼다. (바다와 우리 집을 연결하는 거대한 연결관을 놓으면 되겠다, 문어도 잡을 수 있겠네!) 내가 엘레나에게 사물을 다시 생각하도록 나를 어떻게 설득했는지 물었을 때, 엘레나는 내가 까맣게 잊어버리고 있던 어떤 설득의 기술에 새삼스럽게 눈을 뜰 수 있게 해주었다. (천진난만한 얼굴! 이건 어디에서나 다 통해!) 우리가 이 책의 표지에 쓸 여러 가지 착시 현상을 놓고 고민할 때 조안나가 한결 나은 아이디어를 들고 왔다. (불꽃이 아니라 물꽃이 핀 촛불은 어때?) 창의적인 발상이 비롯되는 곳이 어디인지 나는 다시 생각하게 되었다. 만일 열두 살짜리 아이가 내 책의 표지에 쓸 완벽한 이미지를 생각해낼 수 있다면, 이런 아이들은 이것 말고 또 무엇을 할 수 있을까? 나는 우리 아이들이 너무도 행복하게, 또 너무도 쉽게 다시 생각하는 것을 보면, 그리고 이 아이들이 나더러 다시 생각하기를 자주 하라고 부추길 때면 기분이 정말 좋다.

언제나 나에게 사랑과 조언과 유머를 건네는 사랑하는 아내 앨리슨에게 무한한 감사의 마음을 전하고 싶다. 늘 그랬듯이 앨리슨은 내가 설정한 많은 가설을 다시 생각하도록 도왔으며 수없이 많은 사소하기 짝이 없는 질문과 온갖 요구와 불필요한 토론을 참아주었다. 나는 지금도 여전히 '메이어네이즈(may-o-naze)'라고 발음하지 않고 '맨-아즈(man-aze)'라고 발음하지만, 그럴 때마다 아내는, 사람들은 모두 "그 메이어(mayo) 좀 집어줘"라고 말하지 "그 맨(man, 남성) 좀 집어줘"라고 말하는 사람은 아무도 없다는 매력적인 논지를 펼친다. 혹시 몰라서 분명히 말해두지만, 나는 심지어 마요네즈를 좋아하지도 않는다.

주
=

프롤로그

1   Frank L. Schmidt and John Hunter, "General Mental Ability in the
     World of Work: Occupational Attainment and Job Performance,"
     Journal of Personality and Social Psychology 86 (2004): 162-73.

2   David C. Geary, "Efficiency of Mitochondrial Functioning as the
     Fundamental Biological Mechanism of General *Intelligence* (G),"
     Psychological Review 15 (2018): 1028-50.

3   Neel Burton, "What Is *Intelligence?*," *Psychology Today*, Novembet 28,
     2018, www.psychologytoday.com/us/blog/hide-and-seek/201811/
     what-is-*Intelligence*.
     Charles Stangor and Jennifer Walinga, *Introduction to Psychology*
     (Victoria, BC: BCcampus, 2014).
     Frank L. Schmidt, "The Role of Cognitive Ability and Job Performance:
     Why There Cannot Be a Debate," *Human Performance* 15 (2002):
     187-210.

4   *A Systematic Approach to the GRE* (New York: Kaplan, 1999).

5   Ludy T. Benjamin Jr., Timothy A. Cavell, and William R. Shallenberger
     III, "Staying with Initial Answers on Objective Tests: Is It a Myth?,"
     Teaching of Psychology 11 (1984): 133-41.

6   Justin Kruger, Derrick Wirtz, and Dale T. Miller, "Counterfactual
     Thinking and the First Instinct Fallacy," *Journal of Personality and
     Social Psychology* 88 (2005): 725-35.

7   Yongnam Kim, "Apples to Oranges: Causal Effects of Answer Changing in Multiple Choice Exams," arXiv:1808.10577v4, last revised October 14, 2019, arxiv.org/abs/1808.10577

8   Justin J. Couchman et al., "The Instinct Fallacy: The MetaCognition of Answering and Revising during College Exams," *MetaCognition and Learning* 11 (2016): 171-85.

9   Charles M. Slem, "The Effects of an Educational Intervention on Answer Changing Behavior," *Annual Convention of the American Psychological Association*, August 1985, eric.ed.gov/?id=ED266395

10   Susan T. Fiske and Shelley E. Taylor, *Social Cognition: From Brains to Culture*, 2nd ed. (Los Angeles: Sage, 2013).

11   Arie W. Kruglanski and Donna M. Webster, "Motivated Closing of the Mind: 'Seizing' and 'Freezing,'" *Psychological Review* 103 (1996): 263-83.

12   James Fallows, "The Boiled-Frog Myth: Stop the Lying Now!," *The Atlantic*, September 16, 2006, www.theatlantic.com/technology/archive/2006/09/the-boiled-frog-myth-stop-the-lying-now/7446/

13   Norman Maclean, *Young Men and Fire*, 25th anniversary ed. (Chicago: University of Chicago Press, 2017). 아울러 다음을 참조하라. www.nifc.gov/safety/mann_gulch/event_timeline/event6.htm

14   Barry M. Staw, Lance E. Sandelands, and Jane E. Dutton, "Threat Rigidity Effects in Organizational Behavior: A Multilevel Analysis," *Administrative Science Quarterly* 26 (1981): 501-24.
     Karl E. Weick, "The Collapse of Sense Making in Organizations: The Mann Gulch Disaster," *Administrative Science Quarterly* 38 (1993): 628-52.

15   Ted Putnam, "Findings from the Wildland Firefighters Human Factors Workshop," United States Department of Agriculture, Forest Service, Technology & Development Program, November 1995.

16   John N. Maclean, *Fire on the Mountain: The True Story of the South Canyon Fire* (New York: HarperPerennial, 2009).

17 Ted Putnam, "Analysis of Escape Efforts and Personal Protective Equipment on the South Canyon Fire," *Wildfire 4* (1995): 34-39.

18 Ted Putnam, "The Collapse of Decision Making and Organizational Structure on Storm King Mountain," *Wildfire 4* (1995): 40-45.

19 Report of the South Canyon Fire Accident Investigation Team, August 17, 1994.

20 Karl E. Weick, "Drop Your Tools: An Allegory for Organizational Studies," *Administrative Science Quarterly* 41 (1996): 301-13.

21 Elizabeth Widdicombe, "Prefrosh E-group Connected Class of '03," *Harvard Crimson*, June 5, 2003, www.thecrimson.com/article/2003/6/5/prefrosh-e-group-connected-class-of-03.
Scott A. Golder, "Re: 'Alone in Annenberg? First-Years Take Heart,'" *Harvard Crimson*, September 17, 1999, www.thecrimson.com/article/1999/9/17/letters-begroup-an-important-link-connecting

22 Nate Cohn and Kevin Quealy, "How Public Opinion Has Moved on Black Lives Matter," *New York Times*, June 10, 2020, www.nytimes.com/interactive/2020/06/10/upshot/black-lives-matter-attitudes.html

23 Kathryn Schulz, "The Story That Tore Through the Trees," *New York Magazine*, September 9, 2014, nymag.com/arts/books/features/mann-gulch-norman-maclean-2014-9/index.html

1부 개인 차원의 다시 생각하기

1장 우리 마음속의 전도사, 검사, 정치인, 그리고 과학자

1 George Bernard Shaw, *Everybody's Political What's What?* (London: Constable, 1944).

2 Jacquie McNish and Sean Silcoff, *Losing the Signal: The Untold Story behind the Extraordinary Rise and Spectacular Fall of BlackBerry* (New York: Flatiron Books, 2015).

3   "100 Fastest-Growing Companies," CNN Money, August 31, 2009, money.cnn.com/magazines/fortune/fortunefastestgrowing/2009/snapshots/1.html

4   Richard Alleyne, "Welcome to the Information Age—174 Newspapers a Day," *Daily Telegraph*, February 11, 2011, www.telegraph.co.uk/news/science/science-news/8316534/Welcome-to-the-information-age-174-newspapers-a-day.html

5   Peter Densen, "Challenges and Opportunities Facing Medical Education," *Transactions of the American Clinical and Climatological Association* 122 (2011): 48-58.

6   Joshua J. Clarkson, Zakary L. Tormala, and Christopher Leone, "A Self-Validation Perspective on the Mere Thought Effect," *Journal of Experimental Social Psychology* 47 (2011): 449-54.

7   Jamie Barden and Richard E. Petty, "The Mere Perception of Elaboration Creates Attitude Certainty: Exploring the Thoughtfulness Heuristic," *Journal of Personality and Social Psychology* 95 (2008): 489-509.

8   W. Ralph Eubanks, "How History and Hollywood Got 'Cleopatra' Wrong," NPR, November 1, 2010, www.npr.org/templates/story/story.php?storyId=130976125

9   Jason Farago, "T. Rex Like You Haven't Seen Him: With Feathers," *New York Times*, March 7, 2019, www.nytimes.com/2019/03/07/arts/design/t-rex-exhibition-americanmuseum-of-natural-history.html
     Brigit Katz, "T. Rex Was Likely Covered in Scales, Not Feathers," *Smithsonian*, June 8, 2017, www.smithsonianmag.com/smart-news/t-rex-skin-was-not-covered-feathers-study-says-180963603

10   Alix Spiegel and Lulu Miller, "How to Become Batman," *Invisibilia*, NPR, January 23, 2015, www.npr.org/programs/invisibilia/378577902/how-to-become-batman

11   Sterling Haynes, "Special Feature: Tobacco Smoke Enemas," *BC Medical Journal* 54 (2012): 496-97.

12   Stephen Greenspan, "Why We Keep Falling for Financial Scams," *Wall Street Journal*, January 3, 2009, www.wsj.com/articles/SB123093987596650197

13   Philip E. Tetlock, "Social Functionalist Frameworks for Judgment and Choice: Intuitive Politicians, Theologians, and Prosecutors," *Psychological Review* 109 (2002): 451–71.

14   Hugo Mercier and Dan Sperber, "Why Do Humans Reason? Arguments from an Argumentative Theory," *Behavioral and Brain Sciences* 34 (2011): 57–74.

15   Stephen Greenspan, "Fooled by Ponzi (and Madoff): How Bernard Madoff Made Off with My Money," eSkeptic, December 23, 2008, www.skeptic.com/eskeptic/08-12-23/#feature

16   Greg Griffin, "Scam Expert from CU Expertly Scammed," *Denver Post*, March 2, 2009, www.denverpost.com/2009/03/02/scam-expert-from-cu-expertly-scammed

17   George A. Kelly, *The Psychology of Personal Constructs*, vol. 1, *A Theory of Personality* (New York: Norton, 1955)
Brian R. Little, *Who Are You, Really? The Surprising Puzzle of Personality* (New York: Simon & Schuster, 2017).

18   Arnaldo Camuffo et al., "A Scientific Approach to Entrepreneurial Decision Making: Evidence from a Randomized Control Trial," *Management Science* 66 (2020): 564–86.

19   Mark Chussil, "Slow Deciders Make Better Strategists," *Harvard Business Review*, July 8, 2016, hbr.org/2016/07/slow-deciders-make-betterstrategists

20   Walter Isaacson, *Einstein: His Life and Universe* (New York: Simon & Schuster, 2007).

21   David J. Lick, Adam L. Alter, and Jonathan B. Freeman, "Superior Pattern Detectors Efficiently Learn, Activate, Apply, and Update Social Stereotypes," *Journal of Experimental Psychology: General* 147 (2018): 209–27.

22 Dan M. Kahan, Ellen Peters, Erica C. Dawson, and Paul Slovic, "Motivated Numeracy and Enlightened Self-Government," *Behavioural Public Policy* 1 (2017): 54-86.

23 Raymond S. Nickerson, "Confirmation Bias: A Ubiquitous Phenomenon in Many Guises," *Review of General Psychology* 2 (1998): 175-220.

24 Ben M. Tappin, Leslie van der Leer, and Ryan T. McKay, "The Heart Trumps the Head: Desirability Bias in Political Belief Revision," *Journal of Experimental Psychology: General* 146 (2017): 1143-49.
Ziva Kunda, "The Case for Motivated Reasoning," *Psychological Bulletin* 108 (1990): 480-98.

25 Emily Pronin, Daniel Y. Lin, and Lee Ross, "The Bias Blind Spot: Perceptions of Bias in Self versus Others," *Personality and Social Psychology Bulletin* 28 (2002): 369-81.

26 Richard F. West, Russell J. Meserve, and Keith E. Stanovich, "Cognitive Sophistication Does Not Attenuate the Bias Blind Spot," *Journal of Personality and Social Psychology* 103 (2012): 506-19.

27 Keith E. Stanovich and Maggie E. Toplak, "The Need for Intellectual Diversity in *Psychological Science*: Our Own Studies of Actively Open-Minded Thinking as a Case Study," *Cognition* 187 (2019): 156-66
Jonathan Baron et al., "Why Does the Cognitive Reflection Test (Sometimes) Predict Utilitarian Moral Judgment (and Other Things)?," *Journal of Applied Research in Memory and Cognition* 4 (2015): 265-84.

28 Neil Stenhouse et al., "The Potential Role of Actively Open-Minded Thinking in Preventing Motivated Reasoning about Controversial Science," *Journal of Environmental Psychology* 57 (2018): 17-24.

29 Mihaly Csikszentmihalyi, *Creativity: Flow and the Psychology of Discovery and Invention* (New York: HarperCollins, 1996).

30 Donald W. Mackinnon, "The Nature and Nurture of Creative Talent,"

American Psychologist 17 (1962): 484-95.

31   Dean Keith Simonton, "Presidential IQ, Openness, Intellectual Brilliance, and Leadership: Estimates and Correlations for 42 U.S. Chief Executives," *Political Psychology* 27 (2006): 511-26.

32   Jane E. Dutton and Robert B. Duncan, "The Creation of Momentum for Change through the Process of Strategic Issue Diagnosis," *Strategic Management Journal* (May/June 1987): 279-95.

33   Jacquie McNish, "RIM's Mike Lazaridis Walks Out of BBC Interview," *Globe and Mail*, April 13, 2011, www.theglobeandmail.com/globe-investor/rims-mike-lazaridis-walks-out-of-bbc-interview/article1322202

34   Sean Silcoff, Jacquie McNish, and Steve Laurantaye, "How BlackBerry Blew It," *Globe and Mail*, September 27, 2013, www.theglobeandmail.com/report-on-business/the-insidestory-of-why-blackberry-is-failing/article14563602/

35   Jonathan S. Geller, "Open Letter to BlackBerry Bosses: Senior RIM Exec Tells All as Company Crumbles Around Him," *BGR*, June 30, 2011, bgr.com/2011/06/30/open-letter-to-blackberry-bosses-senior-rim-exec-tells-all-as-company-crumbles-around-him

36   토니 퍼델(Tony Fadell)과의 개인적인 인터뷰, 2020년 6월 1일, 그리고 마이크 벨(Mike Bell)과의 인터뷰, 2019년 11월 14일.
Brian Merchant, *The One Device: The Secret History of the iPhone* (New York: Little, Brown, 2017).

2장 안락의자 쿼터백과 가면을 쓴 사기꾼

1   Charles Darwin, *The Descent of Man* (London: Penguin Classics, 1871/2004).

2   Gabriel Anton, "On the Self-Awareness of Focal Drain Diseases by the Patient in Cortical Blindness and Cortical Deafness," *Archiv für Psychiatrie und Nervenkrankheiten* 32 (1899): 86-127.

3 Frederick C. Redlich and Joseph F. Dorsey, "Denial of Blindness by Patients with Cerebral Disease," *Archives of Neurology & Psychiatry* 53 (1945): 407-17.

4 Charles André, "Seneca and the First Description of Anton Syndrome," *Journal of Neuro-Ophthalmology* 38 (2018): 511-13.

5 Giuseppe Vallar and Roberta Ronchi, "Anosognosia for Motor and Sensory Deficits after Unilateral Brain Damage: A Review," *Restorative Neurology and Neuroscience* 24 (2006): 247-57.

Howard C. Hughes, Robert Fendrich, and Sarah E. Streeter, "The Diversity of the Human Visual Experience," in *Perception and Its Modalities*, ed. Dustin Stokes, Moham Matthen, and Stephen Biggs (New York: Oxford University Press, 2015).

David Dunning, *Self-Insight: Roadblocks and Detours on the Path to Knowing Thyself* (New York: Psychology Press, 2005)

Costanza Papagno and Giuseppe Vallar, "Anosognosia for Left Hemiplegia: Babinski's (1914) Cases," in *Classic Cases in Neuropsychology*, vol. 2, ed. Christopher Code et al. (New York: Psychology Press, 2003).

Jiann-Jy Chen et al., "Anton-Babinski Syndrome in an Old Patient: A Case Report and Literature Review," *Psychogeriatrics* 15 (2015): 58-61.

Susan M. McGlynn, "Impaired Awareness of Deficits in a Psychiatric Context: Implications for Rehabilitation," in *MetaCognition in Educational Theory and Practice*, ed. Douglas J. Hacker, John Dunlosky, and Arthur C. Graesser (Mahwah, NJ: Erlbaum, 1998).

6 Agence France Presse, "Iceland's Crisis-Era Central Bank Chief to Run for President," Yahoo! News, May 8, 2016, www.yahoo.com/news/icelands-crisis-era-centralbank-chiefrun-president-152717120.html.

7 Samantha C. Paustian-Underdahl, Lisa Slattery Walker, and David J. Woehr, "Gender and Perceptions of Leadership Effectiveness: A Meta-analysis of Contextual Moderators," *Journal of Applied Psychology* 99

(2014): 1129-45.

8   Mark R. Leary et al., "The Impostor Phenomenon: Self-Perceptions, Reflected Appraisals, and Interpersonal Strategies," *Journal of Personality* 68 (2000): 725-56.
Karina K. L. Mak, Sabina Kleitman, and Maree J. Abbott, "Impostor Phenomenon Measurement Scales: A Systematic Review," Frontiers in Psychology 10 (2019): 671.

9   Improbable, "The 2000 Ig™ Nobel Prize Ceremony," October 5, 2000, www.improbable.com/ig/2000

10   Justin Kruger and David Dunning, "Unskilled and Unaware of It: How Difficulties in Recognizing One's Own Incompetence Lead to Inflated Self-Assessments," *Journal of Personality and Social Psychology* 77 (1999): 1121-34.

11   John D. Mayer, A. T. Panter, and David R. Caruso, "When People Estimate Their Personal Intelligence Who Is Overconfident? Who Is Accurate?," *Journal of Personality* (May 19, 2020).

12   Nicholas Bloom, Renata Lemos, Raffaella Sadun, Daniela Scur, and John Van Reenen, "JEEA-FBBVA Lecture 2013: The New Empirical Economics of Management," *Journal of the European Economic Association* 12 (2014): 835-76, https://doi.org/10.1111/jeea.12094

13   Xavier Cirera and William F. Maloney, *The Innovation Paradox* (Washington, DC: The World Bank, 2017).
Nicholas Bloom et al., "Management Practices across Firms and Countries," *Academy of Management Perspectives* 26 (2012): 12-33.

14   Michael P. Hall and Kaitlin T. Raimi, "Is Belief Superiority Justified by Superior Knowledge?," *Journal of Experimental Social Psychology* 76 (2018): 290-306.

15   Brian Resnick, "Intellectual Humility: The Importance of Knowing You Might Be Wrong," *Vox*, January 4, 2019, www.Vox.com/science-and-health/2019/1/4/17989224/intellectual-humility-explained-psychology-replication

16 John Jerrim, Phil Parker, and Nikki Shure, "Bullshitters. Who Are They and What Do We Know about Their Lives?," IZA Institute of Labor Economics, DP No. 12282, April 2019, ftp.iza.org/dp12282.pdf

Christopher Ingraham, "Rich Guys Are Most Likely to Have No Idea What They're Talking About, Study Suggests," *Washington Post*, April 26, 2019, www.washingtonpost.com/business/2019/04/26/rich-guys-are-most-likely-have-no-idea-what-theyre-talking-about-study-finds

17 Nina Strohminger (@NinaStrohminger), January 8, 2019, twitter.com/NinaStrohminger/status/1082651708617039875-s=20

18 Mark L. Wolraich, David B. Wilson, and J. Wade White, "The Effect of Sugar on Behavior and *Cognition* in Children: A Meta-analysis," *Journal of the American Medical Association* 274 (1995): 1617-21.

Konstantinos Mantantzis et al., "Sugar Rush or Sugar Crash? A Meta-analysis of Carbohydrate Effects on Mood," *Neuro-science & Biobehavioral Reviews* 101 (2019): 45-67.

19 Oliver J. Sheldon, David Dunning, and Daniel R. Ames, "Emotionally Unskilled, Unaware, and Uninterested in Learning More: Reactions to Feedback about Deficits in Emotional Intelligence," *Journal of Applied Psychology* 99 (2014): 125-37.

20 Gilles E. Gignac and Marcin Zajenkowski, "The Dunning-Kruger Effect Is (Mostly) a Statistical Artefact: Valid Approaches to Testing the Hypothesis with Individual Differences Data," *Intelligence* 80 (2020): 101449.

Tal Yarkoni, "What the Dunning-Kruger Effect Is and Isn't," July 7, 2010, www.talyarkoni.org/blog/2010/07/07/what-the-dunning-kruger-effect-is-and-isnt

21 Joyce Ehrlinger et al., "Why the Unskilled Are Unaware: Further Explorations of (Absent) Self-Insight among the Incompetent," *Organizational Behavior and Human Decision Processes* 105 (2008): 98-121.

22   Spencer Greenberg and Seth Stephens-Davidowitz, "You Are Not as Good at Kissing as You Think. But You Are Better at Dancing," *New York Times*, April 6, 2019, www.nytimes.com/2019/04/06/opinion/sunday/overconfidence-men-women.html

23   Carmen Sanchez and David Dunning, "Overconfidence among Beginners: Is a Little Learning a Dangerous Thing?," *Journal of Personality and Social Psychology* 114 (2018): 10-28.

24   John Q. Young et al., "'July Effect': Impact of the Academic Year-End Changeover on Patient Outcomes," *Annals of Internal Medicine* 155 (2011): 309-15.
Sarah Kliff, "The July Effect Is Real: New Doctors Really Do Make Hospitals More Dangerous," *Vox*, July 13, 2014, www.Vox.com/2014/7/13/5893653/the-july-effect-is-real-new-doctors-really-do-make-hospitals-more

25   Roger Boyes, *Meltdown Iceland: Lessons on the World Financial Crisis from a Small Bankrupt Island* (New York: Bloomsbury, 2009).

26   Boyes, Meltdown Iceland.
"Cracks in the Crust," *Economist*, December 11, 2008, www.Economist.com/briefing/2008/12/11/cracks-in-the-crust
Heather Farmbrough, "How Iceland's Banking Collapse Created an Opportunity," *Forbes*, December 23, 2019, www.Forbes.com/sites/heatherfarmbrough/2019/12/23/how-icelands-banking-collapse-created-an-opportunity/#72693f035e97
"25 People to Blame for the Financial Crisis," *Time*, February 10, 2009, content.time.com/time/specials/packages/article/0,28804,1877351_1877350_1877340,00.html
John L. Campbell and John A. Hall, *The Paradox of Vulnerability: States, Nationalism & the Financial Crisis* (Princeton, NJ: Princeton University Press, 2017).
Robert H. Wade and Silla Sigurgeirsdottir, "Iceland's Meltdown: The Rise and Fall of International Banking in the North Atlantic," *Brazilian*

Journal of Political Economy 31 (2011): 684-97.

Report of the Special Investigation Commission, April 12, 2010, www.rna.is/eldri-nefndir/addragandi-og-orsakir-fallsislensku-bankanna-2008/skyrsla-nefndarinnar/english

Daniel Chartier, *The End of Iceland's Innocence: The Image of Iceland in the Foreign Media during the Financial Crisis* (Ottawa, ON: University of Ottawa Press, 2011).

"Excerpts: Iceland's Oddsson," *Wall Street Journal*, October 17, 2008, www.wsj.com/articles/SB122418335729241577

Geir H. Haarde, "Icelandic Leaders Accused of Negligence," *Financial Times*, April 12, 2010, www.ft.com/content/82bb2296-4637-11df-8769-00144feab49a

"Report on Iceland's Banking Collapse Blasts Ex?Officials," *Wall Street Journal*, April 13, 2010, www.wsj.com/articles/SB100014240527023038 28304575179722049591754

27 Tim Urban, "The Thinking Ladder," *Wait but Why* (blog), September 27, 2019, waitbutwhy.com/2019/09/thinkingladder.html

28 Dov Eden, "Means Efficacy: External Sources of General and Specific Subjective Efficacy," in *Work Motivation in the Context of a Globalizing Economy*, ed. Miriam Erez, Uwe Kleinbeck, and Henk Thierry (Mahwah, NJ: Erlbaum, 2001).

Dov Eden et al., "Augmenting Means Efficacy to Boost Performance: Two Field Experiments," *Journal of Management* 36 (2008): 687-713.

29 사라 블레이클리(Sara Blakely)와의 개인적인 인터뷰, 2019년 9월 12일. 아울러 다음을 참조하라.

Clare O'Connor, "How Sara Blakely of Spanx Turned $5,000 into $1 Billion," *Forbes*, March 26, 2012, www.Forbes.com/global/2012/0326/billionaires-12-feature-united-states-spanx-sara-blakely-american-booty.html

"How Spanx Got Started," Inc., January 20, 2012, www.inc.com/sara-blakely/how-sara-blakley-started-spanx.html

30 Tenelle Porter, "The Benefits of Admitting When You Don't Know," *Behavioral Scientist*, April 30, 2018, behavioralscientist.org/the-benefits-of-admitting-when-you-dont-know

31 Thomas Gatzka and Benedikt Hell, "Openness and Post Secondary Academic Performance: A Meta-analysis of Facet-, Aspect-, and Dimension-Level Correlations," *Journal of Educational Psychology* 110 (2018): 355-77.

32 Tenelle Porter et al., "Intellectual Humility Predicts Mastery Behaviors When Learning," *Learning and Individual Differences* 80 (2020): 101888.

33 Bradley P. Owens, Michael D. Johnson, and Terence R. Mitchell, "Expressed Humility in Organizations: Implications for Performance, Teams, and Leadership," *Organization Science* 24 (2013): 1517-38.

34 Mark R. Leary et al., "Cognitive and Interpersonal Features of Intellectual Humility," *Personality and Social Psychology Bulletin* 43 (2017): 793-813.

35 Samantha A. Deffler, Mark R. Leary, and Rick H. Hoyle, "Knowing What You Know: Intellectual Humility and Judgments of Recognition Memory," *Personality and Individual Differences* 96 (2016): 255-59.

36 Bradley P. Owens, Angela S. Wallace, and David A. Waldman, "Leader Narcissism and Follower Outcomes: The Counterbalancing Effect of Leader Humility," *Journal of Applied Psychology* 100 (2015): 1203-13. Hongyu Zhang et al., "CEO Humility, Narcissism and Firm Innovation: A Paradox Perspective on CEO Traits," *Leadership Quarterly* 28 (2017): 585-604.

37 할라 토마스도티르(Halla Tómasdóttir)와의 개인적인 인터뷰, 2019년 2월 27일.

38 Jaruwan Sakulku, "The Impostor Phenomenon," *International Journal of Behavioral Science* 6 (2011): 75-97.

39 Dena M. Bravata et al., "Prevalence, Predictors, and Treatment of Impostor Syndrome: A Systematic Review," *Journal of General*

Internal Medicine 35 (2020): 1252-75.

40 Basima Tewfik, "Workplace Impostor Thoughts: Theoretical Conceptualization, Construct Measurement, and Relationships with Work-Related Outcomes," *Publicly Accessible Penn Dissertations* (2019): 3603.

41 Adam M. Grant and Amy Wrzesniewski, "I Won't Let You Down? ⋯ or Will I? Core Self-Evaluations, Other-Orientation, Anticipated Guilt and Gratitude, and Job Performance," *Journal of Applied Psychology* 95 (2010): 108-21.

42 다음을 참조하라. Christine L. Porath and Thomas S. Bateman, "Self-Regulation: From Goal Orientation to Job Performance," *Journal of Applied Psychology* 91 (2006): 185-92.
    Samir Nurmohamed, "The Underdog Effect: When Low Expectations Increase Performance," *Academy of Management Journal* (July 26, 2020), doi.org/10.5465/amj.2017.0181

43 다음을 참조하라. Albert Bandura and Edwin A. Locke, "Negative Self-Efficacy and Goal Effects Revisited," *Journal of Applied Psychology* 88 (2003): 87-99.

44 Elizabeth J. Krumrei Mancuso et al., "Links between Intellectual Humility and Acquiring Knowledge," *Journal of Positive Psychology* 15 (2020): 155-70.

45 Danielle V. Tussing, "Hesitant at the Helm: The Effectiveness Emergence Paradox of Reluctance to Lead" (Ph.D. diss., University of Pennsylvania, 2018).

46 Edwin A. Locke and Gary P. Latham, "Building a Practically Useful Theory of Goal Setting and Task Motivation: A 35-Year Odyssey," *American Psychologist* 57 (2002): 705-17.
    M. Travis Maynard et al., "Modeling Time-Lagged Psychological Empowerment Performance Relationships," *Journal of Applied Psychology* 99 (2014): 1244-53.
    Dana H. Lindsley, Daniel J. Brass, and James B. Thomas, "Efficacy

Performance Spirals: A Multilevel Perspective," *Academy of Management Review* 20 (1995): 645-78.

3장 틀렸을 때 느끼는 기쁨

1   Frasier, season 2, episode 12, "Roz in the Doghouse," January 3, 1995, NBC.

2   Henry A. Murray, "Studies of Stressful Interpersonal Disputations," *American Psychologist* 18 (1963): 28-36.

3   Richard G. Adams, "Unabomber," *The Atlantic*, September 2000, "Letters," www.theatlantic.com/magazine/archive/2000/09/letters/378379

4   Alston Chase, *A Mind for Murder: The Education of the Unabomber and the Origins of Modern Terrorism* (New York: W. W. Norton, 2004).

5   Murray S. Davis, "That's Interesting!: Toward a Phenomenology of Sociology and a Sociology of Phenomenology," *Philosophy of Social Science* 1 (1971): 309-44.

6   Sarah T. Stewart, "Where Did the Moon Come From? A New Theory," TED Talks, February 2019, www.ted.com/talks/sarah_t_stewart_where_did_the_moon_come_from_a_new_theory

7   Lesley Evans Ogden, "The Tusks of Narwhals Are Actually Teeth That Are Inside Out," BBC, October 26, 2015, www.bbc.com/earth/story/20151026-the-tusks-of-narwhals-areactually-teeththat-are-inside-out

8   Anthony G. Greenwald, "The Totalitarian Ego: Fabrication and Revision of Personal History," *American Psychologist* 35 (1980): 603-18.

9   Richard P. Feynman, "Surely You're Joking, Mr. Feynman!": *Adventures of a Curious Character* (New York: W. W. Norton, 1985), and "Cargo Cult Science," Caltech Commencement, 1974, calteches.

library.caltech.edu/51/2/CargoCult.htm

10 "Text of Unabomber Manifesto," *New York Times*, May 26, 1996, archive.nytimes.com/www.nytimes.com/library/national/unabom-manifesto-1.html

11 Jonas T. Kaplan, Sarah I. Gimbel, and Sam Harris, "Neural Correlates of Maintaining One's Political Beliefs in the Face of Counterevidence," *Scientific Reports* 6 (2016): 39589.

12 Joseph LeDoux, *The Emotional Brain: The Mysterious Underpinnings of Emotional Life* (New York: Simon & Schuster, 1998).
    Joseph Cesario, David J. Johnson, and Heather L. Eisthen, "Your Brain Is Not an Onion with a Tiny Reptile Inside," *Current Directions in Psychological Science* 29 (2020): 255-60.

13 Elizabeth Kolbert, "Why Facts Don't Change Our Minds," *New Yorker*, February 27, 2017, www.newyorker.com/magazine/2017/02/27/why-facts-dont-change-our-minds

14 Eli Pariser, *The Filter Bubble: How the New Personalized Web Is Changing What We Read and How We Think* (New York: Penguin, 2011).

15 ideas42 Behavioral Summit, New York, NY, October 13, 2016.

16 대니얼 카너먼(Daniel Kahneman)과의 개인적인 인터뷰, 2019년 6월 13일.

17 Corey Lee M. Keyes, "Subjective Change and Its Consequences for Emotional Well-Being," *Motivation and Emotion* 24 (2000): 67-84.

18 Anthony L. Burrow et al., "Derailment: Conceptualization, Measurement, and Adjustment Correlates of Perceived Change in Self and Direction," *Journal of Personality and Social Psychology* 118 (2020): 584-601.

19 Michael J. Chandler et al., "Personal Persistence, Identity Development, and Suicide: A Study of Native and Non-Native North American Adolescents," *Monographs of the Society for Research in Child Development* 68 (2003): 1-138.

20 Kaylin Ratner et al., "Depression and Derailment: A Cyclical Model of

Mental Illness and Perceived Identity Change," *Clinical Psychological Science* 7 (2019): 735-53.

21 레이 달리오(Ray Dalio)와의 개인적인 인터뷰, 2017년 10월 11일.
"How to Love Criticism," WorkLife with Adam Grant, February 28, 2018.

22 장-피에르 뵈곰스(Jean-Pierre Beugoms)와의 개인적인 인터뷰, 2019년 6월 26일과 7월 22일.

23 Nate Silver, "How I Acted Like a Pundit and Screwed Up on Donald Trump," FiveThirtyEight, May 18, 2016, fivethirtyeight.com/features/how-i-acted-like-a-punditand-screwed-up-on-donaldtrump

24 Andrew Sabisky, "Just-World Bias Has Twisted Media Coverage of the Donald Trump Campaign," *International Business Times*, March 9, 2016, www.ibtimes.co.uk/just-world-bias-has-twisted-media-coverage-donaldtrump-campaign-1547151

25 Daryl R. Van Tongeren et al., "Religious Residue: Cross-Cultural Evidence That Religious Psychology and Behavior Persist Following Deidentification," *Journal of Personality and Social Psychology* (March 12, 2020).

26 Jean-Pierre Beugoms, "Who Will Win the Republican Party Nomination for the U.S. Presidential Election?," *Good Judgment Open*, November 18, 2015, www.gjopen.com/comments/44283

27 Philip E. Tetlock and Dan Gardner, *Superforecasting: The Art and Science of Prediction* (New York: Random House, 2015)
Philip E. Tetlock, *Expert Political Judgment: How Good Is It? How Can We Know?* (Princeton, NJ: Princeton University Press, 2005).

28 Uriel Haran, Ilana Ritov, and Barbara A. Mellers, "The Role of Actively Open-Minded Thinking in Information Acquisition, Accuracy, and Calibration," Judgment and Decision Making 8 (2013): 188-201.

29 Barbara Mellers et al., "The Psychology of Intelligence Analysis: Drivers of Prediction Accuracy in World Politics," *Journal of Experimental Psychology: Applied* 21 (2015): 1-14.

30 Barbara Mellers et al., "Identifying and Cultivating Superforecasters as a Method of Improving Probabilistic Predictions," *Perspectives on Psychological Science* 10 (2015): 267-81.

31 Kathryn Schulz, *Being Wrong: Adventures in the Margin of Error* (New York: HarperCollins, 2010).

32 Keith E. Stanovich and Richard F. West, "Reasoning Independently of Prior Belief and Individual Differences in Actively Open-Minded Thinking," *Journal of Educational Psychology* 89 (1997): 342-57.

33 *Seinfeld*, season 6, episode 16, "The Beard," February 9, 1995, NBC.

34 키르스테 모렐(Kjirste Morrell)과의 개인적인 인터뷰, 2019년 5월 21일.

35 Asher Koriat, Sarah Lichtenstein, and Baruch Fischhoff, "Reasons for Confidence," *Journal of Experimental Psychology: Human Learning and Memory* 6 (1980): 107-18.

36 "Self-Defeating Humor Promotes Psychological Well-Being, Study Reveals," *ScienceDaily*, February 8, 2018, www.sciencedaily.com/releases/2018/02/180208104225.htm

37 Jonathan B. Evans et al., "Gender and the Evaluation of Humor at Work," *Journal of Applied Psychology* 104 (2019): 1077-87.

38 Mark Sullivan, "Jeff Bezos at re: MARS," *Fast Company*, June 6, 2019, www.fastcompany.com/90360687/jeff-bezos-business-advice-5-tips-from-amazons-remars-_ga=2.101831750.679949067.159353040 0358702464.1558396776

39 John Noble Wilford, "Astronomer Retracts His Discovery of Planet," *New York Times*, January 16, 1992, www.nytimes.com/1992/01/16/us/astronomer-retracts-hisdiscovery-of-planet.html

40 Michael D. Lemonick, "When Scientists Screw Up," *Slate*, October 15, 2012, slate.com/technology/2012/10/scientists-make-mistakes-howastronomer-sand-biologists-correct-the-record-when-theyve-screwed-up.html

41 Adam K. Fetterman and Kai Sassenberg, "The Reputational Consequences of Failed Replications and Wrongness Admission Among

Scientists," *PLoS ONE* 10 (2015): e0143723.

42 Adam K. Fetterman et al., "On the Willingness to Admit Wrongness: Validation of a New Measure and an Exploration of Its Correlates," *Personality and Individual Differences* 138 (2019): 193-202.

43 Will Smith, "Fault vs Responsibility," YouTube, January 31, 2018, www.youtube.com/watch?v=USsqkd-E9ag

44 Chase, *A Mind for Murder*.

45 다음을 참조하라. James Q. Wilson, "In Search of Madness," *New York Times*, January 15, 1998, www.nytimes.com/1998/01/15/opinion/in-search-of-madness.html

4장 어느 멋진 파이트클럽

1 Oscar Wilde, "The Remarkable Rocket," in *The Happy Prince and Other Stories*, ed. L. Carr (London: Heritage Illustrated Publishing, 1888/2014).

2 David McCullough, *The Wright Brothers* (New York: Simon & Schuster, 2015).

   Tom D. Crouch, *The Bishop's Boys: A Life of Wilbur and Orville Wright* (New York: W. W. Norton, 2003).

   James Tobin, *To Conquer the Air* (New York: Free Press, 2003).

   Peter L. Jakab and Rick Young, eds., *The Published Writings of Wilbur and Orville Wright* (Washington, DC: Smithsonian, 2000).

   Fred Howard, *Wilbur and Orville: A Biography of the Wright Brothers* (New York: Ballantine, 1988).

3 Jesse David Fox, "The History of Tina Fey and Amy Poehler's Best Friendship," *Vulture*, December 15, 2015, www.vulture.com/2013/01/history-of-tina-and-amys-best-friendship.html

4 Michael Gallucci, "The Day John Lennon Met Paul McCartney," *Ultimate Classic Rock*, July 6, 2015, ultimateclassicrock.com/john-lennon-meetspaul-mccartney

5   Rosanna Greenstreet, "How We Met: Ben Cohen and Jerry Greenfield," *Independent*, May 28, 1995, www.independent. co.uk/arts-entertainment/how-we-met-ben-cohen-and-jerry-greenfield-1621559.html

6   Karen A. Jehn, "A Multimethod Examination of the Benefits and Detriments of Intragroup Conflict," *Administrative Science Quarterly* 40 (1995): 256-82.

7   Penelope Spheeris et al., *The Little Rascals, directed by Penelope Spheeris*, Universal Pictures, 1994.

8   William Goldman, *The Princess Bride, directed by Rob Reiner*, 20th Century Fox, 1987.

9   David Mickey Evans and Robert Gunter, *The Sandlot*, directed by David Mickey Evans, 20th Century Fox, 1993.

10 Frank R. C. de Wit, Lindred L. Greer, and Karen A. Jehn, "The Paradox of Intragroup Conflict: A Meta-analysis," *Journal of Applied Psychology* 97 (2012): 360-90.

11 Jiing-Lih Farh, Cynthia Lee, and Crystal I. C. Farh, "Task Conflict and Creativity: A Question of How Much and When," *Journal of Applied Psychology* 95 (2010): 1173-80.

12 Carsten K. W. De Dreu, "When Too Little or Too Much Hurts: Evidence for a Curvilinear Relationship between Task Conflict and Innovation in Teams," *Journal of Management* 32 (2006): 83-107.

13 Robert S. Dooley and Gerald E. Fryxell, "Attaining Decision Quality and Commitment from Dissent: The Moderating Effects of Loyalty and Competence in Strategic DecisionMaking Teams," *Academy of Management Journal* 42 (1999): 389-402.

14 Kathleen M. Eisenhardt, Jean L. Kahwajy, and L. J. Bourgeois III, "How Management Teams Can Have a Good Fight," *Harvard Business Review*, July-August 1997, 77-85.

15 Kathleen McCoy, E. Mark Cummings, and Patrick T. Davies, "Constructive and Destructive Marital Conflict, Emotional Security

and Children's Prosocial Behavior," *Journal of Child Psychology and Psychiatry* 50 (2009): 270-79.

16 Donald W. Mackinnon, "Personality and the Realization of Creative Potential," *American Psychologist* 20 (1965): 273-81.

17 Paula Olszewski, Marilynn Kulieke, and Thomas Buescher, "The Influence of the Family Environment on the Development of Talent: A Literature Review," *Journal for the Education of the Gifted* 11 (1987): 6-28.

18 Robert S. Albert, ed., *Genius & Eminence* (Oxford: Pergamon Press, 1992).

19 Lauri A. Jensen-Campbell, Jennifer M. Knack, and Haylie L. Gomez, "The Psychology of Nice People," *Social and Personality Psychology Compass* 4 (2010): 1042-56.
Robert R. McCrae and Antonio Terraciano, "National Character and Personality," *Current Directions in Psychological Science* 15 (2006): 156-61.

20 Bryor Snefjella, Daniel Schmidtke, and Victor Kuperman, "National Character Stereotypes Mirror Language Use: A Study of Canadian and American Tweets," *PLoS ONE* 13 (2018): e0206188.

21 Henk T. van der Molen, Henk G. Schmidt, and Gerard Kruisman, "Personality Characteristics of Engineers," *European Journal of Engineering Education* 32 (2007): 495-501.
Gidi Rubinstein, "The Big Five among Male and Female Students of Different Faculties," *Personality and Individual Differences* 38 (2005): 1495-503.

22 Stéphane Côté and D. S. Moskowitz, "On the Dynamic Covariation between Interpersonal Behavior and Affect: Prediction from Neuroticism, Extraversion, and Agreeableness," *Journal of Personality and Social Psychology* 75 (1998): 1032-46.

23 브래드 버드(Brad Bird)와의 개인적인 인터뷰, 2018년 11월 8일, 2020년 4월 28일.

니콜 그린들(Nicole Grindle)과의 개인적인 인터뷰 2018년 10월 19일, 2020년 3월 17일.

존 워커(John Walker)와의 개인적인 인터뷰, 2018년 11월 21일, 2020년 3월 24일.

"The Creative Power of Misfits," *WorkLife with Adam Grant*, March 5, 2019.

Hayagreeva Rao, Robert Sutton, and Allen P. Webb, "Innovation Lessons from Pixar: An Interview with Oscar Winning Director Brad Bird," *McKinsey Quarterly*, April 1, 2008, www.mckinsey.com/business-functions/strategy-and-corporate-finance/our-insights/innovation-lessons-from-pixar-an-interview-with-oscar-winning-director-brad-bird

The Making of "*The Incredibles*," directed by Rick Butler, Pixar, 2005. Alec Bojalad, "*The Incredibles 2*: Brad Bird on Family, Blu-Ray Extras, and More," Den of

Geek, October 24, 2018, www.denofgeek.com/tv/the-incredibles-2-brad-bird-on-family-blu-ray-extras-and-more

24 Jeffery A. LePine and Linn Van Dyne, "Voice and Cooperative Behavior as Contrasting Forms of Contextual Performance: Evidence of Differential Relationships with Big Five Personality Characteristics and Cognitive Ability," *Journal of Applied Psychology* 86 (2001): 326-36.

25 Samuel T. Hunter and Lily Cushenbery, "Is Being a Jerk Necessary for Originality? Examining the Role of Disagreeableness in the Sharing and Utilization of Original Ideas," *Journal of Business and Psychology* 30 (2015): 621-39.

26 Leslie A. DeChurch and Michelle A. Marks, "Maximizing the Benefits of Task Conflict: The Role of Conflict Management," *International Journal of Conflict Management* 12 (2001): 4-22.

27 Jing Zhou and Jennifer M. George, "When Job Dissatisfaction Leads to Creativity: Encouraging the Expression of Voice," *Academy of*

Management Journal 44 (2001): 682–96.

28   Amir Goldberg et al., "Fitting In or Standing Out? The Tradeoffs of Structural and Cultural Embeddedness," *American Sociological Review* 81 (2016): 1190–222.

29   Joeri Hofmans and Timothy A. Judge, "Hiring for Culture Fit Doesn't Have to Undermine Diversity," *Harvard Business Review*, September 18, 2019, hbr.org/2019/09/hiring-for-culture-fit-doesnt-have-to-undermine-diversity

30   Sun Hyun Park, James D. Westphal, and Ithai Stern, "Set Up for a Fall: The Insidious Effects of Flattery and Opinion Conformity toward Corporate Leaders," *Administrative Science Quarterly* 56 (2011): 257–302.

31   Francesca Gino, "Research: We Drop People Who Give Us Critical Feedback," *Harvard Business Review*, September 16, 2016, hbr.org/2016/09/research-we-drop-people-who-give-us-critical-feedback

32   William Safire, "On Language: Murder Board at the Skunk Works," *New York Times*, October 11, 1987, www.nytimes.com/1987/10/11/magazine/on-language-murder-board-at-the-skunk-works.html

33   Derek Thompson, "Google X and the Science of Radical Creativity," *The Atlantic*, November 2017, www.theatlantic.com/magazine/archive/2017/11/x-google-moonshot-factory/540648

34   David Yeager et al., "Breaking the Cycle of Mistrust: Wise Interventions to Provide Critical Feedback across the Racial Divide," *Journal of Experimental Psychology: General* 143 (2014): 804–24.

35   *The Cambridge Companion to Hemingway*, ed. Scott Donaldson (Cambridge: Cambridge University Press, 1996).

36   Elizabeth W. Morrison, "Employee Voice Behavior: Integration and Directions for Future Research," *Academy of Management Annals* 5 (2011): 373–412.

Charlan Jeanne Nemeth, *In Defense of Troublemakers: The Power of*

Dissent in Life and Business (New York: Basic Books, 2018).

37 Jennifer A. Chatman and Sigal G. Barsade, "Personality, Organizational Culture, and Cooperation: Evidence from a Business Simulation," *Administrative Science Quarterly* 40 (1995): 423-43.

38 De Wit, Greer, and Jehn, "The Paradox of Intragroup Conflict."

39 Ming-Hong Tsai and Corinne Bendersky, "The Pursuit of Information Sharing: Expressing Task Conflicts as Debates vs. Disagreements Increases Perceived Receptivity to Dissenting Opinions in Groups," *Organization Science* 27 (2016): 141-56.

40 Philip M. Fernbach et al., "Political Extremism Is Supported by an Illusion of Understanding," *Psychological Science* 24 (2013): 939-46.

41 Leonid Rozenblit and Frank Keil, "The Misunderstood Limits of Folk Science: An Illusion of Explanatory Depth," *Cognitive Science* 26 (2002): 521-62.

42 Matthew Fisher and Frank Keil, "The Curse of Expertise: When More Knowledge Leads to Miscalibrated Explanatory Insight," *Cognitive Science* 40 (2016): 1251-69.

43 Dan R. Johnson, Meredith P. Murphy, and Riley M. Messer, "Reflecting on Explanatory Ability: A Mechanism for Detecting Gaps in Causal Knowledge," *Journal of Experimental Psychology: General* 145 (2016): 573-88.

2부 개인과 개인 사이의 다시 생각하기

5장 적과 함께 춤을

1 Tim Kreider, *We Learn Nothing: Essays* (New York: Simon & Schuster, 2012).

2 하리시 나타라얀(Harish Natarajan)과의 개인적인 인터뷰, 2019년 5월 23일.

"Live Debate: IBM Project Debater," Intelligence Squared Debates, YouTube, February 11, 2019, www.youtube.com/watch?v=m3u-1yttrVw

3 Nicholas Kristof, "Too Small to Fail," *New York Times*, June 2, 2016, www.nytimes.com/2016/06/02/opinion/building-childrens-brains.html

4 George Lakoff and Mark Johnson, *Metaphors We Live By* (Chicago: University of Chicago Press, 1980).

5 Neil Rackham, "The Behavior of Successful Negotiators," in *Negotiation: Readings, Exercises, and Cases*, ed. Roy Lewicki, Bruce Barry, and David Saunders (New York: McGrawHill, 1980/2007).

6 Femke S. Ten Velden, Bianca Beersma, and Carsten K. W. De Dreu, "It Takes One to Tango: The Effects of Dyads' Epistemic Motivation Composition in Negotiations," *Personality and Social Psychology Bulletin* 36 (2010): 1454-66.

7 Maria Popova, "How to Criticize with Kindness: Philosopher Daniel Dennett on the Four Steps to Arguing Intelligently," *BrainPickings*, March 28, 2014, www.brainpickings.org/2014/03/28/daniel-dennett-rapoport-rules-criticism

8 Fabrizio Butera, Nicolas Sommet, and Céline Darnon, "Sociocognitive Conflict Regulation: How to Make Sense of Diverging Ideas," *Current Directions in Psychological Science* 28 (2019): 145-51.

9 IBM Research Editorial Staff, "Think 2019 Kicks Off with Live Debate between Man and Machine," *IBM Research Blog*, February 12, 2019, www.ibm.com/blogs/research/2019/02/ai-debate-recap-think-2019 Paul Teich, "IBM Project Debater Speaks to the Future of AI," The Next Platform, March 27, 2019, www.nextplatform.com/2019/03/27/ibm-project-debater-speaks-to-the-future-of-ai Dieter Bohn, "What It's Like to Watch an IBM AI Successfully Debate Humans," The Verge, June 18, 2018, www.theverge.com/2018/6/18/17477686/ibm-project-debater-ai

10   Conor Friedersdorf, "The Highest Form of Disagreement," *The Atlantic*, June 26, 2017, www.theatlantic.com/politics/archive/2017/06/the-highest-form-of-disagreement/531597

11   Kate A. Ranganath, Barbara A. Spellman, and Jennifer A. Joy-Gaba, "Cognitive 'Category-Based Induction' Research and Social 'Persuasion' Research Are Each about What Makes Arguments Believable: A Tale of Two Literatures," *Perspectives on Psychological Science* 5 (2010): 115-22.

12   Richard E. Petty and Duane T. Wegener, "The Elaboration Likelihood Model: Current Status and Controversies," in *Dual-Process Theories in Social Psychology*, ed. Shelly Chaiken and Yaacov Trope (New York: Guilford, 1999).

13   John Biondo and A. P. MacDonald Jr., "Internal-External Locus of Control and Response to Influence Attempts," *Journal of Personality* 39 (1971): 407-19.

14   Daniel C. Feiler, Leigh P. Tost, and Adam M. Grant, "Mixed Reasons, Missed Givings: The Costs of Blending Egoistic and Altruistic Reasons in Donation Requests," *Journal of Experimental Social Psychology* 48 (2012): 1322-28.

15   Rachel (Penny) Breuhaus, "Get in the Game: Comparing the Effects of Self-Persuasion and Direct Influence in Motivating Attendance at UNC Men's Basketball Games" (honors thesis, University of North Carolina at Chapel Hill, 2009).

16   Elliot Aronson, "The Power of Self-Persuasion," *American Psychologist* 54 (1999): 875-84.

17   David G. Allen, Phillip C. Bryant, and James M. Vardaman, "Retaining Talent: Replacing Misconceptions with Evidence-Based Strategies," *Academy of Management Perspectives* 24 (2017): 48-64.

18   Paul Graham, "How to Disagree," PaulGraham.com, March 2008, www.paulgraham.com/disagree.html

19   Aaron Kozbelt, "Longitudinal Hit Ratios of Classical Composers:

Reconciling 'Darwinian' and Expertise Acquisition Perspectives on Lifespan Creativity," *Psychology of Aesthetics, Creativity, and the Arts* 2 (2008): 221-35.

Adam Grant, "The Surprising Habits of Original Thinkers," TED Talk, February 2016, www.ted.com/talks/adam_grant_the_surprising_habits_of_original_thinkers

20 다음을 참조하라. Michael Natkin, "Strong Opinions Loosely Held Might Be the Worst Idea in Tech," *The Glowforge Blog*, May 1, 2019, blog.glowforge.com/strong-opinions-loosely-held-might-be-the-worst-idea-in-tech

21 Robert J. Cramer, Stanley L. Brodsky, and Jamie De-Coster, "Expert Witness Confidence and Juror Personality: Their Impact on Credibility and Persuasion in the Courtroom," *Journal of the American Academy of Psychiatry and Law* 37 (2009) 63-74.

Harvey London, Dennis McSeveney, and Richard Tropper, "Confidence, Overconfidence and Persuasion," *Human Relations* 24 (1971): 359-69.

22 Mike Allen, "Meta-analysis Comparing the Persuasiveness of One-Sided and Two-Sided Messages," Western *Journal of Speech Communication* 55 (1991): 390-404.

23 미셸 한센(Michele Hansen)과의 개인적인 인터뷰, 2018년 2월 23일.
"The Problem with AllStars," *WorkLife with Adam Grant*, March 14, 2018.

24 *The Office*, season 3, episode 23, "Beach Games," May 10, 2007, NBC.

25 *Seinfeld*, season 5, episode 22, "The Opposite," May 19, 1994, NBC.

26 Ovul Sezer, Francesca Gino, and Michael I. Norton, "Humblebragging: A Distinct—and Ineffective—Self-Presentation Strategy," *Journal of Personality and Social Psychology* 114 (2018): 52-74.

1   Doris Kearns Goodwin, *MLB Pro Blog*, doriskearnsgoodwin.mlblogs.
     com

2   대릴 데이비스(Daryl Davis)와의 개인적인 인터뷰, 2020년 4월 10일.
     Daryl Davis, "What Do You Do When Someone Just Doesn't Like
     You?," TEDxCharlottesville, November 2017, www.ted.com/talks/
     daryl_davis_what_do_you_do_when_someone_just_doesn_t_like_you
     Dwane Brown, "How One Man Convinced 200 Ku Klux Klan
     Members to Give Up Their Robes," *NPR*, August 20, 2017, www.npr.
     org/transcripts/544861933
     Craig Phillips, "Reformed Racists: Is There Life after Hate for
     Former White Supremacists?," PBS, February 9, 2017, www.pbs.org/
     independentlens/blog/reformed-racists-white-supremacists-life-
     after-hate
     The Joe Rogan Experience, #1419, January 30, 2020.
     Jeffrey Fleishman, "A Black Man's Quixotic Quest to Quell the Racism
     of the KKK, One Robe at a Time," *Los Angeles Times*, December 8,
     2016, www.latimes.com/entertainment/movies/la-ca-film-accidental-
     courtesy20161205-story.html

3   Amos Barshad, "Yankees Suck! Yankees Suck!" *Grantland*, September
     1, 2015, http://grantland.com/features/yankees-suck-t-shirts-boston-
     red-sox

4   Steven A. Lehr, Meghan L. Ferreira, and Mahzarin R. Banaji, "When
     Outgroup Negativity Trumps Ingroup Positivity: Fans of the Boston
     Red Sox and New York Yankees Place Greater Value on Rival Losses
     Than Own-Team Gains," *Group Processes & Intergroup Relations* 22
     (2017): 26-42.

5   Mina Cikara and Susan T. Fiske, "Their Pain, Our Pleasure: Stereotype
     Content and Schadenfreude," *Annals of the New York Academy of
     Sciences* 1299 (2013): 52-59.

6   Eduardo Gonzalez, "Most Hated Baseball Team on Twitter?," *Los Angeles Times*, July 1, 2019, www.latimes.com/sports/mlb/la-sp-most-hated-mlb-teams-twitter-yankees-cubs-dodgers-20190701-story.html

7   Hannah Schwär, "Puma and Adidas' Rivalry Has Divided a Small German Town for 70 Years—Here's What It Looks Like Now," *Business Insider Deutschland*, October 1, 2018.

      Ellen Emmerentze Jervell, "Where Puma and Adidas Were Like Hatfields and McCoys," *Wall Street Journal*, December 30, 2014, www.wsj.com/articles/where-adidas-and-pumas-were-like-hatfields-and-mccoys-1419894858

      Allan Hall, "Adidas and Puma Bury the Hatchet after 60 Years of Brothers' Feud after Football Match," *Daily Telegraph*, September 22, 2009, www.telegraph.co.uk/news/worldnews/europe/germany/6216728/Adidas-and-Puma-bury-the-hatchet-after-60-years-of-brothers-feud-after-football-match.html

8   Kimberly D. Elsbach and C. B. Bhattacharya, "Defining Who You Are by What You're Not: Organizational Disidentification and the National Rifle Association," *Organization Science* 12 (2001): 393–413.

9   Gavin J. Kilduff et al., "Whatever It Takes to Win: Rivalry Increases Unethical Behavior," *Academy of Management Journal* 59 (2016): 1508–34.

10   Michael Diehl, "The Minimal Group Paradigm: Theoretical Explanations and Empirical Findings," *European Review of Social Psychology* 1 (1990): 263–92.

11   Dave Hauser (@DavidJHauser), December 5, 2019, twitter.com/DavidJHauser/status/1202610237934592000

12   Philip Furley, "What Modern Sports Competitions Can Tell Us about Human Nature," *Perspectives on Psychological Science* 14 (2019): 138–55.

13   Robert B. Cialdini et al., "Basking in Reflected Glory: Three (Football)

Field Studies," *Journal of Personality and Social Psychology* 34 (1976): 366-75.

14 John K. Ashton, Robert Simon Hudson, and Bill Gerrard, "Do National Soccer Results Really Impact on the Stock Market?," *Applied Economics* 43 (2011): 3709-17.

Guy Kaplanski and Haim Levy, "Exploitable Predictable Irrationality: The FIFA World Cup Effect on the U.S. Stock Market," *Journal of Financial and Quantitative Analysis* 45 (2010): 535-53.

Jerome Geyer-Klingeberg et al., "Do Stock Markets React to Soccer Games? A Meta-regression Analysis," *Applied Economics* 50 (2018): 2171-89.

15 Panagiotis Gkorezis et al., "Linking Football Team Performance to Fans' Work Engagement and Job Performance: Test of a Spillover Model," *Journal of Occupational and Organizational Psychology* 89 (2016): 791-812.

16 Gavin J. Kilduff, Hillary Anger Elfenbein, and Barry M. Staw, "The Psychology of Rivalry: A Relationally Dependent Analysis of Competition," *Academy of Management Journal* 53 (2010): 943-69.

17 Seth Stephens-Davidowitz, "They Hook You When You're Young," *New York Times*, April 19, 2014, www.nytimes.com/2014/04/20/opinion/sunday/they-hook-you-when-youre-young.html

J. Clement, "Major League Baseball Teams with the Most Facebook Fans as of June 2020," *Statista*, June 16, 2020, www.statista.com/statistics/ 235719/facebook-fans-of-major-league-baseball-teams

18 George A. Kelly, *The Psychology of Personal Constructs*, vol. 1, *A Theory of Personality* (New York: Norton, 1955).

19 Daniel J. Isenberg, "Group Polarization: A Critical Review and Meta-analysis," *Journal of Personality and Social Psychology* 50 (1986): 1141-51.

20 Robert M. Bray and Audrey M. Noble, "Authoritarianism and Decision in Mock Juries: Evidence of Jury Bias and Group Polarization," *Journal*

of *Personality and Social Psychology* 36 (1978): 1424–30.

21 Cass R. Sunstein and Reid Hastie, *Wiser: Getting Beyond Groupthink to Make Groups Smarter* (Boston: *Harvard Business Review Press*, 2014).

22 Liran Goldman and Michael A. Hogg, "Going to Extremes for One's Group: The Role of Prototypicality and Group Acceptance," *Journal of Applied Social Psychology* 46 (2016): 544–53.
Michael A. Hogg, John C. Turner, and Barbara Davidson, "Polarized Norms and Social Frames of Reference: A Test of the Self-Categorization Theory of Group Polarization," *Basic and Applied Social Psychology* 11 (1990): 77–100.

23 Johannes Berendt and Sebastian Uhrich, "Rivalry and Fan Aggression: Why Acknowledging Conflict Reduces Tension between Rival Fans and Down-playing Makes Things Worse," *European Sport Management Quarterly* 18 (2018): 517–40.

24 Peter Suedfeld, Katya Legkaia, and Jelena Brcic, "Changes in the Hierarchy of Value References Associated with Flying in Space," *Journal of Personality* 78 (2010): 1411–36.

25 "Edgar Mitchell's Strange Voyage," *People*, April 8, 1974, people.com/archive/edgar-mitchells-strange-voyage-vol-1-no-6

26 제프 애슈비(Jeff Ashby)와의 개인적인 인터뷰, 2018년 1월 12일.
"How to Trust People You Don't Like," *WorkLife with Adam Grant*, March 28, 2018.

27 Mark Levine et al., "Identity and Emergency Intervention: How Social Group Membership and Inclusiveness of Group Boundaries Shape Helping Behavior," *Personality and Social Psychology Bulletin* 31 (2005): 443–53.

28 Herbert C. Kelman, "Group Processes in the Resolution of International Conflicts: Experiences from the Israeli-Palestinian Case," *American Psychologist* 52 (1997): 212–20.

29 Alison R. Fragale, Karren Knowlton, and Adam M. Grant, "Feeling for

Your Foes: Empathy Can Reverse the In-Group Helping Preference" (working paper, 2020).

30   Myron Rothbart and Oliver P. John, "Social Categorization and Behavioral Episodes: A Cognitive Analysis of the Effects of Intergroup Contact," *Journal of Social Issues* 41 (1985): 81-104.

31   ESPN College Football, www.espn.com/video/clip/_/id/18106107

32   *Seinfeld*, season 6, episode 12, "The Label Maker," January 19, 1995, NBC.

33   Tim Kundro and Adam M. Grant, "Bad Blood on the Diamond: Highlighting the Arbitrariness of Acrimony Can Reduce Animosity toward Rivals" (working paper, 2020).

34   Kai Epstude and Neal J. Roese, "The Functional Theory of Counterfactual Thinking," *Personality and Social Psychology Review* 12 (2008): 168-92.

35   Lee Jussim et al., "The Unbearable Accuracy of Stereotypes," in *Handbook of Prejudice, Stereotyping, and Discrimination*, ed. Todd D. Nelson (New York: Psychology Press, 2009).

36   Lee Jussim, Jarret T. Crawford, and Rachel S. Rubinstein, "Stereotype (In)accuracy in Perceptions of Groups and Individuals," *Current Directions in Psychological Science* 24 (2015): 490-97.

37   Jackson G. Lu et al., "Disentangling Stereotypes from Social Reality: Astrological Stereotypes and Discrimination in China," *Journal of Personality and Social Psychology* (2020), psycnet.apa.org/record/2020-19028-001

38   Gregory R. Maio and James M. Olson, "Values as Truisms: Evidence and Implications," *Journal of Personality and Social Psychology* 74 (1998): 294-311.

39   Paul H. P. Hanel, Gregory R. Maio, and Antony S. R. Manstead, "A New Way to Look at the Data: Similarities between Groups of People Are Large and Important," *Journal of Personality and Social Psychology* 116 (2019): 541-62.

40 Thomas F. Pettigrew and Linda R. Tropp, "A Meta-analytic Test of Intergroup Contact Theory," *Journal of Personality and Social Psychology* 90 (2006): 751-83.

41 Jennifer R. Overbeck and Vitaliya Droutman, "One for All: Social Power Increases Self-Anchoring of Traits, Attitudes, and Emotions," *Psychological Science* 24 (2013): 1466-76.

42 Leigh Plunkett Tost, Francesca Gino, and Richard P. Larrick, "When Power Makes Others Speechless," *Academy of Management Journal* 56 (2013): 1465-86.

7장 백신을 속삭이는 사람과 부드러운 태도의 심문자

1 다음을 참조하라. Eric Boodman, "The Vaccine Whis?perers: Counselors Gently Engage New Parents Before Their Doubts Harden into Certainty," STAT, August 5, 2019, www.statnews.com/2019/08/05/the-vaccine-whispererscounselors-gently-engage-new-parents-before-their-doubts-harden-into-certainty

2 Nick Paumgarten, "The Message of Measles," *New Yorker*, August 26, 2019, www.newyorker.com/magazine/2019/09/02/the-message-of-measles
Leslie Roberts, "Why Measles Deaths Are Surging—and Coronavirus Could Make It Worse," *Nature*, April 7, 2020, www.nature.com/articles/d41586-020-01011-6

3 Helen Branswell, "New York County, Declaring Emergency over Measles, Seeks to Ban Unvaccinated from Public Places," STAT, March 26, 2019, www.statnews.com/2019/03/26/rockland-county-ny-declares-emergency-over-measles
Tyler Pager, "'Monkey, Rat and Pig DNA': How Misinformation Is Driving the Measles Outbreak among Ultra-Orthodox Jews," *New York Times*, April 9, 2019, www.nytimes.com/2019/04/09/nyregion/jews-measles-vaccination.html

4   Matthew J. Hornsey, Emily A. Harris, and Kelly S. Fielding, "The Psychological Roots of Anti-Vaccination Attitudes: A 24-Nation Investigation," *Health Psychology* 37 (2018): 307-15.

5   Cornelia Betsch and Katharina Sachse, "Debunking Vaccination Myths: Strong Risk Negations Can Increase Perceived Vaccination Risks," *Health Psychology* 32 (2013): 146-55.

6   Brendan Nyhan et al., "Effective Messages in Vaccine Promotion: A Randomized Trial," *Pediatrics* 133 (2014): e835-42.

7   Zakary L. Tormala and Richard E. Petty, "What Doesn't Kill Me Makes Me Stronger: The Effects of Resisting Persuasion on Attitude Certainty," *Journal of Personality and Social Psychology* 83 (2002): 1298-313.

8   William J. McGuire, "Inducing Resistance to Persuasion: Some Contemporary Approaches," *Advances in Experimental Social Psychology* 1 (1964): 191-229.

9   John A. Banas and Stephen A. Rains, "A Meta-analysis of Research on Inoculation Theory," *Communication Monographs* 77 (2010): 281-311.

10 빌 밀러(Bill Miller)와의 개인적인 인터뷰, 2019년 9월 3일.

11 Bill R. Miller and Stephen Rollnick, *Motivational Interviewing: Helping People Change*, 3rd ed. (New York: Guilford, 2012).

12 아르노 가뉘르(Arnaud Gagneur)와의 개인적인 인터뷰, 2019년 10월 8일.

13 Arnaud Gagneur et al., "A Postpartum Vaccination Promotion Intervention Using Motivational Interviewing Techniques Improves Short? Term Vaccine Coverage: PromoVac Study," *BMC Public Health* 18 (2018): 811.

14 Thomas Lemaître et al., "Impact of a Vaccination Promotion Intervention Using Motivational Interview Techniques on Long-Term Vaccine Coverage: The PromoVac Strategy," *Human Vaccines & Immunotherapeutics* 15 (2019): 732-39.

15 Carolyn J. Heckman, Brian L. Egleston, and Makary T. Hofmann,

"Efficacy of Motivational Interviewing for Smoking Cessation: A Systematic Review and Meta-analysis," *Tobacco Control* 19 (2010): 410-16.

16   Brad W. Lundahl et al., "A Meta-analysis of Motivational Interviewing: Twenty-Five Years of Empirical Studies," *Research on Social Work Practice* 20 (2010): 137-60.

17   Brian L. Burke, Hal Arkowitz, and Marisa Menchola, "The Efficacy of Motivational Interviewing: A Meta-analysis of Controlled Clinical Trials," *Journal of Consulting and Clinical Psychology* 71 (2003): 843-61.

18   Pam Macdonald et al., "The Use of Motivational Interviewing in Eating Disorders: A Systematic Review," *Psychiatry Research* 200 (2012): 1-11.

19   Marni J. Armstrong et al., "Motivational Interviewing to Improve Weight Loss in Overweight Patients: A Systematic Review and Meta-analysis of Randomized Controlled Trials," *Obesity Reviews* 12 (2011): 709-23.

20   Jonathan Rhodes et al., "Enhancing Grit through Functional Imagery Training in Professional Soccer," *Sport Psychologist* 32 (2018): 220-25.

21   Neralie Cain, Michael Gradisar, and Lynette Moseley, "A Motivational Schoo Based Intervention for Adolescent Sleep Problems," *Sleep Medicine* 12 (2011): 246-51.

22   Conrado J. Grimolizzi-Jensen, "Organizational Change: Effect of Motivational Interviewing on Readiness to Change," *Journal of Change Management* 18 (2018): 54-69.

23   Angelica K. Thevos, Robert E. Quick, and Violet Yanduli, "Motivational Interviewing Enhances the Adoption of Water Disinfection Practices in Zambia," *Health Promotion International* 15 (2000): 207-14.

24   Florian E. Klonek et al., "Using Motivational Interviewing to Reduce Threats in Conversations about Environmental Behavior," *Frontiers in*

Psychology 6 (2015): 1015.

Sofia Tagkaloglou and Tim Kasser, "Increasing Collaborative, Pro-Environmental Activism: The Roles of Motivational Interviewing, Self-Determined Motivation, and SelfEfficacy," *Journal of Environmental Psychology* 58 (2018): 86-92.

25 Joshua L. Kalla and David E. Broockman, "Reducing Exclusionary Attitudes through Interpersonal Conversation: Evidence from Three Field Experiments," *American Political Science Review* 114 (2020): 410-25.

26 Megan Morris, W. Kim Halford, and Jemima Petch, "A Randomized Controlled Trial Comparing Family Mediation with and without Motivational Interviewing," *Journal of Family Psychology* 32 (2018): 269-75.

27 Sune Rubak et al., "Motivational Interviewing: A Systematic Review and Meta-analysis," *British Journal of General Practice* 55 (2005): 305-12.

28 Anna Goldfarb, "How to Give People Advice They'll Be Delighted to Take," *New York Times*, October 21, 2019, www.nytimes.com/2019/10/21/smarter-living/how-to-give-better-advice.html

29 Molly Magill et al., "A Meta-analysis of Motivational Interviewing Process: Technical, Relational, and Conditional Process Models of Change," *Journal of Consulting and Clinical Psychology* 86 (2018): 140-57.

Timothy R. Apodaca et al., "Which Individual Therapist Behaviors Elicit Client Change Talk and Sustain Talk in Motivational Interviewing?," *Journal of Substance Abuse Treatment* 61 (2016): 60-65.

Molly Magill et al., "The Technical Hypothesis of Motivational Interviewing: A Metaanalysis of MI's Key Causal Model," *Journal of Consulting and Clinical Psychology* 82 (2014): 973-83.

30 Theresa Moyers, "Change Talk," *Talking to Change with Glenn Hinds*

    & Sebastian Kaplan.

31   Marian Friestad and Peter Wright, "The Persuasion Knowledge Model: How People Cope with Persuasion Attempts," *Journal of Consumer Research* 21 (1994): 1–31.

32   베티 비곰베(Betty Bigombe)와의 개인적인 인터뷰, 2020년 3월 19일과 5월 8일.

    "Betty Bigombe: The Woman Who Befriended a Warlord," BBC, August 8, 2019, www.bbc.com/news/world-africa-49269136

33   David Smith, "Surrender of Senior Aide to Joseph Kony Is Major Blow to Lord's Resistance Army," *Guardian*, January 7, 2015, www.theguardian.com/global-development/2015/jan/07/surrender-aide-joseph-konyblow-lords-resistancearmy

34   Kate Murphy, "Talk Less. Listen More. Here's How," *New York Times*, January 9, 2010, www.nytimes.com/2020/01/09/opinion/listening-tips.html

35   Guy Itzchakov et al., "The Listener Sets the Tone: High-Quality Listening Increases Attitude Clarity and Behavior-Intention Consequences," *Personality and Social Psychology Bulletin* 44 (2018): 762–78.

    Guy Itzchakov, Avraham N. Kluger, and Dotan R. Castro, "I Am Aware of My Inconsistencies but Can Tolerate Them: The Effect of High Quality Listening on Speakers' Attitude Ambivalence," *Personality and Social Psychology Bulletin* 43 (2017): 105–20.

36   Guy Itzchakov and Avraham N. Kluger, "Can Holding a Stick Improve Listening at Work? The Effect of Listening Circles on Employees' Emotions and Cognitions," *European Journal of Work and Organizational Psychology* 26 (2017): 663–76.

37   Guy Itzchakov and Avraham N. Kluger, "The Power of Listening in Helping People Change," *Harvard Business Review*, May 17, 2018, hbr.org/2018/05/the-power-of-listening-in-helping-people-change

38   E. M. Forster, *Aspects of the Novel* (New York: Houghton Mifflin,

1927/1956). 아울러 다음을 참조하라.

Graham Wallas, *The Art of Thought* (Kent, England: Solis Press, 1926/2014).

39 Wendy Moffat, *E. M. Forster: A New Life* (London: Bloomsbury, 2011).

40 Judi Brownell, "Perceptions of Effective Listeners: A Management Study," *International Journal of Business Communication* 27 (1973): 401-15.

41 "Poll: 1 in 3 Women Say Pets Listen Better Than Husbands," *USA Today*, April 30, 2010, usatoday30.usatoday.com/life/lifestyle/pets/2010-04-30-pets-vs-spouses_N.htm

42 M. Kim Marvel et al., "Soliciting the Patient's Agenda: Have We Improved?," *Journal of the American Medical Association* 281 (1999): 283-87.

43 Naykky Singh Ospina et al., "Eliciting the Patient's Agenda: Secondary Analysis of Recorded Clinical Encounters," *Journal of General Internal Medicine* 34 (2019): 36-40.

3부 집단 차원의 다시 생각하기

8장 격앙된 대화

1 Amanda Ripley, "Complicating the Narratives," *Solutions Journalism*, June 27, 2018, thewholestory.solutionsjournalism.org/complicating-the-narratives-b91ea06ddf63

2 Peter T. Coleman, *The Five Percent: Finding Solutions to Seemingly Impossible Conflicts* (New York: PublicAffairs, 2011).

3 Katharina Kugler and Peter T. Coleman, "Get Complicated: The Effects of Complexity on Conversations over Potentially Intractable Moral Conflicts," *Negotiation and Conflict Management Research* (2020), onlinelibrary.wiley.com/doi/full/10.1111/ncmr.12192

4 Matthew Fisher and Frank C. Keil, "The Binary Bias: A Systematic Distortion in the Integration of Information," *Psychological Science* 29 (2018): 1846-58.

5 "The Most Popular Book of the Month," *Vanity Fair*, February 1920, babel.hathitrust.org/cgi/pt?id=mdp.39015032024203&view=1up&seq=203&q1=divide%20the%20world

6 Walt Whitman, Leaves of Grass, in *Walt Whitman: The Complete Poems*, ed. Francis Murphy (London: Penguin Classics, 1855/2005).

7 Ripley, "Complicating the Narratives."

8 Mike DeBonis and Emily Guskin, "Americans of Both Parties Overwhelmingly Support 'Red Flag' Laws, Expanded Background Checks for Gun Buyers, Washington Post-ABC News Poll Finds," *Washington Post*, September 9, 2019, www.washingtonpost.com/politics/americans-of-both-parties-overwhelmingly-support-red-flag-laws-expanded-gun-background-checks-washington-post-abc-news-poll-finds/2019/09/08/97208916-ca7511e9-a4f3-c081a126de70_story.html
Domenico Montanaro, "Poll: Most Americans Want to See Congress Pass Gun Restrictions," *NPR*, September 10, 2019, www.npr.org/2019/09/ 10/759193047/poll-most-americans-want-to-see-congress-pass-gun-restrictions

9 Moira Fagan and Christine Huang, "A Look at How People around the World View Climate Change," *Pew Research Center*, April 18, 2019, www.pewresearch.org/fact-tank/2019/04/18/a-look-at-how-people-around-the-world-view-climate-change

10 "Environment," Gallup, news.gallup.com/poll/1615/environment.aspx; "About Six in Ten Americans Think Global Warming Is Mostly Human-Caused," Yale Program on Climate Change, December 2018, climatecommunication.yale.edu/wp-content/uploads/2019/01/climate_change_american_mind_december_2018_1-3.png

11 Ben Tappin, Leslie Van Der Leer, and Ryan Mckay, "You're Not Going

to Change Your Mind," *New York Times*, May 27, 2017, www.nytimes.
com/2017/05/27/opinion/sunday/youre-not-going-to-change-your-
mind.html

12 Lawrence C. Hamilton, "Education, Politics and Opinions about
Climate Change: Evidence for Interaction Effects," *Climatic Change*
104 (2011): 231-42.

13 Al Gore, "The Case for Optimism on Climate Change," TED, February
2016, www.ted.com/talks/al_gore_the_case_for_optimism_on_climate_
change

14 Steven Levy, "We Are Now at Peak TED," *Wired*, February 19, 2016,
www.wired.com/2016/02/we-are-now-at-peak-ted

15 Al Gore, "We Can't Wish Away Climate Change," *New York Times*,
February 27, 2010, www.nytimes.com/2010/02/28/opinion/28gore.
html

16 "Global Warming's Six Americas," Yale Program on Climate Change
Communication, climatecommunication.yale.edu/about/projects/
global-warmings-six-americas

17 Philipp Schmid and Cornelia Betsch, "Effective Strategies for Rebutting
Science Denialism in Public Discussions," *Nature Human Behavior* 3
(2019): 931-39.

18 Alexander Michael Petersen, Emmanuel M. Vincent, and Anthony
LeRoy Westerling, "Discrepancy in Scientific Authority and Media
Visibility of Climate Change Scientists and Contrarians," *Nature
Communications* 10 (2019): 3502.

19 Matto Mildenberger and Dustin Tingley, "Beliefs about Climate
Beliefs: The Importance of SecondOrder Opinions for Climate
Politics," *British Journal of Political Science* 49 (2019): 1279-307.

20 Anne Marthe van der Bles et al., "The Effects of Communicating
Uncertainty on Public Trust in Facts and Numbers," *PNAS* 117 (2020):
7672-83.

21 Uma R. Karmarkar and Zakary L. Tormala, "Believe Me, I Have

No Idea What I'm Talking About: The Effects of Source Certainty on Consumer Involvement and Persuasion," *Journal of Consumer Research* 36 (2010): 1033–49.

22 Tania Lombrozo, "In Science Headlines, Should Nuance Trump Sensation?," *NPR*, August 3, 2015, www.npr.org/sections/13.7/2015/08/03/428984912/in-science-headlines-should-nuance-trump-sensation

23 Vincenzo Solfrizzi et al., "Coffee Consumption Habits and the Risk of Mild Cognitive Impairment: The Italian Longitudinal Study on Aging," *Journal of Alzheimer's Disease* 47 (2015): 889–99.

24 Ariana Eunjung Cha, "Yesterday's Coffee Science: It's Good for the Brain. Today: Not So Fast⋯⋯*" *Washington Post*, August 28, 2015, www.washingtonpost.com/news/to-your-health/wp/2015/07/30/yesterdays-coffee-science-its-good-for-the-brain-today-not-so-fast

25 "Do Scientists Agree on Climate Change?," NASA, https://climate.nasa.gov/faq/17/do-scientists-agree-on-climate-change
John Cook et al., "Consensus on Consensus: A Synthesis of Consensus Estimates on Human-Caused Global Warming," *Environmental Research Letters* 11 (2016): 048002.
David Herring, "Isn't There a Lot of Disagreement among Climate Scientists about Global Warming?," *Climate Watch Magazine*, February 3, 2020, www.climate.gov/news-features/climate-qa/isnt-there-lot-disagreement-among-climate-scientists-about-global-warming

26 Carolyn Gramling, "Climate Models Agree Things Will Get Bad. Capturing Just How Bad Is Tricky," *ScienceNews*, January 7, 2020, www.sciencenews.org/article/why-climate-change-models-disagree-earthworst-case-scenarios

27 Paul G. Bain et al., "Co-Benefits of Addressing Climate Change Can Motivate Action around the World," *Nature Climate Change* 6 (2016): 154–57.

28　Matthew Feinberg and Robb Willer, "The Moral Roots of Environmental Attitudes," *Psychological Science* 24 (2013): 56-62.

29　Christopher Wolsko, Hector Ariceaga, and Jesse Seiden, "Red, White, and Blue Enough to Be Green: Effects of Moral Framing on Climate Change Attitudes and Conservation Behaviors," *Journal of Experimental Social Psychology* 65 (2016): 7-19.

30　Troy H. Campbell and Aaron C. Kay, "Solution Aversion: On the Relation between Ideology and Motivated Disbelief," *Journal of Personality and Social Psychology* 107 (2014): 809-24.

31　Mary Annaise Heglar, "I Work in the Environmental Movement. I Don't Care If You Recycle," *Vox*, May 28, 2019, www.vox.com/the-highlight/2019/5/28/18629833/climate-change-2019-green-newdeal Bob Berwyn, "Can Planting a Trillion Trees Stop Climate Change? Scientists Say It's a Lot More Complicated," *Inside Climate News*, May 27, 2020, insideclimatenews.org/news/26052020/trillion-trees-climate-change-gclid=EAIaIQobChMIrb6n1qHF6gIVFInICh2kggWNE AAYAiAAEgI-sPD_BwE

32　Lewis Bott et al., "Caveats in Science-Based News Stories Communicate Caution without Lowering Interest," *Journal of Experimental Psychology: Applied* 25 (2019): 517-42.

33　다음을 참조하라. Ute Hülsheger, Neil R. Anderson, and Jesus F. Salgado, "Team-Level Predictors of Innovation at Work: A Comprehensive Meta-analysis Spanning Three Decades of Research," *Journal of Applied Psychology* 94 (2009): 1128-45.

Cristian L. Dezs? and David Gaddis Ross, "Does Female Representation in Top Management Improve Firm Performance? A Panel Data Investigation," *Strategic Management Journal* 33 (2012): 1072-89.

Samuel R. Sommers, "On Racial Diversity and Group Decision Making: Identifying Multiple Effects of Racial Composition on Jury Deliberations," *Journal of Personality and Social Psychology* 90 (2006):

597–612.

Denise Lewin Loyd et al., "Social Category Diversity Promotes Premeeting Elaboration: The Role of Relationship Focus," *Organization Science* 24 (2013): 757–72.

34 Elizabeth Mannix and Margaret A. Neale, "What Differences Make a Difference? The Promise and Reality of Diverse Teams in Organizations," *Psychological Science* in the Public Interest 6 (2005): 31–55.

35 Lisa Leslie, "What Makes a Workplace Diversity Program Successful?," *Center for Positive Organizations*, January 22, 2020, positiveorgs.bus. umich.edu/news/what-makes-a-workplace-diversity-program-successful

36 Edward H. Chang et al., "The Mixed Effects of Online Diversity Training," *PNAS* 116 (2019): 7778–83.

37 Ella Miron-Spektor, Francesca Gino, and Linda Argote, "Paradoxical Frames and Creative Sparks: Enhancing Individual Creativity through Conflict and Integration," *Organizational Behavior and Human Decision Processes* 116 (2011): 229–40.

Dustin J. Sleesman, "Pushing Through the Tension While Stuck in the Mud: Paradox Mindset and Escalation of Commitment," *Organizational Behavior and Human Decision Processes* 155 (2019): 83–96.

38 Julian Matthews, "A Cognitive Scientist Explains Why Humans Are So Susceptible to Fake News and Misinformation," *NiemanLab*, April 17, 2019, www.niemanlab.org/2019/04/a-cognitive-scientist-explains-why-humans-are-so-susceptible-to-fake-news-and-misinformation

39 Daniel Goleman, *Emotional Intelligence: Why It Can Matter More Than IQ* (New York: Bantam Books, 1995) and "What Makes a Leader?," *Harvard Business Review*, January 2004.

Jordan B. Peterson, "There Is No Such Thing as EQ," *Quora*, August 22, 2019, www.quora.com/What-is-more-beneficial-in-all-aspects-of-life-a-high-EQ-or-IQ-This-question-is-based-on-theassumption‐that‐only‐your‐EQ‐or‐IQ‐is‐high‐with‐theother‐being‐average‐or‐belowthis‐average

40   Dana L. Joseph and Daniel A. Newman, "Emotional Intelligence: An Integrative Meta‐analysis and Cascading Model," *Journal of Applied Psychology* 95 (2010): 54‐78.
      Dana L. Joseph et al., "Why Does Self‐Reported EI Predict Job Performance? A Meta‐analytic Investigation of Mixed EI," *Journal of Applied Psychology* 100 (2015): 298‐342.

41   Joseph and Newman, "Emotional Intelligence."

42   Adam Grant, "Emotional Intelligence Is Overrated," *LinkedIn*, September 30, 2014, www.linkedin.com/pulse/20140930125543‐69244073emotional‐Intelligence‐is‐overrated

43   Harold Pashler et al., "Learning Styles: Concepts and Evidence," *Psychological Science in the Public Interest* 9 (2008): 105‐19.

44   Olga Khazan, "The Myth of 'Learning Styles,'" *The Atlantic*, April 11, 2018, www.theatlantic.com/science/archive/2018/04/the‐myth‐of‐learning‐styles/557687

45   Adam Grant, "Can We End the Meditation Madness?," *New York Times*, October 9, 2015, www.nytimes.com/2015/10/10/opinion/can‐we‐end‐the‐meditation‐madness.html

46   Adam Grant, "MBTI, If You Want Me Back, You Need to Change Too," *Medium*, November 17, 2015, medium.com/@AdamMGrant/mbti‐if‐you‐want‐me‐back‐you‐need‐to‐change‐too‐c7f1a7b6970
      Adam Grant, "Say Goodbye to MBTI, the Fad That Won't Die," *LinkedIn*, September 17, 2013, www.linkedin.com/pulse/20130917155206‐69244073‐say‐goodbye‐to‐mbti‐the‐fad‐that‐won‐t‐die

47   Adam Grant, "The Fine Line between Helpful and Harmful Authenticity," *New York Times*, April 10, 2020, www.nytimes.com/2020/04/10/smarter‐living/thefine‐line‐between‐helpful‐and‐harmful‐authenticity.html

Adam Grant, "Unless You're Oprah, 'Be Yourself' Is Terrible Advice," *New York Times*, June 4, 2016, www.nytimes.com/2016/06/05/opinion/sunday/unless-youre-oprah-be-yourself-is-terrible-advice.html

48 John Rawls, *A Theory of Justice* (Cambridge, MA: Belknap Press, 1971).

49 Rhia Catapano, Zakary L. Tormala, and Derek D. Rucker, "Perspective Taking and Self-Persuasion: Why 'Putting Yourself in Their Shoes' Reduces Openness to Attitude Change," *Psychological Science* 30 (2019): 424-35.

50 Tal Eyal, Mary Steffel, and Nicholas Epley, "Perspective Mistaking: Accurately Understanding the Mind of Another Requires Getting Perspective, Not Taking Perspective," *Journal of Personality and Social Psychology* 114 (2018): 547-71.

51 Yascha Mounk, "Republicans Don't Understand Democrats and Democrats Don't Understand Republicans," *The Atlantic*, June 23, 2019, www.theatlantic.com/ideas/archive/2019/06/republicans-and-democrats-dont-understand-each-other/592324

52 Julian J. Zlatev, "I May Not Agree with You, but I Trust You: Caring about Social Issues Signals Integrity," *Psychological Science* 30 (2019): 880-92.

53 Corinne Bendersky, "Resolving Ideological Conflicts by Affirming Opponents' Status: The Tea Party, Obamacare and the 2013 Government Shutdown," *Organizational Behavior and Human Decision Processes* 53 (2014): 163-68.

54 Patti Williams and Jennifer L. Aaker, "Can Mixed Emotions Peacefully Coexist?," *Journal of Consumer Research* 28 (2002): 636-49.

55 Beca Grimm, "11 Feelings There Are No Words for in English," *Bustle*, July 15, 2015, www.bustle.com/articles/97413-11-feelings-there-are-no-words-for-in-english-for-all-you-emotional-wordnerds-out

56 Bill Demain et al., "51 Wonderful Words with No English Equivalent,"

Mental Floss, December 14, 2015, www.mentalfloss.com/article/50698/ 38-wonderful-foreign-words-we-could-useenglish

57 Kate Bratskeir, "'Kummerspeck,' or Grief Bacon, Is the German Word for What Happens When You Eat When You're Sad," *Mic*, December 19, 2017, www.mic.com/articles/186933/kummerspeck-or-grief-bacon-is-the-german-word-foreating-when-sad

58 Ibram X. Kendi, *How to Be an Antiracist* (New York: One World, 2019).

59 Don Lemon, "She Called Police on Him in Central Park. Hear His Response," CNN, May 27, 2020, www.cnn.com/videos/us/2020/05/27/ christian-cooper-central-park-video-lemon-ctn-sot-intv-vpx.cnn

9장 교과서 다시 쓰기

1 Grant Allen [pseud. Olive Pratt Rayner], *Rosalba: The Story of Her Development* (London: G. P. Putnam's Sons, 1899).

2 에린 매카시(Erin McCarthy)와의 개인적인 인터뷰, 2020년 1월 14일. Scott Anderson, "Wisconsin National Teacher of the Year Nominee Is from Greendale," Patch, August 20, 2019, patch.com/wisconsin/ greendale/wisconsin-national-teacher-year-nominee-greendale

3 Deborah Kelemen, "The Magic of Mechanism: Explanation-Based Instruction on Counterintuitive Concepts in Early Childhood," *Perspectives on Psychological Science* 14 (2019): 510-22.

4 Sam Wineburg, Daisy Martin, and Chauncey Monte-Sano, *Reading Like a Historian* (New York: Teachers College Press, 2013).

5 "Teacher Materials and Resources," Historical Thinking Matters, http:// historicalthinkingmatters.org/teachers

6 Elizabeth Emery, "Have Students Interview Someone They Disagree With," *Heterodox Academy*, February 11, 2020, heterodoxacademy. org/viewpoint-diversity-students-interview-someone

7 Annabelle Timsit, "In the Age of Fake News, Here's How Schools

Are Teaching Kids to Think Like Fact-Checkers," *Quartz*, February 12, 2019, qz.com/1533747/in-the-age-of-fake-news-heres-how-schools-are-teaching-kids-to-think-like-fact-checkers

8   Rose Troup Buchanan, "King Tutankhamun Did Not Die in Chariot Crash, Virtual Autopsy Reveals," *Independent*, October 20, 2014, www.independent.co.uk/news/science/king-tutankhamun-did-not-die-in-chariot-crash-virtual-autopsy-reveals-9806586.html

9   Brian Resnick, "Farts: Which Animals Do, Which Don't, and Why," *Vox*, October 19, 2018, www.vox.com/science-and-health/2018/4/3/17188186/does-it-fart-book-animal-farts-dinosaur-farts

10   Louis Deslauriers et al., "Measuring Actual Learning versus Feeling of Learning in Response to Being Actively Engaged in the Classroom," *PNAS* 116 (2019): 19251-57.

11   Scott Freeman et al., "Active Learning Increases Student Performance in Science, Engineering, and Mathematics," *PNAS* 111 (2014): 8410-15.

12   Jochen I. Menges et al., "The Awestruck Effect: Followers Suppress Emotion Expression in Response to Charismatic but Not Individually Considerate Leadership," *Leadership Quarterly* 26 (2015): 626-40.

13   Adam Grant, "The Dark Side of Emotional Intelligence," The Atlantic, January 2, 2014, www.theatlantic.com/health/archive/2014/01/the-dark-side-of-emotional-Intelligence/282720

14   M. Stains et al., "Anatomy of STEM Teaching in North American Universities," *Science* 359 (2018): 1468-70.

15   Grant Wiggins, "Why Do So Many HS History Teachers Lecture So Much?," April 24, 2015, grantwiggins.wordpress.com/2015/04/24/why-do-so-many-hs-history-teachers-lecture-so-much

16   Guido Schwerdt and Amelie C. Wupperman, "Is Traditional Teaching Really All That Bad? A Within-Student Between-Subject Approach," *Economics of Education Review* 30 (2011): 365-79.

17   Felipe De Brigard, "If You Like It, Does It Matter If It's Real?,"

Philosophical Psychology 23 (2010): 43-57.

18 Asahina Robert, "The Inquisitive Robert Nozick," *New York Times*, September 20, 1981, www.nytimes.com/1981/09/20/books/the-inquisitive-robert-nozick.html

19 Ken Gewertz, "Philosopher Nozick Dies at 63," *Harvard Gazette*, January 17, 2002, news.harvard.edu/gazette/story/2002/01/philosopher-nozick-dies-at-63. 아울러 다음을 참조하라.
Hilary Putnam et al., "Robert Nozick: Memorial Minute," *Harvard Gazette*, May 6, 2004, news.harvard.edu/gazette/story/2004/05/robert-nozick

20 Joachim Stoeber and Kathleen Otto, "Positive Conceptions of Perfectionism: Approaches, Evidence, Challenges," *Personality and Social Psychology Review* 10 (2006): 295-319.

21 Dana Harari et al., "Is Perfect Good? A Meta-analysis of Perfectionism in the Workplace," *Journal of Applied Psychology* 103 (2018): 1121-44.

22 Philip L. Roth et al., "Meta-analyzing the Relationship between Grades and Job Performance," *Journal of Applied Psychology* 81 (1996): 548-56.

23 Adam Grant, "What Straight? A Students Get Wrong," *New York Times*, December 8, 2018, www.nytimes.com/2018/12/08/opinion/college-gpacareer-success.html

24 Donald W. Mackinnon, "The Nature and Nurture of Creative Talent," *American Psychologist* 17 (1962): 484-95.

25 Karen Arnold, *Lives of Promise: What Becomes of High School Valedictorians* (San Francisco: JosseyBass, 1995).

26 Mike Kaiser, "This Wharton Senior's Letter Writing Project Gets Global Attention," *Wharton School*, February 17, 2016, www.wharton.upenn.edu/story/wharton-seniors-letter-writing-project-gets-global-attention

27 Aloysius Wei Lun Koh, Sze Chi Lee, and Stephen Wee Hun Lim, "The

Learning Benefits of Teaching: A Retrieval Practice Hypothesis,"
Applied Cognitive Psychology 32 (2018): 401-10.

Logan Fiorella and Richard E. Mayer, "The Relative Benefits of Learning by Teaching and Teaching Expectancy," *Contemporary Educational Psychology* 38 (2013): 281-88.

Robert B. Zajonc and Patricia R. Mullally, "Birth Order: Reconciling Conflicting Effects," *American Psychologist* 52 (1997): 685-99.

Peter A. Cohen, James A. Kulik, and Chen-Lin C. Kulik, "Educational Outcomes of Tutoring: A Meta-analysis of Findings," *American Educational Research Journal* 19 (1982): 237-48.

28 론 버거(Ron Berger)와의 개인적인 인터뷰, 2019년 10월 29일.

Ron Berger, *An Ethic of Excellence: Building a Culture of Craftsmanship with Students* (Portsmouth, NH: Heinemann, 2003).

Ron Berger, Leah Rugen, and Libby Woodfin, *Leaders of Their Own Learning: Transforming Schools through Student-Engaged Assessment* (San Francisco: Jossey-Bass, 2014).

29 Kirill Fayn et al., "Confused or Curious? Openness/Intellect Predicts More Positive Interest-Confusion Relations," *Journal of Personality and Social Psychology* 117 (2019): 1016-33.

30 Eleanor Duckworth, *The Having of Wonderful Ideas* (New York: Teachers College Press, 2006).

31 Elisabeth Vogl et al., "Surprised-Curious-Confused: Epistemic Emotions and Knowledge Exploration," *Emotion* 20 (2020): 625-41.

32 Ron Berger, "Critique and Feedback-The Story of Austin's Butterfly," December 8, 2012, www.youtube.com/watch?v=hqh1MRWZjms

10장 그것은 우리가 늘 해오던 방식이 아니다

1 Kurt Vonnegut, *Player Piano* (New York: Dial Press, 1952/2006).

2 Tony Reichhardt, "The Spacewalk That Almost Killed Him," *Air & Space Magazine*, May 2014, www.airspacemag.com/space/spacewalk-

almost-killed-him-180950135/?all

3　Matej černe et al., "What Goes Around Comes Around: Knowledge Hiding, Perceived Motivational Climate, and Creativity," *Academy of Management Journal* 57 (2014): 172-92.

　　Markus Baer and Michael Frese, "Innovation Is Not Enough: Climates for Initiative and Psychological Safety, Process Innovations, and Firm Performance," *Journal of Organizational Behavior* 24 (2003): 45-68.

4　Anita L. Tucker and Amy C. Edmondson, "Why Hospitals Don't Learn from Failures: Organizational and Psychological Dynamics That Inhibit System Change," *California Management Review* 45 (2003): 55-72.

　　Amy C. Edmondson, "Learning from Mistakes Is Easier Said Than Done: Group and Organizational Influences on the Detection and Correction of Human Error," *Journal of Applied Behavioral Science* 40 (1996): 5-28.

5　William A. Kahn, "Psychological Conditions of Personal Engagement and Disengagement at Work," *Academy of Management Journal* 33 (1990): 692-724.

6　Julia Rozovsky, "The Five Keys to a Successful Google Team," *re:Work*, November 17, 2015, rework.withgoogle.com/blog/five-keys-to-a-successful-google-team

7　Amy C. Edmondson, "How Fearless Organizations Succeed," *strategy+business*, November 14, 2018, www.strategy-business.com/article/How-Fearless-Organizations-Succeed

8　Amy Edmondson, "Psychological Safety and Learning Behavior in Work Teams," *Administrative Science Quarterly* 44 (1999): 350-83.

9　Paul W. Mulvey, John F. Veiga, and Priscilla M. Elsass, "When Teammates Raise a White Flag," *Academy of Management Perspectives* 10 (1996): 40-49.

10　Howard Berkes, "30 Years after Explosion, ChallengerEngineer Still Blames Himself," *NPR*, January 28, 2016, www.npr.org/sections/

thetwo-way/2016/01/28/464744781/30-years-after-disaster-challenger-engineer-still-blames-himself

11   Joel Bach, "Engineer Sounded Warnings for Columbia," ABC News, January 7, 2006, abcnews.go.com/Technology/story?id=97600&page=1

12   엘런 오초아(Ellen Ochoa)와의 개인적인 인터뷰, 2019년 12월 12일.

13   크리스 한센(Chris Hansen)과의 개인적인 인터뷰, 2019년 11월 12일.

14   Constantinos G. V. Coutifaris and Adam M. Grant, "Taking Your Team Behind the Curtain: The Effects of Leader Feedback-Sharing, and Humility on Team Psychological Safety Over Time" (working paper, 2020).

15   Wharton Follies, "Mean Reviews: Professor Edition," March 22, 2015, www.youtube.com/watch?v=COOaEVSu6ms&t=3s

16   Celia Moore et al., "The Advantage of Being Oneself: The Role of Applicant Self-Verification in Organizational Hiring Decisions," *Journal of Applied Psychology* 102 (2017): 1493-513.

17   Kerry Roberts Gibson, Dana Harari, and Jennifer Carson Marr, "When Sharing Hurts: How and Why Self-Disclosing Weakness Undermines the Task-Oriented Relationships of HigherStatus Disclosers," *Organizational Behavior and Human Decision Processes* 144 (2018): 25-43.

18   Itamar Simonson and Barry M. Staw, "Deescalation Strategies: A Comparison of Techniques for Reducing Commitment to Losing Courses of Action," *Journal of Applied Psychology* 77 (1992): 419-26. Jennifer S. Lerner and Philip E. Tetlock, "Accounting for the Effects of Accountability," *Psychological Bulletin* 125 (1999): 255-75.

19   Amy C. Edmondson, "The Competitive Imperative of Learning," *Harvard Business Review*, July-August 2008, hbr.org/2008/07/the-competitive-imperative-of-learning

20   Jeff Bezos, "2016 Letter to Shareholders," www.sec.gov/Archives/edgar/data/1018724/000119312517120198/d373368dex991.htm.

21   Barry M. Staw, Sigal G. Barsade, and Kenneth W. Koput, "Escalation

at the Credit Window: A Longitudinal Study of Bank Executives' Recognition and Write-Off of Problem Loans," *Journal of Applied Psychology* 82 (1997): 130-42.

11장 터널시야 탈출하기

1 Jack Handey, "My First Day in Hell," *New Yorker*, October 23, 2006, www.newyorker.com/magazine/2006/10/30/my-first-day-in-hell

2 William B. Swann Jr. and Peter J. Rentfrow, "Blirtatiousness: Cognitive, Behavioral, and Physiological Consequences of Rapid Responding," *Journal of Personality and Social Psychology* 81 (2001): 1160-75.

3 Locke and Latham, "Building a Practically Useful Theory."

4 Peter M. Gollwitzer, "Implementation Intentions: Strong Effects of Simple Plans," *American Psychologist* 54 (1999): 493-503.

5 James Y. Shah and Arie W. Kruglanski, "Forgetting All Else: On the Antecedents and Consequences of Goal Shielding," *Journal of Personality and Social Psychology* 83 (2002): 1261-80.

6 Barry M. Staw and Jerry Ross, "Understanding Behavior in Escalation Situations," *Science* 246 (1989): 216-20.

7 Dustin J. Sleesman et al., "Putting Escalation of Commitment in Context: A Multilevel Review and Analysis," *Academy of Management Annals* 12 (2018): 178-207.

8 Colin F. Camerer and Roberto A. Weber, "The Econometrics and Behavioral Economics of Escalation of Commitment: A Reexamination of Staw and Hoang's NBA Data," *Journal of Economic Behavior & Organization* 39 (1999): 59-82.

9 Glen Whyte, "Escalating Commitment in Individual and Group Decision Making: A Prospect Theory Approach," *Organizational Behavior and Human Decision Processes* 54 (1993): 430-55.

10 Joel Brockner, "The Escalation of Commitment to a Failing Course of Action: Toward Theoretical Progress," *Academy of Management*

Review 17 (1992): 39-61.

11   Dustin J. Sleesman et al., "Cleaning Up the Big Muddy: A Meta-analytic Review of the Determinants of Escalation of Commitment," *Academy of Management Journal* 55 (2012): 541-62.

12   Jon M. Jachimowicz et al., "Why Grit Requires Perseverance and Passion to Positively Predict Performance," *PNAS* 115 (2018): 9980-85 Angela Duck-worth and James J. Gross, "Self-Control and Grit: Related but Separable Determinants of Success," *Current Directions in Psychological Science* 23 (2014): 319-25.

13   Larbi Alaoui and Christian Fons-Rosen, "Know When to Fold 'Em: The Grit Factor," *Universitat Pompeu Fabra: Barcela GSE Working Paper Series* (2018).

14   Gale M. Lucas et al., "When the Going Gets Tough: Grit Predicts Costly Perseverance," *Journal of Research in Personality* 59 (2015): 15-22. 아울러 다음을 참조하라.
Henry Moon, "The Two Faces of Conscientiousness: Duty and Achievement Striving in Escalation of Commitment Dilemmas," *Journal of Applied Psychology* 86 (2001): 533-40.

15   Lee Crust, Christian Swann, and Jacquelyn Allen-Collinson, "The Thin Line: A Phenomenological Study of Mental Toughness and Decision Making in Elite HighAltitude Mountaineers," *Journal of Sport and Exercise Psychology* 38 (2016): 598-611.

16   Wim Meeus et al., "Patterns of Adolescent Identity Development: Review of Literature and Longitudinal Analysis," *Developmental Review* 19 (1999): 419-61.

17   Otilia Obodaru, "The Self Not Taken: How Alternative Selves Develop and How They Influence Our Professional Lives," *Academy of Management Review* 37 (2017): 523-53.

18   Michelle Obama, *Becoming* (New York: Crown, 2018).

19   Shoshana R. Dobrow, "Dynamics of Callings: A Longitudinal Study of Musicians," *Journal of Organizational Behavior* 34 (2013): 431-52.

20 Justin M. Berg, Adam M. Grant, and Victoria Johnson, "When Callings Are Calling: Crafting Work and Leisure in Pursuit of Unanswered Occupational Callings," *Organization Science* 21 (2010): 973-94.

21 Chris Rock, *Tamborine*, directed by Bo Burnham, Netflix, 2018.

22 Ryan F. Lei et al., "Children Lose Confidence in Their Potential to 'Be Scientists,' but Not in Their Capacity to 'Do Science,'" *Developmental Science* 22 (2019): e12837.

23 Marjorie Rhodes, Amanda Cardarelli, and Sarah-Jane Leslie, "Asking Young Children to 'Do Science' Instead of 'Be Scientists' Increases Science Engagement in a Randomized Field Experiment," PNAS 117 (2020): 9808-14.

24 Alison Doyle, "How Often Do People Change Jobs during a Lifetime?," *The Balance Careers*, June 15, 2020, www.thebalancecareers.com/how-often-do-people-change-jobs2060467

25 Shoshana R. Dobrow and Jennifer Tosti-Kharas, "Listen to Your Heart? Calling and Receptivity to Career Advice," *Journal of Career Assessment* 20 (2012): 264-80.

26 Ian McGregor et al., "Compensatory Conviction in the Face of Personal Uncertainty: Going to Extremes and Being Oneself," *Journal of Personality and Social Psychology* 80 (2001): 472-88.

27 Ofer Malamud, "Breadth Versus Depth: The Timing of Specialization in Higher Education," *Labour* 24 (2010): 359-90.

28 Herminia Ibarra, *Working Identity: Unconventional Strategies for Reinventing Your Career* (Boston: Harvard Business School Press, 2003).

29 Herminia Ibarra, "Provisional Selves: Experimenting with Image and Identity in Professional Adaptation," *Administrative Science Quarterly* 44 (1999): 764-91.

30 Iris B. Mauss et al., "Can Seeking Happiness Make People Unhappy? Paradoxical Effects of Valuing Happiness," *Emotion* 11 (2011): 807-15.

31   Brett Q. Ford et al., "Desperately Seeking Happiness: Valuing Happiness Is Associated with Symptoms and Diagnosis of Depression," *Journal of Social and Clinical Psychology* 33 (2014): 890-905.

32   Lucy McGuirk et al., "Does a Culture of Happiness Increase Rumination Over Failure?," *Emotion* 18 (2018): 755-64.

33   Ed Diener, Ed Sandvik, and William Pavot, "Happiness Is the Frequency, Not the Intensity, of Positive versus Negative Affect," in *Subjective Well-Being: An Interdisciplinary Perspective*, ed. Fritz Strack, Michael Argyle, and Norbert Schwartz (New York: Pergamon, 1991).

34   Barbara L. Fredrickson et al., "A Functional Genomic Perspective on Human Well-Being," *PNAS* 110 (2013): 13684-89.
      Emily Esfahani Smith, "Meaning Is Healthier Than Happiness," *The Atlantic*, August 1, 2013, www.theatlantic.com/health/archive/2013/08/meaning-is-healthier-than-happiness/278250

35   Jon M. Jachimowicz et al., "Igniting Passion from Within: How Lay Beliefs Guide the Pursuit of Work Passion and Influence Turnover," PsyArXiv 10.31234/osf.io/qj6y9, last revised July 2, 2018, https://psyarxiv.com/qj6y9/

36   Brett Q. Ford et al., "Culture Shapes Whether the Pursuit of Happiness Predicts Higher or Lower Well-Being," *Journal of Experimental Psychology: General* 144 (2015): 1053-62.

37   *Saturday Night Live*, season 44, episode 19, "Adam Sandler," May 4, 2019, NBC.

38   Elizabeth W. Dunn, Timothy D. Wilson, and Daniel T. Gilbert, "Location, Location, Location: The Misprediction of Satisfaction in Housing Lotteries," *Personality and Social Psychology Bulletin* 29 (2003): 1421-32.
      Kent C. H. Lam et al., "Cultural Differences in Affective Forecasting: The Role of Focalism," *Personality and Social Psychology Bulletin* 31

(2005): 1296-309.

39   Ernest Hemingway, *The Sun Also Rises* (New York: Scribner, 1926/2014).

40   Kennon M. Sheldon and Sonja Lyubomirsky, "Achieving Sustainable Gains in Happiness: Change Your Actions, Not Your Circumstances," *Journal of Happiness Studies* 7 (2006): 55-86.
Kennon M. Sheldon and Sonja Lyubomirsky, "Change Your Actions, Not Your Circumstances: An Experimental Test of the Sustainable Happiness Model," in *Happiness, Economics, and Politics: Towards a Multi-disciplinary Approach*, ed. Amitava Krishna Dutt and Benjamin Radcliff (Cheltenham, UK: Edward Elgar, 2009).

41   Jane E. Dutton and Belle Rose Ragins, *Exploring Positive Relationships at Work: Building a Theoretical and Research Foundation* (Mahwah, NJ: Erlbaum, 2007).

42   Paul A. O'Keefe, Carol S. Dweck, and Gregory M. Walton, "Implicit Theories of Interest: Finding Your Passion or Developing It?," *Psychological Science* 29 (2018): 1653-64.

43   Michael M. Gielnik et al., "'I Put in Effort, Therefore I Am Passionate': Investigating the Path from Effort to Passion in Entrepreneurship," *Academy of Management Journal* 58 (2015): 1012-31.

44   Adam M. Grant, "The Significance of Task Significance: Job Performance Effects, Relational Mechanisms, and Boundary Conditions," *Journal of Applied Psychology* 93 (2008): 108-24.
Stephen E. Humphrey, Jennifer D. Nahrgang, and Frederick P. Morgeson, "Integrating Motivational, Social, and Contextual Work Design Features: A Meta-analytic Summary and Theoretical Extension of the Work Design Literature," *Journal of Applied Psychology* 92 (2007): 1332-56.
Brent D. Rosso, Kathryn H. Dekas, and Amy Wrzesniewski, "On the Meaning of Work: A Theoretical Integration and Review," *Research in Organizational Behavior* 30 (2010): 91-127.

45   Dan P. McAdams, "Generativity in Midlife," *Handbook of Midlife Development*, ed. Margie E. Lachman (New York: Wiley, 2001).

46   John Stuart Mill, *Autobiography* (New York: Penguin Classics, 1883/1990).

47   Ludwig von Bertalanffy, *General System Theory: Foundations, Development*, Applications (New York: Braziller, 1969).

48   Arie W. Kruglanski et al., "The Architecture of Goal Systems: Multifinality, Equifinality, and Counterfinality in Means-Ends Relations," Advances in Motivation Science 2 (2015): 69-98.
      Dante Cicchetti and Fred A. Rogosch, "Equifinality and Multifinality in Developmental Psychopathology," *Development and Psychopathology* 8 (1996): 597-600.

49   Nancy Groves, "EL Doctorow in Quotes: 15 of His Best," *Guardian*, July 21, 2015, www.theguardian.com/books/2015/jul/22/el-doctorow-in-quotes-15-of-his-best

50   Amy Wrzesniewski and Jane E. Dutton, "Crafting a Job: Revisioning Employees as Active Crafters of Their Work," *Academy of Management Review* 26 (2001): 179-201.

51   Amy Wrzesniewski and Jane Dutton, "Having a Calling and Crafting a Job: The Case of Candice Billups," *William Davidson Institute*, University of Michigan, November 12, 2009.

52   Amy Wrzesniewski, Jane E. Dutton, and Gelaye Debebe, "Interpersonal Sensemaking and the Meaning of Work," *Research in Organizational Behavior* 25 (2003): 93-135.

53   "A World without Bosses," *WorkLife with Adam Grant*, April 11, 2018.

에필로그

1   Candace Falk, Barry Pateman, and Jessica Moran, eds., *Emma Goldman*, vol. 2, A *Documentary History of the American Years* (Champaign: University of Illinois Press, 2008).

2   Richard Brautigan, *Trout Fishing in America* (New York: Delta, 1967).

3   Max K. Planck, *Scientific Autobiography and Other Papers* (New York: Greenwood, 1950/1968).

4   "Societies Change Their Minds Faster Than People Do," *Economist*, October 31, 2019, www.economist.com/graphic-detail/2019/10/31/societies-change-their-minds-faster-than-people-do

5   William Whewell, *The Philosophy of the Inductive Sciences* (New York: Johnson, 1840/1967).
     "William Whewell," *Stanford Encyclopedia of Philosophy*, December 23, 2000, last revised September 22, 2017, plato.stanford.edu/entries/whewell

6   Franklin D. Roosevelt, "Address at Oglethorpe University," May 22, 1932, www.presidency.ucsb.edu/documents/address-oglethorpe-universityatlanta-georgia

7   "Hoover and Roosevelt," *New York Times*, May 24, 1932, www.nytimes.com/1932/05/24/archives/hooverand-roosevelt.html

8   Paul Stephen Hudson, "A Call for 'Bold Persistent Experimentation': FDR's Oglethorpe University Commencement Address, 1932," *Georgia Historical Quarterly* (Summer 1994), https://georgiainfo.galileo.usg.edu/topics/history/related_article/progressive-era-world-war-ii-1901-1945/background-to-fdrs-ties-to-georgia/a-call-for-bold-persistent-experimentation-fdrs-oglethorpe-university-comme

22, 42, 44, 51, 53, 57, 73, 82, 84, 88, 108, 110, 120, 122, 126, 133, 134, 138, 152, 174, 179, 181, 193, 205, 222, 245, 252, 277, 292, 304, 324, 336, 351, 370, 375쪽: by Matt Shirley.

67쪽: Jason Adam Katzenstein/The New Yorker Collection/The Cartoon Bank; © Condé Nast.

70쪽: Nicholas Bloom, Renata Lemos, Raffaella Sadun, Daniela Scur, and John Van Ree-nen. "JEEA-FBBVA Lecture 2013: The New Empirical Economics of Management," Journal of the European Economic Association 12, no. 4 (August 1, 2014): 835–76. https://doi.org/10.1111/jeea.12094

77쪽: Zach Weinersmith/www.smbc-comics.com.

78쪽: C. Sanchez and D. Dunning. "Overconfidence Among Beginners: Is a Little Learning a Dangerous Thing?" Journal of Personality and Social Psychology 114, no. 1 (2018), 10–28. https://doi.org/10.1037/pspa0000102.

80, 98, 144쪽: © Doug Savage, www.savagechickens.com

117쪽: Ellis Rosen/The New Yorker Collection/The Cartoon Bank; © Condé Nast.

170쪽: David Sipress/The New Yorker Collection/The Cartoon Bank; © Condé Nast.

188쪽: CreateDebate user Loudacris/CC BY 3.0. https://creativecommons.org/licenses/by/3.0

201쪽: Map by casinoinsider.com

207, 219쪽: wordle.net

237쪽: Calvin & Hobbes © 1993 Watterson. Reprinted with permission of ANDREWS MCMEEL SYNDICATION. All rights reserved.

270쪽: Non Sequitur © 2016 Wiley Ink, Inc. Dist. by ANDREWS MCMEEL SYNDICATION. Reprinted with permission. All rights reserved.

276쪽: A. Leiserowitz, E. Maibach, S. Rosenthal, J. Kotcher, P. Bergquist, M. Ballew, M. Goldberg, and A. Gustafson. "Climate Change in the American Mind: November

다시 생각하기의 힘
싱크 어게인

제1판 1쇄 발행 | 2021년 3월 30일
제1판 25쇄 발행 | 2024년 6월 28일

지은이 | 애덤 그랜트
옮긴이 | 이경식
펴낸이 | 김수언
펴낸곳 | 한국경제신문 한경BP
책임편집 | 마현숙
교정교열 | 최은영
저작권 | 박정현
홍보 | 서은실 · 이여진 · 박도현
마케팅 | 김규형 · 정우연
디자인 | 장주원 · 권석중
본문디자인 | 디자인 현

주소 | 서울특별시 중구 청파로 463
기획출판팀 | 02-3604-590, 584
영업마케팅팀 | 02-3604-595, 562   FAX | 02-3604-599
H | http://bp.hankyung.com   E | bp@hankyung.com
F | www.facebook.com/hankyungbp
등록 | 제 2-315(1967. 5. 15)

ISBN 978-89-475-4707-9   03320